Hans Werner Richter

Mittendrin

HWR: 1908-93

Hans Werner Richter

MITTENDRIN

Die Tagebücher 1966–1972

Herausgegeben von Dominik Geppert
in Zusammenarbeit mit Nina Schnutz

Mit einem Vorwort von Hans Dieter Zimmermann
und einem Nachwort von Dominik Geppert

C.H.Beck

Mit 26 Bildern

© Verlag C.H.Beck oHG, München 2012
Satz: Fotosatz Amann, Aichstetten
Druck und Bindung: CPI – Ebner & Spiegel, Ulm
Gedruckt auf säurefreiem, alterungsbeständigem Papier
(hergestellt aus chlorfrei gebleichtem Zellstoff)
Printed in Germany
ISBN 978 3 406 63842 8

www.beck.de

Inhalt

Die Tagebücher.
29. September 1966 bis 12. September 1972

Hans Werner Richter als Tagebuchschreiber.
Mutmaßungen über einen Text,
den es eigentlich nicht geben sollte . . . . . .

Anhang

Hans Werner Richter

Vorwort

«Als mich Hans Werner Richter zum ersten Mal zu einer Tagung der Gruppe 47 einlud, sah ich das Bild einer großen grünen Wiese mit weit darüberhin verstreuten weißen Zelten vor mir. Ob die Tagungen später in Gasthöfen, Burgen oder Strandhotels stattfanden, dieses innere Bild blieb bestehen. Vielleicht hängt es mit der Atmosphäre der Heiterkeit, der Geborgenheit im Offenen zusammen, die fast allen Tagungen gemeinsam war. Dass man zuweilen kritisiert, auch scharf kritisiert wurde, dass es, wie nicht anders möglich, innerhalb der Gruppe zu Spannungen kam, schmälerte diese Geborgenheit kaum. Alles war ins Offene gesagt. Die Freundschaften innerhalb der Gruppe und die Freundschaft, die diese Gruppe ausstrahlte, schliefen in den halbjährlichen oder jährlichen Pausen zwischen den Tagungen nicht ein. Ambitionen, Rivalitäten gab es und musste es auch geben, aber das Maß gab die Freundschaft.»

So erinnerte sich Ilse Aichinger im Beiheft Literatur im technischen Zeitalter (II, 1988, S. 51) an die Gruppe 47. Was diese Gruppe war, was sie für die Teilnehmer bedeutete, aber auch für das literarische Leben der jungen Bundesrepublik, ist heute schwerlich zu ermessen. Dass sie nach den Verheerungen von Krieg und Nazizeit einen neuen Ton fand, eine neue Art der Freundschaft, des freien Redens, des offenen Umgangs in einer Zeit der Stummheit und Verstocktheit, ist heute nur noch schwer nachzuvollziehen. Man müsste die Literaturszene rekonstruieren, in der noch der pathetische Ton der Vorkriegszeit dominierte und Autoren der inneren Emigration und der Kollaboration das Sagen hatten. In der Gruppe 47 trafen sich jüngere Autoren, die zuvor nicht oder nur wenig publiziert hatten, es gab Ausnahmen wie Günter Eich und jüngere Autoren des Exils, denen hier der Zugang zum deutschen Publikum geöffnet wurde: Wolfgang Hildesheimer, Paul Celan, Peter Weiss, Erich Fried und die Kritiker Marcel Reich-Ranicki und Hans Mayer, die hier ihre Karriere in Westdeutschland begannen.

Auch der viel berufene Auftritt Paul Celans auf der Tagung in Niendorf 1952 war für diesen erfolgreich. Er fand einen Verleger, erste Rundfunkaufnahmen entstanden, Freundschaften wurden geknüpft mit Heinrich Böll, Paul Schallück, Rolf Schroers, später mit Günter Grass und Walter Höllerer. Auch zu Hans Werner Richter riss die Verbindung nicht ab trotz der enorm taktlosen Bemerkung Richters über den hohen Ton, den Celan wieder einführte. Celan kam zwar nicht mehr zu Tagungen der Gruppe, wiewohl ihn Richter immer wieder einlud, aber sie korrespondierten und sie trafen sich 1962 wieder zu einem guten Gespräch, wie Celan in einem Brief bestätigte.

Der Ursprung der Gruppe liegt in einem amerikanischen Kriegsgefangenenlager, in dem Hans Werner Richter und Alfred Andersch die Zeitschrift «Der Ruf» herausgaben, die sie nach der Entlassung in München erfolgreich fortführten, bis sie auf Druck der amerikanischen Militärregierung zurücktreten mussten. Sie hatten auch die Besatzungsmacht kritisiert. Aus dem ersten informellen Treffen der Mitarbeiter des «Rufs» bildete sich 1947 die Gruppe, die sich nach und nach erweiterte. Zweimal im Jahr trafen sich Autoren und Publizisten. Hans Werner Richter lud ein, meist in entlegene Gasthöfe, da blieben die Teilnehmer zusammen und da waren sie ungestört, bis der Presserummel um die Gruppe entstand, der sie schließlich berühmt machte.

Hans Werner Richter war der Initiator und der Motor des Ganzen. Von keinem andern hätten wir uns das gefallen lassen, sagte einmal Hans Mayer. Er war eine Autorität, aber er war nicht autoritär. Er war freundlich und verbindlich, aber nie gleichgültig. Er achtete auf Qualität, nicht nur literarische, auch menschliche. Heute würde man sagen: er war der Moderator. Er lud ein, er saß vorne auf einem Sessel und leitete die Sitzungen, er erteilte das Wort, ohne an den Diskussionen mitzuwirken. Ein Autor las, und dann wurde über das Vorgelesene gesprochen. Der Autor musste dazu schweigen, was den Nachteil hatte, dass er auch Missverständnisse nicht aufklären konnte. Doch dies war die Übung: freie Rede, offenes Gespräch, kontroverse Debatten, ohne dass unterschiedliche Positionen zu unversöhnlichem Streit führten. Man war anderer Meinung, aber man akzeptierte einander. Das musste nach der Nazizeit erst

einmal gelernt werden. Es gab keine Dogmen, keine Festlegung auf
bestimmte literarische Konzepte. Mag am Anfang ein schlichter Realismus dominiert haben wie in Richters erstem Roman «Die Geschlagenen»,
so kamen bald weitere Schreibweisen hinzu, nicht zuletzt durch die Lyriker Ingeborg Bachmann und Paul Celan, schließlich durch Prosaisten wie
Ilse Aichinger, später Helmut Heißenbüttel, Peter Bichsel und Jürgen
Becker, den letzten Preisträger der Gruppe 47, der von den Teilnehmern
in geheimer Abstimmung jeweils gewählt wurde.

Einige Autoren, die an den Tagungen teilnahmen, sollen neben den
genannten noch angeführt werden: Carl Amery, Ingrid Bachér, Reinhard
Baumgart, Horst Bienek, Johannes Bobrowski, Milo Dor, Hans Magnus
Enzensberger, Günter Grass, Hubert Fichte, Peter Härtling, Walter Höl-
lerer, Walter Jens, Uwe Johnson, Joachim Kaiser, Barbara König, Siegfried
Lenz, Reinhard Lettau, Tadeusz Nowakowski, Fritz J. Raddatz, Klaus
Roehler, Wolfdietrich Schnurre, Martin Walser, Gabriele Wohmann.

Eine politische Verpflichtung allerdings gab es: Abwehr des Nationalismus und Nationalsozialismus, Zustimmung zur parlamentarischen
Demokratie. Dass zwei der jungen Autoren noch Mitglieder der NSDAP
gewesen waren, wusste Richter nicht. Dass sie nunmehr engagierte Anhänger der parlamentarischen Demokratie waren, das konnte er erleben.
Sein Misstrauen hätten sie sonst geweckt, wie es im Falle des ehemaligen
Wehrmachtsoffiziers Rolf Schroers der Fall war, von dem Richter sich
schließlich in einem unschönen Streit trennte. Auch Paul Celan brach
die Korrespondenz mit Schroers ab, nachdem er dessen Schrift «Der
Partisan» gelesen hatte, die merkwürdige Schrift eines Offiziers, der im
Partisanenkrieg in Italien 1944 gekämpft hatte. Da waren, so schien es,
nationalsozialistische Restbestände. Mit denen sollte die Gruppe nichts
zu schaffen haben.

Die Gruppe 47 wurde von Anfang an angegriffen, zunächst von nationaler und konservativer Seite, dann auch von linker Seite, nämlich aus der
DDR, schließlich auch in der Bundesrepublik und zwar in einem Organ,
das zumindest zeitweise von der DDR finanziert wurde: in der Hamburger
Studentenzeitschrift «konkret» im Jahre 1966. Der Angriff in «konkret»
war für Richter deshalb so schmerzhaft, weil er von links kam – verstand

er sich doch als Linker – und noch dazu von dem angesehenen Autor Hans Erich Nossack und dem Emigranten Robert Neumann. Dies mag den Anstoß zu dem Tagebuch Richters gegeben haben, das wir hier der Öffentlichkeit vorlegen.

Es ist kein intimes, es ist ein literarisch-politisches Tagebuch, das Richter wohl für eine spätere Veröffentlichung vorgesehen hatte. Er übergab es schließlich seinem Freunde Arnulf Baring, der eine Biographie Richters schreiben wollte. Dominik Geppert, Ordinarius für Zeitgeschichte an der Universität Bonn, hat es nun unter Mitarbeit von Nina Schnutz abgeschrieben, kommentiert und herausgegeben und damit den Lesern zugänglich gemacht: die persönliche Sicht eines Autors, der mittendrin stand in der literarischen und politischen Szene dieser für die Bundesrepublik so wichtigen Jahre 1966 bis 1972.

Richter wollte sich hier offensichtlich seiner Position versichern und die Ereignisse festhalten und kommentieren, die ihn bewegten und erschütterten, nicht zuletzt weil sie ihn an schmerzhafte Erfahrungen vor und nach 1933 erinnerten. Dies war auch der Anstoß zu seinem Roman «Rose weiß, Rose rot», an dem er in dieser Zeit arbeitete. Es ist kein großer Roman, aber ein Werk, das die Erfahrungen seiner Generation weitergeben sollte: die Zersplitterung der Linken, der Kampf der Linken gegen die Republik, das Versagen der KPD vor 1933 und die Zerstörungen des Nationalsozialismus nach 1933. Diese Erfahrungen weiterzugeben, damit daraus gelernt werde, das war wohl der lebenslange Impuls, der zu seiner enormen politischen und publizistischen Arbeit führte, für die er auch lange Jahre das Schreiben aufgab. Wer die Erfahrung dieser Generation – Richter wurde 1908 geboren und durchlitt alle Verhängnisse des 20. Jahrhunderts – ignoriert, wird kaum zu einem rechten Verständnis der Leistung Richters gelangen. Es waren zwei Dinge, die Richter besonders fürchtete: das Erstarken der Rechten und das Zersplittern der Linken. So gründete er 1956 mit anderen den «Grünwalder Kreis», um gegen rechtsradikale Tendenzen zu kämpfen. Er führte Ende der fünfziger Jahre die Anti-Atomtod-Bewegung an und war zeitweise Präsident der europäischen Föderation gegen Atomrüstung in Ost und West. Richter kannte die Sowjetunion, die er mehrmals bereiste, er kannte den Kommunismus, war er doch Mitglied der Partei gewesen, bis er 1932 ausgeschlossen wurde: er machte sich keine Illusionen, er war ein scharfer Kritiker des sowjetischen Systems.

Deshalb seine Enttäuschung über die linken Studenten und über die Professoren und Schriftsteller, die sich von ihnen zu linksradikalen Positionen treiben ließen: für ihn war es eine lächerliche Wiederkehr dessen, was er vor 1933 erlebt hatte. Nur fanden die Diskussionen über Marxismus diesmal auf niedrigerem Niveau statt, wenn sich auch die Realitätsblindheit wiederholte. Er wusste die Bundesrepublik als funktionierende Demokratie zu schätzen und er wollte seinen Beitrag zum besseren Funktionieren leisten. Er bewahrte einen klaren Kopf und beobachtete kopfschüttelnd, wie kluge Kollegen zu politischen Dummköpfen wurden. Dies mag erstaunen: Richters Kritik in seinem Tagebuch richtet sich vor allem gegen die Kollegen, nicht gegen die Politik der Bundesregierung. Diese äußerte er allenthalben in der Öffentlichkeit, etwa in dem von ihm herausgegebenen Sammelband «Bestandsaufnahme», in den Wählerinitiativen für die Sozialdemokraten, die er leitete oder inspirierte. Im Nachwort von Dominik Geppert ist das nachzulesen.

In diesem Tagebuch können wir die zweite Hälfte der öffentlichen Tätigkeit Hans Werner Richters kennen lernen, die bisher kaum beachtet wurde: das offene Gespräch innerhalb der Gruppe 47 mitsamt den politischen Initiativen am Rande der Gruppe wäre die erste Hälfte, seine Arbeit als Leiter von Hörfunk- und Fernsehsendungen über politische und literarische Themen wäre die zweite Hälfte. Nicht zuletzt um die geht es hier. Richter wechselte in diesen Jahren zwischen seiner Wohnung in München und einer Wohnung im ehemaligen Hause des Verlegers Samuel Fischer im Berliner Grunewald. In der Villa Fischers wurden die Sendungen aufgenommen, die Richter leitete. Richter ist so gesehen ein Erfinder der heute so beliebten Talkshows. Freilich war er ein kompetenter Moderator, der nicht die Karten ablas, die ihm eine Redaktion zusammengestellt hatte. Er war Redakteur und Moderator zugleich, und er stellte die Runden zusammen, in denen immer Autoren, Professoren und Politiker unterschiedlicher Couleur saßen, allerdings keine Filmstars, Köche oder Sportler. Es ging um Sachthemen. Also auch hier: das offene, auch kontroverse

Gespräch, aber keine Vernichtung des Gegners. Danach saß man beim Essen und beim Wein auch in größerer Runde zusammen. Und so wirkte Richter weiterhin in die Öffentlichkeit hinein, wenn auch weniger spektakulär als durch die Tagungen der Gruppe 47: durch die Sendungen und durch die Netzwerke, die sich durch den wachsenden Kreis der Teilnehmer bildeten. Dieser hatte freilich auch einen harten Kern, wie einst in der Gruppe, der immer wiederkehrte.

Das war es ja auch, was ihn an den studentischen Protesten, mit denen er zunächst sympathisiert hatte, verstörte: der Meinungsterror. Da wurde manchen das Wort verboten, auch abgeschnitten, Vorträge, Vorlesungen durch Terror beendet. Ein Emigrant etwa wie der Kunsthistoriker Otto von Simson konnte an der Freien Universität Berlin nicht mehr lehren, weil ihn die linken Studenten als Bürgerlichen verfolgten. Nicht nur ihn ergriffen schlimme Erinnerungen. Dieser Meinungsterror, der bestimmte Themen verbot, andere nur unter ideologischen Vorzeichen zu diskutieren erlaubte, einzelne Personen öffentlich vernichtete, die anderer Meinung waren, ist ein schlimmes Erbteil der Studentenbewegung, das sich bisweilen auch heute noch in den Medien zeigt. Dagegen wandte sich Richter entschieden: für ihn, der in Bundeskanzler Willy Brandt seinen politischen Wunsch verwirklicht sah, war die CDU immer ein Gesprächspartner, kein Feind. So war er mit einem CSU-Bundestagsabgeordneten befreundet. Sein klares politisches Urteil, das ihn von vielen Kollegen damals unterschied, hat ihm nicht nur Freunde gemacht. Und auch darin unterschied sich Richter von manchen seiner Kollegen und den meisten Studentenführern jener Jahre: die Bedrohung Israels 1967 beschäftigte ihn zunächst mehr als die Studentenunruhen. Der Krieg im Nahen Osten war ihm wichtiger als der Tod des Studenten Benno Ohnesorg in Berlin. In Israel, so schien es ihm, drohte erneut die Vernichtung der Juden. Aus Münchener Sicht verstand er zunächst die Berliner Aufregung nicht.

Und doch ist ein Leitthema dieser Tagebücher die Gruppe 47. Sie ist sein Werk, daran zweifelten auch die anderen nicht, sie war Teil von ihm. Hier zeigte sich auch seine Eitelkeit, auch seine Verletzlichkeit. Wer sie angriff, griff ihn an. Und das nahm er übel, jedenfalls im Tagebuch. In dem wird aber auch deutlich, dass er bereit war zu verzeihen und einzulenken, sonst wäre ihm die Leitung der Gruppe nicht gelungen. Solange die Gruppe bestand, war die immer wiederkehrende Frage: wie lange noch? Viele machten sich zu Fürsprechern eines baldigen Endes. Als sie dann zu Ende ging, nicht wegen des harmlosen und sorgfältig inszenierten Lärms einiger Studenten bei der Tagung in der Pulvermühle 1967, war der Jammer groß.

Geplant war die nächste Tagung in der Nähe von Prag. Der tschechoslowakische Schriftstellerverband hatte eingeladen, um mit Hilfe der berühmten Gruppe seine eigenen Autoren bekannt zu machen. Nach dem Einmarsch der sowjetischen Panzer im August 1968, nach der Niederschlagung des «Prager Frühlings», in dem Richter noch einmal seine Hoffnung auf einen demokratischen Sozialismus aufscheinen sah, musste die Tagung abgesagt werden. Eine neue, wiewohl immer mal wieder geplant, kam nicht mehr zustande.

Richter sammelte im Tagebuch mit einer gewissen Genugtuung die Stimmen all jener, die ihn baten, die Gruppe wieder aufleben zu lassen. Auch die, die vorher ihr Ende wünschten, baten nun um ihre Wiederkehr. Die Gründe, die sie nannten, zeigen noch einmal die Leistung der Gruppe: die Gruppe setzte literarische Maßstäbe, die heute fehlen, sie sammelte Einzelgänger, die heute vereinsamt sind. Alle waren sich freilich einig, dass eine Wiederkehr der Gruppe 47 nur mit Hans Werner Richter möglich wäre. Er war ein Glücksfall für die deutsche Literatur.

Als Toni Richter, die Witwe des Schriftstellers, der 1993 starb, die Hans Werner Richter-Stiftung Bansin 1998 einrichtete, ging es ihr nicht um das abgeschlossene Werk ihres Mannes, sondern um dessen Fortsetzung. Die Stiftung versammelt einmal im Jahr in der alten pommerschen Universitätsstadt Greifswald junge Schriftstellerinnen und Schriftsteller, nicht nur deutscher Zunge, sondern auch solche aus den Staaten der Ostsee, des baltischen Meeres, das der Fischersohn Richter von der Insel Usedom so liebte, zu Lesung und Gespräch in freundschaftlicher Runde.

Hans Dieter Zimmermann
(Vorsitzender der Hans Werner Richter-Stiftung Bansin)

München 29.9.66

Vorgestern kam das Heft von Walter Höllerer „Kunst und Elend der Schmeichelrede". Ich habe es gestern gelesen, es ist viel besser geschrieben als ich erwartet hatte. Roehler, der aus Berlin anrief: „Jetzt schwimmen zwei Leichen im deutschen Literaturstrom herum: Neumann und Womacka" und: „Jetzt sehe ich erst, was für ein gefährlicher Mann der Höllerer ist. Man kann nur jedem raten, sich nicht mit ihm anzulegen." Tatsächlich sind die Analysen der polemischen Sprache Neumanns und Womacka's tödlich. Was mag sie veranlasst haben, ausgerechnet die Gruppe 47 im polemischen Stil des dritten Reiches anzugreifen: Wut, Eitelkeit, Angst vor Vergessen werden? Sie haben nichts begriffen, nicht die Zeit, in der sie noch leben, nicht das politische Klima, nicht die

Erste Seite des Tagebuchs

Hinweise zur Edition

Hans Werner Richter hat seine Tagebuchnotizen in zwei linierten Bändchen, die mit einem dunkelgrauen, gummierten Kartoneinband versehen
sind, hinterlassen. Das erste Heft umfasst auf 383 eng in Richters Handschrift beschriebenen Seiten die Zeit vom 29. September 1966 bis zum
12. Januar 1971. Im zweiten Heft sind nur 81 Seiten beschrieben, auf
denen handschriftliche Beobachtungen aus der Zeit zwischen 18. Januar
1971 und 12. September 1972 festgehalten sind. Für die vorliegende Edition wurde das handschriftliche Original, das sich im Besitz der Hans
Werner Richter-Stiftung befindet und jetzt im Archiv der Akademie der
Künste Berlin einsehbar ist, transkribiert und kommentiert (zur Überlie-
ferungsgeschichte siehe Nachwort).

Die Edition dokumentiert den vollständigen Tagebuchtext. Kürzungen
wurden nicht vorgenommen. Nur an drei Stellen waren aus persönlich-
keitsrechtlichen Gründen Auslassungen nötig. Diese sind durch drei
Punkte in eckigen Klammern [...] gekennzeichnet. Absätze und Gliede-
rungspunkte sind originalgetreu wiedergegeben. Zum Textverständnis
notwendige Ergänzungen der Bearbeiterin, vor allem bei Datumsangaben,
wurden in eckigen Klammern [3. Juli 1967] vermerkt. Spätere Zusätze in
Richters eigener Handschrift erscheinen in spitzen Klammern <xxx>. Die
wenigen unleserlichen Stellen sind mit drei Kreuzchen in eckigen Klammern [xxx] gekennzeichnet. Worte, deren richtige Entzifferung nicht vollständig gesichert ist, wurden mit einem Fragezeichen in eckigen Klammern [?] markiert.

Anders als in einer textkritischen Edition wurden von Richter selbst
durchgestrichene Wörter nicht aufgeführt, weil dies die Lesbarkeit des
Textes erschwert hätte. Orthographie- und Interpunktionsfehler, auch
falsch geschriebene Namen wurden um der besseren Verständlichkeit
willen stillschweigend verbessert.[1] Die von Richter nicht stringent ge-
handhabte Verwendung von «ss» und «ß» sowie die uneinheitliche Zusam-

men- und Getrenntschreibung blieben unverändert. Auf eine Angleichung an die neue Rechtschreibung wurde verzichtet. Besondere Schreibweisen Richters (z. B. «entgültig», «tötlich») wurden ebenso wie seine zum Teil etwas eigenwillige Groß- und Kleinschreibung (z. B. «berliner») beibehalten; nur wenn es der besseren Lesbarkeit diente, wurden behutsame Änderungen vorgenommen.

Die Einträge im Tagebuch wurden mit der einschlägigen Forschungsliteratur, mit der zeitgenössischen Presseberichterstattung und mit Richters Korrespondenz abgeglichen; der Abgleich ist im Anmerkungsapparat dokumentiert. Bei der Wiedergabe von anderweitig nicht dokumentierten Gesprächen war eine Überprüfung naturgemäß nicht möglich, so dass alle derartigen Äußerungen als nicht vollständig verlässlich gelten müssen. Außerdem finden sich in den Anmerkungen zum Textverständnis notwendige, möglichst knapp gehaltene Informationen über Sachverhalte, Personen und Werke, die im Tagebuch erwähnt werden. Bei der Erläuterung von Personen steht zum einen die Beziehung zu Hans Werner Richter, zum anderen der Bezug zu den Jahren 1966 bis 1972 im Mittelpunkt, so dass in der Regel nur Hinweise zu biographischen Berührungspunkten mit Richter und Angaben über berufliche Positionen etc. für die Jahre 1966 bis 1972 aufgeführt wurden (Ausnahmen wurden immer dort gemacht, wo dies für das Textverständnis sinnvoll erschien).

Bibliographische Nachweise sind in den Anmerkungen mit Kurztiteln aufgenommen, die genauere Aufschlüsselung findet sich im Literaturverzeichnis; lediglich Presseartikel und Werke, die im Tagebuch direkt angesprochen werden, erscheinen in den Anmerkungen mit vollständigen bibliographischen Angaben. Die wichtigsten Daten zu den von Richter moderierten Fernsehsendungen sind in den Anmerkungen aufgeführt; ausführlichere Informationen finden sich in einer gesonderten Auflistung im Anhang. Auf Querverweise innerhalb des Tagebuchs wurde verzichtet, um den Anmerkungsapparat nicht unnötig aufzublähen.

Dominik Geppert und Nina Schnutz

Die Tagebücher

29. September 1966 – 12. September 1972

1966

München 29.9.[19]66 Vorgestern kam das Heft von Walter Höllerer «Kunst und Elend der Schmährede»[1]. Ich habe es gestern gelesen, es ist viel besser geworden als ich erwartet hatte. Roehler[2], der aus Berlin anrief: «Jetzt schwimmen zwei Leichen im deutschen Literaturteich herum: Neumann und Nossack» und: «Jetzt sehe ich erst, was für ein gefährlicher Mann der Höllerer ist. Man kann nur jedem raten, sich nicht mit ihm anzulegen.» Tatsächlich sind die Analysen der polemischen Sprache Neumanns und Nossack's tötlich. Was mag sie nur veranlasst haben, ausgerechnet die Gruppe 47 im polemischen Stil des Dritten Reiches anzugreifen[3]: Neid, Eitelkeit, Angst vorm Vergessen werden? Sie haben nichts begriffen, nicht die Zeit, in der sie noch leben, nicht das politische Klima, nicht die Literatur. Ist dies Gesetz: wenn man alt wird, verliert man Instinkt und Intuition? Die politische Dummheit dieser Angriffe ist kaum fassbar, man schießt im Stil der Rechten von links und wundert sich, wenn die Geschosse rechts heraus kommen. Alles schon einmal gehabt. Aber lernen Literaten nichts aus Erfahrungen? Sind sie dumm, sind sie beschränkt? Sie gehen einem politischen Zuhälter – wie dem konkret-Redakteur[4] – auf den Leim, merken nichts, spüren nichts, lassen sich neben, wie es heißt, «knallhartem Sex» abdrucken[5] und halten sich für Partisanen, Partisanen, denen der neidvolle Geifer, Geifer alter Männer, aus dem Mund rinnt. Ist Alter eine Entschuldigung? Es ist keine. Für niemanden. Auch nicht für mich. Brief an Höllerer und Andersch geschrieben. Bei Fred Andersch bedankt. Er hat sich sehr gut benommen. Das habe ich nicht erwartet.[6] Aber die anderen? Böll hält stattdessen eine Rede in Wuppertal und ruft nach mehr Staat.[7] Mehr Staat? National-Bolschewismus? Was will er eigentlich, der Böll? Ich glaube, er weiß es selbst nicht. Mal mehr Staat, mal weniger Staat, mal gar keinen Staat. Ist es seine Aufgabe, nach einem Mehr an Staat zu schreien? Das soll er der Rechten überlassen. Aber hat er sich nicht einmal dagegen verwahrt, ein «Linker» zu sein.

Merkwürdig: in den Artikeln für die Gruppe 47 gegen Nossack und Neumann bin ich immer ein nur «freundlicher» Mensch, alle stellen mich nach hinten, als müssten sie mich aus der Frontlinie nehmen: Andersch: «Auch die Freundlichkeit des ausgezeichneten Schriftstellers Hans Werner Richter erklärt nicht das Phänomen.»[8] Kaiser: «Muss der Diskussionsleiter der Gruppe 47 ein guter Autor sein.»[9] Raddatz: «Über ‹Gott-Vater› Richters Satiren schrieb kein Mensch.»[10] Wiegenstein: «Er hat Freunde. Das macht seinen Charme aus. Das macht ihn unersetzlich.»[11] Ich muss an Robert Jungk[12] denken, der einmal sagte: «Sie sind ein Genie der Freundschaft.» Immer nur Bonhomie, nicht mehr, nur dies! Verkleinern sie mich, um selbst grösser zu werden, um sich nichts zu vergeben, um dabei sein zu können? Verträgt ihr Selbstbewußtsein keine andere Auslegung? Dabei müssten sie nach so vielen Jahren wissen, daß alles von mir kommt: Methode und Konzeption, Spielregel und Name. Geht das allein mit Bonhomie? Was aber war die Konzeption: Versachlichung der deutschen Literatur oder der deutschen Literaturentwicklung. Das umfasst alles, auch die Sprache. Darüber wird noch zu schreiben sein.

30.9.[19]66   In «Neues Deutschland» steht der Satz von Christian Geissler[13] aus einer Rede auf der Frankfurter Buchmesse: «In diesem Zusammenhang kritisierte er (Geissler) auch die westdeutsche Schriftstellergruppe 47 (zu der u. a. Hans Werner Richter und Günter Grass[14] gehören). In ihr würge der Antikommunismus die moralische Substanz ab. Ohne die Fessel, ohne die Zündschnur, ohne das Netz des Antikommunismus wäre aus Princeton 66[15] ein einziger Akt intellektueller Empörung geworden, eine Woche schärfsten Protestes gegen Mord und Totschlag.»[16] Schade, daß Geissler in Princeton nicht dabei war. Woher mag er nur seine Informationen nehmen? Hätte die DDR die von mir eingeladenen Autoren fahren lassen, vielleicht wäre es dann zu einem «Akt intellektueller Empörung» gekommen. Aber die DDR ließ sie nicht fahren trotz der amerikanischen Einreisegenehmigung.[17] Wußte Geissler das nicht oder will er es nicht wissen. Hier schlug der Kommunismus sich selbst ins Gesicht. Wer betreibt den Antikommunismus? Ist Hermlin ein Antikommunist?[18]

Seine Methode!

1.10.[1966] Grass mit seinem Brief an Peter Handke in der Abendzeitung: «Bitte um bessere Feinde».[19] Zu viel Ironie. Es wird alles gesagt, die Verleumdung wird angesprochen, der Stil des Dritten Reiches, der Neid, es ist, liest man es dreimal, vernichtend, aber wer versteht es. Jede Ironie ist mißverständlich. Warum immer die müde, alte Gruppe: «sie lebt, wenn auch mühsam». Das wollen sie ja hören, die Verleumder: seht, sie ist ja schon tot, unsere Tiraden begleiten nur ihre letzten Zuckungen. Denselben Fehler macht Joachim Kaiser, er verteidigt und gibt gleichzeitig auf.[20] Das ist eine fragwürdige Taktik. Sie macht mir das Leben schwer. Besser ist schweigen. Eine Sache wie die Gruppe 47 ist nicht zu verteidigen. Sie ist. Ihre indirekten Einflüsse sind so weitverzweigt, daß sie in ihrem ganzen Umfang erst sehr viel später erkennbar sein werden. Das Prinzip des indirekten Einflußes: man lässt Texte lesen, man lässt sie kritisieren. Es ist unwichtig, ob die Texte etwas besser oder schlechter sind, ob die Kritik brilliant oder nicht brilliant ist, es entsteht, so oder so, Kommunikation, es entsteht, setzt man dies Jahr für Jahr fort, ein literarisches Zentrum, ein literarischer Existenzmittelpunkt, es entsteht das, was ich den indirekten Einfluss nenne. Er muss sich – in einer demokratischen Gesellschaft – auch politisch auswirken. Dieser Einfluss ist unmerklich, kaum wahrnehmbar. Dennoch bewirkt er mehr als alle Programme, alle Manifeste, mehr als jeder Versuch, unmittelbar Einfluß zu <nehmen>. Dies war mein Streit mit Alfred Andersch 1954–55:[21] Er wollte ein Programm, ein literarisches Programm und ein politisches Programm. Ich lehnte es ab. Die programmlose Entwicklung war für mich entscheidend für den indirekten Einfluss. So blieb alles wandelbar, konnte den jeweiligen Gegebenheiten angepasst werden, ohne daß man Anpassung betrieb, aber auch der Nicht-Anpassungswillige muß der jeweilig veränderten literarischen und politischen Situation gerecht werden. Alles war nicht eine Frage von Programmen, sondern eine Frage der Mentalität. Gelang es, eine linksliberale Mentalität zu erhalten, ja, sie zu festigen, dann hatte man ein Programm, ein nicht geschriebenes, ein nicht durch Mehrheitsbeschluss mühsam errungenes, nein, ein ganz offenes, biegsames, immer lebendiges Programm. Dies aber war eine Frage der Einladungen zu den Tagungen. Deswegen lud ich so viele nicht ein, die glaubten, aus welchen

Kein Progr.! sondern indirekt wirken

Gründen auch immer, sie hätten einen Anspruch darauf. Nicht ihre literarische Leistung war entscheidend, sondern <ihre> Mentalität. Für die literarische Qualität sorgte das Sieb der Kritik. Es bewährte sich immer. Hätte ich nach dem Vorschlag von Andersch gehandelt: es wäre nichts geblieben, schon vor fünf Jahren wäre alles veraltet gewesen ... das Literarische mehr als das Politische. Jetzt blieb nur: das Altwerden der Autoren selbst, des «inneren Kreises», der sich gebildet hatte und auf diesem Weg bilden musste. Jetzt werden sie alt, <jetzt> wird jeder für sich sein Programm: das Programm Walter Jens, das Programm Günter Grass, das Programm Peter Weiss, das Programm Heinrich Böll, zusammen ergeben sie nichts mehr, nicht mehr als ein Bündel auseinanderstrebende Tendenzen.[22]

Langes Telefongespräch mit Walter Jens. Erstes Gespräch seit Princeton. Er leidet unter den vielen Angriffen von rechts und links, aus der DDR und in der Bundesrepublik.[23] «Wir sitzen wieder einmal zwischen allen Stühlen. Ist ja auch nicht der schlechteste Platz.» Aber er leidet. Ich höre es an seiner Stimme. Sie klingt blechern, gepresst, und doch: ich habe es ihm gesagt, er hat das Verdienst – ob sein Fernsehspiel gut oder schlecht war –, Rosa Luxemburg wieder ins Gespräch gebracht zu haben. Beurteilen kann ich sein Fernsehspiel nicht. Ich habe es nicht gesehen.

Zur Gruppe 47: Er: «Noch eine Tagung im nächsten Jahr. Du kannst ja nicht als Sechzigjähriger noch da vorn sitzen.» Es war leicht, ihm die politische Seite zu erklären, auch dies: man muß alles so zu Ende führen, daß es bestehen kann. Aber ich hörte, wie viel hinter meinem Rücken geredet und beschlossen wird, mein Gott, warum reden sie nur so viel.

3.10.[1966] Martin Walser hat in München eine Kunstausstellung gegen den Krieg in Vietnam eröffnet.[24] Seine Rede klagt die Teilnahmslosigkeit der Deutschen an, er hat recht, aber er müsste doch wissen, daß menschliche Teilnahme selten ist, um so seltener, je größer die räumliche und psychologische Entfernung zu den Betroffenen ist. Und die Betroffenen, wer sind sie: die Menschen des Vietcong allein? Oder sind es nicht auch die GI's? Warum klagt er nicht die Fehler der augenblicklichen amerikani-

Martin Walser (ganz rechts) hier mit Studenten des SDS auf einer Veranstaltung des Suhrkamp Verlages im September 1968.

schen Politik an, statt dessen spricht er vom: «Verfall der USA». Welchen Verfall meint er: den moralischen, den politischen oder meint er tatsächlich, die USA als solche «verfiele», eine Weltmacht, die gerade am Anfang ihres Weges steht, mit einer noch unausgeschöpften Kraftreserve von fast gigantischem Ausmaß. Morgen kann schon wieder ein Kennedy regieren. Geht dann der Verfall weiter? Walser ist von einem geradezu seltsamen politischen Infantilismus, wie Böll Staat und Regierung verwechselt, so auch <er>, beide haben ein fast rudimentäres politisches Denken, Böll denkt von seiner katholischen Mitte nach außen, wobei er die Sehnsucht nach einer mittelalterlichen geschlossenen Welt nie verleugnen kann, und sei sie auch kommunistisch im russischen Sinn, Walser denkt nach hinten, lebt gedanklich noch im Frühkapitalismus und beurteilt so die Welt von heute nach dem analytischen Rezept von gestern: Kapitalismus plus Krieg, Klassenherrschaft plus Ausbeutung, Klassenkrieg plus Kolonialherrschaft. Dass die beiden Systeme sich schon ineinanderschieben, sich gegenseitig unmerklich überfremden, durchdringen, infolge der soziologischen, der technischen, der wissenschaftlichen, ja der zivilisatorischen Entwicklung, das bemerkt er nicht. Wer andere für rückständig hält, lebt oft selbst in

einer nicht bemerkten Rückständigkeit – und sei es am Bodensee[25] – das führt zur Arroganz, zur Arroganz Walsers, der eine Mischung zwischen Begabung, Dummheit und Intelligenz ist, halb-schizophren, mit überhöhtem Blutdruck, die sich <in> einer immer unsachlichen Streitlust äußert. Er distanziert sich, ein einsamer Held, der vom Ufer des Bodensees aus die Welt missinterpretiert. So vor drei Jahren, als er in der «Zeit» die «Sozialisierung» der Gruppe 47 verlangte, eine Vorstellung, die nur ein Mann entwickeln kann, der vom Sozialismus nichts begriffen hat.[26] Gäbe es einen Überbau, so würde Walser zuerst ihn sozialisieren, also von oben nach unten, ganz gleich wie der Unterbau aussähe, also – aber wie soll er das begreifen – den von Marx auf die Füße gestellten Hegel wieder auf den Kopf stellen und eine Welt schaffen, in der die Literatur versozialisiert, die Wirtschaft aber frei ist. Wer aber die Literatur versozialisieren will, den sollte man mit Mißtrauen betrachten – dort beginnt die Unterdrückung, und auch die schönste und funktionellste Wirtschaftsordnung der Welt kann sie nicht rechtfertigen. Sozialismus sollte nicht heißen: Unterdrückung der Literatur, sondern Freiheit für die Literatur. So war es einmal gedacht, auch noch in den Anfängen der bolschewistischen Revolution. Was ist daraus geworden – nicht nur bei Walser? Er kam noch <auf> eine absurdere Idee. Da er allein plötzlich anscheinend begriffen hatte, daß er in einer Warenwelt lebt, war die Gruppe 47 für <ihn> ein Markenartikel, ein Gütezeichen, für gut zu verkaufende Waren, eine Form, die Gruppe zu charakterisieren, die an Trivialität ihresgleichen sucht. Von der literarischen Bewegung dieser zwanzig Jahre, die sich in der Arbeit und in der Methode der Gruppe 47 manifestierte, ist ihm nichts aufgegangen. Immer taumelt er – fast somnambul – hinter der Entwicklung her, einmal mit Kafka, einmal mit Proust[27], und sein vielumstrittenes Einhorn[28] ist stilistisch schlechtester Nachexpressionismus – oder vielleicht besser schlechtester Frühexpressionismus. Welches Gequassel, welche Sucht nach Wortexperimenten: selbst das weibliche Geschlecht muß hier Fleischspalte heißen. Und alles mit einer Erotik, die zum Kotzen ist, schwüle Pubertät eines frühzeitig alternden Mannes, der vergessen hat zu leben. Anruf von R. Sch.[29] aus Berlin: die Angriffe gegen die Gruppe 47 – Neumann, Nossack, Röhl – haben der literarischen Opposition drüben sehr geschadet, ja mehr Schaden angerichtet, als sie hier anrichten konnten, hier wie dort haben sie den Reaktionären gedient und sind jetzt für sie auf beiden Seiten «Beweismaterial», obwohl es sich nur um Verleumdungen handelt.[30] Also – so R. Sch. – wir geben nicht auf, wir bleiben Anhänger der Gruppe 47. Das ist gut zu hören. Hören es auch Jens, Hildesheimer, Böll?[31] Sie hören es nicht!

5.10.[1966] Guttenberg hat zugesagt zu einem Gespräch nach Berlin in die Erdenerstraße zu kommen. Bin gespannt, was er zu sagen hat und ob die Befragung klappt.[32] Brief von Victor Lange von der Princeton Universität. Er enthält den Satz: «Was die Gruppe gewesen ist, in Princeton dargestellt hat und auch weiter sein wird, ist etwas, von dem die Öffentlichkeit scheinbar nur in großen und kategorischen Begriffen sprechen kann, was aber in seiner Absicht wie in der Wirkung so entschieden und so fruchtbar von sachlichen und menschlichen Voraussetzungen ausgeht, dass es den immer in Schemen denkenden Deutschen schlechterdings unverständlich und sicherlich unverdaulich sein muss.»[33]

Ja, unverdaulich, das ist es wohl.

Brief von Karl Schiller: «Im übrigen erleben wir ja jetzt wirklich in Bonn den Zerfall des Regimes.»[34] Warum benutzt er das Wort «Regime»? Ist der Zerfall der CDU schon der Zerfall des Regimes? Und kommt mit der Opposition – mit der SPD – ein neues Regime? Ich denke, das Wort «Regime» umfasst alles, auch den Staat, auch die Gesellschaftsordnung, in der wir leben. Meint Schiller das? Oder doch nur einen Wechsel der Regierung und der Regierungspartei? Bemerkenswert, daß er von Regime spricht. Offensichtlich ist für ihn ein Wechsel von der CDU zur SPD ein grundsätzlicher Wandel, der von einem zusammenbrechenden alten «Regime» zu einem neuen jüngeren und anderen führt.

Das wäre erfreulich!

6.10.[1966] Gespräch mit Hans Josef Mundt.[35] Buchmesse, der betriebsame Leerlauf. Sein Essen mit Robert Neumann, der auch jetzt noch nichts begriffen hat. Kann er es begreifen: er, der Groß-Schmock, wie Andersch ihn nennt[36], aus den zwanziger Jahren Wiens. Mundt: «Der einzig politisch denkende Mensch in der Gruppe 47 ist Richter.» Darauf Neumann: «Ja, dann muss ich mich ja mal mit ihm zusammensetzen, das hat ja Raddatz auch schon gesagt.» Diese Antwort hat selbst H. J.[37] die Sprache verschlagen. Erwartet er wirklich, daß jemand sich mit ihm zusammensetzen wird, den er öffentlich «einen feuchten Fleck», einen «Nichtskönner», kurz eine «Null» genannt hat.[38] Die Ahnungslosigkeit ist erschreckend, erschreckend aber auch, daß Leute dieser Art jetzt wieder zu Wort <kommen>, mit der Mentalität von gestern und dem Stil von vorvorgestern. Friedrich Handt in seinem Beitrag: «Vom Elend der Metapher»: «Ein Autor, der mit diesen Metaphern (gemeint sind die bequemen) auszukommen versucht, gerät in die Misere der Vergangenheit.»[39] Neumann wird das nie begreifen, er gerät nicht in die Vergangenheit, er ist Vergangenheit. Was könnte es nützen, wenn er sich großzügig mit mir zusammensetzt, nichts. Er hält sich für politisch. Was soll ich mit jemandem, der sich für etwas hält, was er nicht ist, und was mit jemandem, der bis in den letzten Satz hinein die «mieseste» Seite der zwanziger Jahre vertritt, doch besser darstellt: ein Rudiment dieser Zeit. Zu etwas hat seine Polemik aber anscheinend geführt: die Abgrenzung gegenüber Stil, Methode, Sprache der zwanziger Jahre. Was so lange unbewußt in der Gruppe 47 wirksam war, jetzt wird es bewußt gemacht, was die Pietät gegenüber der Emigration solange verhinderte, was ein Tabu war, Neumann hat es gebrochen, anders natürlich, als er es sich vorgestellt hat, er wollte angebliche Tabus der Gruppe 47 brechen und brach das Tabu der Emigration. Wiegenstein in seinem Brief an Neumann. «Vielleicht war es ein Fehler der Gruppe 47, die grand old men der deutschen Literatur nicht einzuladen in jenen ersten Jahren.»[40] Hier irrt Wiegenstein. Es war kein Fehler. Ich habe sie damals bewußt nicht eingeladen. Mir war klar, was jetzt auch anderen bewußt wird: Emigration war «konservierte» Literatur der zwanziger Jahre, konservierter Stil, konservierte Sprache, konservierte Methode, die Leute vom Range Neumanns – Caféhausmethode – 1947 schon veraltet und einer anderen Epoche angehörend. Was sollte ich mit ihnen? Sie hätten sich nie der Mentalität der Gruppe 47 angepasst. Die einzigen

Der von Richter kritisierte Hermann Kesten hier mit Günter Grass 1972.

beiden Ausnahmen, die ich gemacht habe, und auch dies nur auf eindringliche Bitten: Hermann Kesten[41] 1950 und Hans Sahl[42] 1953. Beide Emigrantenbesuche waren enttäuschend, beide, Kesten wie Sahl, bewiesen, daß ich mit meiner Annahme Recht hatte. Sie demonstrierten meine «These» mit einer Deutlichkeit, die selbst ich nicht erwarten konnte. Beide kamen mit der Mentalität der zwanziger Jahre, beide vertrugen keine Kritik, beide waren von empfindsamer, törichter Eitelkeit, beide erwarteten Schuldkomplexe – auch bei uns – beide gaben sich als Rationalisten und waren doch Romantiker – deutscher, sehr viel deutscher als jeder von uns.

8.10.[1966] Brief von Enzensberger: «Die DDR-Sauerei las ich schon in einer Zeitung, in der Sowjetunion spricht man darüber so wie wir darüber sprechen.»[43] Gemeint ist wohl die Einreiseverweigerung in die DDR nach Bansin, aber auch die Kampagne drüben gegen die Gruppe 47.[44] Enzi war fünf Wochen in Russland. Er schickt Grüße von Kostja[45] und all den anderen. Schade, daß Anna Achmatowa tot ist, einer ihrer letzten Sätze auf dem Sterbebett, nachdem man ihr meinen Aufsatz über sie in Taormina vorgelesen hatte, hieß: «Ja, die Deutschen; das, was da kommt, ist die große Literatur eines besiegten Volkes.»[46] Wird ihre Ahnung Wirklichkeit werden?

Wichtig ist der Brief von Enzi, den er mir vor seiner Abreise nach Moskau schickte, über die Gruppe 47 nach der Tagung in Princeton: «Ich habe lange nichts von mir hören lassen, das war Absicht, denn in das Geheule und Gekeife, das sinnlose Stimmengewirr um die Gruppe 47 einzugreifen, war ja monatelang ein aussichtsloses Unterfangen; und wenn ich dich recht kenne, so hattest Du auch keine Lust dazu. Man wird davon nur dumm im Kopf. Ich hoffe, Du hast den Sommer lieber dazu benutzt, wieder ins Gleichgewicht Deiner Arbeit und Deines eigenen Lebens zu kommen, das schließlich und endlich keine Gruppe ist, denn daß Du Dich ihretwegen krank machen solltest, das hat sie nicht verdient. Vielleicht kommt auch dieser Brief noch <zu> früh, vielleicht hast Du immer noch keine Lust, neue Pläne zu fassen, vielleicht – und auch das könnte ich verstehen – hast Du überhaupt keine Lust mehr dazu. Das wäre allerdings ein Unglück. Ich glaube nicht, daß es einen Grund gibt, die ganze Sache klanglos fahren zu lassen. Einen solchen Grund haben die Feinde der Gruppe am allerwenigsten vorweisen können. Im Gegenteil, je verdrossener sie sind, desto deutlicher machen sie (woran wir doch manchmal zweifeln), daß diese Treffen eine Daseinsberechtigung haben. Ich sage das nicht aus persönlichem Interesse, ich gehe auch nicht hin, um meinen Vorteil zu suchen, vielleicht ist die Zeit, wo die Treffen für meine eigenen Arbeiten produktiv waren, sogar schon vorbei, aber darum geht es nicht.»[47]

Dann kommt der Vorschlag: keine Reform, sondern jeder Eingeladene muss auch lesen, auch die Kritiker. Sie sollen Essay's lesen. Und dann: «Lange genug hast Du nun diese ganze Öffentlichkeit am Halse gehabt, die mit der Sache selbst nichts gemein hat, auch gar nicht begreifen kann, um was es geht.»

Und dann zum Schluß: «Du kannst überhaupt, wie bisher immer, so auch in Zukunft, auf mich zählen.»

Dieser Brief ist aus zwei Gründen bemerkenswert, einmal, dieses eindeutige Bekenntnis zur Sache, das ich gerade von Enzi nicht erwartet habe; zum anderen, weil er das Fahrenlassen der Sache für ein Unglück hält. Die Reformvorschläge gleichen denen von Erich Fried, jeder Eingeladene muss lesen, auch die Kritiker, auch Kaiser, auch Reich-Ranicki, auch Hans Mayer.[48] All das ist im Prinzip richtig, nur wahrscheinlich nicht mehr durchführbar, selbst für diese Reform ist es zu spät. Spielregeln zu ändern, die zwanzig <Jahre> bestanden und sich bewährt haben, ist schwer, ja, ich glaube, unmöglich. Trotzdem ist dieser Brief in seiner Klarheit erfreulich. Auch ein Brief von Andersch, der seinem eigenen Vorschlag, den er mir im Sommer gemacht hat, nun skeptisch gegenüber steht.[49] Sein Vorschlag: aus der Gruppe 47 eine Akademie entstehen zu lassen, die auf dem festen Grund von zwanzig Jahren Arbeit stehen <kann>, lebendig sein muss und die sich sowohl literarisch wie politisch engagiert. Über seinen «Großschmock von Locarno» schreibt er: «Neumann hat zweifellos in die deutsche Literaturkritik (wenn man dergleichen überhaupt noch in diese Kategorie einreihen will) Methoden und Ausdrücke eingeführt, wie es sie noch nie gab. Es wäre die Aufgabe eines guten Kritikers, den Fall einmal gnadenlos darzustellen, statt wie dies Joachim Kaiser u. a. tun, dem Herrn immer noch so viel Respekt zu bekunden und ihm Geist und Humor zu attestieren.[50] Er ist nichts weiter als ein schmockender Gangster, der Rufmord betreibt.»[51]

Er hat recht: sie sind alle viel zu höflich. Aber auch Höflichkeit kann tötlich sein.

14.10.[1966][52]   Brief von Wolfgang Hildesheimer.[53] Er hat von Andersch erfahren, daß mir die vielen Angriffe und Verleumdungen «zugesetzt» haben. Zur gleichen Zeit Anruf eines Pressebüros. Irgendeine rechte oder faschistische Organisation, die sich «gezielte Demokratie» nennt, droht mit einem «Senfgaz-Attentat» auf die Darmstädter Akademie anlässlich der Verleihung des Büchner-Preises an Wolfgang Hildesheimer, dies als Demonstration gegen die Gruppe 47.[54] Ob ich davon wüßte? Nein, ich wüßte nichts. Wahrscheinlich grober Unfug, aber immerhin doch symptomisch. Die Gruppe 47 als Prellbock für alles und nichts. Hildesheimer schreibt zu seinem dummen, altjungferlichen Artikel in der «Zeit»[55] zur Tagung der Gruppe 47 in Princeton, in dem <er> die horrenden Geldsummen beklagt, die dort ausgegeben wurden: «Alles, was ich gesagt habe, halte ich aufrecht»[56]. Kein Wort des Bedauerns und keins, das Verständnis ausdrückt, nur dies, ich habe recht, ich, hier im Schatteneck der Weltpolitik, in Poschiavo, hinter dem Großen Bernadiner.[57] Natürlich findet er den Artikel von Neumann[58] «widerlich». Das ist einfach. Wer findet ihn nicht «widerlich»? Aber das Altsäuerliche seines Artikels hat er immer noch nicht bemerkt, auch nicht, daß auch seine Informationen über Princeton falsch sind, daß auch er sich etwas erdacht hat, so wie alle anderen sich immerfort etwas «erdenken», was sie dann angreifen. Richard Hey schreibt in seinem Artikel: «Der Partisan im Kaninchendschungel»: «Aber die europäischen Staaten, Russland und die USA befinden sich in einer nichtrevolutionären Situation ihrer Geschichte. Sie haben alle gemeinsame Probleme, die Probleme von hochentwickelten Industrienationen. Ideologien sind da kein Motor mehr, sondern Hemmnis. Literaten, die sich in dieser Situation revolutionär gebärden, sind Reaktionäre»[59]. Dies ist es: aber <haben> sie alle den Wechsel begriffen; Neumann, Nossack und die anderen, diesen gemeinsamen Wechsel, diesen unmerklichen Wechsel vom Revolutionär zum Reaktionär. Wie sollen sie es begreifen? Was gestern noch revolutionär war, heute schon reaktionär? Das Tempo der technisch-wissenschaftlichen Entwicklung überholt das Altwerden des Menschen, vor zehn Jahren sprachen wir von der zweiten industriellen Revolution – und mußten umdenken – gestern, im Bundestag, sprach Minister Stoltenberg, Minister für Kultur und Wissenschaft, von der dritten industriellen Revolution, und der Bundestag, das Plenum, leer, so sprach Stoltenberg vor 30 Abgeordneten.[60] Welche Ignoranz!

Läuft auch das Bewußtsein der sogenannten Volksvertreter gelähmt hinter der Entwicklung her, wie das Bewußtsein der Literaten? Stoltenberg hat mir leid getan. Als ich im Dezember mit ihm in Düsseldorf diskutierte, kam das Publikum und erwartete eine scharfe Auseinandersetzung zwischen Gruppe 47 und Minister – es wollte zwei Kampfhähne sehen und wurde enttäuscht.[61] Stoltenberg war sympathisch und dachte fortschrittlich und modern. Sein Fehler und der meine: wir wollten nicht kämpfen, wir hätten uns lieber über die Probleme unterhalten. Das liebt das Publikum nicht. Es will Blut sehen. «Behaglichkeit breitete sich aus» schrieb eine Zeitung. Ach, es war keine Behaglichkeit, es war nur Unbehagen über <den> Zwang, sich zur Freude des Publikums zu zerdiskutieren. Hierher gehört auch der Satz von Hey: «Literaten, die sich in einer <solchen> Situation revolutionär gebärden, sind Reaktionäre.»[62] Hierher gehört auch der immer wiederholte Vorwurf des «Konformismus». Was heißt das noch heute? Zu Beginn der dritten industriellen Revolution? Was ist aus den Nonkonformisten der ersten Jahre geworden? Wo ist Erich Kuby?[63] Was können sie uns noch nutzen in diesem riesigen, schnellen Umwandlungsprozess, die Nonkonformisten? Nichts, gar nichts. Sie alle sind mit ihren Ideen und ihrem Vokabular schon auf dem Misthaufen der Geschichte gelandet. Sie waren im Recht zu Beginn der fünfziger Jahre, und jetzt, die Tabus werden von der technisch-wissenschaftlichen Entwicklung gebrochen, und es ist dabei völlig gleichgültig, ob jemand Konformist oder Nonkonformist ist oder sich so oder so nennt. Wie schnell alles veraltet, und warum existiert die Gruppe 47 immer noch, und warum ist sie immer noch ein Streitobjekt, also nicht veraltet. Kann man sie noch in die Zeit der dritten industriellen Revolution retten? Dabei gibt es zwei Fragen: a) wozu? und b) ist der Sprung nicht zu groß? Beide Fragen lassen sich kaum beantworten.

Berlin 22.10.[1966] Gespräch mit Freiherr Baron von und zu Guttenberg in der Berliner Wohnung. Gesprächspartner Johannes Agnoli[64], Fritz Raddatz, Roland H. Wiegenstein, Gert Schäfer[65]. Guttenberg unterscheidet zwischen Überzeugung und Ideologie; er besitzt eine Überzeugung, die anderen, die Funktionäre des Kommunismus, nur eine Ideologie, als ob man nicht auch von einer Ideologie überzeugt sein könnte. Seine Überzeugung ist einfach: Freiheit und Rechte des Individuums sind so heilige Güter, daß man kein Gesellschaftssystem anerkennen oder mit einem solchen paktieren kann, das diese «höchsten Güter» des menschlichen Lebens mit Füßen tritt. Die «praktische» Politik darf, bei welcher Konstellation auch immer, dieses Ziel nie aus den Augen verlieren. Dementsprechend gibt es in der augenblicklichen Situation nur eine Möglichkeit: Gemeinsamkeit mit Frankreich, Einigung Europas, europäische Machtkonzentration, wirtschaftlich, militärisch, technisch, kulturell. Eine solche Machtkonzentration würde auf lange Sicht, so Guttenberg, Aufweichungstendenzen im Ostblock fördern und Veränderungen hervorrufen, die den oben genannten Tendenzen <dienen> und eine Politik des Miteinanders und der Verständigung möglich machen könnten. Diese Ansicht ist klar, und ich kann sie nicht als reaktionär bezeichnen, wohl aber sieht <man> den Mangel an politischer Elastizität, den ein solches Konzept zur Folge haben muss. Steht nicht zu erwarten, daß eine solche europäische Machtkonzentration eine «Verdichtung» der Machtbeziehungen im Ostblock nach sich ziehen wird? Guttenberg macht den Eindruck eines Landedelmannes aus dem neunzehnten Jahrhundert, der in der Mitte des zwanzigsten Jahrhunderts die Ideen der französischen Revolution entdeckt hat, ein seltsames und für mich doch faszinierendes Bild: der Aristokrat als Bürger, der Bürger als Aristokrat.

Noch in München Besuch von Dr. Alois Rummel, der ein Interview von mir haben und wissen will, ob der Vorwurf gegen die Gruppe 47 berechtigt ist, daß sie «literarisch chaotisch», politisch aber sehr «zielstrebig» sei.[66] Ob mich der Vorwurf nicht bedrücke: «Nein, der Vorwurf bedrückt mich nicht. Er geht an der Sache vorbei, wie fast alle Vorwürfe gegen die Gruppe 47. Weder ist die Gruppe literarisch chaotisch, noch politisch so zielstrebig, wie sie dargestellt wird. Ich wollte, sie wäre politisch so zielstrebig, aber sie kann es nicht sein. Wir haben es hier ja nicht mit einer Organisation, einem Verein oder einer Partei zu tun, sondern mit einem sehr losen Kreis, der durch nichts anderes gebunden ist als durch meine Einladungen zu jährlich immer wiederholten Lesungen. Das wird nicht verstanden, weil unser traditionelles Denken sich nur Organisationen vorstellen kann. Zwanzig Jahre gibt es jetzt diese Lesungen, d. h. die Gruppe 47, und immer noch Kritiken, Beschimpfungen und Darstellungen, die alle ins Leere gehen. Was ist die Gruppe 47: Nun, nichts weiter als ein immer wiederholtes «Werkstattgespräch» unter Schriftstellern, ein Werkstattgespräch, in dem aus noch unveröffentlichten Arbeiten gelesen und diese nach der Lesung von allen Anwesenden kritisiert werden. Es ist also keine literarisch-stilistische, weltanschaulich ausgerichtete «Bewegung», nicht irgendein neuer «Ismus» aus der Zeit der «literarischen Revolutionen»: Expressionismus, Symbolismus, Surrealismus und so fort, wir leben nicht in der Zeit literarischer Revolutionen, sondern, wie auch auf anderen Gebieten, in einer Zeit der Evolutionen. Ein Produkt dieser evolutionären Zeit ist auch die Gruppe 47. Deshalb treten in den vorgelesenen Arbeiten sehr verschiedene literarische Richtungen auf, vom Realismus bis zum Surrealismus, von der konkreten Lyrik bis zur abstrakten. Wichtig ist nur die Qualität, nicht die Stilrichtung, zumal sich alle Stilrichtungen allmählich ineinanderschieben, d. h. nur noch Material oder auch Methoden sind, die man verwenden kann, wie man will oder wie es erforderlich ist, also erforderlich vom Thema her. Auch auf diesem Gebiet beurteilt man die Gruppe 47 aus einer literarischen Salonecke der Vergangenheit, mit dem Blickpunkt von gestern, aber das Jahr 1910 – ach, da gab es noch Kaiser Wilhelm den Zweiten.

Die Gruppe 47 war pluralistisch, bevor unsere Gesellschaft es wurde. Was nun die Politik betrifft, so treibt die Gruppe 47 keine Politik, sie kann es, wie gesagt, gar nicht. Ein Kreis von Leuten, und auch noch oft wechselnden Leuten, die von mir jährlich einmal zu einer solchen literarischen Arbeit eingeladen werden, ist kein politisches Gremium und kann es nicht sein. Es ist immer ein Kreis, der sich aus Einzelnen, aus oft krassen Individualisten, zusammensetzt, die ihre eigenen politischen Meinungen haben, die sie öffentlich in ihrem eigenen Namen vertreten, also Beispiel: Peter Weiss, Günter Grass, Heinrich Böll, drei politische Meinungen, fast Programme, die sehr weit auseinandergehen. Nur gibt es in bestimmten Punkten Übereinstimmungen – wie im Fall der Spiegelaffäre[67] –, dann kann es gelingen, viele dieser Autoren, die ihre Karriere auf dem «elektrischen Stuhl» der Gruppe 47 begonnen haben, zusammenzubringen, d. h. ihre Unterschrift für einen Protest zu gewinnen. Gewiss, es gibt eine sehr weitgespannte Gleichgestimmtheit der «politischen Mentalität», die sich dann in solchen Protesten äußert, aber nicht mehr. Diese Mentalität hat sich ergeben, weil ich bei meinen Einladungen nicht nur von dem «literarischen Können» des Einzuladenden ausging, sondern auch von der politischen Haltung. Autoren mit Neigungen und Meinungen, die ich für nach-, vor- oder schon neo-faschistisch halte, wurden nicht eingeladen. So ergibt sich weder Chaos noch Zielstrebigkeit, sondern bei härtester Kritik gegenüber dem «Werk», der vorgelegten Arbeit, was ihre Qualität betrifft, Toleranz gegeneinander auf allen Gebieten, sowohl der Literaturrichtungen wie der politischen Meinungen.» Dies meine Antwort in dem Interview. Sie umfasst nicht alles, es fehlen die Zwischenbeziehungen, die Zwischentöne, kurz alles, was nicht klar erkennbar ist, alles, was in der Öffentlichkeit zur «Mystifikation» der Gruppe geführt hat. Was ist es, was sie, trotz aller Angriffe, Verleumdungen, Denunziation, zusammenhält? Langes Gespräch mit Klaus Roehler über Bewußtsein und Mentalität, er meint, eine bestimmte, andersgeartete «Bewußtseinslage» sei Ursache dieses Zusammenhaltens, dieses «Bewußtsein», keineswegs völlig frei von Ressentiments und Vorurteilen, sei durchaus fähig, sie bei bestimmten Gegebenheiten zu überspringen, es sei fähig, Qualitäten und Leistungen beim anderen anzuerkennen, auch dann, wenn man den Betreffenden nicht «ausstehen» könne. Er erwähnte in diesem Zusammenhang sein Verhalten zu Fritz Raddatz, das Verhältnis Grass – Jens, das Verhältnis Lettau – Herburger[68], auch bei fast «physischer Abneigung» respektiere man noch die Leistungen und Qualitäten des anderen, ohne in den Fehler zu verfallen, seine Schwächen zu übersehen. Ich würde sagen: «Kritik setzt Anerkennung voraus.» Wenn es so ist, wenn diese Haltung die Folge einer zwanzigjährigen Arbeit ist, dann genügt dies allein, um die Gruppe 47 zu rechtfertigen, dann hätte sich das, was ich unter Demokratie und Toleranz verstehe, durchgesetzt. Mit dem Fahrrad durch den herbstlichen Grunewald gefahren, einem Angler am Wannsee zugesehen, er zog einen Fisch nach dem anderen aus dem Wasser – Rotaugen, die sich widersetzten, es erinnerte mich an eine Glosse von Gerhard Zwerenz in der Zeitschrift «pardon» über drei «große Fische»: Böll, Richter, Grass.[69] Mich skizziert er als großen Fischer, der nicht nur überall – vor allen Dingen in Irland – die größten Fische aus dem Wasser zieht – ein Mann also, der nicht schreiben, sondern nur fischen kann – dies sei sein eigentlicher, sagenhafter Ruhm – nein, der auch Menschen fischt, ein Menschenfischer eigener Art, der bei seiner Menschenfischerei immer nur die größten Fische behält, die anderen aber, die kleinen, nicht wesentlichen, gleichgültig wieder ins Wasser wirft. Eine Glosse voll versteckter Gehässigkeit, aus der hervorgeht, daß sich auch Zwerenz als «kleiner Fisch» ins Wasser zurückgeworfen sieht, ja, ich hatte ihn einmal zu einer Tagung auf der Elmau eingeladen, sofort protestierten Hans Mayer und Fritz Raddatz, er, Zwerenz habe sich in der DDR als Spitzel betätigt[70], so habe ich ihn nicht wieder eingeladen: ein kleiner Fisch, den ein großer Fischer zurück ins Wasser warf. Aber der Angler am Wannsee wirft keinen Fisch zurück, auch die kleinsten – die Zwerenze – verschwinden zappelnd in seinem Netz.

Sollte ich mit meiner «Fischerei» einen Fehler begangen haben? Zwanzig Jahre lang? Hätte ich sie nicht alle durch Einladungen «umdrehen» können, wie es in der Geheimagentensprache heißt, den Krämer-Badoni und den Sieburg, den Neumann und den Zwerenz.[71] Einladungen und ein wenig Erfolg bei der Kritik hätten sie wohl zu «wilden» Anhängern der Gruppe 47 gemacht. Was aber hätte das eingebracht? Nichts als totale Verwässerung. Ein fauler Fisch in einem Netz bringt alle anderen zum Faulen, und dies nicht nur von den Köpfen her. Trotzdem – ich beneide den Angler am Wannsee.

24.10.[1966] Besuche! Besuche! Hajo Schedlich[72] aus Mainz, Horst Mönnich, der über sein Buch aus den beiden Teilen Deutschlands spricht, oder über die beiden Teile.[73] Besuch aus Bansin: Ratschlag der Familie, die Gruppe 47 aufzugeben, mich allmählich zurückzuziehen und mich wieder ganz mit dem Schreiben zu beschäftigen. Sie fürchten, daß der ständige Ärger mich auffrisst und mich mit der Zeit zugrunde richtet. Offensichtlich haben sie trotz Mauer und Abschnürung mehr von der ganzen Kampagne mitbekommen, als ich annehmen konnte. Es ist das erste mal, daß ein solcher Ratschlag von der Familie kommt und daher vielleicht symptomatisch. Er gibt mir zu denken. Zweifellos wissen auch sie, wo die Ursachen all der Vorwürfe, Gehässigkeiten und Verleumdungen liegen. Jetzt, nach einem halben Jahr, kann man es rückwärts rekonstruieren. Folgendes ist nach den Indizien wahrscheinlich: Neumann und

Röhl (Redakteur der Zeitschrift «konkret») fuhren noch vor der Tagung in Princeton nach Ostberlin und wurden dort vermutlich von Alexander Abusch[74], stellvertretender Ministerpräsident, zu dem Generalangriff gegen die Gruppe 47 angeregt. Es ist anzunehmen, daß sie sowohl Instruktionen wie Informationen auch von dort bekamen, Abusch hatte kurz davor einen Artikel im «Neuen Deutschland» geschrieben, in dem er die Gruppe 47 als «ideologische Wunderwaffe» der Bundesrepublik bezeichnete, die das «literarische Alleinvertretungsrecht» beanspruche.[75] Eine mehr als dumme Ansicht. Was ist das, dies literarische Alleinvertretungsrecht? Hier werden politische Begriffe, die schon auf ihrem Gebiet «schief» sind, auf die Literatur übertragen, um dort völlig absurd zu werden. Auf jeden Fall scheint im Zentralkomité der SED die Idee entstanden zu sein, die Gruppe 47 müsse zerstört werden.[76] Dies aus drei Gründen:

1.) Das praktizierte Alleinvertretungsrecht, praktiziert durch private Einladungen an einzelne Schriftsteller und der dadurch entstehenden «Nichtanerkennung» des DDR-Schriftstellerverbandes, wodurch nach Ansicht des Zentralkomités die Niederlage der DDR in der Princeton-Tagung-Affaire entstand. Man ließ die eingeladenen Schriftsteller nicht fahren, obwohl die USA die Einreisegenehmigung erteilt hatte, was in der Öffentlichkeit als «Blamage der DDR» angesehen wurde.

2.) Die Aufwertung West-Berlins durch die Konzentration von Schriftstellern in Berlin: Beginn eines neuen literarischen Lebens, das von der Gruppe 47 angeregt, gefördert und unterstützt wird.

3.) Der Einfluss auf die Schriftsteller der DDR: Bieler[77], Biermann[78], Hacks[79], Hermlin, Kunert[80], Schneider[81] usw., die mit der Gruppe 47 im Hintergrund in ihrer Opposition gegenüber der Parteilinie bestärkt wurden.

Aus gestern noch «humanistisch-bürgerlichen» Schriftstellern wurden so übernacht «antikommunistische» Schriftsteller, in Wirklichkeit geht es aber nur darum, Barrieren gegen jede Liberalisierung aufzubauen, geht es um den Kampf der Dogmatiker gegen Liberale und Reformisten. Dazu gab sich Robert Neumann her, darauf fiel Hans Erich Nossack herein, und der Redakteur Klaus Rainer Röhl musste tun, was die SED befahl, da seine Zeitschrift viele Jahre lang von drüben finanziert wurde und er sich in hoffnungsloser Abhängigkeit befindet: ein Agententyp mit faschistischer Mentalität. Das Ganze ein deutsches Trauerspiel von abgrundtiefer Hässlichkeit. Brief von Wolfgang Hildesheimer, ein netter Brief, und ich muss einiges zurücknehmen, was ich hier gegen ihn gesagt habe. Er schreibt u. a.: «Was nun die Feinde und die Hasser betrifft: immerhin bringen sie es fertig, dass die Gruppe 47 in erweiterter Form immer wieder zusammenhält, sie schieben gleichsam die Gruppe wieder zusammen, das merke ich ja an mir selbst, einem Halb-Abtrünnigen. Aber ehrlich gesagt finde ich, dass die Gruppe 47 sich viel zu viel darum kümmert. Warum lässt man sie nicht schreien. Wenn keine Entgegnung kommt, hören sie, in Ermangelung eines Partners, von allein wieder auf. Immerhin bleibt ja – das hat Fred in seinem Gedicht[82] ganz nett gesagt, – immer noch die Literatur der Mitglieder. Darauf hinzuweisen hat sich gelohnt. Letzten Endes spielt doch bei Neumann das Ressentiment mit, das Gefühl, dass er nichts mehr gilt. Ich finde, darüber sollte man sich nicht aufregen».[83]

Den politischen Hintergrund sieht er nicht, er kann ihn von Poschiavo aus auch nicht sehen. Deshalb ist dies kein Vorwurf.

30.10.[1966] Brief von Kurt Heuser über Höllerers Heft: Kunst und Elend der Schmährede: «Wollte Dir nur sagen, dass dies bei weitem die beste Antwort an die Sabbergreise war, und man kann nur hoffen, dass recht viele es zu sehen bekommen. Wenn ich Robert Neumann wäre, würde ich mir eine Kugel in den Bauch schießen.»[84] Nun ja es genügt, daß er – Neumann – im Krankenhaus in Amsterdam mit einer Trombose liegt. Die Rache folgte dem Unheil, das er angerichtet hat, auf dem Fuß. Das ging auch dem kleinen Studienrat aus Basel Walter Widmer so. Kaum hatte er – weil ich ihn nicht eingeladen hatte – einen Schmähartikel gegen die Gruppe 47 geschrieben, da starb er auch schon.[85] Es scheint nicht gut zu sein, die Gruppe 47 anzugreifen – so anzugreifen: Reinhard Lettau bei Günter Kunert. Depressionen bei Kunert. Alles scheint schlimmer denn je zu sein.[86] Lettau zu Kunert: «Was wäre, wenn die Gruppe 47 nach Prag ginge.»[87] Darauf Kunert: «Das würde hier als der größte Affront gegen die DDR aufgefasst werden und die weitere Verschlechterung der politischen

Beziehungen zur Tschechoslowakei nach sich ziehen. Ich kann mir vorstellen, daß ein solcher Besuch der Gruppe 47 in Prag zum Abbruch der
diplomatischen Beziehungen führen kann.» Lettau: «Würden Sie Richter
raten, trotzdem nach Prag zu gehen?» Darauf lange Pause bei Kunert.
Dann: «Ja, ich würde es trotzdem tun. Wir werden es hier zwar stark zu
spüren bekommen, es wird uns noch schlechter gehen, aber auf die lange
Sicht ist es richtig.» Besuch bei Günter Grass. Er kommt mit Anna[88] aus
Prag und Budapest zurück.[89] In Budapest hat er gehört, Stephan Hermlin
sei dort gewesen und habe aus Verzweiflung geweint. Das hat mich erschüttert. Er – der Unerschütterliche im Glauben – der sein ganzes Leben
in der Partei verbracht hat, jetzt ein Weinender? Ich lese zur gleichen Zeit
die offizielle Meldung, er, Stephan Hermlin, habe ein literarisches Streitgespräch in Hamburg mit Walter Jens abgesagt, weil er über dessen «Rote
Rosa» empört sei.[90] Tränen in Budapest und befohlene Empörung in
Ost-Berlin. Hat man ihm seine eigene Empörung rechtzeitig mitgeteilt?
Ich fürchte, man hat nicht einmal das für nötig gehalten. Grass: «Nach
meinem Aufenthalt in Prag und Budapest bin ich noch weniger für den
Sozialismus zu haben als vorher.» Ich: «Du meinst den Kommunismus
wie er drüben praktiziert wird.» Grass: «Ich meine das Leben in den Staaten, die sich die sozialistischen nennen.»

7.11.[1966] Vier Tage in Prag, zusammen mit Reinhard Lettau, der mich
begleitete, um einmal ein sozialistisches Land kennen zu lernen. Er betrat
dieses Land wie ein «Land Gottes», mit der Neugier und der Naivität des
Bewunderers – ein sozialistisches Land. Er erinnerte mich an die Gläubi-
gen der zwanziger Jahre – André Gide[91] zum Beispiel –, die nach Moskau
fuhren und enttäuscht zurückkehrten. Bei ihm hatten sich in drei Tagen
nur die Blickpunkte verschoben. Auf dem Rückflug: «Ich habe viel gelernt. Ich glaube V. beeinflußt mich zu sehr.» V. ist seine Freundin, eine
kleine, neunzehnjährige Fanatikerin, dumm und intolerant.[92] In Prag
Gespräche mit den Beamten des tschechischen Schriftstellerverbandes.
Sie wollen die Gruppe 47 nach Prag haben. Auf meine Frage: «Warum wollen Sie die Gruppe 47 nach Prag einladen? Sagen Sie es mir ganz offen.

Welche Interessen verbinden sich damit?» kommt die erstaunlich ehrliche Antwort: «Aus Prestigegründen. Wir hoffen, daß unsere Literatur durch die Publizität, die mit einem solchen Besuch der Gruppe 47 verbunden ist, den Anschluß an die Weltliteratur findet.» Wir fahren hinaus zu dem Schloss, das jetzt dem tschechischen Schriftstellerverband gehört und einmal Eigentum des Fürsten Colloredo-Mannsfeld war.[93] Dort können wir tagen, wann immer wir wollen. Ein gut erhaltenes, schönes Schloss des 18. Jahrhunderts. Aber ich war zu müde, um es ganz erfassen zu können. Wir hatten bis zum frühen Morgen gefeiert: Vladimir Kafka[94], Manfred Bieler und seine Frau[95], Reinhard Lettau, ein Mann, der [xxx][96] hieß und mich an Schwejk erinnerte, ein Übersetzer, dessen dritter Satz war: «Heißenbüttel ist der größte.» Er hatte Heißenbüttel übersetzt und hielt ihn nach Enzensberger für den größten deutschen Lyriker. Marcella Bieler, nach Lettau zu vollbusig und mit zu plattem Hinterkopf, flüstert mir am frühen Morgen beim Tanzen in einer Bar zu: «Ich bin eigentlich eine Gräfin, eine ungarische. Aber das weiß niemand. Wir mußten uns nach dem Krieg tarnen. Bitte sagen Sie es niemandem.» Nein, ich werde es niemanden sagen. Prag ist noch immer die Stadt Franz Kafkas, oder heute mehr denn je. Es hat sich dort nicht viel verändert, auch nicht seit meinem letzten Besuch 1962. Noch immer wirtschaftliche Misère, noch immer Armut und graue, wenn auch jetzt etwas farbigere Atmosphäre. Nur die Literatur ist freier geworden. Man gibt sich progressiv und liberal.

Gestern abend, nach der Rückkehr aus Prag, hessische Landtagswahlen. Sieg der Rechtsextremisten – der NPD.[97] Grass, Krüger[98], Lettau, Wagenbach[99], alle deprimiert. Das Gespenst einer neuen nationalistischen Bewegung taucht am politischen Horizont auf. Etwas später als die vier kam Tibor Déry[100], ein jetzt schon sehr alter Mann. Grass zu Tibor Déry: «Wie hoch würden Sie den prozentualen Anteil der kommunistischen Partei schätzen, wenn es jetzt in Ungarn zu freien Wahlen käme?» Die Antwort von Tibor Déry: «Nicht mehr als fünf bis sechs Prozent.» Welch ein Schicksal, Tibor Déry, ein von der Zivilisation enttäuschter Mann. Ein Satz von ihm wird mir im Gedächtnis bleiben: «Ich halte nichts mehr von der Zivilisation.» Und dann draußen im Flur, als ich ihm in den Mantel half: «Wie alt sind Sie?» Ich: «Sieben und fünfzig. Ich habe alles mitgemacht.» Darauf Tibor Déry: «Es wird für Sie noch nicht das Letzte sein.» Dieser Satz ist deprimierend. Vielleicht hat Déry recht. Angesichts der Wahlerfolge der Rechtsradikalen in Hessen ist wieder alles möglich, «alles offen» wie man im Augenblick in Bonn sagt. Grass macht allmählich einen zu selbstsicheren Eindruck, er legt fast alles für sich und für die SPD aus, das mindert die Sympathie, die ich für ihn empfinde. Er selbst bemerkt diese eigene Entwicklung nicht: er ist immer Grass. Er sagt zu Tibor Déry etwa gestern abend: «Wissen Sie, daß es viele junge Schriftsteller, Freunde von uns gibt, die den ungarischen Aufstand als Konterrevolution bezeichnen?» Weiß er nicht, wie sehr eine solche Mitteilung Tibor Déry treffen muss, den Mann, der dem ersten revolutionären Massenaufgebot, dem Marsch zum Petöfidenkmal, voranging?[101]

8.11.[1966] Daß ich mit Lettau in Prag war, steht schon in den Zeitungen, auch, daß die Gruppe 47 dort tagen wird.[102] Dabei steht noch gar nichts fest. Woher kommen solche Mitteilungen, von dem Grafen Razumovsky[103], den Manfred Bieler zum Mittagessen mitbrachte? Man kann nichts verheimlichen, nicht einmal diese provisorischen Gespräche in Prag. Langes Gespräch mit Raddatz. Auch er befürchtet ein Anwachsen des Rechtsradikalismus. Wie merkwürdig alle Dinge immer zu einem bestimmten Zeitpunkt zusammenfallen. Wenn dieses Jahr die Geburtsstunde einer neuen nationalistischen Welle ist, so gehen ihr – fast wie damals – drei Erscheinungen voraus, bilden den Boden, auf dem sie wachsen kann:

a) eine Art schleichender Wirtschaftskrise
b) der Verfall der intellektuellen Gemeinsamkeit. (Die Polemik gegen die Gruppe 47 von links – die Auseinandersetzung Weiss-Enzensberger[104] – der allgemeine Hader)
c) das Fehlen einer politischen Autorität.

10.11.[1966] In Frankfurt hat ein neues «Literarisches Forum» getagt, nach den Methoden und Spielregeln der Gruppe 47.[105] Man will ein «offener Markt» sein und denkt an engen Kontakt mit dem Publikum – Korrespondenz mit dem Leser –. Das ist genau das Gegenteil von dem, was ich mit der Gruppe 47 wollte. Literatur entsteht nicht auf dem «offenen Markt», von Maßstäbe setzen und wirklicher Kritik ganz zu schweigen. Dazu bedarf es der Stille, der Abgeschlossenheit, deswegen habe ich immer das Land bevorzugt, dort, wo man ganz unter sich war. Und dann – dieses bunte Gemisch. Was sollen die vielen Übersetzer dabei, inländische und ausländische, die ausländischen Verlagslektoren und klugen Schwätzer. Ein telefonisches Interview mit dem Saarländischen Rundfunk: «Ob ich das als Konkurrenz empfinde?»[106] Was für eine dumme Frage. Als ob die zwanzig Jahre lebendiger Literaturgeschichte sich einfach nachvollziehen ließen? Ein Plagiat ist immer ein Plagiat. Die Gruppe 47 ist aus sich selbst heraus gewachsen, hat ihre eigenen Autoren hervorgebracht, ... die Autoren der Gruppe 47, und ich habe immer Unbekannte eingeladen. Dort in unserem Kreis – auf dem «elektrischen Stuhl» wurden sie berühmt, nicht vor der Öffentlichkeit. Immer war dort die Auswahl – hart gesagt, ein ständiger Ausleseprozess – das war mühseliger, das erforderte eine fast «seelische Grausamkeit». Und doch war es nur so möglich, den Anschluss an die Weltliteratur wieder zu finden: Qualität zu fordern und durch ständige ausgewogene harte Kritik zu fördern und die Sekundärliteratur auszuschalten.

21.11.[1966]   Wahl in Bayern. Sieg der NPD.[107] Fünfzehn Sitze im <Land>tag. Ausscheiden Hildegard Brüchers[108]. Dafür fünfzehn Soldatenzeitungs-Menschen im Landtag. Eine traurige Bilanz und wahrscheinlich der Beginn einer neuen nationalistischen Welle in Deutschland. Starke Depressionen, bei allen: Grass, Wagenbach, Schnabel[109], Lettau. Zum ersten mal ernsthaft wieder das Gefühl, daß ich meine letzten Jahre nicht in diesem Land verbringen werde, oder unter Umständen, die alles andere als glücklich sind. Schon wieder – wie damals – bagatellisiert man den Vormarsch der Rechten, statt gleich und radikal einzugreifen, Verbot schon jetzt statt langes Zuwarten. Gestern im Fernsehen: Wahlkampf der NPD in Bayern: dieselben Gesichter, dieselben verlogenen Reden, derselbe Fanatismus, gespeist aus irrationalen Ressentiments, das selbe Vokabular: Ehre, Vaterland, Gesinnung, Sauberkeit, Ordnung, der Mann als Held, nicht als Handlanger und Konsument, die Frau als hehres Idol, nicht als Hure. Das Wort «Völkisch» wird wieder ohne Scheu gebraucht, «unsere Ehre heißt wieder Nation, unsere Treue Vaterland.» Mein Gott, wer hätte geglaubt, daß dies alles wiederkommen kann. Aber: es ist wieder da und kommt wahrscheinlich überall im Eil-Marsch-Schritt der Nation auf uns zu. Auf der anderen Seite: die Gruppe 47 im Verfall, die Intellektuellen zerstritten: Vietnamkrieger, SED-Mitläufer, konkret-Leser, SPD-Anhänger, keiner denkt mehr daran, daß sie jetzt dies alles zurück-stellen müssten. Stattdessen nur Hassgesänge und Diffamierungen. Horst Bingel, der das Literarische Forum in Frankfurt leitete, ein etwas dümm-licher Mensch, wirft der Gruppe 47 vor, sie erzeuge dadurch, daß der Autor sich nicht verantworten kann, Impotenz des Schriftstellers[110]: als ob jene, die auf dem Stuhl der Gruppe 47 ihre Karriere begonnen haben, an Impotenz kranken: Böll, Grass, Eich[111], Aichinger[112], Bachmann[113], Enzensberger, Andersch, Walser, Lettau, Weiss, Kluge[114], Bobrowski[115], Lenz[116]. Woher nimmt ein Mann nur diese Ignoranz? Dummheit? Neid? Oder gar eigene Impotenz? Die Gefahr ist groß, daß wir diese Leute aus Ressentiment einmal alle im nationalen Lager finden. Wo soll sonst ihr kleines «Flämmchen» zur Flamme werden? Zur gleichen Zeit wieder Angriffe in der DDR. Auf dem Schriftstellerkongress warnte Dieter Noll alle Schriftsteller der DDR eindringlich vor den Machenschaften der Gruppe 47: «Machen wir uns nichts vor. Wir waren im Begriff, uns ganz schön unterwandern zu lassen.»[117] Immer mehr wird klar, daß ich mit meiner Annahme recht habe. Zusammenspiel zwischen SED und kon-kret: Neumann und Röhl als Zuhälter der Reaktionäre von drüben und damit Unterstützung der Reaktionäre hier. Die Reaktionäre von links und rechts reichen sich wieder einmal die Hände, und auf der linken Seite hat man nichts dazu gelernt – nichts seit 1933. Sie werden es erst wieder be-greifen, wenn man auch sie gefressen hat. Im Spiegel ein Artikel über das Literarische Forum in Frankfurt: Hans Werner Richter als literarischer Gaullist.[118] Was diesen Dummköpfen alles einfällt. Aber Rudolf Aug-stein[119] kam unbeschwert hier in die Wohnung, als läse er nie den Spiegel.

Warum auch, es ist ja sein eigenes Organ. Gespräch mit Augstein, Hans Heigert, Johannes Gross, Ekkehart Krippendorff und einem Korrespondenten namens Wocker aus London über die Deutschlandpolitik.[120] Später sehr fröhlicher Abend: Augstein betrunken, Gross betrunken, Grass spielt Diplomatie. Telegramm an Brandt[121] mit der Bitte, eine Koalition mit der FDP – Mini-Koalition – abzuschließen mit allen Unterschriften, außer der von Hans Heigert.[122] Grete Neuss[123] schlägt und küsst alle. Lettau: «Zum ersten Mal ein richtiger Salon.» Ich frage mich, ob dies hier ausreicht – diese Wohnung – um die wesentlichen Kräfte zusammenzufassen, die man in den nächsten Jahren braucht, falls die «nationale Welle» Wirklichkeit wird.

Übrigens: das Literarische Forum in Frankfurt scheint mir eine Art «missverstandene Gruppe 47» zu werden, kein Plagiat. Sie machen genau das, was die Öffentlichkeit erfunden hat oder missversteht: Lärm, Rummel, Hochloben. All das, was es nie gegeben hat.

27.11.[1966] Spaziergang mit Franz Schonauer[124] im Grunewald. Bei Schonauer Minderwertigkeitskomplexe und versteckte Ressentiments. Er hat einen Artikel gegen die «Berliner Mafia» in der Schweizer Zeitschrift «Du» geschrieben, über die «Clique», wie er sie bezeichnet.[125] Jetzt will er trotzdem wieder von mir eingeladen werden. Sein immer wiederholtes Wort: «Wo gehöre ich denn hin?» Ja wohin? Zu uns, die er mit Verdächtigungen bewirft? An seiner Isolierung sind alle anderen schuld, die Clique natürlich, nur nicht er selbst. Es ist merkwürdig, wie wenig jemand darauf kommt, daß das Verhalten der anderen immer auf ihn selbst zurückzuführen ist. Er, Schonauer, will dazu gehören, schließt sich aber immer wieder selbst aus – durch seinen Charakter, durch seine Aggressivität, durch sein auf den Tisch hauen. Eins aber wird mir durch seine lange Beichte klar: die gesellschaftliche Ächtung, die nach Schonauer bei all den «Mitläufern» entsteht, wenn jemand nicht mehr eingeladen wird, aus «Franz» wird «Schonauer», aus «Schonauer» Herr Schonauer, bis er von den Mitläufern ganz geschnitten wird. Mir war diese Wirkung einer nicht vorgenommenen Einladung nie bewußt. Aber es war wohl immer so – zu allen Zeiten. Und es gilt wahrscheinlich für alle, die nun die Gruppe 47 angreifen – das Nichtdazugehören setzt herab, ist an sich beleidigend, vermindert das Selbstgefühl und kränkt das Selbstbewußtsein. Armer Schonauer. Wie soll ich ihm da helfen?

3.12.[1966]   Drei Tage in München. Walter Jens leitet die Diskussion des Seminars «Offenes Europa». Thema: «Die Intellektuellen und Europa».[126] Eine tote, nichtssagende Diskussion, die sich in der Definition des Intellektuellen verläuft. Jens wieder boshaft, er will nicht, daß die Gruppe 47 nach Prag geht. Man merkt es ihm an, daß er Schluß haben will. Er kommt über seine Niederlage mit der Rosa Luxemburg nicht hinweg. Treffe Mundt, Fried, Christian Mayer-Amery[127], Nowakowski[128], alle sind betroffen über die Entwicklung in Bonn, die große Koalition, die an diesem Abend zustande kam.[129] Eine schreckliche Woche. Grass schrieb drei Briefe, zwei an Brandt, einen an Kiesinger.[130] Bei dem zweiten Brief an Brandt bat er mich um meinen Besuch. Enzensberger und ich sollten die Briefe an Brandt korrigieren. Enzensberger ironisch, spitzfindig und skeptisch wie immer. Grass bemerkt nicht, wie er sich selbst als den berühmten Mann gibt, der seine Freunde um Rat bittet, ohne ihnen eine gemeinsame Aktion in der Frage der großen Koalition vorzuschlagen. Nein, er, Grass, korrespondiert mit den zukünftigen Kanzlern, Vizekanzlern und Ministern, nicht die deutschen Schriftsteller. Wenn er protestiert hat, können alle anderen nicht mehr protestieren. Es sähe wie ein Nachklappen aus. Grass hat gesprochen, warum sollen dann alle anderen noch sprechen. Er sprach – obwohl das niemand will – für alle anderen. Böswillige – Jens, Raddatz, Schonauer, Fried – sagen: «er spricht für eine Sache, für alle anderen und doch zugleich zu seinem Ruhm.» Hier an diesem Punkt entsteht Hass, Abneigung, Antipathie, und sagt man es einfach, in der Alltagssprache unserer Zeit, so würde ich über seine Gegner sagen: er stiehlt ihnen die Show. Das ist es, was sie ihm übel nehmen. Bemerkt er nicht, daß politischer Einfluss nur «kollektiv» wirksam ist, bemerkt er nicht, daß er durch seine «Alleingänge» alle anderen zur Passivität verurteilt? Dies beunruhigt mich immer mehr, es zerstört die politische Gemeinsamkeit, die fast ein Jahrzehnt lang unter den Schriftstellern der Gruppe 47 bestand. Übrig bleibt nur ein Name: «Günter Grass». Und das ist mir zu wenig ... trotz allem.

9.12.[1966] Gespräch mit Höllerer. Aus dem Sonderheft des «konkret» gegen die Gruppe 47 wird nichts.[131] Robert Neumann hat einen Brief an Wiegenstein geschrieben und wohl alle Vorwürfe zurückgenommen. Es käme ihm nur darauf an, mit uns zusammenzuarbeiten.[132] Klaus Rainer Röhl hat ähnlich an Günter Herburger geschrieben. Er möchte von mir eingeladen werden, um dann im gemeinsamen Gespräch alle Vorbehalte auszuräumen. Was für jämmerliche Charaktere. Nun liegen sie wieder auf dem Bauch und suchen Anerkennung, Nachsicht, Verzeihung, ohne sich dabei bewußt zu sein, was sie mit ihrer Kampagne angerichtet haben. Ich will beide nicht sehen. Erich Fried tauchte am frühen Morgen aus London auf. Er wollte nach Ost-Berlin, kam aber nicht durch die Mauer. Er erkundigte sich bei dem Volkspolizeioffizier: «Darf ich hinüber oder stehe ich auf der Liste?» Darauf der Volkspolizeioffizier: «Mal nachsehen. Ja, Sie stehen auf der Liste. Sie dürfen nicht hinüber.» Erich Fried: «Vielen Dank. Ich habe es mir gedacht. Darf ich vielleicht hoffen, daß ich doch einmal wieder hinüber darf?» Die Antwort des Polizeioffiziers: «Das hoffe ich für Sie. Guten Morgen, guten Morgen.» In diesem Gespräch kommt mir Erich Fried, der Mitglied der kommunistischen Partei in England ist, wie der arme Sünder vor, der ins Paradies will, vor dem der Volkspolizeioffizier wie der Erzengel Gabriel steht und ihm den Eintritt verwehrt. Langes Gespräch mit Heinz von Cramer, der in Berlin ist und einen Film dreht.[133] Er hat sich seltsam verändert. Seine Hosen sind enger und seine Toleranz ist größer geworden. Er bewegt sich in seinen zu engen Hosen wie in einem Schraubstock – gedrechselt – geschraubt – eine aufgezogene Puppe, und in seiner zu weiten Toleranz wie ein Intoleranter, der entdeckt hat, daß die Toleranz ein vorzügliches Mittel ist, um die Toleranten verächtlich zu machen. Er sagt: «Die deutschen Schriftsteller und die Politik.» Jetzt eine wegwerfende Handbewegung, darauf hohes Lachen «ha ha», dann: «geh mir damit weg. Ich kann das nicht mehr hören.» Darauf eine Blutwelle (die Intoleranz) in den vogelartigen Kopf, dann wieder wegwerfende Handbewegung und: «Na, lass sie machen, lass sie machen» (die vermeintliche Toleranz). Dabei zieht er seine zu engen Hosen rauf und runter, um durch das Sitzen – die Beuge des Knies – ihre Façon nicht zu beeinträchtigen. Wie sehr ein Mensch mit seiner Hose zum Ausdruck bringen kann, auf welcher Seite sein Herz schlägt. Links? Links sind sie alle, aber es ist ein Unterschied, ob man es mit der Hose oder mit dem Kopf ist. Fried ist es mit dem Kopf, dabei stößt er sich an der Mauer, gegen die Prof. Robert Havemann von der anderen Seite stößt, ebenfalls mit dem Kopf.[134] Da haben es die mit der Hose leichter. Für sie gibt es weder Erzengel, die vor Paradiesen stehen, noch Mauern, an denen man sich stoßen kann. Heinz von Cramer übernimmt drüben – hinter der Mauer – eine Regie im Deutschlandsender.[135] Da kann man nur sagen: «Es lebe die zu enge Hose.» Wie aber ist es mit meinen vermeintlichen Freunden, die übernacht Minister geworden sind? Hose oder Kopf? Ach, sie sehen jetzt alle so gesammelt aus, und mir ist nicht klar, ob es nicht doch die Hose war: Willy Brandt, der Außenminister, Karl Schiller, der Wirtschaftsminister, und Herbert Wehner, der gesamtdeutsche Minister. Gestern waren sie noch hier, gestern sah ich sie noch, nun sind sie ferngerückt: tragische, melancholische Figuren auf dem Bildschirm des Fernsehapparates.[136]

13.12.[1966] Am Sonntag Grass und Anna zu Besuch. Ich wollte mit ihm über die politische Entwicklung sprechen. Es war schwierig wie immer. Er nimmt alles persönlich. Er sagt auf Toni's[137] Frage: «Die große Koalition ist eine persönliche Niederlage für mich. Das mußt Du verstehen, ich habe eine Niederlage hinnehmen müssen.» Toni versteht es nicht: Toni: «Aber es hat Dich doch niemand gerufen.» Grass: «Das stimmt, aber ich habe mich für die SPD eingesetzt, keiner hat sich so intensiv für sie eingesetzt wie ich.» Toni: «Das gibt noch keine Rechte, die Politik der Partei mitzubestimmen. Du bist doch nicht in der Partei?» Grass: «Nein, das bin ich nicht.» Es ist seltsam, wie sehr für ihn persönliches Prestige und Politik durcheinandergehen, und dies mit einem klar denkenden Verstand. Später sagt Anna: «Du bist ein schlechter Verlierer.»

Richters Ehefrau Toni in ihrer gemeinsamen Wohnung in der Erdener Straße.

Er gibt es zu und ich mache ihn darauf aufmerksam, daß in der Politik schlechtes Verlieren immer auch Prestigeverlust bedeutet. Es ist ihm unangenehm, er begreift es, aber er wird sich nicht bewußt, daß er bereits an einer Selbstfehleinschätzung leidet.[138] Gestern war Karasek[139] hier – Tsakiridis[140], der griechische Bildhauer, las Gedichte – und Roland Wiegenstein, der schon wieder an einem Brief an Robert Neumann schreibt, wieder über die Gruppe 47.[141] Karasek erzählt von einem Abend mit Günter Grass in Mannheim, an dem Grass gesagt haben soll: «Hinter mir stehen vier bis fünf Millionen Menschen.» Hier liegt die Fehleinschätzung seiner Wirkung, seiner Person und seiner Möglichkeiten. Heute, während der Regierungserklärung von Kiesinger[142] im Fernsehen – ach, auf der Regierungsbank Strauß neben Schiller, welch ein Bild – war Löfdahl[143], der schwedische Kulturattaché hier, dann kam auch Günter Grass. Günter erzählt, er hätte einen Traum gehabt, sehr deutlich, sehr klar, mit allen Personen. Thema des Traumes: Die große Koalition platzt. Helmut Schmidt prescht mit seiner Fraktion gegen die Regierung vor. Konstruktives Mißtrauensvotum. FDP geht mit. Kiesinger stürzt, Willy Brandt wird zum neuen Kanzler gewählt. Günter erwacht, hält für einen Augenblick alles für Wirklichkeit und fragt Anna: «Die große Koalition ist weg?» Darauf Anna: «Nein, die haben wir noch.» Dies ist sein Trauma. Interview mit Löfdahl für den schwedischen Rundfunk und ein Buch über deutsche Literatur der Nachkriegszeit, das in schwedischen Schulen und an schwedischen Universitäten verbreitet werden soll.[144] Löfdahl will sein Staatsexamen über die Gruppe 47 machen: Er hat einen Plan, der seltsam ist. Er will alle Teilnehmer der ersten Tagungen, etwa bis 1952, fragen, wie sie es damals gesehen haben, wie und warum sie dazu gekommen sind. Daraus will er das Bild der Gruppe 47 in den ersten Nachkriegsjahren so rekonstruieren, daß es authentisch ist. Ob jene ersten Teilnehmer meine Konzeption kannten? Nein, ich habe nie darüber gesprochen. Hätte ich darüber gesprochen, wären wohl alle vorzeitig auseinander gelaufen. Den meisten ging es um ihren persönlichen Erfolg, auch – natürlich – um das Sichtreffen, um den Spaß. Ich glaube nicht, daß jemand sich ernsthafte Gedanken darüber gemacht hat, welcher Sinn dahinter stecken könnte. Abendessen mit Ernst Schnabel, der meine Frage: «Was würdest Du tun, wenn Du ich wärst, würdest Du die Gruppe 47 weitermachen?», mit einem klaren «Ja» beantwortet und zugleich von einem Nachmittag mit Walter Jens erzählt, der wiederum dafür eingetreten ist, daß die Gruppe 47 aufgelöst wird, und dies zusammen mit Marcel Reich-Ranicki, der anfängt eine fragwürdige Rolle zu spielen, mit dem in diesen Dingen doch etwas «dümmlichen» Joachim Kaiser und mit Hans Mayer – alle vier besessen von Geldsucht – was ich ihnen nicht vorwerfe – von Ehrgeiz, Ruhmsucht und von der Eitelkeit jenes Mannes, der nur in immer erfolgreichen Kreisen mitarbeitet oder sich nur in solchen Kreisen zeigt. Und merkwürdig – auf alle vier kann die Gruppe 47 verzichten. Ohne sie wäre alles leichter. Sie haben die Kritiker dort gespielt – und sie waren nicht schlecht –, nur haben sie sich selbst auf den Thron der Autoren gesetzt. Sie hielten und halten sich für wichtiger als die Autoren – sie sind die «Stars». Walter

Jens unterschrieb bisher jeden Brief mit «Dein treuer Freund Walter», wobei ich heute befürchten muss, daß dieses «treu» nur eine rhetorische Floskel war – der Professor auf dem Lehrstuhl für Rhetorik nur ein rhetorisch treuer Freund.[145]

München 24.12.[1966] In diesen vergangenen zehn Tagen ist viel geschehen. Habe lange überlegt, ob ich jetzt heute, am Heiligen Abend, einen Brief an Karl Schiller schreibe, aber der Satz in seinem letzten Brief: «Was wir jetzt in Bonn erleben, ist der Zerfall des Regimes» hindert mich daran.[146] Ich müsste ihn daran erinnern, will es aber nicht. Was ist jetzt? Ist das Regime zerfallen, also zuende gegangen, verschwunden, oder nimmt er – als Wirtschaftsminister – jetzt selbst am Zerfall des Regimes teil? Oder will er – mit Brandt und Wehner – den Zerfall des Regimes aufhalten? Oder will er aus dem zerfallenden alten ein neues Regime zimmern – durch Mitarbeit? Ich glaube, sein Satz vom zerfallenden Regime war unüberlegt. Es handelt sich um eine neue Regierung, zusammengesetzt aus Teilen der alten und neuen Kräfte, nicht um ein neues Regime. Trotzdem: vielleicht war dies die einzige Möglichkeit, den Zerfall der Demokratie aufzuhalten. Ich weiß es nicht, bin aber der Meinung, daß Günter Grass sich falsch verhält, er läuft Amok gegen die große Koalition und merkt nicht, daß wir in eine Zeit der Versachlichung der Politik hineingehen, in der Amokläufer keine Chance haben und leicht komisch wirken. Hier am Montagabend – nach unserer Rückkehr aus Berlin – in einer Sitzung des Liberalen Studentenbundes kränkte ihn scheinbar jeder Widerspruch, was umso erstaunlicher ist, als gerade er sich jeden Widerspruch leisten kann.[147] Sollte auch ihn der «Führerwahn» gepackt haben? Er glaubt, es käme jetzt darauf an, die «außerparlamentarische Opposition» zusammenzuführen, von Hildegard Brücher bis zu Prof. Abendroth[148], von der Humanistischen Union[149] bis zu den Liberalen Studenten, und diese so wild zusammengewürfelte «Opposition» mit einem Büro in Bonn, das die Parteien überwacht. Welch eine dilettantische Vorstellung von den Kräften außerhalb der Parteien? Aber er hört auf niemanden, auch nicht auf mich, es «grassiert» Grass, wurde von den Studenten gesagt, die – gottseidank – sehr viel realistischer und damit politischer denken. Es fiel der Satz von ihm: «Wir brauchen eine liberal-soziale Partei.» Hätte er wenigstens gesagt: «liberal-sozialistische Partei», dann wäre er der Romantik von gestern ferner und den Tendenzen unserer Zeit näher gewesen. Aber es lohnt sich nicht, viel darüber nachzudenken. Die Studenten – Fischer und Richter – waren am nächsten Tag bei mir. Sie gehen einen anderen, ihren eigenen Weg: «Aufbau einer linken Fraktion oder eines linken Flügels in der SPD», also Arbeit innerhalb der Partei, nicht außerhalb. Sie wünschen dabei meine Hilfe, indem ich in die Partei eintrete und sozusagen eine Art Schutzschild für sie abgebe. Ich zweifle daran, ob ich ein Schutzschild der Linken sein kann, aber sie halten mich wohl für eine Art «Säulenheiligen», den zu stürzen sich die Partei nicht leisten kann. Eine ähnliche Ansicht äußerte Harry Ristock[150], linker Flügelmann der SPD in Berlin, den Lettau den Chikago-Harry nannte. Er meinte, ich sei immer noch ein «Idol» der Linken, und ich müsste deshalb etwas tun. Ich lernte ihn – Ristock – auf einem Abend bei mir in Berlin kennen, ich hatte ihn zu dem Gespräch mit der FDP eingeladen.[151] Dieser Abend war seltsam, ein Abend fast ohne Literaten, dafür Haffner[152], Sontheimer[153], Baring[154], also Politologen, Professoren, Publizisten. Die beiden Bundesgeschäftsführer der FDP – Genscher[155] und Friderichs[156] – gaben Auskunft über die Absichten der parlamentarischen Opposition.[157] Sie möchten die Partei nach links öffnen, eine löbliche Absicht, die bei allen Anklang fand, deren Durchführung aber bezweifelt wird. Wie will man aus einer Partei, die dem wirtschaftlichen und soziologischen Denkschema des neunzehnten Jahrhunderts verhaftet ist, eine moderne, linke Partei machen?

31.12.[1966] Das Jahr ist zuende, ein schlechtes, unsicheres, schwankendes Jahr. Zum Schluß viele Abende mit den münchener Freunden: Pirker[158], Mundt, Heuser, Friedrich[159], Amery. Nichts besonderes. Alle warten auf morgen, auf das Jahr, das heute nacht beginnt, das erste Jahr der großen Koalition und einer sich vielleicht verändernden Wirklichkeit.

1967

4.1.[19]67 An Carl Zuckmayer doch noch einen Geburtstagsgruß zum 70. geschrieben.[1] Versucht, mit Schiller zu telefonieren, es war hoffnungslos, seine Frau blockierte liebenswürdig das Telefon. Mittagessen bei Joseph Breitbach[2] in seiner Wohnung in der Königinstraße.Blick auf den verschneiten englischen Garten. Rotes Band der Ehrenlegion im Knopfloch; Diener in Weiß und Schwarz: Breitbach «plaudert», ein Grandseigneur zwischen den Völkern. Elsaß-Lothringen allewege. Nein, er finanziert nicht den «Kürbiskern», jene so plötzlich entstandene literarische Zeitschrift, die Hitzer und Karsunke herausgeben, und die im Verdacht steht, von der DDR finanziert zu werden.[3] Breitbach dementiert diesen Verdacht nicht. Hitzer, sagt er, sei ein Dogmatiker, ein Stalinist, was man von Karsunke nicht unbedingt sagen könnte.[4] Gespräch über das Buch von Ernst Fischer: «Kunst und Koexistenz»[5], das allen Dogmatikern zuwider sein muß. Breitbach ist ein Anhänger Ernst Fischers und lobt ihn über alle Maßen. Wie versteht er sich dann mit Hitzer und Karsunke? Nach zwei Stunden «Geplauder» bleibt eine Frage offen: Warum hat Breitbach mich zum Mittagessen eingeladen? Was will er? Vielleicht nur dies: Seinen Charme und seine Liebenswürdigkeit ausspielen und der Gesellschaft wegen? Seltsam und kaum noch verständlich in seiner Anpassungsfähigkeit wieder Joachim Kaiser. In einem Artikel mit der Überschrift: «Waren die Musen diesmal emsig?» (was für ein altbackener, biedermeierlicher Titel) schreibt er: «Alle bisher erwähnten Autoren gehören längst zum westdeutschen Establishment. Daß ein nicht geringer Teil dieses Establishments eine Amerika-Einladung der Princeton-Universität annahm, hat bemerkenswerte Folgen gehabt. Die Gruppe 47, selbst nicht ganz sicher, ob es sinnvoll war (lohnend war es schon) dieser Einladung zu folgen, geriet in ein Kreuzfeuer; ähnlich geartete Unternehmungen wie die Gruppe 61 gewannen an Boden. Auch zeigte es sich, daß die jüngste Generation, zu deren behenden Wortführern der aufständische Peter Handke gehört, sich nicht nur ästhetisch selbständig zu machen versucht. Ganz offensichtlich ist es zu einer sanften Götter- oder Götzendämmerung gekommen. Das Jahr 1966 war da ein Schaltjahr.»[6]

In diesen Sätzen zu Sylvester sind drei Wörter bemerkenswert: Establishment, Gruppe 61, Götzendämmerung. Mit dem Wort «Establishment» übernimmt Kaiser die Behauptung der Leute wie Neumann, Nossack und Genossen. Dabei weiß er sehr genau, daß die Gruppe 47 mit «Establishment» (wer hat nur dieses dämliche Wort bei uns eingeführt?) nicht das geringste zu tun hat. Mit der Erwähnung der Gruppe 61 weist er darauf hin, daß es noch andere Gruppen gibt, wobei er doch genau weiß, daß diese Gruppe 61 ein reines Plagiat ist und zwar in jeder Hinsicht: Name, Almanach, Methoden.[7] Götzendämmerung aber lässt nur die Frage zu: wer sind die Götzen? Grass, Böll, Enzensberger, Andersch, Bachmann, Lettau, Weiß, ich selbst. Oder vielleicht Kaiser auch. Spricht er sich nicht selbst das Todesurteil, wenn er die Gruppe 47, in der er seit 1953 sitzt, jetzt eine Angelegenheit von Götzen nennt? Oder ist er doch nur ein Provinz-Feuilletonist, den ich überschätzt habe? Veränderungen, gewiss, aber ganz andere als Kaiser sich vorstellt.

Berlin 17.1.[19]67 Vortrag in Bielefeld vor sechshundert Oberschülern: «Die Sowjetunion, die sozialistischen Staaten und die Politik.» Im Haus der «Neuen Gesellschaft»[8] im Teutoburger Wald. Drei Thesen mit den Oberschülern diskutiert

1) In der Sowjetunion wurde der Kommunismus russifiziert

2) Die Fraktionsbildung, die praktische wie die theoretische, innerhalb der kommunistischen Welt, wird letzten Endes auch dort zu einer Art pluralistischen Gesellschaft führen

3) Die deutsche Politik wird sich auf diese Entwicklung einstellen. Wodurch im Geben und Nehmen eine wechselseitige Beeinflussung erfolgt, die Veränderungen auch innerhalb unserer gesellschaftlichen Ordnung nach sich zieht.

Die jungen Leute, siebzehn, achtzehn, neunzehn Jahre alt: skeptisch, zum Widerspruch neigend, provokatorisch diskutierend, doch ohne jede Ideo-

logie. Sie sind schwer zu gewinnen. Ihr Widerstand: individuelle Selb-
ständigkeit. Erst als ich zugebe, daß ich dies oder jenes selbst nicht weiß,
tauen sie auf, wird die Diskussion wärmer, toleranter, verlieren ihre Fragen den Charakter der Provokation. Nach vier Stunden habe ich sie für
mich gewonnen. Erstaunlich ihr Wissen und ihre Kenntnisse, die sie mit
einer pragmatischen Denkmethode zu handhaben wissen. Zum Schluss
Fragen nach der Gruppe 47, die sie mehr interessiert als alles andere, und
hier, in dieser letzten Diskussion erfahre ich, was mehr als beruhigend
ist: für sie, für diese Jugendlichen, ist die Gruppe 47 die neue Welt, die
Welt von heute. Der Leiter der «Neuen Gesellschaft»[9] zu mir: «Hätten Sie
über die Gruppe 47 gesprochen, so wären tausend junge Leute gekommen. Das interessiert sie mehr als alles andere.» Wie ist das möglich?

28.1.[1967] Geburtstagsfeier für Carl Zuckmayer in der Akademie: er ist
sehr alt geworden, sieht verfallen aus und erkennt mich kaum wieder. Ein
merkwürdiges Bild: Grass und Höllerer neben ihm, die neue und die alte
Zeit.[10]

Gespräch mit Joachim Steffen, Landesvorsitzender der SPD in Schleswig-Holstein, über: «Die NPD, die große Koalition und die Wahlen in
Schleswig-Holstein».[11] Teilnehmer: Grass, Raddatz, Sontheimer, von der
Vring. Nach der Diskussion ein Ausruf von Grass: «Mein Gott, so veraltet
wie heute bin ich mir noch nie vorgekommen.» Er hatte recht. Neben dem
politischen Technologen Steffen wirkten alle veraltet. Ihre emotionellen
Argumente, oft moralpolitisch begründet, verloren sich am verwasche-
nen Himmel der Fortschrittsgläubigkeit von gestern. Steffen setzte das
Heute dagegen: Wissenschaft als Politik und Politik als Wissenschaft.
Hoffnungslos dagegen die Literaten und hoffnungslos auch schon – und
das ist erstaunlich – die Politologen.

Besuch der Russen, nach einer Tagung über zeitgemäße Lyrik in der
Evangelischen Akademie[12]: Lew Ginsburg[13], witzig, ironisch, selbstkri-
tisch, mein Beamter, Kiatkin[14], trockenes Leder wie auch in Moskau, und
dann: Rimma Kazakova[15], die zu dem Kreis um Jewtuschenko und Wosnessenskij[16] gehört, eine junge Lyrikerin, die endlich den russischen

Charme mitbringt, den man bei allen anderen so oft vermisst. Sie wirkt moderner als die anderen, interessierter, auch an Dingen der künstlerischen Gegenwart: der abstrakten Kunst etwa. Die erste Russin seit meinen zwei Besuchen in Moskau, die mir gefällt. Das Gespräch, obwohl hier in der Wohnung ganz privat, verläuft wie immer: wo die Probleme hart werden, weicht man ihnen aus oder schweigt. Methode und Taktik solcher Gespräche beherrscht Lew Ginsburg vorzüglich. Etwa: Frage von mir: «Was ist mit Mao tse tung?» Antwort: «Wir kennen nur einen Lyriker Mao tse tung. Er ist ein guter Lyriker.» «Und der Politiker?» «Den kennen wir nicht.»

Zum ersten Mal – gestern – wieder eine Demonstration mitgemacht, die erste seit zehn Jahren, seit dem Kampf gegen die atomare Bewaffnung der Bundeswehr.[17] Damals ging ich vorn, war Präsident, Redner, Anführer, jetzt – gestern – war ich Mitläufer. Eine Studentendemonstration gegen eine Haussuchung der politischen Polizei beim Sozialistischen Deutschen Studentenbund.[18] Der Ruf nach der Gruppe 47 war bei den Studenten laut geworden. Also ging ich auf Rat von Reinhard Lettau mit, neben Enzensberger, Roehler, Herburger, und, etwas später, auch Grass. Eine seltsame Demonstration mit Sonnenblume und Leierkasten, der Melodien wie: «Püppchen, du bist mein Augenstern» spielte, Melodien aus der Zeit des Kaiserreiches, eine Demonstration, die jede echte politische Spannung vermissen ließ und scheinbar mehr der Gaudi diente. Als Günter Grass ein paar Worte gegen die große Koalition ins Mikrophon sprach, riefen Studenten: «Grass, Grass, mach Dir nicht die Hosen nass.» Welch ein Unterschied zu den Demonstrationen von vor dreißig Jahren: damals der Glaube an die Ideologie, politische Spannung, politische Leidenschaft, jetzt: ein Leierkasten. Wenn das die politische linke Jugend ist, dann helfe uns Gott, falls eine neue nationale faschistische Rechte entsteht. Sie wird diese Jugend mit einer Handbewegung wegfegen. Aber dies ist – wahrscheinlich – nicht die Jugend, auf die es ankommen wird.

2.2.[1967] Besuch von Hilde Domin[19], eine begabte Lyrikerin ... hysterisch. Wahrscheinlich Verfolgungswahn. Der Eindruck, dass sie alle für schuldig hält – auch mich – ist lähmend. Die Emigration als Vorwurf. Und immer wieder: «Was kann man denn tun?» Wie soll man jemandem helfen, der sich isoliert fühlt, verfolgt, eingekreist, und glaubt, alle – auch die Gruppe 47 – nähmen an dieser Einkreisung teil. Selten bemerkt jemand, daß das Verhalten der Umwelt vom eigenen Verhalten abhängt – in diesem Fall von ihrer Hysterie. Wie soll ich denn ein so unerträgliches Wesen einladen? Am Sonntag Einweihungsfest bei Peter Wapnewski, einem Altgermanisten.[20] Er soll auf seinem Gebiet berühmt sein, aber ich verstehe von seinem Ruhm nichts. Elisabeth von Pellentin[21], nach drei Tänzen mit ihr natürlich eine Lyrikerin, dazu rohes Gemüse als Ernährung: Rosenkohl, Mohrrüben, Grünkohl. Ein seltsames Fest.

3.2.[1967]   Besuch von Fred Andersch, ruhig, ausgeglichen, ohne die sonst üblichen heftigen Reaktionen.[22] Langes Gespräch über die Gruppe 47. Er bringt von Böll einen Satz mit, der ihm wichtig ist. Böll: «Ich komme nur noch einmal, dann wenn in diesem Jahr die letzte Tagung ist, dann werde ich auch lesen und sprechen.» Also eine Abschiedsrede von Böll. Ob die notwendig ist? Andersch hat seinen Roman fertig und geht, wie er sagt: «Auf die große deutsche Dichtertour».[23]

5.2.[1967]   Brief von Böll: «Mir geht's elend: erschöpft, erschöpft, kraft- und mutlos.»[24] Elisabeth von Pellenthin heißt nicht von Pellenthin, sondern Elisabeth von Pless.[25] Es muß einen Fürsten von Pless gegeben haben. Ob der auch ein Lyriker war?

6.2.[1967]   Abend mit Andrej Wosnessenskij und Lawrence Ferlinghetti, Amerika und Russland, zwei Lyriker, beide mit dem für uns veralteten Pathos, beide auf mich wirkend wie die zwei Seiten eines Geldstücks, Kopf und Adler, die man austauschen kann, wie man es wirft, hat man den einen oder den anderen.[26] Nach Wosnessenskij geht es Lew Kopelew[27] schlecht. Er hat sich anscheinend für Daniel und Sinjawski eingesetzt.[28]

Wosnessenskij ist sehr sympathisch, aber er suchte hier das dekadente Leben des Westens, das er bei mir nicht fand. Also eilte er mit Höllerer um Mitternacht ins berliner Nachtleben: nackte Frauen, die er dann wohl auch gefunden hat. Folgen des so gepflegten Puritanismus in der Sowjetunion. Die beiden Lyriker, Lawrence Ferlinghetti und sein junger Begleiter «Bastian»[29] beide aus San Franzisco, blieben hier. Sie fanden den Abend bei mir eine: «nice party». Dies ist der Unterschied, immerhin einer.

8.2.[1967] Bei mir lasen Günter Herburger und Christoph Meckel, zwei Lesungen, grundverschieden.[30] Meckel gibt es eigentlich gar nicht. Er ist seine eigene Erfindung. So war auch seine Erzählung versponnen, lyrisch, eine Kalendergeschichte nannte sie Artmann[31], der auf mich den Eindruck eines barocken Fauns macht. Er muß aus Versehen in unsere Zeit gekommen sein. Herburgers Prosagedichte, zusammengepresste Erzählungen – mit Hohlräumen – in die man als Hörer fällt. Als Gäste Roehler, Wiegenstein, Artmann, Wagenbach, Tsakiridis, Born[32], und Elisabeth von Pless, die nun endlich gar nicht von Pless, sondern von Plessen heißt. Kurz vor dem Ende der Lesung plötzlich Günter Grass im Zimmer, stark verändert, jünger, fröhlicher, ganz ohne politische Hysterie. Er hat zehn Tage in Westerland gebadet, jetzt, mitten im Winter. Trinkerei bis zum Morgen. Gespräch zwischen Grass und Artmann über Ottokar, den polnischen König, der mit den Gulden der Danziger Kaufleute die Wiener vor den Türken rettete – so Grass – was Artmann bestreitet.[33] Artmann notiert den Satz von Toni: «Fred ist schwierig» (gemeint war Fred Andersch). Artmann: «Auf solche Sätze kommt es an, man findet sie nicht, obwohl sie dauernd an einem vorbeilaufen.»

11.2.[1967] Fred Andersch liest in der Akademie aus seinem neuen Roman[34], an dem er vier Jahre gearbeitet hat, alles kommt mir etwas veraltet vor, zu wenig komprimiert erzählt, manchmal Kitsch. Sein Hang zur großen Welt wird ihm wieder zum Verhängnis. Es soll «mondän» sein und wirkt wie aus der Sicht des Kleinbürgers geschrieben, von unten nach oben: dort wird dann alles unwahr, mehr Halbwelt als Welt, mehr Früchte des Lesens als erlebte Wirklichkeit. Und er selbst? Er steht vor mir auf der Bühne, ein alter, etwas starrköpfiger und schon veralteter Mann. Er tut mir leid. Was dort vor mir steht, ist meine Zeit, zwanzig Jahre, die vergangen sind. Auch ich hole sie nicht zurück. Merkwürdig ist auch das Publikum, ein anderes Publikum als sonst, weniger literarisch, weniger kritisch, älter und bürgerlicher. Ob Fred das bemerkt hat? Bei dem anschließenden Empfang sind nur wenig Leute, Wolfdietrich Schnurre[35], der alles schlecht findet, was Fred gelesen hat: auch das, was mir gut beobachtet erschien, Walter Höllerer, der zu Fred sagt: «gut gemacht», Klaus Wagenbach, der bei jedem allzu gefeilten Satz zusammenzuckte, als schlüge man ihn: ein Peitschenhieb nach dem anderen.

17.2.[1967] Gespräch mit Hans Dichgans[36], Abgeordneter der CDU und Vorsitzender der westdeutschen Eisen- und Stahlindustrie. Gesprächspartner: Schonauer, Wagenbach, Baring und Kai Hermann[37], Redakteur der Zeit. Dichgans macht auf mich den Eindruck, als sei er von Ernst Wiechert[38] erzogen worden: ein Schöngeist des Stahls, der bald Leibniz, bald Pascal und hin und wieder Goethe zitiert. Verblüffend, wie schlecht die Zitate bei unseren Literaten ankommen. Sie lieben es nicht, wenn jemand in Zitaten spricht: Büchmann ist tot.[39] Umso härter diskutieren sie. Themen: «Was macht man mit der DDR?» Dichgans wollte den Aufbau der Dresdener Oper finanzieren, bekam aber nach einigen Wochen der Verhandlung vom Oberbürgermeister von Dresden[40] einen Absagebrief, worin sein Vorschlag als plumper Einmischungsversuch in die inneren Angelegenheiten der DDR bezeichnet wird. Das alles ist einerseits naiv und andererseits dumm. Dichgans wurde dadurch bekannt. Er will neue Versuche unternehmen und bat um Ratschläge. Grass, der der Diskussion zuhörte, wobei er eine Flasche Rotwein austrank, redete bei Tisch über eine Stunde: alles wieder auf SPD gemünzt. Arnulf Baring war verärgert über Dichgans, den er für unfair hielt. Kein großer, aber ein netter Abend. Es kam nicht viel dabei heraus. Heute ein Brief von Dichgans, er sieht nach diesem Abend neue Möglichkeiten.[41] Wenigstens etwas.

8.3.[1967] Es sind vierzehn Tage vergangen. Carl Amery ist nach Berlin gekommen, fröhlich, witzig wie immer. Seine Essays sind inzwischen bei Rowohlt erschienen «Fragen an Welt und Kirche», darunter statt eines Jubiläumsaufsatzes, wie er es nennt, eine Betrachtung über die Gruppe 47.[42] Er nimmt an, daß alle Welt sich darüber ärgern wird. Ich denke, es wird sich niemand ärgern. Der Ärger ist für eine Weile wieder vorbei. Er hat sich erschöpft, auch die Angriffe haben sich erschöpft. Aber nun geht die allgemeine Fragerei wieder los: «Wann und wo ist die nächste Tagung?» Es ist wie immer. Und alle erwarten, daß ich das richtige tue, also das, was sich jeweils jeder Einzelne vorstellt. Dabei weiß ich nicht, was ich tun soll, was ich weiß, ist dies: jeder will etwas anderes.

Mit Grass zur Beerdigung von Fritz Erler in Pforzheim.[43] Um sieben Uhr mit dem Flugzeug nach Frankfurt, von dort mit dem Auto nach Mainz, dann in Mainz in den Beerdigungs-Sonderzug der SPD, der von Bonn nach Pforzheim ging. Ein makabrer Zug: im Speisewagen Politiker, in jedem Abteil Politiker, auf jeder Toilette Politiker, alle in schwarz, alle in Trauer. Jeder schüttelt einem stumm oder halbstumm die Hand, einige lachen, verschämt, einige bemühen sich um einen Witz, einige trinken, sie versaufen die Leich. Hier und da ein Minister, er geht gebeugt, ernst, die Last der Verantwortung, überall Abgeordnete, gelassen, leutselig, dann und wann ein Staatssekretär, eilig, beschäftigt, nach allen Seiten um die Zeit bittend, die er nicht hat. Der Zug ist lang, mit zahlreichen Waggons. Wenn man ihn von vorn bis hinten und wieder von hinten bis vorn durcheilt, hat man die ganze politische Prominenz unseres «Reiches». Wir stoßen in einem Abteil auf den Justizminister Heinemann[44] und seinen Staatssekretär Ehmke[45]. Beide arbeiten. Wir fragen: was arbeiten Sie denn? Die Antwort: Notstandsgesetzgebung.[46] Sie versichern uns, daß nun mit diesen Gesetzen alles sehr viel besser wird. Als Beweis streichen sie ununterbrochen in vielen Akten herum. Immer sich mit uns unterhaltend, geben sie ihre Arbeit nie auf. Jede Gesprächspause wird benutzt, um einen Paragraphen umzuradieren. Der Trauerzug eilt inzwischen auf Pforzheim zu. Der Bahnhof ist schwarz, rußig und voller Menschen. Grass und ich halten uns dicht zusammen, bekannte Fremde in einer fremden Welt. Wir eilen durch ein Menschenspalier, es gibt kein

Zurück und kein Hinaus mehr. Ein Orkan lässt die Hüte wehen. Alle Politiker halten die ihren fest. Es geht direkt in die Kirchen, eine alte protestantische Kirchen. Wir sitzen hinten, hinter dem Sarg. Vorn, vor dem Sarg, sitzt die politische Prominenz, und alle sehen sie von meinem erhöhten Sitz seltsam klein und winzig aus. Da kommen sie herein, durch das Kirchenportal, der Kiesinger und der Gerstenmaier[47], und beide wirken auf mich, als hätte sie der Wind versehentlich hier herein geweht, mit durcheinandergewirbelten Haaren und engen Gesichtern. Da kommt Schiller, mein Freund, nun Wirtschaftsminister, so ernst wie nur ein deutscher Professor sein kann, den es nach oben getrieben hat, mit hochgeschlagenem Mantelkragen, bleibt vor dem Sarg stehen, verbeugt sich vor dem Toten, der da drin liegt, gesammelt, mit leicht zuckenden Brillengläsern. Da kommt Wehner, gesamtdeutscher Minister, ein verbissener Windstoß der Trauer, da wehen sie alle herein: die kleinen und die großen Potentaten, die Diplomaten, die schwarzen, die gelben, die roten und die weißen: Generäle, Staatssekretäre, Botschafter, das deutsche Bonn, getrieben von einem Orkan, der ihnen heulend in den Hintern fährt. Dann Stille, nur der Wind im Kirchendach, dann Chorgesang, und rechts und links neben dem Sarg jetzt keine Soldaten mehr, sondern die Ehrenwache die SPD-Prominenz: Brandt, Möller[48], zwei Schmidts[49], Wehner. Gebet, Chorgesang, Wind. Mir fällt dabei immer der gleiche Satz von Erler ein, gesprochen hier in meiner Wohnung vor einem Jahr: «In Königsberg reden selbst die Steine deutsch.»[50] Dumm, daß ich diesen Satz nicht los werde. Er verdirbt mir die ganze Feier. Ein Militärbischof spricht. Er heißt Kunz.[51] Er kann nur Kunz heißen. Hohles deutsches Pathos. Wieder Chorgesang: «Christ ist erstanden von der Marter alle; des solln wir alle froh sein.» Die Chordamen und -herren nehmen Grass die Sicht. Und er kann nicht gesehen werden, das ist schlimm. Endlich werde ich den Satz von den deutschsprechenden Steinen in Königsberg los und denke: «Vielleicht ist es gut so dazuliegen, alles ist zu Ende, kein Ärger mehr, kein Ehrgeiz, keine Ruhmsucht.»

Der Orkan jagt wieder um die Kirchen. Es ist, als klapperten alle Ziegelsteine des Daches. Die Gemeinde singt: «Halleluja» und ist wieder «froh, daß Christ unser Trost sein will». Sie alle sind in diesem Trost froh, die ehemaligen Nationalsozialisten – der Kanzler Kiesinger – die ehemaligen Kommunisten – Herbert Wehner – die ehemaligen Emigranten – Willy Brandt – der ehemalige Widerstandskämpfer – Eugen Gerstenmaier – sie alle, eine Epoche deutscher Tragik, versammelt um den Sarg eines Mannes, der der Sohn einer berliner Friseusin war. «Gloria sei Dir gesungen» spielt die Orgel, und ich denke: «War oder ist Martin Luther stärker als sie alle, als sie und die Ideen unserer Zeit?» Es ist ein absurder Gedanke. Das Kirchenportal hat sich geöffnet. Ein Windstoß fährt hinein, fährt durch die Haare der Würdenträger, springt unter Mäntel und Röcke und lässt alle in wenigen Sekunden unansehnlich erscheinen: eine Herde von Kleinbürgern. Der Sarg bewegt sich, umgeben von kränzetragenden Soldaten, hinaus: dann der Kanzler, seine Minister, dann die Parteihierarchie, dann die Botschafter, dann die mittlere Parteihierarchie, dann wir: Vertreter von was? Auf der Straße Volk, das Volk von Pforzheim, in dichten Reihen hintereinander, Fotoapparate, Regenschirme, die der Orkan zusammenklappt, alle Fenster dicht besetzt, eine Demonstration der Anteilnahme. Vier Kilometer Trauermarsch auf den Straßen. Die Regierung barhäuptig, der Orkan rauh, die Musik blechern. Endlich der Friedhof. Eine Ehrenkompagnie: Soldaten der Bundeswehr. Sie präsentieren das Gewehr, wie eh und je. Runde, unausgegorene, nichtssagende Gesichter unter Stahlhelmen. Eine Fahne senkt sich. Die Militärkapelle spielt: «Ich hat einen Kameraden». Wieder alles wie gestern, immer noch eine Tradition, die sich längst selbst aufgegeben hat. Ein Bundeswehrsoldat fällt um: ohnmächtig. Der Wind biegt die Friedhofsbäume krumm und heult die Musik des guten Kameraden nieder. Grabrede des Kanzlers: halb-brilliantes Bildungsdeutsch, Grabrede des neuen Außenministers Brandt – tragisch – ernst, Grabreden, Grabreden, unter jetzt peitschenden Regenschnüren, in die Linse der Fernsehkameras gesprochen. Auf einer Stange unter vielen Kränzen der Kranz der Gruppe 47, rote Nelken, himmelblaues Band: das einzige Himmelblau auf dieser Beerdigung. Der Regen wird dichter, der Orkan heftiger. Eine Trompete bläst einsam das Lied vom guten Kameraden. Tränen? Trauer? Franz Josef Strauß[52] geht an mir vorbei. Er erkennt mich nicht. Seltsam dünn, verdrückt, verwittert geht er dahin: die Last des Orkans und der Finanzen auf seinen Schultern. Die

Beerdigung löst sich auf. Ich stelle mich neben den <Kranz> der Gruppe 47 und hoffe, daß Karasek, der aus Stuttgart kommt und den Kranz besorgt hat, sich hier anfindet. Er kommt über den Friedhofsrasen gesprungen. Und Grass? Wo ist Grass? Er gibt vor der Friedhofsmauer schon wieder Autogramme. Dann Leichenschmaus in der Stadthalle, an meinem Tisch die Tochter Erlers[53]: frisch, gelöst, unbeschwert, mit seinen Gesichtszügen, am Nebentisch Brenner[54], Leber[55], Nau[56], daneben der Regierungstisch: Kiesinger, Schiller, Barzel[57], Schmidt, Brandt. Daneben die Generalität: de Maizière[58]. Alle scheinen einer Partei anzugehören von Bebel[59] bis Kiesinger, von Noske[60] zu de Maizière. Neben mir der Bürgermeister von Pforzheim.[61] Nach drei Minuten stellt er sich als ehemaliger Nachtkampfflieger vor. Ich habe nichts dagegen. Was sollte ich auch dagegen haben. Dies ist eine deutsche Beerdigung. Rainer Barzel eilt auf Günter Grass zu und stellt sich vor: «Verzeihen Sie, darf ich mich vorstellen, mein Name ist Barzel.» Grass: «Das habe ich mir gedacht.» Schiller gibt mir flüchtig die Hand, beherrscht, eilig, ein kleiner Napoleon der Wirtschaft, Brandt streckt jovial die Hand aus: ganz Staatsmann, Grass gibt in der Vorhalle schon wieder Autogramme. Der Sturm hat sich in Regen verwandelt. Es plattert. Karasek jagt mit seinem Volkswagen über die Autobahn. Es ist lebensgefährlich. Wir müssen um 17 Uhr das Flugzeug nach Berlin erreichen. Wir erreichen es. Grass gibt auf dem Flugfeld seine letzten Autogramme. Dann schläft er im Flugzeug ein.

22.3.[1967][62] Am Sonntag 60. Geburtstag mit Hans Mayer in Hamburg.[63] Empfang im Hotel Atlantik, im berliner Zimmer. Im Zimmer in der Mitte: Hans Mayer, drahtige, gesammelte, eitle deutsche Literaturgeschichte. Drum herum: Jens, Lenz, Reich-Ranicki, Rowohlt[64], Raddatz, Höllerer, Rühmkorf[65], Professoren, Lektoren, Buch-Autoren, Journalisten, ein Zimmer voller Wichtigtuerei, Händeschütteln, Gratulationen, Umarmungen, Filmkameras, man feiert intim und doch öffentlich. Auf einem Tisch liegt die Festschrift zum 60. Geburtstag Hans Mayers[66], von der Raddatz sagt, Mayer habe die Autoren alle selbst ausgesucht, aber Mayer entschuldigt sich kurz darauf bei mir: «Ich hätte Dich auch gern dabei gehabt, aber ich hatte keinen Einfluß darauf, das hat alles Raddatz gemacht.» Eine verlogene Gesellschaft und trotzdem Freunde, viele Freunde, gute Freunde. Wenn man Ihnen ein paar Schmeicheleien sagt, jedem das seine, sind sie noch bessere, bessere und scheinbar unersetzbare Freunde. Gesprächsthema mit mir wiederum die Gruppe 47: «Wann findet die Tagung statt, wo, wann lädst Du ein? Oder hört es ganz auf?» Keiner sagt ganz die Wahrheit. Sie wollen nur hören, um es weiter zu schwätzen. Nur Reich-Ranicki wie immer laut, unbeherrscht, gibt dem Literaturklatsch Nahrung: «Wir sind doch alle für Auflösung.» Er, Reich-Ranicki, löst auf und dabei weiß er nicht, daß gerade er der Stein des Anstoßes für alle anderen ist. Oder vielleicht weiß er es doch. Merkwürdigerweise erklären sich alle Kritiker bereit, auf der kommenden Herbsttagung zu lesen: Mayer, Raddatz, Reich-Ranicki. Mittagessen mit Ledig-Rowohlt. Er schläft über dem Eisbein ein. Abends in der Villa Rowohlt in Reinbek Feier an festlicher Tafel: ein Diener, die Schauspielerin Gorvin[67], Ledig, seine Frau, eine welkende Herbstblume[68], Raddatz mit einer sensationellen Freundin: Larissa.[69] Dann Jens, Mayer, Höllerer, viel Sekt, viel Eitelkeit, viel Geschwätz.

2.4.[1967] Ostern in der Mühle von Christian Ferber[70] in Garbek in Schleswig-Holstein, russischer Ostertisch, Gäste: Schauspieler, [xxx][71], einige, die ich nicht kannte, dann Rühmkorf und Geissler. Letzterer wie immer etwas verhuscht. Rühmkorf müde, sprach aber von der Gruppe 47, als hätte er nie daran gedacht, daß sie aufhören könnte zu existieren. Ferber will nach London gehen als Korrespondent der Welt. Grund: Angst vor den vielleicht wiederkehrenden Nazis. Etwas von der Hysterie Ursulas[72] ist in diesem Entschluss spürbar. Langes Gespräch nach dem Fest. Ursula sprach von der Treue, die es auch geben müsste, Treue gegenüber einer Sache – wieder Gruppe 47 – und ein Satz von Reich-Ranicki: «Richter ist dumm, und weil auch Sie dumm sind, fühlt er sich ihnen überlegen.» Eine erstaunliche Feststellung.

5.4.[1967] Langes Gespräch mit Hans Magnus Enzensberger. Er war in Indien, dann wieder – in diesem Winter zum zweiten mal – in Moskau, wo er eine Freundin hat, oder eine Geliebte, oder etwas ähnliches.[73] Er will einen Artikel über den Aufstand von Kronstadt schreiben[74], – also die historische Wahrheit über <das> Rätesystem, das bereits damals liquidiert wurde – und hat Sorgen, daß er dann nach der Veröffentlichung keine Einladung vom sowjetrussischen Schriftstellerverband mehr bekommt oder auch kein Visum mehr. Ich halte das für möglich. Zum erstenmal sehe ich ihn überlegen, ob er nicht doch Konzessionen machen muß – ein merkwürdiges Bild bei jemandem, der wegen seiner Radikalität beliebt ist – eine seltsame Radikalität, nichts scheint mir dabei ganz fundiert zu sein, ganz zu stimmen. Seine Unabhängigkeit ist die Unabhängigkeit dessen, der zwischen allen Richtungen schwimmt und jeweils die radikalste für sich in Anspruch nimmt, dies mit dem Charme eines großen Jungen aus Kempten im Allgäu aus sogenanntem guten Haus. Seine Ansichten über den «Revisionismus», wie er es nennt, wobei er Reformismus und Revisionismus ständig verwechselt, wirken auf mich seltsam reaktionär und veraltet. Dabei tauchen sogar bei ihm utopische Elemente auf, etwa, wenn er meint, es sei doch eine gute Sache, wenn das Volk vor die Häuser der Funktionäre zöge, um sie zu kritisieren und abzusetzen. Ich war entsetzt. Glaubt er wirklich, daß die Kulturrevolution in China so verläuft.[75] Er kann es nicht glauben. Interessant seine Frau – Dagrun[76] – die sich von ihm getrennt hat. Sie hat sich einer Kommune angeschlossen, deren Mittelpunkt der jüngste Enzensberger ist[77] – es sind acht Leute, die in Uwe Johnsons[78] zweiter Wohnung zusammenleben, und jetzt – da es in dieser Wohnung zu eng wird – auch die erste, eigentliche Wohnung von Johnson besetzt haben. Sie haben sie einfach besetzt, leben dort gemeinsam und halten das für ihr gutes Recht – denn nach der Ansicht dieser Mao-Kommunarden gehört allen alles. Johnson aber sitzt in New York und weiß von nichts. Was wird in seinem hinterpommerschen Milch-Inspektors-Schädel vorgehen, wenn er davon erfährt?[79]

7.4.[1967] Alles ist schlimmer mit den «Kommunarden» gekommen, und vor allen Dingen schneller als zu erwarten war. Um den Besuch des amerikanischen Vizepräsidenten Humphrey in Berlin zu stören, wollten sie Bomben werfen ... wobei nicht klar ist, Bomben für was und gegen wen. Am erschreckendsten ist ihr Dilettantismus. Die halbe Stadt wußte vorher von ihrem Attentatsversuch. Die Polizei erschien einen Tag zuvor – wie Klaus Roehler erzählt – in ihrer Wohnung, das heißt in der Wohnung von Uwe Johnson, und verhaftete sie beim Experimentieren. Sie wogen gerade Chemikalien für die geplanten Bomben – wahrscheinlich nur Rauchbomben – ab. Sie wurden alle verhaftet. Jetzt ist die Frage, was wird Johnson dazu sagen: in seiner Wohnung acht Kommunarden – drei Mädchen und fünf Jungs – die Bomben für Humphrey anfertigen.[80]

10.4.[1967] Die acht «Kommunarden» sind von der Polizei wieder entlassen worden. Johnson, hier Uwe Johnson, hat dreimal aus Amerika angerufen, was in seiner Wohnung geschehen ist. Er kann es wohl nicht begreifen. Es nimmt alles seltsame Formen an. Ein amerikanischer Korrespondent erzählte mir, daß der Präsident Johnson[81] in der vermeintlichen «Attentatsnacht» in Bonn seinen Vizepräsidenten angerufen hat, worauf dieser den amerikanischen Stadtkommandanten in Berlin anrief, der aber gerade schlief und noch gar nichts von der aufgedeckten «Verschwörung» wußte, und dies bei einem General, der auf seinen dritten Stern wartete und nun wegen Schläfrigkeit wohl darauf verzichten muss.[82]

19.4.[1967] Adenauer ist gestorben.[83] Damit geht eine Zeit zuende, eine Epoche, die Nachkriegszeit, zwanzig Jahre. Es ist auch meine Zeit, die aktivsten und schönsten Jahre. Grass kam aus Israel zurück und fuhr gleich wieder in den Wahlkampf nach Schleswig-Holstein – trotz seines Versprechens, das er mir vier Wochen vorher gegeben hatte, es nicht zu tun.[84] Er ist unter dem Druck der israelischen Küche dicker geworden, zu viel Hammelfett, sagte er. Ich traf ihn auf dem Fest bei Luchterhand, das Reifferscheid[85] zu Ehren seiner Fusion mit Otto Walter gab[86], auf dem der

Pseudo-Peter Hille wieder den Besoffenen spielte: Günter Bruno Fuchs, dichterseliger Literat vom Kreuzberg[87]. Langes Gespräch mit Walter und Reifferscheid über das «Handbuch der Gruppe 47», das Lettau herausgeben soll.[88] Es soll im September erscheinen, aber Lettau trödelt. Unter dem Einfluß seiner zwanzigjährigen radikalen und dummen V.[89] gerät er immer mehr in einen Prozess der Zerfaserung, eine Rückentwicklung zum Pubertären hin. Selbst sein in Amerika anerzogenes demokratisches Grundgefühl geht dabei verloren.

7.5.[1967] Es sind drei Wochen vergangen. Rückkehr nach München vor zehn Tagen. Vorher noch ein Abend mit Staatssekretär Ehmke vom Justizministerium.[90] Anschließend Abschiedsfest aus Berlin. Ehmke gab sich sehr gelockert, ein Mann, der auf jede Frage eine Antwort weiß. Er verteidigte die neue Notstandsgesetzgebung gegen Grass, Seifert[91], Blank[92] und Leo Bauer[93], ein Gespräch, bei dem nicht mehr herauskam, als daß man dieser Gesetzgebung, in der Modulation durch die Sozialdemokraten, in Ruhe entgegensehen kann.[94] Trotzdem blieb das Mißtrauen bei allen Beteiligten. Die Stunden nach dem Gespräch wurden sehr turbulent. Ehmke, zwischen politischen Gesprächen und meinen schönen Mädchen hin- und herpendelnd, glitt zeitweise ins Vulgäre ab, eine bürgerliche Art der erotischen Annäherung, die Christine Labes[95] mit dem Satz quittierte: «Auch, wenn Sie Staatssekretär sind, bleiben Sie beschissen.» Trotzdem: er ist ein kommender Mann, noch ein Danziger wie Grass, der aktive Politik machen wird, bürgerliche Politik, demokratische Politik. Grass konnte es nicht lassen, ein Abschiedswort zum Tode Adenauers an einen Gegner zu richten. Darin steht der Satz: «Vaterfiguren lassen sich nicht manipulieren.»[96] Ob er aus Erfahrungen spricht? Er hält mich für eine Vaterfigur und spricht mich oft mit «Vater» an. Konnte er mich nicht «manipulieren»? Hat er es versucht? Dies ist sein Irrtum. Ich bin nicht das, was seiner Vorstellung entspricht. Aber ich habe wohl Einfluß auf seine politische Entwicklung gehabt ... gut ... schlecht ... ich weiß es nicht.

10.5.[1967] Ich sitze am Ammersee, aber das Telefon steht auch hier nicht still. In vier Tagen muss ich wieder nach Berlin, um ein Gespräch mit Staatssekretär Benda[97] vom Innenministerium aufzuzeichnen.[98] Roehler klagt telefonisch über Reinhard Lettau, er trödelt noch immer mit dem «Handbuch der Gruppe 47», statt an dem Buch zu arbeiten, spricht er in der F. U. vor den Studenten[99], demonstriert gegen die Amerikaner und gegen den Umsturz in Griechenland, spielt den Radikalen und vergisst das Notwendige zu tun. Das «Notwendige», ach, wenn diese neue radikale Jugend wüßte, was hier und heute notwendig wäre, sie demonstrieren für Ho Chi Minh und kämpfen für eine politische Moral, die überall doppelbödig ist, auch drüben, auch dort, wo die «reine Lehre» sein soll. Was sie dabei vergessen, ist die Entwicklung im eigenen Land, in dem sie die Verlierer von morgen sein können, was sie übersehen, ist, daß sie in einer Industrienation leben und nicht in einem asiatischen Agrarland. Ihr Argument: «Die Moral ist unteilbar, sie gilt überall, in Vietnam wie in der Bundesrepublik.» Wer wollte das bestreiten, nur ist Moral noch keine Politik, Lenin war kein Moralist und Mao, ihr Gott, ist es auch nicht. Wären sie es gewesen, keiner von ihnen hätte seine Revolution gewonnen. Dazu Lettau in einem Gespräch mit Ehmke: «Mein Gerechtigkeitsgefühl ist verletzt, deswegen demonstriere ich.» Die Antwort, die ich ihm gegeben hätte, aber nicht gab, vielleicht um ihn nicht zu verletzen: «Mit dem Gerechtigkeitsgefühl allein kannst Du schnell, und ohne es zu merken, auf der Seite des großen Unrechts sein, auf der Seite der Unterdrückung jeder Moral, die unpolitisch ist.»

In München Gespräch mit Carl Amery über das Vietnam-Tribunal in Stockholm, in dem auch Peter Weiss als Beisitzer oder «Richter» auftritt.[100] Auch Amery hält dieses Tribunal für fragwürdig. Dabei Erinnerung an Peter Weiss, der seine anscheinend verkorkste Jugend der Gesellschaft vorwirft, in der er aufwuchs. Sein erstes Auftreten in der Gruppe 47 in Berlin im Oktober 1962. Kuba-Krise, Augstein wird verhaftet, eine Protestresolution, verfasst von Andersch, Enzensberger, Johnson, macht die Runde. Auch Weiss unterzeichnet sie. Drei Tage später die Gegenreaktion: Vorwurf Landesverrat, Drohung mit Verhaftungen. Darauf: Weiss distanziert sich in der Presse – natürlich als Schwede. Als Schwede, so argumentiert er, könne er sich nicht in die inneren Angelegenheiten eines anderen Landes einmischen. Das war damals, jetzt, berühmt und nicht völlig unbekannt, mischt er sich ein ... in die Angelegenheiten der USA. Ruhm gibt anscheinend moralisches Rückgrat. Ein seltsamer Vorgang. Fast vier Jahre lang waren wir miteinander befreundet, dann kam der Bruch, in der Princeton-Universität in Amerika. Grund: Vietnam. Ohne mich zu unterrichten, startete er eine Vietnamprotest-Kundgebung auf dem Universitätsgelände.[101] Mein Ärger: «Deutsche treten zwanzig Jahre nach Hitler als das bessere Gewissen anderer Völker auf.» Gäste, die wir waren, geben ihre Visitenkarte ab. Was enthält sie: Moralische Entrüstungen über den Gastgeber. In der Nacht stießen wir in Gegenwart von Grass, Lettau und anderen zusammen.[102] Verärgert über den schlechten Verlauf der Tagung, hatte ich zu viel getrunken, und als der Satz fiel: «Die Amerikaner sind die heutigen Nazis», kam, was kommen mußte. Mein «Jähzorn» riss mich hoch, ach, die in der Gruppe 47 so lange geübte Geduld, da zerbrach sie. Was blieb, war unkontrollierter Zorn, Zorn über die abgrundtiefe politische Naivität, Zorn auch über mich selbst, der ich diese verhängnisvolle Naivität, die der Gruppe 47 den Anschein eines Revoluzer-Clubs geben mußte, solange toleriert hatte. Jetzt tolerierte ich sie nicht mehr, verlor mich aber nach der anderen Seite: in eine unerträgliche Intoleranz gegenüber Intoleranten. Ich siegte, vieles wurde geändert, Enzensbergers Geschick machte aus der Vietnamprotestkundgebung ein weltpolitisches Seminar – aber ich verlor auch: meine Überlegenheit, meine Souveränität, meine Mittlerrolle. Hätte ich mich bei Peter Weiss entschuldigt – was hätte es mir bedeutet – dann wäre vielleicht noch alles gut gegangen. So blieb es bei dem Bruch. Alexandra Kluge, die Schwester des Schriftstellers Kluge, damals in den Jahren 1963/64 die Geliebte[103] von Peter Weiss, eine etwas somnambule junge Ärztin, jetzt als Schauspielerin ebenfalls berühmt geworden, bat mich vor zwei Monaten, an Peter zu schreiben, ich allein hätte es in der Hand, alles wieder in Ordnung zu bringen. Ich habe es bis heute nicht getan. Vielleicht sollte ich es tun. Trotz allem: meine Sympathie für Peter Weiss ist immer noch vorhanden.

22.5.[1967] Über Pfingsten in Berlin. Toni blieb allein in München. Gespräch mit dem CDU-Abgeordneten Benda, langatmig, zu juristisch. Grass als Zuhörer. Er greift später beim Essen Benda an, er habe ihn enttäuscht, einer seiner Generation und so stockkonservativ: es war nicht sehr erfreulich. Schnabel mit Elisabeth von Plessen, dann Sontheimer, Wagenbach, Benda, Blank und andere. Am nächsten Vormittag Ehlers vom 3. Fernsehprogramm Südwestfunk. Er will Dokumentation der Gruppe 47 machen.[104] Schlug ihm die Wohnung in Berlin vor, dort Zusammenkünfte, mit Lesungen und Kritik, anschließend große Gesellschaft. Dadurch bin ich endlich auf eine Lösung des ganzen Problems «Gruppe 47» gekommen, d. h. die Tagungen in der alten Form entgültig im Herbst abzuschließen, statt dessen alles nach Berlin zu verlegen, sozusagen ganz privat, wodurch die Gruppe 47 sich wieder verkleinern und gründlich verändern würde. Dann kann ich wieder machen, was ich will, ohne Rücksicht auf Leute wie Jens, Reich-Ranicki und andere nehmen zu müssen. Diese Idee hat mich in den berliner Tagen nicht verlassen. Den Nachmittag Lettau mit seinem «Handbuch der Gruppe 47». Er ist fertig. Er las mir sein Vorwort vor.[105] Ein ausgezeichnetes Vorwort. Dann am Abend Fest bei Manja Bahlsen[106]: Christine, Franziska.[107] Mit ein paar Beatniks erst um sieben Uhr zu Hause. Lettau und Roehler wollten am zweiten Pfingsttag ihr «Handbuch», das Manuskript als 10 000 DM-Wertpaket nach Neuwied zum Luchterhand Verlag schicken, aber der Postbeamte nahm es in den Feiertagen nicht an. So mussten sie ihr Wertpaket wieder mit nach Hause nehmen, voller Sorge, es könne doch noch verloren gehen. Sie überschätzen anscheinend den «Wert» außerordentlich. Mitten im Gespräch mit Ehlers Anruf von Schnabel: «ich bin ein Glückspilz.» Elisabeth von Plessen ist das neue Glück. Mit ihr scheinbar das Ende aller Depressionen.

Roehler und Grass über meine Pläne mit der Gruppe 47 unterrichtet. Grass hatte eine zusätzliche Idee: eine Zeitschrift der Gruppe 47, vielleicht jetzt doch nach zwanzig Jahren permanenter Redaktionssitzung, der Skorpion, dann hätte ich mein Ziel aus dem Jahr 1947 doch noch erreicht.[108] Ich war zu müde, um das ganz realisieren zu können. Am nächsten Morgen Flug nach Köln, dort Gespräch mit Falkenberg[109], ein quecksilbriges Ungefähr, dann mit Gembardt[110], und mit ihm für den kommen-

Ernst Schnabel und Elisabeth von Plessen turtelnd zu Gast bei Richter.

den Winter alles geregelt und dann Fahrt mit der Eisenbahn nach Düren. Auf dem Bahnhof Heinrich Böll. Baskenmütze, offenes Hemd, braune, alte Schuhe, ein zermürbt aussehender, verarbeiteter, alter Bauer oder Tischler. Einen Augenblick hatte es den Anschein, als wolle er mich umarmen, eine Geste alter Freundschaft, vielleicht auch der Vergänglichkeit aller Beziehungen. Er tat es nicht, er sagte nur «Wie geht's». Wir fuhren mit seinem «Citroen» in ein kleines Café. Dies sei sein Land, sagte er, dieses linksrheinische Gebiet, er liebe es und deswegen habe er sich hier angesiedelt. Er sei alt geworden, krank, und neige zu ständigen Depressionen, alles sei schrecklich: die Entwicklung der Bundesrepublik, die Große Koalition, der miese Klerikalismus, der sich immer mehr ausbreitet. Später, zwei Stunden danach, auf dem Bahnsteig: «Ich bin ein verhinderter Kommunist.» Was für ein Mann, ein deutscher Katholik, am Ende seiner Haltung, und vielleicht am Ende seines Wegs: «Ich bin fertig, zu viel gearbeitet, immer nur gearbeitet, keine Jugend, statt dessen Arbeitsdienst, Soldat, Krieg, Russland, dann die Hungerjahre, und gearbeitet wie ein Verrückter, wieviel zu viel gearbeitet.» So ist es also. Ein Mann, der sich mit dem Erfolg in der Arbeit für den Erfolg aufgerieben hat. Er sprach immer nur von sich, von seiner Generation, ich sagte einmal: «Aber ich

bin zehn Jahre älter als Du.» Er überhörte es. Über die Gruppe 47: «Ist es
die letzte Tagung im Herbst?» Und als ich es bejahte: «Es wird sonst ein
Wasserkopf.» Er war mit allem einverstanden: «Einstellen der Tagungen
und Fortführung der Gruppe.» Sein Vorschlag: der Preis der Gruppe 47
soll von den Preisträgern finanziert werden, mindestens zehntausend
Mark als Gegengewicht zum Adenauerpreis, und Vergabe des Preises
auch in den nächsten Jahren. So klärte sich mit seiner Hilfe auch dies für
mich, also: Fortführung der Gruppe in Berlin, Zeitschrift, Preis, unter
Wegfall der Tagungen.[111] Immer mehr gewann ich in den zwei Stunden
den Eindruck: er wollte gefragt werden, er wollte mit mir sprechen, er will
gehört werden. Ein seltsamer Eindruck. Gerade das hatte ich nicht erwartet. Noch ein Satz nach zwei Stunden Unterhaltung in der Bahnhofs-
kneipe kurz vor Abgang des Zuges: «Verdienst Du auch so gerne Geld? Mir
macht es immer noch große Freude. Ich freue mich über jede 150 DM, die
ich für einen Artikel bekomme. Nötig habe ich es nicht mehr. Trotzdem –
ich freue mich immer.» Er lachte, etwas schüchtern, verschämt. Ich wußte
nicht recht, was ich antworten sollte, mein Verständnis setzte aus, ich
sagte: «Geld, na ja, man braucht es natürlich», doch da kam der Zug,
der mich nach Köln zurückbringen sollte. Er stand auf dem Bahnhof,
Heinrich Böll, ein berühmter Schriftsteller, deprimiert, alt geworden, am
Geld hängend, Baskenmütze, darunter ein rötliches, breites, auseinander-
laufendes Gesicht, er wartete auf dem Bahnsteig bis der Zug abfährt, er
<hob> die Hand, er lächelte wehmütig. Eine seltsame Begegnung.[112]

24.5.[1967]   Noch ein Wort zu Böll. Wir sprachen über Russland. Er liebt
es wie ich, nur scheint sein Verhältnis zu dem System ein völlig anderes
und wenig durchdachtes zu sein. Auch er hat ein Manuskript hinausgeschmuggelt. Warum? «Man hat mich bestürmt, es mitzunehmen, sie sagten, es kann nur im Westen erscheinen und es muss erscheinen.» So ließ
sich Heinrich, wie er sagt, «breitschlagen» und hatte doch Angst, trug es
immer in der Manteltasche bei sich, und wenn er es einmal im Hotel lassen musste, setzte er seinen jungen vierzehnjährigen Sohn daneben.[113]
Er musste das Manuskript bewachen: «Die Angst, die ich hatte, als ich

damit durch den moskauer Zoll gehen mußte, kann ich Dir gar nicht beschreiben.» Ich kann es ihm nachfühlen, aber er weiß wie ich, daß ausländische Schriftsteller vom sowjetrussischen Zoll nicht kontrolliert werden. Warum also die Angst? Die Antwort: «Stell Dir vor, wenn sie bei mir das Manuskript gefunden hätten, den Skandal, ich hätte mich vor der ganzen Welt blamiert.» Von ihm erfahre ich auch, warum man mir keine solche illegalen Manuskripte mitgibt: «Du bist für die eine Amtsperson, eine Art Präsident, etwas anderes können sie sich in ihrer Bürokratie nicht vorstellen. Präsidenten gibt man so etwas nicht mit.» Ich musste lachen, es klang nicht sehr geschmeichelt, und frage mich immer wieder, warum lassen die russischen Behörden das zu. Sie wissen, wie die Manuskripte hinausgeschmuggelt werden – die ausländischen Schriftsteller sind es, Italiener vor allem, Franzosen, Deutsche, die sie mitnehmen –, und doch ändern sie das mit ihrer Gastfreundschaft nicht, geben ihre Hochachtung vor den Schriftstellern nicht auf, stellen nur die eigenen unter parteiamtlichen Kuratel und Bevormundung, verurteilen Daniel und Sinjawski deswegen, ziehen sich damit das Mißfallen der ganzen Welt zu und könnten das alles doch mit einem Federstrich in ihrer Zollgesetzgebung ändern. Eine Schizophrenie, die ich nicht begreife. Ob auch Enzensberger Manuskripte herausschleppt? Er ist gerade in Moskau, der einzige Schriftsteller aus der Bundesrepublik, der an dem allrussischen Schriftstellerkongress teilnimmt.[114] Ich habe ihn in Verdacht, daß er ganz andere Manuskripte hinausschmuggelt, Abschriften zeitgeschichtlicher Dokumente, die er für seine kritische Arbeit über den Kronstädter Aufstand braucht, in der er beweisen will, daß das Rätesystem schon bei der Niederschlagung dieses Aufstandes von Lenin liquidiert wurde. Lenin konnte es nicht gebrauchen, es diente ihm nur dem Namen nach und als ideologischer Unterbau für seine Parteidiktatur. Im übrigen wird Hans Magnus Enzensberger in Moskau die Tochter von Fadejew heiraten, der sich als überzeugter Stalinanhänger mit dem Beginn der Entstalinisierung in Pedelkino[115] erschoss; unter Stalin Präsident des sowjetrussischen Schriftstellerverbandes.[116] Er will die Fadejew-Tochter, eine exaltierte Frau, sagt man, mit nach Deutschland nehmen: dann Frau Enzensberger. Er ist ein internationaler Abenteurer, mit dem Charme des literarischen Playboys unserer Zeit.

26.5.[1967] Es ist merkwürdig hier in Wartaweil am Ammersee, ein Fußballerheim, merkwürdig, weil sich hier niemand für die Krise in Israel interessiert, obwohl dort morgen ein Krieg ausbrechen kann, der unter Umständen mehr in Brand setzt als nur den Nahen Osten.[117] Nein, sie sprechen hier nur vom Fußball, auch alle anderen Gäste, die keine Fußballer sind. Die politischen Nachrichten lassen sie widerwillig über sich ergehen – an Zeitungen lesen sie nur Bild – und warten am Fernsehschirm, bis der Sport kommt. Dann werden sie lebendig, jedes Tor ist für sie ein «Kanonenschuss», der imaginäre Gegner trifft. Gestern ein Fußballspiel Schottland – Italien[118] im Fernsehen in Gegenwart der Hamburger Fußballelf (HSV) gesehen, vierundzwanzig junge Leute, denen alle Ereignisse in der Welt gleichgültig sind, nur nicht das braune Leder auf dem grünen Rasen. Indessen mobilisieren Ägypten, der Irak, Syrien, Jordanien und Israel. Was ist das für ein Volk, dieses mein Volk, aus dem einmal unter Göring ein Volk von Fliegern werden sollte und nun ein Volk von Fußballern geworden ist. Was werden sie morgen oder übermorgen tun? Und was wird aus ihnen werden? Barbara König[119] vor ein paar Tagen gesehen, unruhig, nervös, unzufrieden, einerseits ein Kind, meine Patentochter[120], das sie liebt, andererseits die Schriftstellerei, die sie zieht, in irgendeine Einsamkeit, und daneben Hansl[121], der intelligente, weiche, charmante Kohlenhändler aus Dießen. Auch diese beiden interessieren sich kaum für den Lärm der Welt, auch sie «gute Deutsche», ihre Sorgen sind nicht die Sorgen Israels, sie hat ihre Literatur, die eigene natürlich, und er seine Kohlen. Politik, die scheint es nicht zu geben. Das ist für die anderen, jene, die sich dafür interessieren. Nie werden sie begreifen, daß alle ihre Lebensumstände von dem politischen Geschehen abhängen. Gespräch mit Barbara über Walter Höllerer. Sie behauptet, er sei unglücklich und die vor zwei Jahren in meiner berliner Wohnung geschlossene und gefeierte Ehe bereits <zerrüttet>.[122] Was für ein Glück damals, was für ein Fest, Höllerer auf der Höhe seines Ansehens, dann kam der Fontanepreis, dann die damit verbundenen Beschimpfungen in der Presse, dann nach Princeton die diffamierenden Verleumdungen des Robert Neumann «Höllerer, ein Haar, das auf jeder Suppe schwimmt», einer, der sich an öffentlichen Geldern bereichert, korrupt, literarisch eine Null, und die

Hartmut Lange, Walter Höllerer, Günter Grass.

sogenannte Öffentlichkeit schwieg und ließ es geschehen.[123] Keine Anerkennung für ihn, kein Wort darüber, was dieser Mann für Berlin getan
hat. Gäbe es überhaupt ein literarisches Berlin heute ohne ihn. Er war es,
der die Schriftsteller nach Berlin zog, seine großen Veranstaltungen hatten das, was man ohne Übertreibung mit Weltniveau bezeichnen kann.
Aber Anerkennung, Dank, Lob oder auch nur Zuspruch? Nichts, gar
nichts. Statt dessen Beschimpfungen, Neid, Hass. Das alles scheint ihn
mehr getroffen zu haben, als er zugibt oder zugeben will. Aber mein Eindruck, schon im vorigen Jahr, daß er sich zurückziehen wird, ist wohl
richtig gewesen. Barbara erzählt, er gäbe auch seine Zeitschrift, die «Akzente» auf[124], und auch sie meint, er wolle an den Schreibtisch zurück,
weg von dem, was man heute «Öffentlichkeitsarbeit» nennt. Das ist nicht
nur bedauerlich, es ist ein nicht wieder gut zu machender Verlust. Höllerer ist sehr viel mehr als nur ein Manager, er ist, ich spreche dieses Wort
ungern aus, er ist ein Genie unserer Zeit, kein körperliches, gestriges vor-
gestriges, eine politische und literarische hochsensible Membrane, in der
das Wesen dieser Zeit zu hören ist, natürlich nur für den, der hinhört, und
nicht wie Neumann, Röhl und all diese kleinen Revoluzzer und Zeilen-

schinder, die die Fähigkeit des Hinhörens gar nicht besitzen und deren verkümmerte Literatenseele nicht mehr als ein Restbestand des neunzehnten Jahrhunderts ist.

31.5.[1967] Lettau ist aus Berlin und der Bundesrepublik von der berliner Polizei ausgewiesen worden.[125] Darauf Anruf aus Berlin vom Republikanischen Club, dieser seltsame Club linksengagierter etwas zu emotionaler Streiter. Sie wollten auch meine Unterschrift für einen Protest haben. Ich habe sie ihnen gegeben, eine Selbstverständlichkeit. Aber schon vorgestern wurde die Ausweisung zurückgenommen, worauf Lettau als politisch engagierter Schriftsteller, der für das Recht oder die Rechte der permanent protestierenden berliner Studenten eintritt – und dabei ist es doch nur sein kleines politisches hysterisches Mädchen V., der er wie ein Somnambuler hörig ist. Grass hat eine Rede im Presseclub in Bonn gehalten und dabei ein Zitat von mir verwandt: «Wir sind ein Volk der halben Revolutionen, der geglückten Konterrevolutionen und der versäumten Evolutionen», ein Zitat, das noch aus Rufzeiten stammen muß.[126] Er tritt für die Anerkennung der DDR ein, wobei er sich eine Ordnung vorstellt, die in einer Konföderation der beiden Staaten mündet bei gleichzeitigem Föderalismus aller Länder – Sachsen, Bayern, Thüringen u. s. w., die miteinander korrespondieren. Pragmatismus und Utopie also, hier seltsam gemischt. Wo mag er das nur herhaben? Von Arnulf Baring?

Am Sonntag mit Toni in Streitberg, auf der Suche nach einem Tagungsort. Streitberg liegt zwischen zwei Burgen: Neideck und Streiteck, ein Ort, den Victor Scheffel besungen hat.[127] Auf Neideck könnte ich Walter Jens setzen und auf Streiteck Martin Walser. Aber ich weiß nicht, ob dieser Ort geeignet ist, zu kleine und ungemütliche Säle und zu viel selbstgebrannter Schnaps. Ich bin überhaupt unsicher mit dieser Tagung – dem zwanzigjährigen Jubiläum – vielleicht sollte man es ganz lassen. Am Sonntagabend Essen bei Reinhold Kreile[128] mit Mundts[129], Heusers[130], Gespräch über die Krise in Israel, alle auf der Seite der bedrängten Israelis. Was aber tun die deutschen Schriftsteller? Werden sie etwas tun, auch ohne meine Initiative? Und soll ich eine Initiative ergreifen? Ich weiß es nicht. Ich bin des ewigen Protests müde und doch ist in diesem Fall eine groß angelegte Aktion notwendig. Werden die Juden nun wieder massakriert, diesmal mit ihrem neuen Staat, und wahrscheinlich für immer? Ein erschreckendes Bild: eine davonlaufende Uno, ein durch Vietnam gelähmtes Amerika, ein durch de Gaulle handlungsunfähiges Europa und eine Sowjetunion, die sich zum zweiten Mal in ihrer Geschichte mit den Faschisten verbindet, diesmal mit den arabischen. Was für ein zynisches, politisches Spiel? Und was sagt Hans Magnus Enzensberger dazu, der noch immer in Moskau ist? Begreift er, was geschieht, begreift er, daß der angegriffene «westliche Imperialismus» nur ein Vorwand ist, um den eigenen «östlichen Imperialismus» zu betreiben oder voranzutreiben, auch auf Kosten Israels, auf Kosten der Juden und sogar auf Kosten ihrer Vernichtung. Es ist mehr als bedrückend, dieses Spiel ein zweites Mal mit ansehen zu müssen. 1939 Stalin-Hitler Pakt: Polen wird geteilt. Sommer 1967 Nasser-Kossygin-Pakt.[131] Geht Israel dem Schicksal Polens entgegen? Die einzige Hoffnung wieder – wie in allen letzten Jahrzehnten – Amerika, trotz Vietnam und trotz aller berechtigter Vorwürfe. In Rom zur gleichen Zeit Zehnjahresfeier der EWG. Streit um England, Streit um den größeren politischen Zusammenschluss. Immer wieder legt sich de Gaulle mit seinen nationalstaatlichen Vorstellungen des neunzehnten Jahrhunderts quer, und immer wieder mit Hegemonial-Vorstellungen, die zumindest in Europa veraltet sind. Ein Blick nach Israel, ein Blick auf die jetzigen Vorgänge im Nahen Osten, genügt schon, um zu wissen, was hier und heute getan werden muss: schneller, ja schnellster Zusammenschluss aller europäischer Staaten zu einer Union, die einheitlich handlungsfähig ist. Sonst kann auch diesem Europa in zehn oder zwanzig Jahren drohen, was heute Israel droht: die Überfremdung.

6.6.[1967] Gerade ist der Krieg um Israel ausgebrochen.[132] Am Sonntag, den 5., in München noch versucht, Unterschriften für eine Resolution zu sammeln, mit der die Schriftsteller der Gruppe 47 sich für Israel aussprechen sollten.[133] Sie hieß, ich hatte sie am Vormittag mit schwerem Kopf nach einer Feier mit Jesco von Puttkamer[134] und anderen entworfen: «Die unterzeichneten Schriftsteller der Gruppe 47 verurteilen auf das Schärfste die von den arabischen Staaten gegen Israel angedrohten Maßnahmen. Sie sehen in der immer wieder verkündeten Absicht, den Staat Israel zu vernichten, die gleiche Politik des Ausradierens, die Hitler betrieb. Sie appellieren an die Regierung der DDR, jede Unterstützung der arabischen Absichten aufzugeben und fordern die Bundesregierung, die Parteien, die Gewerkschaften, alle Organisationen und jeden Bürger auf, das bedrängte Israel in jeder uns möglichen Form zu unterstützen. Eine solche Unterstützung ist die moralische Pflicht aller Deutschen.»[135]

Es war eine lange, ewige Telefoniererei, bei der mir Hans Josef Mundt half. Es unterschrieben: Hildesheimer, Eich, Aichinger, Koeppen[136], Reich-Ranicki, Lenz, Grass, Schnabel, Lettau, Schnurre, und andere.[137] Nur Jens machte Schwierigkeiten, er scheint doch ein rechter Feigling zu sein. Vergeblich versuchte ich Böll zu erreichen. Er war in Rom.[138] In Berlin besorgte mir Herburger die Unterschriften, aber es war schwierig, mit den Berlinern zu sprechen, ihre Sorgen wegen des erschossenen Studenten bei einer Demonstration gegen den Schah von Persien waren scheinbar größer als meine Sorgen um Israel.[139] Von hier aus macht das heutige Berlin den Eindruck eines stillstehenden Teiches, in den plötzlich ein glühend-heißer Kessel gefallen ist. Am Abend war ich sehr erschöpft und nervös, dann wieder Gäste, Amery, Kreile, Eva Tripp[140], und am nächsten Morgen noch ein Versuch, über Suhrkamp Verlag Peter Weiss und Martin Walser zu erreichen. Peter Weiss lehnte die Unterschrift mit der Begründung ab, das sei ihm zu einseitig, er, der große Auschwitz-Interpret, entschied sich also nicht für Israel, sondern dagegen, und dabei ist er ein Halbjude. Wohin eine nicht begriffene und verblasene Ideologie führen kann. Dann – nach einem Gespräch mit Paul Schallück[141] – war plötzlich alles umsonst, meine ganze Arbeit. Der Krieg hat angefangen, sagte Schallück, ja, er hatte angefangen, und dies löste bei mir ein Gefühl aus wie damals, als er schon einmal oder zum zweitenmal anfing, denn noch immer geht, ob man es will oder nicht, der dritte Weltkrieg um. Sofort rief auch Walter Jens an, er zöge jetzt seine Unterschrift zurück, man wisse ja nicht, wer angefangen habe. Dann Gespräch mit Günter Grass, er war wütend, daß die Resolution jetzt nicht hinausging. Er war im Unrecht, es wäre in diesem Augenblick nur noch eine Platzpatrone gewesen, mitten im scharfen Krieg. Nachmittags Gespräch mit Fritz Raddatz, der gerade aus Amerika zurückkam, sein Vorschlag, die ganze Gruppe 47 soll sich freiwillig nach Israel melden. Darauf habe ich heute früh einen neuen Aufruf entworfen, der jetzt schon in der Presse ist. Er heißt: «Die Gruppe 47 ruft alle deutschen Schriftsteller zur Unterstützung Israels auf. Sie schlägt vor 1) sich zum freiwilligen, zivilen Hilfsdienst nach Israel zu melden 2) jede moralische Unterstützung zu geben, die durch Versammlungen, Demonstrationen, Proteste möglich ist und damit die öffentliche Meinung für das bedrängte Israel zu mobilisieren 3) den Aufruf von Dr. Adolf Arndt[142] vom 30.5. zur finanziellen Hilfe für Israel voll zu unterstützen. Kein Deutscher kann die beabsichtigte Vernichtung des Staates Israels zulassen. Es ist unsere moralische Pflicht zu helfen.»[143]

8.6.[1967] Gestern mit Toni Geburtstag gefeiert, es war ein schöner Tag, ein Tag der israelischen Siege, alles schien plötzlich überholt, unsere Sympathieerklärungen, unsere Aufrufe, die israelische Armee stand abends am Suez, Jordanien schien geschlagen. Toni sagte: «Dies ist der schönste Geburtstag seit langem, Israel ist gerettet.» Heute scheint alles schwieriger zu sein, soeben Anruf einer Israelin, die mich für eine Kundgebung für Israel im Deutschen Museum gewinnen will. Sie sagt: «Es steht nicht gut. Wissen Sie das schon. Die israelische Armee ist von der Heimat abgeschnitten, am Suez. Die Algerier sind eingetroffen.»[144] Ich weiß, dort ist eine große Schlacht im Gange, und doch ist diese Nachricht ungeheuerlich, sie soll nicht stimmen, sie darf nicht stimmen, Israels Untergang bedeutet den dritten Weltkrieg, und bedeutet mehr: den Anbruch einer neuen barbarischen Epoche. Am Vormittag Anruf von Paul Schallück, auch er besorgt, er sagt: «man darf in der allgemeinen Euphorie nicht den Kopf verlieren, in acht Tagen kann alles anders aussehen, wir müssen eine den jetzigen Verhältnissen entsprechende Sympathieerklärung abgeben.» Alle anderen, Jens, Hildesheimer, Andersch melden sich nicht mehr, auch Grass nicht, ihn sah ich nur auf dem Fernsehschirm auf einer Kundgebung in Düsseldorf[145], wieder im Alleingang, er kämpft für Israel, er allein von allen deutschen Schriftstellern. Er wird es nie lernen, daß auch er nur eine Stimme hat, auch wenn es die Stimme des Ruhms <ist>. Dabei gibt es nur einen Protest, der wirkt, den kollektiven, den, den alle unterschreiben, auch Böll, auch Jens, Lenz, Rühmkorf, Weiss und wie sie alle heißen. Aber das scheint vorbei zu sein, jeder hält sich selbst für den Bedeutendsten, seine Ansicht allein für die richtige, und einige, vor allem die jüngeren, rutschen wieder vom demokratischen Denken weg, ins extrem linke Fahrwasser, dorthin, wo jetzt die unsinnigsten Behauptungen aufgestellt werden: «Israel, ein imperialistischer Stützpunkt, Nasser, der gestern die Israelis ins Meer treiben wollte, jetzt der Befreier der arabischen Welt, Israel als imperialistischer Aggressor», es ist widerlich. Langes Telefongespräch mit Klaus Roehler in Berlin, er machte einen etwas verwirrten Eindruck, die Atmosphäre in Berlin – der erschossene Student – scheint unerträglich zu sein, er sprach von einem großen Krach zwischen Grass und Lettau, weil Grass in einer Rede vor den Studenten darauf hingewiesen hat, daß der berechtigte Protest der Studenten leider von einer radikalen Minorität ausgenutzt wird.[146] Er hat recht, aber Lettau, verblendet, und unter dem Einfluß seiner hysterischen V. innerhalb eines Jahres politisch erblindet, will es nicht wahrhaben. Manchmal zweifle ich daran, ob mein langer Kampf für das politische Engagement der deutschen Schriftsteller richtig war, vielleicht sind sie doch in dem vielgeschmähten – auch von mir – Elfenbeinturm besser aufgehoben. Aber ich will dies nicht eingestehen, ich kann es nicht, trotz Weiss und Lettau, es wäre eine späte Erkenntnis, und sie wäre nutzlos und ohne Sinn. Vielleicht lernen sie es noch, politisch zu denken, vielleicht, mein Pessimismus ist der Pessimismus des Enttäuschten. Jetzt aber habe ich nur Angst, Angst um Israel.

13.6.[1967]   Der Krieg in Israel ist seit Sonnabend vorbei. Die Sorge war unberechtigt. Bevor die Algerier das Schlachtfeld erreichten, waren Ägypten, Syrien und Jordanien geschlagen, ein Blitzkrieg in vier Tagen.[147] Nun erst ist Israel ein Staat im Nahen Osten, mit dem alle rechnen müssen. Die Folgen, auch für die Weltpolitik, für die Strategie, die Militärtechnik

u. s. w. sind noch nicht abzusehen. Sie werden viel bedeutender sein als viele ahnen. Gestern abend bei der Israelin, Frau Landau[148], mit Franz Wischnewski[149]. Enttäuschung über die, wie sie es nennt, «Linksintellektuellen», sie meint damit Peter Hamm[150], Karsunke, Hitzer, und andere. Offensichtlich haben sich alle, wenn auch nicht offen, gegen Israel entschieden. Warum sind die Israelis enttäuscht? Haben sie ein anderes Verhalten erwartet? Ich habe ihr den unterzeichneten Aufruf für Israel der Gruppe 47 mit nach Israel gegeben. Sie fliegt heute dorthin. Bei der Landau auch Ulrich Sonnemann[151] getroffen. Er äußerte, gottseidank, vernünftige Ansichten.

16.6.[1967]   Einen langen Brief an Amos Elon in Israel geschrieben, er hatte kurz vor Ausbruch des Krieges den alten Plan eines deutsch-israelischen Schriftstellertreffens wieder aufgegriffen, das war, bevor sein Buch über Deutschland erschien.[152] Jetzt schlug er vor, daß wir – die Gruppe 47 – nach Israel kommen. Ich habe dem zugestimmt. Aber es wird wohl unter den jetzigen Umständen noch lange dauern, ehe sich dieser Plan realisieren lässt. Die Propaganda gegen Israel nimmt seltsame Formen an, die Sowjetunion beschuldigt die Israelis «Neo-Nazi» und Kriegsverbrecher zu sein, und die hiesige extreme Linke läuft kopflos mit in diese propagandistische Sackgasse, die sich letztes Endes kompromittierend für den Sozialismus, oder für das, was eine unfähige Linke daraus gemacht hat, auswirken muss. Albert Norden, wohl selbst Jude, verkündet in der DDR, Israel sei Schuld an dem Krieg, Israel als Aggressor[153], und befindet sich dabei im Gleichklang mit der National- und Soldatenzeitung, deren Überschrift heute lautet: «Der Schuldige ist Israel»[154]. Es ist dieselbe Taktik von vor-vor-gestern, mit der extremen Rechten gegen die Demokratie, wobei die Lügen immer längere Beine bekommen, es ist dieselbe Taktik, die Norden, konkret, Robert Neumann und andere gegenüber der Gruppe 47 angewandt haben: mit der Rechten gegen die demokratische Linke und Zerstörung um jeden Preis, es ist aber auch noch etwas anderes: eine Art «linker Faschismus»[155], der sich auch bei einigen Gruppen der demonstrierenden berliner Studenten bemerkbar macht, eine gefährliche Entwicklung für die gesamte Linke. Gestern Anruf von Roehler aus Berlin: Hans Mayer war bei Herburger und hat ihm erzählt, daß er, Jens und Reich-Ranicki nicht zur Tagung der Gruppe 47 im Herbst[156] kommen werden, sie halten diese Tagung für überflüssig, die Jungen hätten nichts mehr zu sagen, kurz, es lohne sich nicht mehr. Welche Überheblichkeit! Es ist also wieder Walter Jens, der an der Existenz der Gruppe 47 bohrt. Er wird mit seiner Telefoniererei – ein ewiges Literaten-Telefongespräch – wohl noch einiges anrichten, es ist wahrscheinlich, daß er auch noch andere beeinflusst, Kaiser, Baumgart[157], Walser. Die Frage ist, ob ich die Einladung nicht stark einschränke, also auch Jens nicht mehr einlade. Was geschieht dann? Alles das zeugt von einem erschreckenden Verfall, nicht nur innerhalb der Gruppe 47, sondern der intellektuellen Linken überhaupt. Die Strömungen sind untergründig und Jens, Mayer, Reich-Ranicki wissen nicht, was sie tun. Ihr Mangel an politischer Intuition ist grotesk. Anruf von der Redaktion des «Spiegel», wann, wo und ob die Tagung der Gruppe 47 stattfindet und ob dies, wie es Gerüchte wissen wollen, die letzte Tagung sei. Wieder Walter Jens, der alles, was ich ihm vertraulich sage, sofort verbreitet. Mein Gott, was für ein […] unzuverlässiger Mensch. Anruf aus der deutschen Botschaft in London und natürlich dieselbe Frage: wann und wo ist die Tagung der Gruppe 47. Das alles ist nicht erfreulich. Was werden alle tun, wenn ich die Gruppe 47 nun doch noch über Jahre durchziehe? Sich wieder anpassen?

17.6.[1967]   Gestern abend kam die Nachricht, daß Walter Maria Guggenheimer gestorben ist.[158] Das Letzte, was ich von ihm hörte, war von dem Leiter des dritten Programms im Norddeutschen Rundfunk, Bächli, er sagte: «Gestern hat Sie jemand im Funk sehr gelobt, es war Walter Maria Guggenheimer.»[159] Zwei Briefe von ihm in diesem Jahr beschworen mich, die Gruppe 47 zu erhalten[160], er, der so selten teilnahm, hing daran, er ist der erste von den siebzehn, die in Bannwaldsee dabei waren[161], der ausscheidet, er, den gestern in einem Nachruf jemand: «den großen Erfolglosen» genannt hat. Erfolg, ich glaube, es hat ihm nie daran gelegen, er wollte ein neues, anderes Deutschland, nicht Erfolg, es sei denn dieser

Erfolg. Als ich ihn 1946 kennen lernte, trug er noch die Uniform der französischen gaullistischen Armee, ohne Rangabzeichen, er hatte sie abgetrennt, und saß in einem Hinterzimmer der Buchhandlung Hugendubel als Treuhänder, wohl – ich weiß es nicht – von der Militärregierung eingesetzt.[162] Damals habe ich ihn bei jedem Artikel überreden müssen, im Ruf mitzuschreiben. Seine Antwort war immer dieselbe: «ich kann doch nicht schreiben, ich bin viel zu langsam, es fällt mir zu schwer.» Dann, wenn ich ihn überredet hatte, schrieb er die brillantesten, geistreichsten Artikel, die im Ruf erschienen. Im September 1947 lud ich ihn nach Bannwaldsee ein, er kam mit seinen beiden prall gefüllten Aktentaschen, in jeder Hand eine, seine beiden «Schweinchen», wie er sie nannte. Der Zug, wir hatten uns am Starnberger Bahnhof versammelt, fuhr nur bis Weilheim, dort saßen wir auf der Straße – Kolbenhoff[163], Schnurre, Minssen[164], Sombart[165] – und wußten nicht, wie wir weiter kommen sollten, Guggi lief los und besorgte mit seinem alliierten Militärausweis einen Holzgas-Lastwagen, auf diesem offenen LKW fuhren wir zur ersten Tagung der späteren Gruppe 47, in der noch heißen Septembersonne, unter langen Staubfahnen. Am letzten Abend, es war eigentlich schon Nacht, oder nach Mitternacht, Schnurre las drei Stunden lang eine entsetzlich psychopathische Geschichte, stand Guggi mit seinen beiden «Schweinchen» in den Händen, mußte zum Bahnhof nach Füssen, hörte Schnurres Romanfragment zu, das immer verworrener wurde, und sagte zu mir, immer wieder: «Das müssen Sie wiederholen, diese drei Tage waren großartig, das müssen Sie bald wiederholen.» Diese seine Aufforderung war die Geburtsstunde der Gruppe 47. Er sagte es mit seiner hohen Fistelstimme, die beim Lachen noch heller wurde und dann leicht anstieß. Seine Gedanken waren schneller als seine Möglichkeit zu sprechen, wurde diese Diskrepanz zu groß, verstand man ihn nicht mehr. Er war eine Nachkriegserscheinung, eine der seltsamsten und liebenswertesten.

20.6.[1967] Am Sonntag noch einmal Fahrt in die Fränkische Schweiz, zur Pulvermühle, die mir der Bruder von Klaus Roehler[166] als Tagungsort vorgeschlagen hatte. Dieser Gasthof ist so, wie wir ihn brauchen, und das

Wort Pulvermühle gibt zu zahlreichen Assoziationen Anlass. Wird die Gruppe 47 hier pulverisiert werden? Oder wird sie sich hier «aufpulvern». Anruf von Roehler aus Berlin. Auch er spricht im Zusammenhang mit den Studentenunruhen in Berlin vom «roten Faschismus». Das Wort scheint nicht nur mir eingefallen zu sein, so haben wir also einen weißen und einen roten Faschismus, ein Ei mit zwei Schalen. Lettau ist mit einer Anzahl von Studenten für einen bei den Demonstrationen gegen den Schah von Persien verhafteten Studenten für vier Tage in den Hungerstreik getreten.[167] Er scheint völlig das Gleichgewicht verloren zu haben. Schade!

Roehler ist wütend, er muß nun das Handbuch allein fertig machen, während Lettau, ewiger Demonstrant in den letzten Monaten, nun ins politische Hungern steigt. Der Beifall von der falschen Seite ist ihm dabei gewiss, was Polizei und Polizeiterror nicht entschuldigt. Auch Gespräch über die geplante Zeitschrift für Luchterhand, bei der ich anscheinend den Herausgeber machen soll, eine Zeitschrift der Gruppe 47, was vieles wiederum verändern würde. Noch einmal als politischer Publizist wie vor zwanzig Jahren im Ruf. Ob das richtig ist? Hans Josef Mundt erzählt, daß auch sie eine ähnliche Zeitschrift planen, eine Zeitschrift konträr zu allem, was heute erscheint. Mein Ärger über die Russen hält an. Kossygins Rede vor der Uno gegen Israel stellt alles auf den Kopf, nun ist Israel der Aggressor, nun sind es die Juden, die die Araber vernichten wollten.[168] Welch eine Infamie? Pervertierter Kommunismus, an dem nun nichts mehr stimmt. Peter Weiss im Rundfunk der DDR ganz auf der Generallinie und gegen die Israelis. Das ist kaum zu fassen.

22.6.[1967] Beerdigung von Walter Maria Guggenheimer. Ein erster, heißer, herrlicher Sonnentag, trotzdem eine etwas beschämende Beerdigung, es fehlten alle, die einmal mit <ihm> befreundet waren, Hildegard Brücher, Alfred Andersch, Erich Kuby, das ganze politisch-publizistische Nachkriegsdeutschland seiner Farbe. Der Pfarrer nannte ihn in der Grabrede einen Erfolglosen, einen, der es eigentlich zu nichts gebracht hat, es war ärgerlich, eine Beerdigung voller Mißverständnisse, auch Eugen Kogon[169] war kopflos und betroffen. Ich sah <ihn> seit vielen Jahren zum ersten Mal wieder, wir unterhielten uns lange bei Reinhold Kreile, der anschließend ein Essen gab, an dem auch Joachim Kaiser teilnahm. Es wurde viel über Guggenheimer gesprochen, Anekdoten aus seinem Leben, ich schlug vor, aus seinen Schriften – Briefe, Kritiken, Essays, Kommentare – ein Buch zusammenzustellen, das bei Luchterhand erscheinen soll. Ob daraus etwas wird, ist natürlich fraglich.[170] Anschließend um zehn Uhr zu einer Party bei Ursula von Kardorff[171], wieder lange Gespräche über Israel, mit Sonnemann und anderen. Man ist nicht mehr so hoffnungsfroh wie kurz nach dem Sieg der Israelis. Langes Gespräch mit Horst Bienek, fast dieselben Ansichten über die berliner Studenten, über Israel, er bat mich, das war überraschend, ihn zur Tagung der Gruppe 47 einzuladen. Ich habe es ihm versprochen. Er ist – vielleicht – ein Gewinn.[172]

29.6.[1967] Schreibe Tag für Tag an meinem Onkel August und komme doch nicht weiter.[173] Abend im Haus des Philosophie-Professors Metzger[174], bei dem eine Lesung von einem Carl Werner[175] stattfand, ein Pest-Gesang, die Schöpfungsgeschichte rückwärts gedreht, brilliantes Sprachkönnen, Expressionismus, veraltet – trotzdem. Holthusen[176], Sonnemann, Schweikart[177], Urs Jenny[178], der kleine Kritiker Nöhbauer[179], viele Gespräche, viel Unsinn, aber lustig. Am Morgen Gesellschaft bei Schweikart, er ist alt geworden, sehr alt: wie schnell das geht. Fand später mein Auto nicht wieder, lief verzweifelt durch die Straßen, zwei Stunden lang, ich hatte vergessen, wo ich es geparkt hatte. Seltsam! Mit Heinz Friedrich Taschenbuch «Karikaturen der Gruppe 47» besprochen, es neigt, man spürt es, alles dem Ende zu.[180] Es ist gut, daß wir das Handbuch in Angriff genommen haben.

8.7.[1967] Jetzt sind die Fahnen von: «Karl Marx in Samarkand» gekommen.[181] Alles wirkt jetzt etwas unbeholfen <auf> mich, schade, aber vielleicht ist es doch nicht so schlecht. Es fehlt die Eleganz. Auch das «Handbuch der Gruppe 47» scheint mir jetzt in den Fahnen etwas langatmig.[182] Trotzdem, es ist gut, daß es jetzt erscheint. Seltsame Gerüchte über

Walter Jens und Hans Mayer, die angeblich herumgehen und jeden davon abhalten wollen, zur Tagung in die Pulvermühle zu fahren, Begründung: «Dort geht man nicht mehr hin», als hätte die Gruppe 47 plötzlich Nesselfieber oder Paratyphus bekommen. An mich kein Wort, auch keine Antwort auf meine Einladung. Ist das Mangel an Mut? Oder sind sie wirklich so unfair, nicht einmal zu antworten, ich traue neuerdings jedem alles zu, auch dem Hans Mayer, ein eitler, homosexueller Faun.

Brief von Reich-Ranicki, er sagt zu und schreibt: trotzdem oder obwohl mich einige Herren beeinflussen wollen, nicht zur Gruppe 47 zu fahren, sage ich zu, ich komme, ich fasse meine eigenen Entschlüsse, ich halte es für richtig Deiner Einladung zu folgen.[183] Nun gut, dafür hat Heinrich Böll gestern im Fernsehen erklärt, die Gruppe 47 sei «passé», auch das mir gegenüber nicht gerade fair.[184] Wann wird einmal die Zeit kommen, in der ich von anderen, etwa von Böll erklären kann, dass sie passé sind. Dann muß wohl die Gruppe 47 erst sterben.

30.7.[1967] Vier Stunden mit Peter Bichsel im Biergarten des Augustiner Bräus, er schrieb vorher: «Übrigens wird es eine gute Tagung, ich fühle es im voraus. Unter meinen Vorfahren gab es viele Bauern und die hatten alte Wetterregeln und deshalb alles im voraus gewußt.»[185] Sein Buch: «Jahreszeiten» erscheint jetzt, es ist das Buch, das den Preis der Gruppe 47 auf der Tagung in Berlin 1965 bekam.[186] Er, Bichsel, hofft, daß er uns jetzt mit dem Buch nicht blamiert, ich nehme es auch nicht an. Er sagt: «auch wenn nur wir beide übrig bleiben, ich käme trotzdem zur Tagung der Gruppe 47» oder: «Sie haben es gut, die Gruppe stirbt mit Ihnen, aber ich, ich muss dann vielleicht noch dreißig Jahre ohne Gruppe 47 leben.» Ein Romantitel: «Ein Leben ohne Gruppe 47». Er ist geblieben, der er war, der Erfolg hat ihn kaum berührt, ein Bauer, dem man einen überempfindlichen Seismographen eingebaut hat, das, was mir am besten an ihm gefällt, ist sein versteckter Humor, der immer dann ohne jedes Lächeln aus ihm herauskriecht, wenn man es am wenigsten erwartet: ein Schweizer der deutschen Literatur, nach seinen Worten und mit Hinblick auf unsere «Revolutionäre» für keine Revolution zu haben, aber für jede Art von Evolution. Verändern, ja, zerstören, nein! Ein Mann ganz ohne Pathos und ohne jede falsche Attitüde, unhysterisch, und <doch>, wie Toni sagt, «hat er es faustdick hinter den Ohren». Das alles ist wohltuend, auch dies: das verblüffend Faustdicke hinter den Ohren. Wir tranken zusammen sechs Liter Bier.

31.7.[1967] Brief von Walter Jens, endlich hat er sich zu einer Absage aufgerafft, ein Brief, der kränkend ist, aus Minderwertigkeitsgefühlen geschrieben, natürlich wieder mit dem Schluss «Dein getreuer Freund und Paladin», ob ihm nichts besseres eingefallen ist, als dieses schrecklich veraltete Wort «Paladin». Mit solchen Paladinen könnte man keine Herrschaft aufbauen, schon gar nicht eine revolutionäre, und doch steht in diesem Brief der Satz: «Ich glaube wirklich, ich habe im Augenblick, wo die Studenten auf der Straße sind und ich in dem Fall bis in die Nächte hinein zu tun habe, Wichtigeres zu unternehmen als über Haupt- und Nebenfiguren bei Rolf Haufs mir Gedanken zu machen.»[187] Arme revolutionäre Studenten, was wird dabei herauskommen, wenn Euch Walter Jens als Revolutionär à la Herbert Marcuse voran geht?[188] Aber welche Verachtung spricht aus diesem Satz gegenüber einem so begabten Mann wie Rolf Haufs, und welche Verachtung gegenüber den jungen Schreibern von heute aus dem folgenden: «Ich habe einfach keinen Kontakt mit diesen ganzen Chotiewitzen oder wie immer sie heißen, es erscheint mir widerwärtig und grauenerregend, daran denken zu müssen, wieder die Mayer-Typen sehen zu müssen, die Grass-Claqueure und wer noch dazu gehört.»[189] Mein Gott, wie kann man einen solchen Satz hinschreiben: Grass von Claqueuren getragen, und ausgerechnet von denen, die ihn bekämpfen. Was wird aus Jens werden, wenn er so weiter macht, sich in falschen, von Ressentiments verstellten Argumenten verfängt und sich so gehen lässt: nur ein Professor, nicht mehr?

2.8.[1967] Gestern Besuch bei Ilse Aichinger und Günter Eich in Großgmain, eine Begegnung nach Jahren, eine seltsame Begegnung, nur

Freude, nur Fröhlichkeit, es war, als hätte es nichts dazwischen gegeben, nicht die vielen Jahre, keine Verstimmung[190], jetzt dichtet bereits ihr dreizehnjähriger Sohn Clemens[191], ein übernervöser Junge, Ilses Junge, nicht nur mit ihrem Gesicht, auch in der Art des Sichgebens. Sie wohnen in einem riesigen Park, eine Villa, eine Art von einem misslungenen Schloss. Wir saßen bis in die Nacht auf der Terrasse, es blieb bei dem anhaltenden Lachen, beide wollen und wünschen, daß die Gruppe 47 weiter existiert, weiter bestehen bleibt, wenn sie verschwindet, sagte Ilse, dann gäbe es nichts mehr, zu meinem Erstaunen hängen sie daran, es war echt, oder ich hielt es für echt. Günter Eich äußerte seine Vorbehalte gegenüber Ingeborg Bachmann, sie sei ihm zu exclusiv geworden, zu sehr auf gesellschaftliches Dabeisein fixiert, es störe ihn ihr Leben in der high society, Karajan müsse es sein[192], das störe ihn, mache sie fragwürdig und unsympathisch, ich versuchte sie zu verteidigen, es gelang mir schlecht, ich erzählte von dem Anruf aus London von Erich Fried, der wissen wollte, ob die Gruppe 47 kollektiv für Israel Stellung genommen hätte, das ginge doch nicht, er, Fried, könne eine solche einseitige Stellungnahme nicht gut heißen, auch Ingeborg Bachmann nicht, die gerade in London sei, aber nicht den Mut hätte, bei mir anzurufen oder anzufragen – ich erzählte von dem Gespräch, es war keine gute Verteidigung. Beide sind dieselben geblieben, älter geworden und doch jünger – es schien mir, als hätten Ruhmsucht und Ehrgeiz sie für immer verlassen, eine angenehme, wohltuende Annahme, vielleicht waren die paar Stunden deshalb so ganz ohne Ressentiments und nur voller Freundschaft und Gelächter.

3.8.[1967] Auch der Professor Hans Mayer hat nun geschrieben, wörtlich: «er sei nun in seine klassisch-konservative Periode eingetreten, wie seine Biografen später einmal feststellen würden, von dort aus verstünde er die Jungen nicht mehr.»[193] Der Arme!

25.8.[1967] Drei Wochen ununterbrochen, vor- und nachmittags am «Onkel August» geschrieben, mit viel Freude, viel Schwung. Jetzt seit ein paar Tagen ist es plötzlich aus, alles zu Ende, ich kann nicht mehr. Jetzt erscheint mir alles schlecht, was ich bisher geschrieben habe, einerseits schwerfällig, anderseits zu vordergründig. Meine Hoffnung, daß die Freude wieder kommt. Es hängt so viel von diesem «Onkel August» ab und ich will so viel mit ihm sagen, vielleicht zu viel.

18.10.[1967] Den ganzen September in Italien verbracht.[194] Magenvergiftung, andauernde Schmerzen, und kein Wort geschrieben. Seit Ende August liegt der «Onkel August» unberührt, jetzt hier in Berlin will ich es wieder versuchen. Am 1. Oktober aus Italien zurückgekommen, drei Tage vor dem Beginn der Tagung in der Pulvermühle[195], es gab keine Stunde Ruhe, Fernsehaufnahmen, Interviews, mehr Interesse als ich erwartet hatte, zu viel Interesse, vielleicht, weil alle Welt das Ende erwartete, das Auseinanderlaufen, Auseinanderfallen, das Sterben, das Zerplatzte, wie «konkret» schrieb[196], eine Zeitschrift, die immer schmieriger wird, dann am Mittwoch in die Pulvermühle, ich war guter Laune und mir meiner Sache sicher, meine Neigung, die zwanzig Jahre als Abschlusspunkt zu sehen, war verschwunden. Dazu hatte ein Manuskript beigetragen, das mir Christian Gneuss[197] nach Italien nachschickte. Es hieß «Die Ära Richter», eine Sendung des Westdeutschen Rundfunks, verfasst von Heinrich Vormweg.[198] Vormweg, den ich nicht kenne, plädiert hier gegen eine Auflösung: «Das Ritual will es, daß Hans Werner Richter darüber entscheidet. Vielleicht verkündet er in der Pulvermühle: von nun an werde ich keine Einladung mehr verschicken, keine Postkarten mehr schreiben. Das wäre der einfachste Weg, der Weg des geringsten Risikos. Die Mitglieder könnten sich in dem sicheren Nachruhm sonnen. Alle Welt würde Hans Werner Richter gratulieren, daß er den Mut hat, auf dem Höhepunkt der Erfolge abzutreten. Der Weg von der Geschichte der Gruppe 47 zum Mythos der Gruppe 47 wäre frei.» Vormweg kommt dann im Verlauf seiner Untersuchung zu dem Ergebnis, die Auflösung der Gruppe 47 würde einen Rückschlag für die Entwicklung der deutschen Literatur bedeuten. Alle Ansichten und Äußerungen Vormwegs haben mich dort unten in der Einsamkeit stark beeindruckt und mich in meinem Entschluss bestärkt,

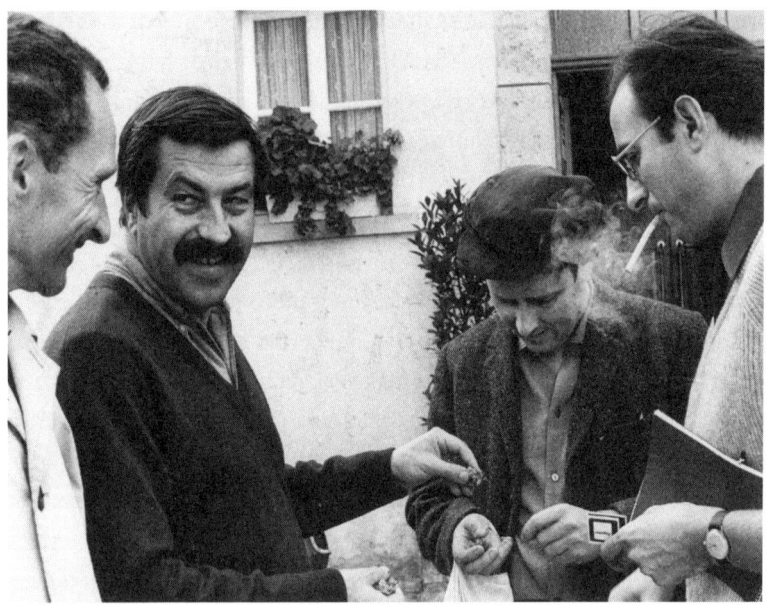

Walter Höllerer, Günter Grass, Klaus Wagenbach und Peter Rühmkorf
vor der «Pulvermühle».

unter gar keinen Umständen den Querelen von innen und dem Druck von
außen nachzugeben. Mit Absicht hatte ich alle «radikal Linken», Fried,
Karsunke, Walser, Rühmkorf, eingeladen, mit ihnen mußte ich fertig
werden. Gelang es, sie wieder zu integrieren, bestand keine Gefahr mehr.
Es ist gelungen, wenn auch unter Umständen, die manchmal makaber
und oft für mich komisch waren. Die Komik der Situation hat – gottseidank – niemand bemerkt. Aufgeputscht von den literarischen Vorlesungen und aufgeregt, wenn es sich um politische Entscheidungen oder
Aktionen handelt, nehmen sich alle zu ernst, um noch etwas bemerken zu
können. So seltsam es in der Pulvermühle begann, so seltsam blieb es bis
zum Schluss. Schon am Donnerstagmorgen – noch war niemand angereist außer Roehler und Herburger – sah das Gelände vor der Pulvermühle
merkwürdig aus. Fünf Kamerateams hatten dort Posten bezogen und hinter dem Bach – die Wiesent – auf der Landstraße hatte ein Demonstra-
tionszug Aufstellung genommen, Studenten des SDS aus Erlangen, mit
Transparenten gegen die Notstandsgesetzgebung, ein seltsam bebarte-

ter, bärtiger [?] Zug mit Minirockmädchen. Bestürzung bei den Fernsehleuten, als ich sie abwies: sie wollten ja nur einen Streifen drehen oder einen Streifen abziehen. Ich sagte: hier gäbe es nichts zu drehen, auch keinen Streifen abzuziehen, dies sei eine geschlossene Gesellschaft. Das begriffen sie nicht. Sie blieben und drehten statt der Tagung alles, was ihnen vor die Kamera kam: den Bach, die Forellen, Gänse, Enten, Hühner, Autos. Zwei der demonstrierenden angeblichen Studenten kamen zu mir, nicht sehr sympathisch, aufgedonnert mit schlecht gepflegten Bärten und Lederjacken als Revolutionäre, zwei Ratten nannte sie Kurt Heuser später – sie forderten, ja, sie baten nicht, sie forderten eine Diskussion im Plenum der Gruppe 47 über eine Resolution des Sozialistischen Studentenbundes gegen den Springer-Konzern, sie verlangten sozusagen kategorisch, daß wir mit ihnen diskutierten, auf meine Antwort, im Fall Springer hätten wir selbst etwas vor[199], dazu sei der SDS nicht notwendig, und außerdem handle es sich hier um eine literarische Tagung, erklärten sie mir als Neuigkeit: «Literatur und Politik gehören zusammen.» Vulgärmarxistischer ging es nicht. Schließlich drohten sie, sie würden die Tagung sprengen, wenn ich ihrer Forderung nicht nachgäbe. Die ganze Unterredung wurde von Seiten dieser beiden Studenten mit einer Überheblichkeit und Arroganz geführt, die unerträglich war. Als ich auf ihre Forderung nicht einging, kam der Satz: «dann holen Sie wohl die Polizei?» Meine Antwort: «Ich brauche keine Polizei, ich bin meine eigene Polizei.» Dann gingen sie zu ihren großen Wagen auf der Landstraße, Jaguar, Opel-Kapitän zurück, zwei Pseudo-Figuren, Söhne von Großbürgern, die Revolution spielen.

25.10.[1967]   Noch zur Tagung in der Pulvermühle. Sie kamen alle, nur Jens blieb weg, Mayer, Böll, der sich als krank ausgab, Enzensberger, der mit seiner Frau[200] (die Tochter Fadejews) nach Amerika wollte, Ingeborg Bachmann, die einen seltsamen Brief schrieb: «ich könnte kommen, ich bin gesund, aber nach langen Überlegungen bin ich zu dem Entschluss gekommen, weg zu bleiben. Ich müßte Dir eine lange Epistel schreiben, um Dir das zu erklären. Ich würde vier Wochen daran arbeiten.»[201] Das klang geheimnisvoll. In Wirklichkeit hatte sie bei ihrem neuen Verleger Siegfried Unseld angefragt, ob ihr Kommen notwendig sei. Antwort Unselds: «Es ist nicht notwendig.»[202] Arme, überdrehte Inge. Der erste Tag der Tagung verlief ruhig, etwas matt, nur Barbara Frischmuth[203] aus <Graz> fiel auf, man nannte sie kurz darauf Ottilie Frischmuth, dann Guttilie Frischmuth und schließlich Subtilie Wildermuth, dann Vagelis Tsakiridis, ich wollte ihn nach vorn schieben, ganz nach vorn, bis an den Preis der Gruppe 47. Es gelang mir halb.[204] Immerhin schien der Erfolg preiswürdig. Die Stimmung stieg, die Atmosphäre, die ich brauchte, um die Gruppe 47 über die Schwelle der zwanzig Jahre zu heben, entstand. Mit dem Erfolg des Griechen Tsakiridis wollte ich eine politische Demonstration verbinden: für ein freies Griechenland. Nur wenige, sehr wenige, begriffen es. Am Abend las Siegfried Lenz aus seinem fünfhundert Seiten-Roman.[205] Er kam nicht gut an, dann Wolfgang Bächler, einer der wenigen noch vom Bannwaldsee.[206] Es war peinlich. Getragene, lyrische, kitschige Impressionen. Schweigen statt Kritik, anhaltendes Schweigen. Er begriff es nicht, ein kranker, somnambuler Schlafwandler. Aber Martin Walser, selbst ein Kranker, hatte ihm geraten, dies zu lesen: «es sei preiswürdig.» Dann geschah, um elf Uhr nachts, was ich nicht erwartet hatte, was mir aber doch entgegenkam. Einige wollten mich sprechen: Lettau, Walser, Rühmkorf. Sie hatten etwas vor, irgendetwas, eine Resolution, einen Protest, ich stand mit Christian Ferber an der Theke, ich war guter Laune: «ich komme nach», sagte ich und ließ mir Zeit. Dann begann ich sie mit Günter Eich gemeinsam zu suchen, ich fand sie nirgends, in keinem der Nebenzimmer. Endlich entdeckte ich sie, in dem anderen gegenüber liegenden Haus, im Vorlesungssaal. Ein seltsamer Anblick. Zum ersten Mal sah die Gruppe 47 so aus, wie die rechte, konservative Öffentlichkeit sie sich vorstellt: ein Verschwörer-Club. Der Saal halbdunkel, etwa sechzig Leute, nicht ganz erkennbar, auf meinem Stuhl vor dem Auditorium Wolfgang Bächler, auf dem anderen Stuhl daneben Martin Walser, zwei Psychopathen. Für einen Augenblick hatte ich den Eindruck, zwei Affen seien auf meinen Stuhl geklettert und spielten «Gruppe 47». An der Seite, aufrecht, vor der weißen Wand, stand Günter Grass, einem königlichen Ankläger gleich. Ich ging zu ihm vor, stellte mich neben ihn.

Reinhard Lettau
vor der «Pulvermühle»
1967.

Walser leitete die Diskussion, das Thema: «Kampf dem Springer-Konzern.» Alle redeten durcheinander, gleichzeitig, sich unterbrechend, jeder wußte es besser als der andere, lauter Verschwörer, eine Literaten-Verschwörung, die großen Politiker waren die Unpolitischen: Lettau, Walser. Nach zehn Minuten war es mir über, ich jagte Bächler etwas unsanft von meinem Stuhl und übernahm die Diskussion. Nach weiteren zehn Minuten war es zu Ende, die für den Resolutionsentwurf gewählte Kommission sollte an die Arbeit gehen. Die nächtlichen Verschwörer liefen auseinander. Etwas war merkwürdig an diesem Vorgang und zugleich von unüberbietbarer Komik. Offensichtlich hatte Walser vor, die Gruppe 47 zu manipulieren, abstimmen zu lassen, sie zu konstituieren, mit Statuten, Wahlrecht, kurz, sie zu einer Organisation zu machen, die nie funktionieren kann. Nur geriet er schon beim ersten Anlauf durcheinander, verwickelte sich in seine eigenen, oft absurden, wenn auch immer geistreichen Gedanken, zeigte einen überraschenden Mangel an Autorität und war völlig unfähig, Ordnung in eine Diskussion zu bringen, die geordnet werden mußte, sollte etwas dabei herausspringen. Er wird es wieder versuchen, immer wieder, und – jetzt weiß ich es – immer umsonst. Ihm fehlen alle Voraussetzungen für Politik, vor allem das Wesentliche: klare Vorstellungen, klares Denken und Autorität. Hier fällt mir ein Satz ein, den ich im Bayern-Kurier fand, geschrieben von einem Grafen von Schenckendorf oder so ähnlich: «Richter hat ein neues Organisations-Prinzip entdeckt, die nicht organisierte Organisation. Die Gruppe 47 ist das politische Instrument eines politischen Kopfes.»[207] Walser wird das nie begreifen. Seine Vorstellungen entspringen den Prinzipien des neunzehnten Jahrhunderts, man muß nicht unbedingt ein «politischer Kopf» sein, um das zu «erfühlen». Es genügt ein wenig Intuition, um Formen des Zusammenlebens von morgen vorweg zu nehmen.

27.10.[1967]   Langes Gespräch (Frühstück) mit Arnulf Baring. Grass will in die praktische Politik gehen und ihn, Baring, mitnehmen, das heißt mit in den Bundestag. Das hat mich sehr überrascht. Grass hat kein Wort davon zu mir gesagt. Im Februar will er «seinen Wahlkampf» eröffnen. Seltsame Vorstellung: Grass im Bundestag.[208]

Gestern abend Besuch von Walter Höllerer. Er will vieles von dem «abstreifen», was er bisher gemacht hat, das «literarische Berlin» scheint auch ihn nur noch am Rande zu interessieren. Mitteilung: Den Überfall der sozialistischen Studenten aus Erlangen auf die Pulvermühle hat Peter Hamm aus München organisiert, er ist dazu nach Forchheim gefahren und hat sich während der ganzen Tagung dort aufgehalten, alle Direktiven und auch die Sprüche auf den Transparenten kamen von ihm. Soweit geht es, wenn jemand, der dreimal durchfällt, nicht wieder eingeladen wird.

2.11.[1967]   Am Sonnabendvormittag kam in der Pulvermühle der literarische Erfolg mit Renate Rasp[209] und Jürgen Becker[210]. Die Stimmung verbesserte sich: aus Skeptikern und Zweiflern wurden wieder Begeisterte. Wie einfach das alles ist und wie anstrengend. Am Nachmittag, es las gerade Lars Gustafsson eine Geschichte über Bakunin, mit dem immer wiederholten Satz: «Lasst uns revolutionieren»[211], da begann der Lärm vor der Tür des Vorlesungssaals, die Studenten aus Erlangen, die angeblichen Studenten, mit Transparenten mit Losungen wie: «Löst die Gruppe 47 auf» oder: «Die Gruppe 47 ein Osterzopf» oder: «Hier tagt Familie Saubermann», mit Lautsprecher, in den sie Klassenkampfparolen hineinschrien, ausgerechnet sie verlangten von uns Solidarität mit dem Klassenbewußtsein der Arbeiter, ein seltsamer Anblick, der mich an die Jahre von 1933 erinnerte. Meinungsterror wie damals, dieselbe Zerstörungstendenz um jeden Preis, und wieder links gegen links: das fortwuchernde Unkraut der russischen Revolution, damals in der Situation von 1917 vielleicht notwendig, jetzt – wie 1933 – und in diesem Deutschland ein Verhängnis. Dies, und das andere, die faschistische Methode, zum ersten Mal mit linken Vorzeichen versehen, haben mich erschreckt. Es löst, und ich konnte es an mir selbst und an allen anderen beobachten, Emotionen aus, dieselben Emotionen wie damals, Hass, dieser schreckliche Hass, die Grundlage der Brutalität, an dem ich fünfzehn Jahre gelitten habe. Was aber war die große Befreiung 1945, nichts anderes als die Befreiung von diesem eigenen, unerträglichen, den Menschen zerstörenden und vergiftenden Hass. Diese jungen Leute wissen es nicht, die Erfahrung einer Generation überträgt sich nicht auf die andere: sie wollen wieder Intoleranz statt Toleranz, Emotion statt Vernunft, Terror statt Auseinandersetzung. Sie können mit der Freiheit nichts anfangen, sie langweilen sich, sie glauben, die Manipulation dieser Gesellschaftsordnung zerstören zu müssen und zerstören dabei wahrscheinlich sich selbst.

Es war seltsam, dies aus der Nähe zu sehen. Kurz vorher hatte ich mich im Fernsehen für die revoltierenden Studenten ausgesprochen, ihr Aufstand gegen die Formal-Demokratie ist berechtigt – jetzt demonstrierten sie dafür gegen mich, zum ersten Mal in meinem Leben von links bedroht, von der Seite, auf der ich immer stand. Ein irritierender Eindruck. Ich konnte nur taktisch reagieren. Fast hundert Schriftsteller wurden von denselben Emotionen erfasst, dagegen, dafür, politische Tendenzen wurden sichtbar, Hass, lange aufgestaut, entlud sich. Aber sie fielen mir nicht aus der Hand, weder die einen noch die anderen, gottseidank. Es wäre sonst alles geschehen, was so viele erwarteten, das Auseinanderplatzen der Gruppe 47.

13.12.[1967] Fast zwei Monate sind vergangen. Keine Eintragungen. Ich war drei Wochen in München. Jeden Tag an «Onkel August» geschrieben. Jetzt sind nur noch drei Kapitel notwendig. Ich werde erst im Februar wieder dazu kommen. Am Sonnabend hier in Berlin ein Abend für ein freies Griechenland, an dem etwa ein Dutzend griechische Schriftsteller teilnahmen.[212] Sie kamen fast alle aus Paris. Begabt, emotionell, ideologisch. Es nahmen etwa hundert Leute hier in der Wohnung daran teil: Günter Eich, Renate Rasp, Jürgen Becker, Reinhard Baumgart, Günter Herburger, Tankred Dorst[213], Peter Wapnewski. Es lasen zwei griechische Schriftsteller: Patrikios und Vassilikos[214]. Bei allen eine seltsame Mischung: Nationalismus und Kommunismus, die griechische Erde und die Weltrevolution. Die Diskussion ergab nichts, nur Ausrufe, Proteste, Reden, Reden. Nach kurzer Zeit waren alle miteinander zerstritten, alle Griechen, ein merkwürdiger Eindruck, ein Caféhaus aus Athen in meiner Wohnung.

1968

Dienstag, 6.2.1968 Gestern habe ich das Manuskript «Onkel August»
abgeliefert. Klaus Roehler holte es ab, «ein historischer Tag» sagte er und
fragte, was ich nun für einen Eindruck hätte. Ich hatte keinen, alles ist tot,
alle Gefühle, jedes Urteilsvermögen. Ich weiß nicht, ob das, was ich da
geschrieben habe, gut oder schlecht ist, aber ich möchte es wissen. Nun
muß ich warten, bis Roehler es gelesen hat und auf das, was er sagt. Es ist
nicht gut, darauf zu warten. Dann fahre ich nach München und schreibe
die letzten drei Kapitel. Es steckt über ein Jahr Arbeit darin, eine Arbeit,
die in den letzten Monaten alles überschattet hat, alles andere habe ich
nur noch wie durch eine Glasscheibe gesehen: Mattglasscheibe. Kurz vorher, einen Tag zuvor, war Dürrenmatt[1] hier, mit seiner Frau[2], nach fünfzehn Jahren habe ich beide zum ersten mal wieder gesehen. Dürrenmatt
wirkte etwas langweilig und gelangweilt, ein Mann, von dem man den
Eindruck hat, er ist nicht nur überraschend alt geworden, sondern gehört
auch schon der Vergangenheit an, der Vergangenheit der Nachkriegsjahre. Beide, besonders seine Frau, waren gekränkt über die Störung seiner Lesung in der Akademie durch radikale Studenten. Er las seine Bearbeitung des «König Jakob» von Shakespeare[3], die Studenten spielten
während der Lesung im Zuschauerraum den Walzer: «Donauwellen» und
warfen ihm anschließend vor, er sei nicht nur langweilig gewesen, sondern hätte auch kein oder nicht genügendes politisches Engagement
gezeigt. Seine Frau nannte dieses Verhalten faschistisch, das Publikum
aber sei diesem Meinungsterror schon erlegen, es gleiche einem hypnoti-
sierten Kaninchen, da es sich gegen diese Rüpeleien nicht zur Wehr setzt.
Beide waren deprimiert, und beide sehen in Deutschland wieder etwas
heraufkommen, was der deutschen, so intoleranten, so hasserfüllten Vergangenheit adäquat ist. Keine gute Visitenkarte für die Schweiz.

9.4.[1968] Drei Wochen in München im Februar, die drei letzten Kapitel von Onkel August geschrieben. Es waren schöne Wochen. Leider ist Roehler nicht gerade davon angetan. Sein Urteil schwankt zwischen Ja und Nein, so werde ich wohl noch einmal von vorn beginnen müssen, aus der Ich-Form in die Er-Form. Jetzt frage ich mich, ob überhaupt etwas daraus wird.

Seit zwei Wochen wieder in Berlin, zuerst ein Gespräch mit sozialistischen Studentenführern, Lefèvre[4] und Rabehl[5], dazu Theodor Pirker und Johannes Gross, ein seltsames Gespräch, nur im marxistischen Vokabular, oder, wie Pirker sagt, im neuen, uralten marxistischen Jargon geführt, von dem Wiegenstein <meinte>, für Zahnärzte sei das nicht nur Chinesisch, sondern überhaupt nicht verständlich. Die Frage, ob eine revolutionäre Situation gegeben ist, wurde nicht beantwortet, konnte wohl auch nicht beantwortet werden. Die Studenten, besonders Lefèvre, drehten sich um ihre eigene Achse, ihre marxistische Achse, alle Theorietrümmer von vor 1932 tauchten wieder auf, von Trotzki bis zu Brandler-Thalheimer, eine seltsame, fast gespenstige Diskussion für mich.[6] Trotzdem, sie blieben bis um drei Uhr morgens, tranken, redeten, redeten und ließen sich vieles sagen. Eine neue Generation mit alten Ladenhütern der Theorie, die sie zu verändern, zu reformieren sucht. Etwas ist daran, was morgen, auch für mich, wichtig werden kann. Vielleicht ist es nur dies, der Veränderungswille. Aber auch das ist schon viel.

22.4.[1968] Seltsamer Besuch, noch in Berlin. Peter Weiss mit Gunilla[7] meldeten sich an. Sie kamen am Nachmittag und blieben bis zum späten Abend. Peter kam von der Aufführung seines Vietnam-Stücks aus Frankfurt.[8] Er war offensichtlich etwas verwirrt über die Demonstrationen der Studenten im Zuschauerraum und auf der Bühne. Es war selbst ihm etwas zu primitiv. Auf mich machte er einen veränderten Eindruck. Sein dogmatisch-naives Verhalten scheint einer größeren Elastizität gewichen zu sein. Er fragte, wie ich die Studentenbewegung sehe. Meine Antwort, es sei neben allem anderen auch viel Anarchismus darin, der eines Tages in Faschismus umschlagen könne, fand er richtig, nur sah er auch viel

Hoffnung und Optimismus. Auch er schlug vor, im Herbst nach Prag zu gehen. Er erzählte von Havemann und Biermann, die er in Ostberlin besucht hatte, Havemann sei ironisch, zynisch, überheblich, besonders ihm gegenüber, er, so Havemann, habe es ja leicht, er könne ja immer wieder zurückgehen nach Schweden, da ließe sich gut reden.[9] Merkwürdig, daß Peter nicht begreift, wie schwer es ist, in einem Staat zu leben, in dem einem die primitivsten Freiheiten verwehrt werden und daß dies umso schwieriger ist, je näher man den weltanschaulichen Grundlagen dieses Staates steht.

25.4.[1968] Turbulente Ostertage. Am Mittwoch vor Ostern Eduard Goldstücker[10] aus Prag. Gespräch über die Entwicklung in der Tschechoslowakei: «Demokratie und Sozialismus»[11] mit Stehle[12], Baring, Gembardt, dabei Jakob Stehle als Versager, ein guter Schreiber, aber ein schwacher Diskutant. Zusammenstoß bei Tisch mit der Lyrikerin Helga Novak[13], die plötzlich behauptete, die Kulaken seien von Stalin zu Recht umgebracht worden. Auf ein paar Millionen mehr oder weniger kam es ihr dabei nicht an. Stehle reagierte mit den Juden. Dann hätte Hitler auch die Juden umbringen können. Ein scheußlicher und unqualifizierter Streit. Goldstücker schwieg dazu. Später Gespräch mit Goldstücker über die Möglichkeit einer Tagung der Gruppe 47 im Herbst in Prag. Goldstücker wie immer, zurückhaltend, nicht ganz offen, mehr Diplomat als Schriftsteller, aber liebenswürdig.

1.6.[1968] Rückblick auf einen Monat. Mai. Alles geschah schnell, in zu schneller Folge, eins überdeckte immer das andere. Als Goldstücker noch in der Erdenerstraße war, kurz vor seinem Fernsehauftritt, rief der Studentenführer Lefèvre an, er wollte zweitausend Mark geliehen haben, und wenige Minuten später kam das Gerücht «Attentat von Rudi Dutschke»[14], den Golo Mann heute im Spiegel «den armen, jungen Mann» nennt.[15] Alles war erregt, selbst die Fernsehtechniker, nur Goldstücker nahm alles gefasst auf, ihm war seine Reform in Prag wichtiger, dann kamen Adolf

Arndt, Höllerer, Becker, und wir konnten unser Gespräch (Fernsehen) trotz Attentat durchführen.[16] Und dies, als die Studenten schon vor dem Springer-Haus demonstrierten. So ist es: die einen reden und die anderen demonstrieren. Die Technik mit ihrem Zeitplan ist unerbittlich. Das sehen die Studenten nicht. Ihre Revolution ist angelesen, eine Revolution, die vom Schreibtisch ausgeht und deswegen in der Realität hängen bleibt. Trotzdem gab es hier in München unverständlicherweise zwei Tote.[17] Aber vergebens versuchen die Studenten die Arbeiter aus ihrer Reserve zu locken. Es gelingt ihnen nicht. Sie spielen allein Revolution. Der ganze Monat Mai war davon bestimmt. Auch in Berlin, in dieser kranken Stadt, in der nichts mehr ganz echt ist, nichts mehr stimmt, weder die eine noch die andere Seite. Da ist das Trauerspiel mit den Professoren. Die Studenten besetzen ihre Institute, und sie, gestern noch Autoritäten, stehen daneben und weinen. Ihre Schwäche ist ihre Liberalität. Sie artet nicht nur bei ihnen zu allgemeiner Lähmung aus. Ein Beispiel: Peter Wapnewski. Er rief mich an, sagte, er wolle Berlin verlassen, hier könne er unter dem Druck der Studenten seinen Beruf nicht mehr ausüben, ein geschlagener, fast gebrochener Mann.[18] Er lud uns zum Essen ein. Seit der Nazizeit, sagte er, habe er nicht mehr unter einem solchen Meinungsterror gestanden, auch körperliche Bedrohung sei ihm nicht erspart geblieben. Dabei war er einer der wenigen Professoren, die den Studenten weit entgegen gekommen waren. Er hatte ihnen jede Forderung unterschrieben und sich auch öffentlich für sie eingesetzt. Jetzt war er am Ende. Gerade diese seine Liberalität hatten die Studenten zum Anlass ihres Angriffs genommen, seine Liberalität, sie verlangten «Bekennermut». In seiner Hilflosigkeit rief er Günter Grass zur Hilfe, der dann auch bei der nächsten Vorlesung einsprang. Trotzdem wurde sein «Germanisches Institut» wenige Tage später besetzt und in «Rosa Luxemburg-Institut» umgetauft, eine wahrhaft seltsame Bezeichnung für ein «Germanisches Institut». Rosa Luxemburg hätte es nicht ohne Widerspruch hingenommen. Am Abend, als die Besetzungen der Universitätsinstitute begannen, kamen Wapnewski, Prof. Sontheimer, der Botschafter Steltzer[19] zu mir. Es ging um den Vorschlag Golo Manns. Er hatte vorgeschlagen, Günter Grass zum regierenden Bürgermeister von Berlin zu machen. Sontheimer erzählte von der

Besetzung seines Instituts, des «Otto-Suhr-Instituts», Hochschule für Politik. Und wieder bestätigte sich mein Eindruck: die Studenten spielen Revolution, und dies in einer seltsam formal demokratischen Art. Wenn sie nicht weiter wissen, stimmen sie ab, und wenn sie nicht gerade abstimmen, diskutieren sie bis zum Erbrechen. In diesen Tagen kam auch der neue Intendant des Senders Freies Berlin zu mir, der ehemalige Sprecher der Sozialdemokratischen Partei Franz Barsig[20]: er kündigte mir zum 1. Januar 1969 die Erdenerstraße auf.[21] Damit geht wahrscheinlich auch die Episode «Berlin» zu Ende. Sie hat dann fünf Jahre gedauert.

3.6.[1968] Soeben kommt die Nachricht von einem Attentat auf Senator Robert Kennedy.[22] Es ist das dritte Attentat in diesem Jahr und voraussichtlich der zweite Mord.[23] Der Reporter aus New York nennt dieses Attentat ein «Menetekel». Er hat wahrscheinlich recht. Alles kommt in einer seltsamen Weise ins Gleiten. Theo Pirker kam aus Frankreich zurück. Er kann sich die Vorgänge dort nicht erklären.[24] Käme es dort wirklich zu einer Revolution, so sagt er, dann bräche sein Weltbild zusammen. So klammert er sich an de Gaulle. Ein seltsames Bild. Ein Marxist, der die Rettung seines Weltbildes von einem reaktionären General erwartet. Tatsächlich scheint nichts mehr zu stimmen, alle Voraussetzungen, alle Analysen, erweisen sich als brüchig. Wohin gehen wir? Meine literarischen Freunde – kann ich sie noch Freunde nennen? – traten in Frankfurt zu einem Kongress «Notstand der Demokratie» auf, am letzten Tag vor der Verabschiedung der Notstandsgesetze. Ein schlechter Eindruck: jeder, so schien es, wollte sich noch im letzten Augenblick die goldene Kette des Widerstandes umhängen, nur um einmal sagen zu können, «ich war dagegen». Jens als Rhetor, Enzensberger als Revolutionär, und beide hinterließen doch nur das miserable Bild des Mitläufers um jeden Preis. Sie laufen dem Meinungsterror nach, den die Studenten ausüben, denn als Augstein mit den Rufen «Augstein raus» niedergeschrien wurde, protestierten sie nicht, sondern ließen ihn allein.[25] Enzensberger verrät alles, sogar sich selbst. Merkt er nicht, daß ihm, dem Ästheten, dem Snob, das revolutionäre Gehabe so schlecht steht wie einem Zwerg der Anzug eines

Riesen. Dieser Revolutionsanzug schlottert überall. Was er da so stilistisch sauber von sich gibt, kann man nur als «Enzensberger Duft der großen revolutionären Welt» bezeichnen. Mehr ist es nicht.

1. Juli [1968] Ereignisse des Juni: Jürgen Habermas nennt Enzensberger «den zugereisten Harlekin am Hof der Schein-Revolutionäre».[26] Vor vier Tagen in Berlin Klaus Roehler über Enzensberger: «er verlässt Deutschland, resigniert, verärgert, hält die <Revolution> für gescheitert.» Tatsächlich: nur ein Harlekin konnte annehmen, das rebellierende Spiel der Studenten hätte etwas mit Revolution zu tun. Aber nicht nur Enzensberger hat hier Rebellion mit Revolution verwechselt. Andere taten es auch. Nun schlägt das Revolutionsgetue in Resignation um und Günter Grass reist mit meinem Wort von der «angelesenen Revolution» herum.[27] Er benutzt es hemmungslos. Es war – leider – eine Literatenrevolution und nicht einmal eine literarische. Die Folge wird ein Anwachsen der Reaktion sein, wie es in diesen Tagen der Sieg der Gaullisten in Frankreich beweist.[28] Es wird hier nicht anders sein. In diesem Zusammenhang nannte Leonhard Reinisch[29] bei einem Abend mit Theo Pirker «Ernst Bloch den Seelsorger der alten Generation» und später «einen philosophischen Plattitüden-Jockey». Am 7. Juni (Tonis 50. Geburtstag) mit Toni in Prag, gleichzeitig um mit Goldstücker zu sprechen. Leider ließ er sich nicht sprechen. Irgendetwas war geschehen: Überwachung, Morddrohungen.[30]

Später mit dem Auto nach Karlsbad, um Günter Grass zu überraschen, eine Überraschung, die voll gelang. Grass machte Ferien. Es wurde eine schöne, fast ganz durchgefeierte Nacht, mit Anna[31], Vladimir Kafka und anderen. Jetzt werde ich die Gruppe 47 doch in Prag tagen lassen, ganz gleich, was meine «Freunde» davon halten. Gestern ist es gegen meinen Willen durch die Presse gegangen.[32] Auf einem Abend bei Klaus Piper[33] kam Reich-Ranicki darauf zu sprechen. Frage von ihm: wie lange noch Gruppe 47? Als ob das ein Problem wäre? Ich habe den Eindruck, die Dinge kommen nach der «gescheiterten angelesenen Revolution» erneut auf uns zu, das heißt: es ist noch kein Ende der Gruppe 47 abzusehen. Und doch: einmal muß es zu Ende sein.

2.7.[1968] Gespräch in Berlin über die Sorgen der Germanisten mit Peter Wapnewski, Victor Lange, Lämmert[34] und Reinhard Baumgart.[35] Baumgart macht auf mich neuerdings den Eindruck, als hüpfe er ideologisch von Ast zu Ast. Er hüpft immer auf einen neuen, ohne den alten loszulassen. Zum Schluss wird er sich – wie Enzensberger – dann den absägen, auf dem er eigentlich zu sitzen hat. Am Sonntag Telefonanruf von Wolfgang Hildesheimer aus Poschiavo. Folgendes Gespräch:

Er: «Du, ich kann doch nicht nach Prag kommen.»
Ich: «Aber warum denn nicht?»
Er: «Ich habe Angst vor einem Attentat.»
Ich: «Attentat? Wieso?»
Er: «Es gibt dort so viele arabische Geheimdienste. Sie haben vor zwei Jahren schon einen amerikanischen Juden umgebracht.»[36]
Ich: «Ja, der war aber auch im Geheimdienst.»
Er: «Ja, gewiss. Du meinst also, ich könnte trotzdem fahren?»
Ich: «Du bist doch in keinem Geheimdienst?»
Er: «Nein, das bin ich nicht.»
Ich: «Na also.»
Er: «Du meinst, ich soll es mir noch einmal überlegen.»
Ich: «Ja, das meine ich.»
Seltsam! Was für Blüten die Angst treibt.

3.7.[1968] Die Revolution ist in den Brunnen gefallen. Es war ein Kind mit zu kurzen Beinen. Alle sahen es auf den Brunnen zulaufen, aber niemand hielt es zurück. Nun liegt es in dem Brunnen und jene, die es nicht liebten, sind dabei, den Brunnen zuzumauern.

4.7.[1968] Gespräch in Berlin mit Walter Höllerer. Er hat wieder gewonnen, ist sicherer, ruhiger, gelassener geworden. Die vielen Angriffe der sogenannten revolutionären Studenten sind wohl vorbei, oder, wie überall, haben nun das Gegenteil von dem bewirkt, was sie bewirken wollten.

Jetzt wollen ihn alle, auch jene Studenten, zum neuen Rektor der Technischen Universität wählen. Zuflucht bei einem Liberalen vor dem Umschlag ins Reaktionäre. Höllerers Antwort: «Ich bin doch kein Idiot.»[37]

10.7.[1968]   Mira Avrech[38] hält mich für einen außergewöhnlichen Menschen. Ich habe versucht, es ihr auszureden. Es ist mir nicht gelungen. Sie ist eine Israelin und glaubt an Propheten. So wird das Normale außergewöhnlich. Walter Jens rief gestern abend an. Gespräch von einer Stunde. Er war außer sich über die Studenten. Nur ein Student, sagte er, darf sich heute alles leisten. Sie scheißen die Hörsäle voll und lassen die Professoren Spießruten laufen. Es sei brutal, ja unmenschlich. Er säße wieder einmal zwischen allen Stühlen.

13. Juli [1968]   Anruf von Klaus Roehler aus Berlin. Er gratulierte zu dem neuen Text des Romans: Onkel August. Jetzt sei es mir gelungen. Ein schöner Tag. Hoffentlich behält er recht. Das Buch, sagte er, wird gut. Das sagt viel aus seinem Mund, aus seinem sauertöpfischen, kritischen, nörgelnden Mund. Jetzt erst kann ich mich richtig an die Arbeit machen. Es muß gelingen. Aber es ist schwieriger, die Zeit von damals in die Gegenwart zu holen, als ich dachte.[39]

14.7.[1968]   Fest bei Klaus Stephan[40] zur Einweihung seiner neuen Wohnung am englischen Garten. Seltsames Erlebnis mit Hans Heigert, Chefredakteur des bayrischen Fernsehens. Heigert kam herein, gab mir die Hand, setzte sich und sagte: «Ich höre, die Gruppe 47 geht nach Prag und löst sich dort auf.» Er sagte es neugierig, mit dem Unterton des Sensationellen. Ich war ziemlich verblüfft. Dann, als ich diese Nachricht dementierte, wandte er sich an Joachim Kaiser: «Sind Sie, Herr Kaiser, für Auflösung?» Nun war auch Kaiser verblüfft. Nach langem Zögern sagte er schließlich: «Ja». Es war ihm peinlich, dieses «Ja» in meiner Gegenwart, aber er sprach es doch aus.

Reinhard Lettau getroffen, ein schwacher, allen Einflüssen ausgesetzter Mann, der sich für einen Revolutionär hält. Aus welchem Holz sind neuerdings Revolutionäre geschnitzt. Eichenholz scheint es nicht zu sein, vielleicht Birkenholz, ein immer grünendes Holz, das niemals trocken wird. Ein Satz von Lettau, den mir Jens übermittelte: «Man müßte jeden Tag zwei Polizisten erschlagen.» Als ob die Polizisten das Herz dieser Welt wären. Sie sind nur das Gerippe. Dabei, auf einem Fest bei Baumgart, auch Otto Walter getroffen, ein immer noch gehemmter Mann. Schade, daß Lettau nicht diese Hemmungen hat. Sie ständen ihm besser.

17.7.[1968]   Fritz Raddatz schrieb einen beleidigten Brief.[41] Mißgestimmt über einen Brief von mir, in dem ich mich über die Revolutionseiferer und Pseudorevolutionäre lustig gemacht hatte. Dabei wollte ich ihn gar nicht kränken. Vielleicht wollte ich nur auf den Busch klopfen, und prompt springt er hinter dem revolutionären Feuerbusch hervor. Ein Malheur für ihn, nicht für mich. Ich schrieb ihm unter anderem Ironischem: «Ja, auch ich habe mich manchmal gefragt, was macht nur Klein-Fritzchen, ja, ich wähnte Dich mit fliegenden, um nicht zu sagen, schwarzen Fahnen zu Cohn-Bendit[42] übergegangen. Ich sah Dich im Schützengraben der Revolution, mit der linken Hand umgeworfene Autos ansteckend, mit der rechten Verlagsverträge unterschreibend.»[43] Darauf Raddatz: «Keineswegs habe ich mich nun als inzwischen ältlicher Liberaler an den abgefahrenen Zug der jungen Revolution gehängt.»[44]

Da kann man nur fragen: Wer ist wirklich abgefahren? Was ist abgefahren? Und was ist ein Spätliberaler.

18.7.[1968]   Brief von Wolfgang Hildesheimer.[45] Er rät mir nun, die Tagung in Prag abzusagen. Grund: Die Gruppe 47 könnte zu einer Belastung für die Prager Reformer werden. Die Gruppe 47 gehöre in der öffentlichen Meinung zum bundesrepublikanischen Establishment (ein scheußliches Wort. Es besagt nichts). Als ob das so einfach wäre. Stoße ich <nicht> gerade die Reformer vor den Kopf, wenn ich jetzt, in dieser Situation, eine Absage nach Prag schicke, jetzt, wo die Russen jeden nur mög-lichen Druck ausüben?[46] Sie jedenfalls halten die Gruppe 47 für linksste-hend und reformistisch gesonnen. Aber den kleinen Wolfgang bläst jeder zu scharfe Wind um, auch wenn er ihm gar nicht ins Gesicht bläst.

Zur gleichen Stunde Anruf von Rudolf Augstein. Er will nach Prag kom-men und zweifelt nicht daran, daß unsere so großartigen und so bewun-dernswerten Reformer dort siegen werden.

20.7.[1968] Abend mit Pirker unter Alt-Kommunisten, unter ihnen die ehemalige Frau von Willi Münzenberg[47]. Seltsame Zusammensetzung. Einer sprach uns immer noch mit Genossen an. Gesprächsthema: Prag. Alle waren überzeugt, daß die Russen diesmal zur Ohnmacht verdammt sind. Sie sitzen in einer doppelten Klemme. Marschieren sie, bricht die kommunistische Bewegung entgültig auseinander, marschieren sie nicht, besteht die Gefahr, daß der tschechische Bazillus auch auf die Sowjet-union überspringt. Dort könnte der Freiheits-Virus leicht zu einem Step-penbrand führen. Ich denke immer noch: sie werden marschieren. Aber was dann?

24.7.[1968][48] Anruf am Abend von Wolfgang Hildesheimer aus Poschi-avo. Er will nun doch nach Prag kommen. Er wird noch ein paarmal anru-fen und seine Meinung ändern. Ernst Bloch[49] hat ihm anscheinend seine Sorge um seine persönliche Sicherheit ausgeredet. Auch Bloch hielt die Tagung in Prag für eine schlechte Idee. Aber Ernst Fischer hat es ihm aus-geredet. So redet immer einer dem anderen etwas aus. Ausspruch von Ernst Fischer: Goldstücker weiß, was er tut. Als ob ich es nicht wüßte.

Brief von Peter Weiss.[50] Er kommt nach Prag. Er freut sich darauf. Aber auch bei ihm Unsicherheit: was werden die Russen bis dahin tun?

Im übrigen immer, jeden Tag, an Onkel August geschrieben. Am Sonn-tag kommt Toni aus Italien zurück. Ich bin froh, wenn sie wieder da ist. Jetzt die Einreisegenehmigung in die DDR zur großen Familie gekom-men. Am 15. August sollen wir fahren können. Aber nicht mit dem Auto.

Mein Gott, diese rückständigen Bürokraten, die den Fortschritt auf ihre Fahnen geschrieben haben.

Ausspruch von Walter Jens: Ohne die Tugenden der großen, französischen Revolution gibt es keinen Sozialismus. Er hätte auch sagen können: Ohne die Tugenden der beiden großen Revolutionen, der französischen wie der russischen, gibt es keine neue Gesellschaft. Ich meine die wirklichen Tugenden, nicht die verkrusteten, die falschen, die vermeintlichen, die verfälschten.

27.7.[1968] Heißenbüttel kommt nach Prag. Er schreibt: «Hoffe, daß alles klappt. Hoffe auch, daß aus all dem, was jetzt hin und her geht, der Sozialismus hervorgeht, der diesen Namen verdient. Auch wenn wir nicht viel mehr tun können, als es ein bißchen weiter zu bringen. Was Hans Magnus tut, halte ich allerdings für leichtfertig und fahrlässig.»[51] Es ist gut, daß auch er die akrobatischen Sprünge Enzensbergers für das hält, was sie sind: leichtfertiger und fahrlässiger politischer Unfug.[52]

1.8.[1968] Plattitüde für eine Rede auf der letzten Tagung der Gruppe 47.
1. Alles hat mal ein Ende.
2. Was kein Ende hat, hat keinen Anfang.
3. Wer kein Ende findet, kommt darin um.

9.8.[1968] In diesen Tagen immer an «Onkel August» geschrieben. Reich-Ranicki, ein großer Schwätzer, erzählte mir, daß «Böll und sein Kreis» nicht nach Prag kämen. Was mag das sein? «Heinrich Böll und sein Kreis». Ich kann mir unter Bölls Kreis nichts vorstellen. Natürlich kommt Böll nicht. Aber ist das nicht gleichgültig? Er ist ein Kleinbürger, an dessen Tugenden ich nicht glaube. Er hat nie begriffen, um was es geht. Was wird aber wirklich mit Prag? Goldstücker meldet sich nicht. Der Kulturattaché Schwedens[53] sagte mir, die DDR habe schon zweimal im Prager

Außenministerium gegen die Tagung der Gruppe 47 auf Schloss Dobříš protestiert. Sind wir auch schon Revanchisten? Es ist zu albern.

10.8.[1968] Ein Film im Fernsehen mit dem Titel «Poeten, Politik, Proteste» von einem Herrn Würmeling.[54] Es muß ein Würmeling gewesen sein. Mundt nannte es ein «Staatsbegräbnis erster Klasse für die Gruppe 47». Nach den Kritiken aber muß er entsetzlich oberflächlich gewesen sein.[55] Mich hat man erst gar nicht gefragt. Mundt: «Du warst in dem Film nur Gegenstand.» Angerufen hat mich der Würmeling schon: «Ich sollte mir den Film doch unbedingt ansehen.» Seltsame Arten von Höflichkeit. Gesehen und dies mit Äußerungen zur Politik soll man haben: Neumann, Walser, Krämer-Badoni, einen Max von der Grün[56], Enzensberger, politische Clowns und Caféhaustanten. Jetzt sind sie entgültig in Verwirrung geraten. Und immer stolpern sie über ihre Eitelkeit. Das stolpert sich so durch die Politik und die Jahre dahin.

14.9.[1968] Es sind vier Wochen vergangen. Mit Toni nach Berlin am 17.8. und dann zwei Tage später in die DDR, zur großen Familie nach Bansin.[57] Es waren seltsame, erschütternde Wochen.

8.11.[1968][58] Zwei Monate sind vergangen, ohne jede Eintragung. Da war der Einmarsch der Russen in die Tschechoslowakei[59], da waren die Wochen in der DDR, da die anhaltende Arbeit an «Onkel August»; die Wochen in München und am Ammersee, und die Rückkehr nach Berlin. Alles etwas unwirklich, fast unwahr, oder so erscheinend. Ich mußte die Tagung der Gruppe 47 in Prag absagen, lange, nicht legale, Telefongespräche mit Prag. Dann schließlich Verschiebung auf eine nicht bestimmbare Zeit.[60] Jetzt auf einer Tagung in der Schweiz neue Absprachen mit den Tschechoslowaken.[61] Sie behaupten, wir müssten kommen, und sie glauben, wir könnten kommen, trotz der russischen Besatzung. Alles andere sieht nach ihrer Meinung nach Kapitulation aus. Termin: Januar oder Mai. Ich glaubte nicht daran. Trotzdem ist unter diesen Umständen eine Auflösung bzw. ein von mir gesetztes Ende der Gruppe 47 nicht möglich. Was nicht mehr existiert, kann auch nicht mehr nach Prag fahren. Langes Gespräch hier in der Erdenerstraße mit Jürgen Becker, Heinrich Vormweg und einem Professor Hinck[62] aus Köln über Möglichkeiten und Unmöglichkeiten eines von mir willkürlich gesetzten Abschlusses. Alle drei sind dagegen. Vormweg: «Man wird Ihnen heute Beifall klatschen. Welch ein Mann, welch ein Schritt, welch ein Mut, einfach Schluss zu machen. Aber nach fünf Jahren wird man mit Sicherheit sagen, wie konnte der Richter das hinschmeißen, nur, weil er keine Lust mehr hatte. Dann wird man Sie beschimpfen.» Ich fürchte, er hat recht. Das macht mich nicht glücklicher. Tatsächlich weiß ich unter den so unterschiedlichen Aspekten und Ratschlägen nicht, was ich tun soll. Meine Absicht, den sechzigsten Geburtstag zu einer solchen Abschlusskundgebung zu benutzen, erscheint mir jetzt albern. Ich werde es wohl lassen. Es geht nach meinem Versprechen an die Prager ja auch nicht mehr. Sie würden sich noch mehr allein gelassen vorkommen, als sie es jetzt schon tun.

9.11.[1968] In der Schweiz Max Frisch[63], Friedrich Dürrenmatt und Peter Bichsel getroffen. Ich mag die Schweiz nicht, sie macht müde und stimmt elegisch, es ist die Melancholie des problemlosen Wohlstands. Nur dort fühle ich mich überflüssig. Merkwürdigerweise färbt das auch auf die schweizer Schriftsteller ab. Sie bemühen sich um die Probleme der Welt, aber es sind nicht die ihren. Es ist dieses Bemühen, das mich stört und lähmt. Langes Gespräch mit Max Frisch über unsere gegenseitigen Beerdigungen. Er: «Zu meiner Beerdigung wirst Du gar nicht eingeladen.» Ich: «Zu meiner wirst Du bestimmt eingeladen, nur dann liegst Du schon unter der Erde und kannst nicht kommen. Das wird mich sehr amüsieren.» In der Schweiz kann man wahrscheinlich nur über Beerdigungen sprechen. Auch Beerdigungen werden dort zu bürgerlichen Anekdoten, ein Land, das zu viel Boden hat und zu wenig Bodenloses.

11.11.[1968] Vorabend meines sechzigsten Geburtstags. Ein seltsames Gefühl: sechzig Jahre, eine ganze Epoche. Noch seltsamer, daß alle, die ich eingeladen habe, kommen, um mit mir zu feiern, und dies von überall her. Darüber freue ich mich, ganz gleich aus welchen Motiven sie kommen. Ich habe alle eingeladen, die in diesen letzten vierzig Jahren in meinem Leben eine Rolle gespielt haben und so kommt eine Gesellschaft zusammen, deren Zusammenstellung einen Querschnitt meines Lebens ergibt. Wenn ich mir aber den 12. November 1908 vorstelle, so gelingt keine wirkliche Vorstellung: da ist das Kaiserreich, da ist das kleine Haus am Krebssee mit den drei Kammern, da ist Mutti[64], eine Frau von damals vierunddreißig Jahren in einem Bett in einer dieser Kammern, und da bin ich, ein Nichts, ein quäkendes Etwas, unter Fischfrauen, unter Hebammenhänden.[65] Was ist davon geblieben? Was ist daraus geworden? Dies – ein Fest mit hundert Leuten. –

14.11.[1968] Geburtstagsfeier am 12., Zeichen des Abschieds, etwa hundert Gäste, die zum Teil von München, von Hamburg, von Köln kamen: Jürgen Becker, Joachim Kaiser, Günter Grass, Uwe Johnson, fast alle Verleger: Hanser[66], Piper, Unseld, Friedrich, Raddatz, dazu die alten Freunde: Wischnewski, Mannzen[67], Freidank[68], Leo Bauer, eine seltsame Zusammenstellung. Ich erwartete Überraschungen. Klaus Roehler hatte sie immer wieder angekündigt. Ich wartete vergeblich. Es kamen keine. Schließlich mußte ich mir selbst meine Geburtstagsrede halten. Sonst wäre der Abend ganz im Sand verlaufen. Ich machte ein paar Witze, schlechte Witze. Darauf fühlten sich Raddatz, Johnson und Amery angesprochen, nun doch ihrerseits ein paar Worte zu sagen. Johnson und Amery blieben unverständlich. Ich weiß heute noch nicht, was sie gemeint haben. Andere wissen es wahrscheinlich auch nicht. Eine Umfrage hat keine Klärung gebracht. Es war sehr komisch: Der Pommer Johnson abstrakt, der Bayer Amery ebenfalls abstrakt. Raddatz war klar, wurde aber nicht anerkannt. Er sagte, es müsse wenigstens ein Dank ausgesprochen werden, zumindest dafür, daß sie alle ohne mich sich ja gar nicht kennen würden, also für das Stiften von Freund- und Feindschaften. Ihm

Uwe Johnson bei seiner Rede anlässlich Richters 60. Geburtstag.
Von links: Vagelis Tsakiridis, Klaus Wagenbach, Hans Mayer (Ehemann
von Barbara König), Uwe Johnson, Fritz J. Raddatz, Walter Höllerer.

warf man später vor, er hätte ein Herz zeigen wollen, das er gar nicht besitzt. Alles in allem: eine Literatengeburtstagsfeier. Ich hätte es vielleicht
lassen sollen.

15.11.[1968] Zwei Nachfeiern, eine am 13., eine am 14. Und da kamen
sie, meine wirklichen Freunde, übernächtigt, müde: Milo Dor[69], Kurt
Heuser, Ernst Schnabel, Elisabeth Plessen und andere, alle, die meinet-
wegen gekommen waren, und jetzt wußte ich, ihr Kommen war mehr
gewesen als Anerkennung, es war ihre Freude, mit mir zusammen zu sein,
das hatte sie nach Berlin getrieben, die vielen Jahre des vergangenen
gemeinsamen Lebens. Noch eine Feier mit Wilm Böhm[70] und Herbert
Seggelke[71], dem Filme-Macher. Seggelke auf einer Visitenkarte heute:
«bedankt sich herzlich für die heitere Wort-Sprit- und lügenhaltige Sool-
eier-Nachfeier.»[72] Ein Satz ist mir von dem Aquavit-Gespräch im Gedächtnis geblieben: Die Toten dienen zur Illustration der Lebenden.

Hans Werner Richter bei der Feier seines 60. Geburtstages.

16.11.[1968] Diese Geburtstagsfeier war wirklich seltsam. Grass, der sich vor jeder Äußerung drückte und nur dies sagte, er könne auf mich keine Rede halten, er verdanke mir zuviel und hätte zuviel von mir gelernt. Das «Zuviel» hinderte ihn daran mehr zu sagen. Gestern abend habe ich Ernst Schnabel das Dilemma erzählt. Von den vielen Hinweisen auf Überraschungen und auf eine Festschrift, auf eine Vorführung oder sonst etwas, dazu unsere Vorbereitungen, alles sollte erst weitergehen, wenn die Vorführung der anderen vorüber war. Der Satz Tonis, nachdem zwei Stunden vergangen und über hundert Gäste im Raum waren: «Es geschieht nichts mehr» und dann mein Satz, etwas später: «Jetzt werde ich mir meine eigene Rede halten.» Die stille Enttäuschung, die sich in Humor umsetzen mußte, es aber nicht wollte. Ernst Schnabel begriff erst jetzt, was geschehen war: er nannte es eine «Chaplinade», die traurige Geschichte eines großen Geburtstagsfestes.

20.11.[1968] Gespräch in Düsseldorf mit dem tschechoslowakischen Schriftsteller Jiři Mucha[73] und Hans Schwab-Felisch[74] über die politischen

Möglichkeiten des Schriftstellers. Fortwährend fiel mir das Gesicht Jiři Mucha's auf. Ich mußte es irgendwo gesehen haben. Dann kam es heraus: Ich fragte ihn, ob er aus einer alten tschechischen Familie stamme. Und er: «ja, natürlich, es ist eine sehr alte und sehr große Familie, einer meiner Uronkel ist Moltke, der einen anderen Onkel bei Königgrätz schlug, und der Ort Sadowa gehörte einer Urtante von mir.»[75] So sah er aus, so hatte ich ihn die ganze Zeit gesehen: Moltke. Das Gesicht, die eleganten preußischen Reiterbeine, die Stimme, leise, eindringlich, gepflegt, schöngeistig, das alles sehr bestimmt. <Er> nennt sich heute: Mucha. Das heißt auf Deutsch: Fliege. Also eine tschechische Fliege, zusammengesetzt aus Moltke, Königgrätz, preußischen Reiterbeinen, Sadowa, tschechischer Literatur und Widerstand gegen die sowjetrussische Intervention und Bevormundung. Ein Mann, der mir gefällt. Seltsamer Sehnsuchtsanfall zurück zu den Preußen.

22.11.[1968]   Meinem Roman geht es schlecht. Klaus Roehler, der ihn lektorieren sollte, strich die ersten Kapitel nicht nur zusammen, er schrieb sie auch um, in seine Sprache. Was dabei herauskam, war eine synthetische Sprache, halb Richter, halb Roehler, eine kalte, klischéehafte, nichtssagende Sprache. Gestern habe ich das Manuskript wieder abgeholt, unter dem Vorwand, dass ich noch einmal alles durcharbeiten will. Aber ich werde es wohl kaum wieder zu Roehler zurückbringen. Er meint es gut. Er möchte das Buch besser machen, als es ist. Nur es wird dabei schlechter. Er ist ein Pedant der Sprache. Dabei im Luchterhand Verlag Grass getroffen.[76] Er las dort seine eigenen Presseausschnitte: Grass, Grass, Grass. Ich sprach mit ihm über den Zerfall der studentischen Protestbewegung, der sogenannten neuen Linken. Er hofft die Studenten, diese Neo-Marxisten, zur SPD herüberzuziehen. Welch eine Illusion. Sie werden ihm <nie> folgen, denn dort, wohin er sie ziehen will, steht immer Grass, auf jedem Postament, und sein «Sozialdemokratismus» ist nicht ihr mißverstandener Sozialismus. Scheitern wird wahrscheinlich beides, das eine und das andere. Es ist das Schicksal dieser Linken, dass sie sich in sich selbst zerfrisst.

23.11.[1968] In der Turbulenz des Geburtstagsfestes kamen immer wieder Gäste – Kurt Heuser, Horst Mönnich – auf mich mit dem Satz zu: «Jetzt stell aber Dein Licht nicht weiterhin unter den Scheffel.» Meine Antwort: «In dem Scheffel, unter dem mein Licht steht, sitzen so gewaltige, dickbäuchige, eitle und ruhmsüchtige Herren, daß es ganz unmöglich ist, mein Licht unter diesem Scheffel hervorzuziehen.»

29.11.[1968][77] Reise nach Hamburg. Stapellauf eines Kühlschiffes in Lübeck der Reederei Bruns.[78] Einladung von Reinhard Baumgart. Bruns[79] ist sein Schwiegervater. Infolge Nebel lange Verzögerung auf dem Flughafen Tempelhof, aber ich wollte einmal einen Stapellauf mitmachen. Mit dem Auto von Hamburg nach Lübeck, erreichen die Werft kurz vor dem Stapellauf. Viele Bekannte: Wapnewski, Augustin[80] und andere[81]. Stapellaufreden, alles ein bisschen deutsch, ein bisschen national, sehr bürgerlich. Worte wie «im unermüdlichen Einsatz» oder «glückhaft» scheinen unvermeidlich zu sein. Das Schiff – grüngrau gestrichen – rutschte auf seiner Schmierseife schnell ins Wasser. Mit Wapnewski zurück nach Hamburg. Er erzählt, warum er nach Karlsruhe geht. Grund: die Studentenunruhen hier in Berlin, die Besetzung seines Instituts, das immer anhaltende große Palaver der Studenten über alles und jedes, die täglichen Angriffe, Diffamierungen, Beleidigungen. Niemand sei dem auf die Dauer gewachsen und von ernsthafter Arbeit könne nicht mehr die Rede sein. Deswegen lieber einen Lehrstuhl in Karlsruhe an der Technischen Universität mit der Hoffnung, dort noch in Ruhe arbeiten zu können. So geht einer nach dem anderen aus Berlin weg und kapituliert vor dem, was die Studenten ihre Revolution nennen. Abend Stapellauffest im Hotel «Vier Jahreszeiten» an der Alster. Ich sitze zwischen zwei Damen von Schiffsbauingenieuren, Direktoren der Werft, und versuche, mich mit ihren Problemen zu beschäftigen: Schiffbauprobleme. Eine andere, nüchterne, realistische Welt, die sich in Bruttoregistertonnen ausdrückt. Das deutsche Bürgertum, festgefügt, hier Reeder, dort Ingenieure. Die Studenten werden sie nicht erschüttern können, sie beunruhigen sie nicht einmal. Alles bleibt bei den Literaten und Professoren hängen, eine kümmerliche Literatenrevolution mit Protestgedichten eines Erich Fried.[82] Am nächsten Tag Katerfrühstück bei dem Schwiegersohn des Reeders. Peter Rühmkorf getroffen, einen magenleidenden Rühmkorf, der am Durchfall litt.

5.12.[1968] Peter Weiss wieder in Berlin. Er entschuldigt sich, daß er nicht zum Geburtstag kommen konnte.[83] Ist, wie immer, niedergeschlagen über die Entwicklung, hofft auf die Tschechoslowaken. Auch er findet sich anscheinend in der sogenannten sozialistischen Welt nicht mehr zurecht. Die Literaten verlieren zusehends den Boden unter den Füßen, oder sie sägen den Ast ab, auf dem sie sitzen. Nun erklärt ein gewisser Boehlich, Cheflektor für Unseld, die ganze Literatur sei null und nichtig, ein bürgerliches Kunstwerk, nicht mehr, am Rande der bürgerlichen Gesellschaft vegetierend, von ihr abhängig und müsse deshalb vernichtet werden, die ökonomisch politische Entwicklung sei allein entscheidend.[84] Vulgärer Marxismus, von einem Ästheten entdeckt, ist etwas Schreckliches. Übernacht wird hier aus einem Saulus ein schlechter Karl Paulus. Er greift die Groß-Kritiker als bürgerliche Ästheten an und war doch gestern noch selbst einer. Warum müssen sich die Literaten immer auf den Kopf stellen, wo sie doch schon auf den Beinen unsicher stehen?

9.12.[1968] Vorgestern mit Peter Weiss zusammen. Er ist niedergeschlagen über die Disharmonie unter den Schriftstellern. Er macht Grass dafür verantwortlich, der es aber nicht ist. Es ist eine allgemeine Krankheit, eine schleichende Hysterisierung, die sich mit jedem Monat verschlimmert: die Revolution als Mode. Jetzt hat die Mode die Snobs erfasst: Hans Werner Henze[85] als Revolutionär. Wer soll das ernst nehmen. Peter Weiss befürchtete Demonstrationen bei der Uraufführung des Henz'scheschen Oratoriums «Medusa», zu dem Ernst Schnabel den Text geschrieben <hat>.[86] Es ist so gekommen, nur scheint Hans Werner Henze seinen eigenen Skandal inszeniert zu haben. Er soll, bevor er den Dirigentenstab hob, verlangt haben, daß der Saal mit roten Fahnen und sein Dirigentenpult mit einem Schild und Aufschrift «Revolutionär» geschmückt wird, dies unter Beifall und den Demonstrationen von Jugendlichen. Fischer-Dieskau[87], Charles Regnier[88] und andere, schließlich auch der gesamte Chor, haben daraufhin die Bühne verlassen. Es gab Schlägereien und Ernst Schnabel wurde von der Polizei verhaftet. Da kann man nur sagen: «O Ernst». Mit Peter in der Vollen Pulle und wie damals, als wir hinter dem Bartisch sein so erfolgreiches Stück «Marat»[89] ausheckten, kam es auch jetzt wieder mit Karlchen[90], dem Barkeeper, zu einem langen Gespräch über mögliche neue Stoffe. Er, Peter Weiss, will gottseidank wieder weg vom Dokumentartheater, zurück zu Stoffen wie es der Marat war. Wir kamen auf Heinrich den Vierten, auf die Studenten von Paris 1848, dann auf Trotzki.[91] Es war Peters Idee. Ich habe ihm sehr zugeredet. Hier mit Trotzki könnte er wirklich etwas tun, für den Sozialismus, für den er eintritt, und für jene Revolution, für die Henze so vergeblich, so taktlos, so versnobt mit seinem Dirigentenstab zu streiten versucht. Mein Rat: Nur wenn alle Verschleierungen, alle Verdrängung, die gesamte Geschichtsklitterung von der sozialistischen Bewegung genommen werden, kann <sie> sich vielleicht wieder frei entwickeln. Andernfalls wird sie an ihren eigenen Verdrängungen sterben. Um eine solche Entwicklung einzuleiten, dazu kann ein Stück über Leo Trotzki dienen, ja, es könnte sogar der Auftakt dazu sein. Das hat ihm eingeleuchtet. Im übrigen nach wie vor: ein hochbegabter Untheoretiker.

17.12.[1968] Wieder in München. Am Montag Geburtstags-Nachfeier, die Heinz Friedrich im Deutschen Taschenbuchverlag gab. Jetzt wurden die Reden gehalten, die in Berlin fehlten. Sie waren wohl echt und gut gemeint. Danach war diese Arbeit der zwanzig Jahre doch nicht umsonst. Es ist seltsam, alle Bekannten aus dem vergangenen münchner Leben wieder zu treffen, alle ein wenig älter, abgeschliffener, ruhiger, eine Familie, eine große Familie. Ich habe in meiner Gegen- oder Dankrede Enzensberger erwähnt, der es zulässt, daß die Gruppe 47 in seinem Kursbuch als «Schoßhund der herrschenden Klasse» bezeichnet wird.[92] Tatsächlich ist er nur ein Opportunist, und vielleicht ein Masochist. Ist es schon seltsam, wenn die Schriftsteller sich gegenseitig in den Hintern treten, so ist es doch peinlich, wenn sie sich zusätzlich auch noch in den eigenen treten. Es gilt für Enzensberger, was Augstein über Henze schreibt: «Kopf ab zum Gebet.»[93] Auf der Nachfeier habe ich das Gedicht von Ledig-Rowohlt verlesen, mit dem er sich so viel Mühe gemacht <hat> und das mich in Berlin nicht mehr rechtzeitig erreichte. Es heißt:

Lieber Freund Hans Werner Richter

Älter werden selbst die Dichter
Sechzig wird fast jeder mal
Und auch mir war das fatal
Doch das Jahr Zweitausendsieben
Wird wohl nicht so bald geschrieben
Und bis dann fällt auf die Gruppe
Sicher auch ne Nobel-Schnuppe
Und die Freunde werden freu'n sich
Dass ihr Richter neunundneunzig
Wie sie es wohl gestern taten
Als ich heimkam aus den Staaten
Arg verhetzt und wie zerschlagen
Und es so nicht wollte wagen
Mit dem Fritzchen, dem Raddatzen
Weiter nach Berlin zu hatzen
Wollte Sie per Draht erreichen
Zu Verständnis Sie erweichen
Aber aus dem Telefon
Schlich die liebe Seele von
Sicher lag sie in Berlin
Stellvertretend auf den Knien
Nun hast Du ne'n Kater morgen
Und ich selber hab die Sorgen
Dass Du weiter mir noch gnädig
Tief zerknirscht und Prost

Dein Ledig[94]

18.12.[1968] Hans Joachim Kaiser wird heute vierzig Jahre alt.[95] Er gibt ein Fest. Ich werde hingehen, obwohl es wahrscheinlich langweilig wird. Amery hat vorgeschlagen, einen Kreis «Münchener Stadtdichter» zu gründen. Er selbst fabriziert ein Gedicht nach dem anderen, humorvolle Spottgedichte. Ich höre sie gern. Drei davon hat er auf der Geburtstagsnachfeier vorgetragen. Nun habe auch ich mich hinreißen lassen. Ein Gedicht auf Joachim Kaiser zu seinem vierzigsten Geburtstag:

«Unter den Großkritikern
ist einer der Kaiser,
über den zweifelnden Königen einer,
der nie vergisst, andere zu ihrem Geburtstag
zu preisen, hier mit bedingtem Lob und dort
mit verhaltenem Tadel, vielleicht noch
vierzig oder fünfzig Jahre lang über
und auf alle zu schreiben, auf alle, die
noch sechzig, siebzig, achtzig oder neunzig
in diesem oder im kommenden Jahrhundert werden,
auf Martin, den Bodenseedeutschen,
auf den kleinen, großen, immer noch größer
werdenden Matzerath, auf den Kursbuchverdreher,
auf den leise dichtenden heissen Büttel,
auf den guten Menschen von Müngersdorf,
auf den mutmaßenden Milchinspektorensohn
aus Pommern, auf den hausmusizierenden Baum
im Löwengarten des Potemkin, auf den
Deutschstundenlenz, auf Korf, der nicht aus Ruhm,
sondern aus Rühm gemacht ist, auf den ratlosen
Alexander, den Akrobaten, auf den Großonkel
Peter Marat aus Schweden, auf solche, die
für eine, zwei, drei, oder sonst welche Klassen
kämpfen, auf alle, die nicht guten, nicht bösen,
nicht schlechten, nicht sonderlichen, oder voll

heißen Willens sind, auf den Lyriker, der noch
unbekannt ist, auf jene also, die sich dagegen,
dazwischen, oder sonst wohin stellen, und später
vielleicht nicht mehr wissen, wofür und wogegen
sie standen, er, der dann immer noch junge Kaiser
wird es ihnen sagen: er war, wird er schreiben,
oder auch: er war, was er ist, oder: ein Fast-Genie,
das nicht mehr ist, was es war.

Warum soll ich ihm meinerseits nicht schon
heute einen Geburtstagsgruß schreiben,
in dem ich sage, was ist, nämlich, daß er
Hans Joachim Kaiser, ist, was er ist, voraussichtlich
bleibt, was er ist, und wenn er bleibt, was er ist,
später noch sein wird, was er ist, einer, der
hoffentlich nicht vergisst, daß niemand über
den Schatten springt, den er, ohne es zu wissen,
in die Sonne der anderen wirft.

21.12.[19]68 Dieses «Gedicht» hat dem Hans Joachim Kaiser nicht sonderlich gefallen. Er ließ es mich mit seinem verspielten Charme merken.
Je mehr seine Gäste es lasen, umso peinlicher wurde es ihm. Seltsam! Er
kann nicht über seinen Schatten springen. Es ist der Schatten eines Snobs.
Auf seinem Geburtstag Michael Kehlmann[96] nach zehn Jahren wiedergetroffen. Er freute sich offensichtlich und schimpfte wie alle Anwesenden
auf die revoltierenden Studenten. Man ist fast versucht, sie in Schutz zu
nehmen, aber sie lassen sich nicht in Schutz nehmen. Sie sind, wie Ernst
Schnabel in seiner Verteidigung im Fall Henze heute in der Süddeutschen
schreibt, nur oder wahrscheinlich nur eine Modeerscheinung, rebellierende Bürgersöhne, die morgen in die Fußstapfen ihrer Väter treten.[97]
Traurig und verderblich für die Linke. Wichtiger als sie und ihre bürger-
lich-anarchistische Rebellion ist das, was gestern geschah: der Flug zum
Mond.[98] Damit beginnt eine neue Epoche, ein Zeiteinschnitt von nicht
vorstellbarem Ausmaß, der Mensch löst sich von der Erde. Ein Augen-

blick, den man nicht fassen kann. In zwanzig Jahren, und dessen bin ich sicher, wird man das ganze Planetensystem so gut kennen, wie wir heute die Erde kennen. Unvorstellbar, wie es in fünfzig oder hundert Jahren sein wird. Merkwürdig, daß die Studenten sich für diese eigentliche Entwicklung kaum interessieren. Sind sie blind, sind sie Ignoranten, oder nur Maschinenstürmer, die ihren romantischen Webstuhl wieder haben möchten: das dumme, kleine Glück im Winkel?

29.12.[1968] Weihnachten ist vorbei gegangen. Die Astronauten sind zum Mond geflogen, um ihn herum und wieder zurück zur Erde. Alles mit einer kaum vorstellbaren Präzision. Verwunderung und Bewunderung überall. Nur die einen regen sich auf, sie haben das, was ich ein historisches Bewußtsein nenne, die anderen gehen weiter den kleinen Dingen ihres Lebens nach, für sie ist es nur eine Episode unter anderen. Sie spüren nicht, daß eine «Weltenwende» beginnt, die schon ihre Kinder prägen wird.

Zwei Weihnachtstage bei Bahlsen.[99] Gespräche mit Mönnich und Friedrich. Heinz Friedrich eingeredet, daß er in seinem Taschenbuch Verlag ein Periodikum gegen den mißverstandenen Sozialismus der Studenten herausgeben müßte, auf der Linie Ota Šik[100] und Eduard Goldstücker: sozialistische Wirtschaftsordnung und demokratische politische Ordnung. Vielleicht wird etwas daraus.[101] Heute Brief von Walser.[102] Er will mich offensichtlich in den Wahlkampf jener Linken einspannen, die sich die neue nennt und die doch die ganz alte ist. Dies unter dem Vorwand, wir brauchten ein neues Selbstverständnis. Merkwürdig, wenn jemand meint, er brauche ein neues Selbstverständnis, dann glaubt er zugleich, alle anderen hätten ebenfalls ein neues Selbstverständnis nötig. Mein Gott, wenn diese gestrigen Aestheten, Nur-Formalisten, doch die Politik ließen, die bei ihnen, wie könnte es anders sein, wieder fern jeder Realität ist und sich in irrlichternden Utopien erschöpft.

1969

14.1.[19]69 Zwölf Tage auf dem Weerberg über Innsbruck. Ski gelaufen. Sonne, viel Sonne. Vorher mit oder bei Klaus Stephan gefeiert, mit Theo Pirker, Franzl Steinhart[1], Carl Amery, Jochen Kaiser und anderen. Vorschlag von Carl Amery, ein Archiv der Gruppe 47 in der Münchener Stadtbibliothek anzulegen.[2]

20.1.[19]69 Nixon ist Präsident der USA geworden und am gleichen Tag starb Jan Palach, der Prager Student, der mit seiner Selbstverbrennung gegen die russische Okkupation demonstrieren wollte.[3] Welch ein Gegensatz: hier Verbrennungen, dort Paraden. Abend bei dem Verleger Carl Hanser. Helmut Heißenbüttel getroffen. Er riet mir, alles weiter zu machen, auch die Gruppe 47. Sie sei als ruhender Pol jetzt notwendiger denn je. Einladung der Gruppe nach Jugoslawien.[4] Auch dafür, die Einladung anzunehmen, sprach sich Heißenbüttel aus. Hans Bender erzählte von Texas[5], wo er drei Monate lang als Gastprofessor unterrichtet hat, auch von einer Begegnung mit Reinhard Lettau während des Tags des Mondflugs der amerikanischen Astronauten. Lettaus angeblicher Ausspruch: «Ich hoffe immer noch, daß sie dort oben explodieren werden.» So weit geht seine Abneigung gegen Amerika. Vor drei Jahren war es anders. Damals hieß jeder dritte Satz: «Ich bin ein Amerikaner.» Stolz hat sich nun in Hass verwandelt.

Berlin 21.1.[1969] Besuch von Ernst Schnabel. Er ist derselben Meinung wie Helmut Heißenbüttel: die Gruppe 47 erhalten als ruhenden Pol. Ausspruch von ihm: «Wenn Du alles aufgibst, wirst Du sehen, daß sich bald niemand mehr bei Dir meldet. Wenn Du keine Macht mehr hast, bist Du für die alle nicht mehr interessant.» Damit hat er recht. Nur fragt es sich, ob es wichtig ist, für alle interessant zu sein. Der Aufwand lohnt sich nicht. Trotzdem: vielleicht doch noch Jugoslawien.

Berlin 23.1.[19]69 Abend mit zwei jungen Leuten der Außerparlamentarischen Opposition: Preuß und Schilling.[6] Zwei kluge Bubiköpfe, die sich revolutionär geben, es aber nicht sind. Es bestätigt sich immer wieder: bürgerliche Rebellion. Dazu ein Professor Klug[7] aus Köln, Jurist und Bundestagsanwärter der FDP bei der kommenden Wahl, dann Theodor Pirker und Klaus Roehler. Gesprächsthema: Der Frankfurter Kaufhausprozess und die Frage der Verantwortung.[8] Ein gutes Gespräch, in dem Pirker dominierte und in dem die beiden «Revolutionäre» zugaben, daß ihrerseits ein Fehler gemacht wurde. Fehler: unklare und für ihre Anhänger mißverständliche Aussagen über ihr Verhältnis zu Gewaltanwendung. Das Mißverständnis Gudrun Ensslins[9] und ihrer «Mitbrandstifter» hat eben diese intellektuellen Ursachen. Im Grunde genommen hat Pirker recht, wenn er den jungen Leuten Unklarheit vorwirft. Pirker etwa über die Bezeichnung «antiautoritäres Lager»: «Das sind für mich zu verschwommene Begriffe.» Nach dem Gespräch lange Unterhaltungen mit Prof. Klug, Anna Grass, Klaus Roehler über die Soziologische Schule Adornos, Horkheimers u. s. w., Frankfurter Schule genannt. Pirker wirft dieser Schule vor, daß sie ein geschlossenes System vertritt, das nicht soziologisch, sondern theologisch ist. Mitteilung Roehlers über Hans Magnus Enzensberger, der, in Kuba angekommen, nicht auf den erwarteten und versprochenen Lehrstuhl, sondern in die Tabakarbeit geschickt wurde.[10] Jetzt will er zurück, aber man gibt ihm nicht das Ausreisevisum. Da kann man nur sagen: so endete eine hysterische und etwas hochstaplerische Liebe.

München 26.1.[1969] Wieder in München. Anruf von Roehler, der niedergeschlagen ist, daß ich nicht an meinem Roman weiter arbeite. Wahrscheinlich spürt er seine eigene Mitschuld. Er hat mir mit seiner schulmeisterlichen Kritik jede Freude an der Arbeit genommen. Trotz-

Hans Magnus Enzensberger auf Kuba.

dem: ich muß wieder anfangen. Empfang im Deutschen Taschenbuchverlag. Vierhundert Leute. Nur wenige, die ich noch kannte. Die, die ich noch
kannte, sind alt geworden, Schauspielerinnen wie Margot Hielscher[11] und
andere. Seltsam wie eine Generation langsam verschwindet. Sie sinkt,
und man kann es sehen, in den Dämmerungen der Geschichte. Unwahr-
scheinlich, wenn man selbst dazu gehört. Diesmal vollzieht sich die Ab-
lösung der Generationen sichtbar. Die neue Generation trägt, zumindest
bei uns, einen revolutionären Tarnanzug. Aber was ist mit den lebenden
Fackeln von Prag. Eine Wende? Ein neuer Anfang? Gestern wurde Jan
Palach in Prag beerdigt. Von diesem Selbstverbrennungstod werden sehr
viel stärkere Wirkungen ausgehen als von allen Theorien und Analysen.

29.1.[1969]   Ein Satz bei Fontane von Fontane gefunden: «Ein sonderbares Gefühl des totalen Überflüssigseins beherrscht mich, und wiewohl

ich eigentlich nie ‹eine Zeit› gehabt habe, fühle ich doch meine Zeit liegt zurück.»[12] So geht es auch mir. Ich hatte nie «meine Zeit» wie sie Böll, Grass, Lenz und andere hatten, und doch habe ich das Gefühl, meine Zeit liegt zurück. Vielleicht ist das Unsinn, eine Depression, eine Krise, nicht mehr. Aber sie ist da und lähmt mich. Vielleicht hängt es mit dem Roman zusammen, der nach Klaus Roehlers Streichereien nicht mehr weitergeht und doch weitergehen muß, vielleicht auch mit einer allgemeinen Müdigkeit. Es ändert sich alles so schnell. Heute vormittag Anruf von Grass aus Berlin. Er trifft sich mit Walser und Johnson, um über Walsers politische Pläne zu sprechen.[13] Er hält nichts davon. Seine Stimme klang ausgeglichen, ausgeruht nach seinem langen Aufenthalt in der Schweiz. Trotzdem scheint ihm die innenpolitische Entwicklung suspekt. Erzählt von den Ausschreitungen der Studenten in Berlin, von der Zertrümmerung des Rektoratsgebäudes der Freien Universität.[14] Grass: «reiner Vandalismus.» Ich konnte ihm nicht sagen, wie sehr es mich bedrückt: Gewalt statt Toleranz.

Brief von Milo Dor aus Wien. Er rät von Jugoslawien als Tagungsort bzw. Tagungsland ab. Begründung: Stimmung und Situation dort sind schlecht.[15]

5.2.[1969] Anruf von Marcel Reich-Ranicki. Verhaltene Neugier und Eitelkeit. Rief mich an, weil er in Wien etwas von der kommenden Tagung der Gruppe 47 in Oesterreich gehört hatte.[16] Sprach von der «Zeit» und stimmte mir zu: keine Konzeption mehr, keine Linie. Riet davon ab, noch eine Tagung der Gruppe 47 zu machen. Die Zeit sei vorbei. Was jetzt käme, sei a-literarisch, ideologisch politisch. Redete viel. Ein letzter Literat, der vom Klatsch lebt. Am Sonntag Vergabe des Theodor Heuss-Preises an Grass und andere.[17] Ansprache Hildegard Brüchers, nun eine alt werdende, verhärmt aussehende Suffragette, sagte, Grass sei der einzige Schriftsteller der Nachkriegszeit, der von seinem hohen Kothurn[18] in die Politik hinuntergestiegen sei.[19] Immer dieses dumme bürgerliche Geschwätz. Dabei war die ganze Nachkriegsliteratur politisch, wenn auch nicht in so primitiven Zusammenhängen, daß es Hildegard Brücher versteht. Ich glaube, ich habe sie immer überschätzt und andere wohl auch.

Idealistische Bemühungen allein genügen ja nicht. Am Nachmittag mit Anna und Günter Grass im Hotel Continental. Merkwürdig, ich bin mit ihm befreundet und bin es doch nicht. Da bleibt immer eine Wand und die Wand heißt: «Hier bin ich, Grass.» Anna hingegen war liebenswerter und netter denn je. Sie erzählte von Prag. Nun findet dort aber doch eine Schriftstellertagung statt, eine internationale, zu der von uns nur Grass und Böll eingeladen sind.[20] Trotz allem: ein schlechter Stil. Grass erzählte von Walser, der sehr verhalten, sehr bescheiden gewesen sei und seine, Grassens Sachkenntnis bewundert habe. Ich fragte ihn, warum denn Walser unbedingt etwas für die Linke bei der Wahl tun wolle. «Aus Gewissensgründen» sagte Grass. Ich mußte lachen. Was ist das für ein Gewissen? Grass saß während der ganzen Zeit auf einem roten Sofa und ließ sich fotografieren, bald in dieser Pose, bald in jener. Es ist schon etwas seltsames, wenn jemand berühmt ist, den man noch als Unberühmten kannte. Aber Anna freute sich. Sie sieht dem allem wohl mit derselben Skepsis zu wie ich.

7.3.[1969] Vier Wochen sind vergangen. Grass mußte die erste Niederlage einstecken. Sein Stück «Davor» ist durchgefallen.[21] Ich traf ihn, vom Ski-laufen kommend, bei Peter Wapnewski. Er machte einen seltsamen Eindruck auf mich. Natürlich, wie immer, waren die anderen schuld: die Kritiker, oder: Struktur und Wesen der gegenwärtigen Literaturkritik. Er tat mir leid. Drei Schnäpse genügten, um ihn zum Lallen zu bringen. Dafür war Uwe Johnson umso trinkfester, sprach nur Plattdeutsch und trank mit mir bis sieben Uhr morgens. Berlin war sehr anstrengend. Gespräch mit den Freien Demokraten: Prof. Klug aus Köln, und mit dem Geschäftsführer der Fraktion: Friderichs. Daran nahm auch Grass teil. Nicht sehr gut. Er ist kein Politiker und wird es wohl auch nicht mehr werden – trotz aller Bemühungen. Nach den Tagen in Berlin Rückkehr nach München und gleich anschließend nach Tirol, auf den Weerberg, zum Skilaufen, mit Theo Pirker und Carl Amery. Es hat viel Spaß gemacht. Leider nun Schluss, in einem Wutausbruch Gerhard Bahlsen[22], den Besitzer des Hauses, geohrfeigt. Das war unnötig.

20.3.[1969] Die Geschichten um meinen Vater sind fertig geworden. Ich habe sie an Unseld und an Knaus geschickt.[23] Obwohl sie mir immer noch gefallen, bin ich doch unsicher geworden. Vielleicht sind sie gar nicht gut. Konservativ erzählt, dürften sie kaum als Literatur angesehen werden. Gespräch in München bei Bronska-Pampuch[24] und später bei Kreile, mit Heuser und einem Dirigenten und Komponisten namens Melichar[25]. Mir fiel auf, daß ich an beiden Abenden dieselben Geschichten erzählt habe. Anscheinend erlebe ich keine neuen mehr, oder es fallen mir keine anderen mehr ein.

22.3.[1969] Am Montag von München wieder nach Berlin. Frühstück am Dienstag morgen bei Walter Höllerer. Frühstückgäste: Uwe Johnson, Günter Grass, Klaus Roehler, Peter Wapnewski. Es wurde viel gelacht über Hans Magnus Enzensberger, über seine Abenteuer der Revolution, erlebt auf Cuba. Roehler gab einen Bericht von einem achttägigen Besuch Enzensbergers hier in Berlin. Enzensberger als Staatsmann, der einen Empfang in seiner Wohnung für die «Rote Garde» gab, irgendeine Jugendorganisation, die in Enzensberger den revolutionären Aufklärer unserer Zeit sieht.[26] In einer Gesprächspause nahm er – so Roehler – diesen, seinen Jugendfreund, für einen Moment beiseite und fragte ihn, ob er ihm nicht über Günter Grass eine Verbindung zu Willy Brandt schaffen könne. Er, Enzensberger, wolle selbst zu einem Mann wie Willy Brandt gehen, um Maschinen für Cuba zu beschaffen, Maschinen, die die Bundesrepublik im Austausch gegen Zucker liefern soll. Roehler nannte dies: er ist ein Politiker geworden. Wahrlich, er ist von einem Scharlatan der Literatur zu einem Scharlatan der Revolution und nun zu einem Scharlatan der Wirtschaftspolitik geworden. Mehr scheint es mir nicht zu sein und mehr war es wohl nie. Das alles garniert mit stilistischer Brillanz und schauspielerischem Charme. Ich erinnere mich an den Tag, als er in der Gruppe 47 auftauchte, ein pickliger junger Mann, den Alfred Andersch als seinen Sekretär mitbrachte. Das war 1956 in Bebenhausen.[27] Damals war seine Arroganz noch verhalten. Sie verbarg sich hinter Schweigen und Lächeln. 1962 war ich mit ihm auf dem internationalen Schriftstellerkongress in

Leningrad.[28] Dort begann er sein revolutionäres Ballett zu tanzen, ein Ballett, das nur ein einziges Thema mit vielen Variationen hat: Enzensberger.

23.3.[19]69 Gespräch mit Flechtheim[29], Niels Kadritzke[30], Jitka Bodláková[31] und einem Dr. Kusák[32], dem letzten Chefredakteur der tschechoslowakischen Zeitschrift «Der Student» über die «Selbstverbrennungen». Die Bodláková erklärte alles aus der «totalen Hoffnungslosigkeit», Kusák dagegen glaubt, daß diese Selbstverbrennungen aus dem tschechischen Lebensgefühl kommen, also auch aus einer religiös-philosophischen Tradition, die bis zu Hus zurückreicht.[33] Nur Flechtheim sieht eine politische Aktion darin, die den Russen mehr zu schaffen macht als alles andere, jenen «bedauernswerten russischen Dogmatikern», denen nun die Chinesen am Ussuri beweisen, daß es keine Heilslehre gibt, deren Auslegung einer allein usurpieren kann.[34] Was mir schon 1965 bei der Reise durch Tadschikistan und durchs Pamirgebirge klar war, wird für viele Publizisten, sogar für Sebastian Haffner, jetzt zur Gewissheit. Die chinesisch-russischen Gegensätze werden das ganze letzte Drittel dieses Jahrhunderts überschatten. An diesem Abend gefiel mir am besten der junge Kadritzke. Er hat die Zukunft für sich und ist einer der Männer von morgen.

24.3.[1969] Besuch von Klaus Roehler. Ihn hat überraschend das Heimweh nach der Gruppe 47 gepackt. Seltsam schon jetzt. Der revolutionäre Rausch, soweit er auch Roehler erfasst hatte, ist verschwunden. Im allgemeinen Katzenjammer bleibt nun doch nur wieder die Gruppe 47. Aber ich habe keine Lust mehr. Es ist, so meine ich heute, morgen kann es schon anders sein, genug, mehr als genug.

26.3.[1969] Gespräch mit Pirker, Klug, Huffschmid[35], Preuß und Roehler über die Frage der Gewalt und der Gewaltanwendung. Anschließend am Abend hier um den Tisch kam Peter Wapnewski dazu, ein merkwürdi-

ger, jetzt fast gebrochener Mann, der die Studentenvertreter, Preuß und
Huffschmid, beide vom SDS, umbuhlt. Das ist schon keine Liberalität
mehr, sondern durch dummen Terror erzwungene oder entstandene Servilität. Mit Pirker noch einmal über den Minimalismus und den Maximalismus gesprochen, das heißt von der Überforderung des Menschen
durch den Maximalismus. Pirker will ein Buch darüber schreiben, und
ich werde zwei Gespräche darüber mit ihm machen.[36] Man muß diese
Idee starten. Sie scheint mir das einzige Gegengewicht gegen alle verkrusteten Denkreste des neunzehnten Jahrhunderts zu sein, die von den
Studenten uns wieder vorgesetzt werden. Anruf von Leo Bauer aus Bonn.
Er hat sich mit Grass abgesprochen. Sie wollen mich anscheinend doch
noch für den Wahlkampf gewinnen. Als ob meine Stimme wichtig wäre.
Sie ist es nicht.

4.4.[1969] Es ist Karfreitag. Vorgestern Günther Weisenborn beerdigt.[37] Uwe Johnson, Fritz Raddatz, Stephan Hermlin getroffen. Eine Beerdigung, auf der der Geist der zwanziger Jahre berufen wurde, ein Geist
mit grauen, langen Haaren: Vergangenheit. Ein paar schlechte Reden,
dann sang ein alter Mann: Ernst Busch[38], den ich einmal 1931 gehört habe,
damals ein junger, strahlender, proletarischer Siegfried, der dem Klassenkampf seine Stimme gab. Jetzt wirkt das alles merkwürdig, nicht nur
veraltet, sondern absurd: eine ideologische Konstellation, die weißhaarig
geworden ist. Anschließend mit Stephan Hermlin und Raddatz bei Johnson. Raddatz gab sich extrem revolutionär. Er hat Ärger mit Ledig-
Rowohlt, der nun nicht mehr mitgehen will: die Revolution scheint ihm
suspekt geworden zu sein. Neben Raddatz wirkte Hermlin wie ein noch
immer eitler, aber nun schwach gewordener Großvater des Marxismus,
ein Großvater einer längst großväterlichen Revolution. Übrigens auch bei
Raddatz wie vor einigen Tagen bei Roehler: Heimweh nach der Gruppe
47. Seltsam, so schnell. Er sagte: «Jetzt ist alles so wie es ohne Gruppe 47
immer gewesen wäre: jeder für sich und niemand für alle.»

6.4.[1969] Nach der Beerdigung eine Nacht bis um neun Uhr morgens bei Uwe Johnson durchgetrunken. Es ist seltsam mit <ihm>. Ganz genau weiß man nie, was er denkt. Ich glaube, er ist stockkonservativ.

7.4.[1969] Mit Peter Wapnewski und Dieter Hildebrandt[39] den zweiten Ostertag gefeiert, zuerst mit einem Frühstück bei Wapnewski, dann hier auf der Terrasse, in der Sonne. Ich erzählte Wapnewski von der Beerdigung Weisenborns. Er sagte: schreib das doch auf. Als ob man so etwas schreiben könnte, das Gestern im Heute, die Vergangenheit in der Gegenwart, die gestorbenen Ideen unter vermeintlich lebenden, das ganze Durcheinander, ohne Kontinuität, ohne Konzeption. Der ganze falsche Idealismus, für den Weisenborn bezahlt hat und der ihm nun von Ernst Busch ins Grab nachgesungen wurde. Eine schaurige Zeremonie und wie alles Schaurige zugleich lächerlich.

18.4.[1969] Eine Woche der Unruhe. Mit Oskar Negt[40], Theo Pirker, Carl Amery, Niels Kadritzke, Horst Krüger und Fritz Raddatz Gespräche über «Minimalismus und Maximalismus» oder von der Überforderung des Menschen. Pirker ist gegen alle maximalen Forderungen an den Menschen, sowohl auf moralisch-ethischem wie auf dem gesellschaftlichen politischen Gebiet. Dabei ergibt sich, daß er als Marxist auch die «Neue Linke» angreifen muß, die sowohl die Gesellschaft wie den einzelnen Menschen überstrapaziert. Pirker hatte sofort alle gegen sich, Oskar Negt wie Kadritzke, aber auch Raddatz und Krüger. Sie alle glauben – weit entfernt von jedem Pragmatismus – ohne maximale Forderungen, ja Utopien, ginge es überhaupt nicht, auch die minimalen Fortschritte würden dann minimalistisch, das heißt mimikrihaft. Schlimmer ist, daß sie immer noch demselben Glauben nachlaufen: der Mensch ist verbesserungsfähig.

10.5.[1969] Fast drei Wochen in München. Suhrkamp hat die «Geschichten um meinen Vater» angenommen.[41] Unseld lässt sich doch nicht beirren. Zwei Geschichten soll ich noch einmal schreiben. Es sind die schwächsten. Der Rat ist richtig. Wolfgang Hildesheimer am Ammersee getroffen. Er sagte, es würde nun still um ihn. Ein schönes Wort: es wird still. Sehnsucht und Selbstmitleid. Natürlich wieder die Frage nach der Gruppe 47. Was soll ich darauf sagen? Es ist ein schwerer Stein, den ich da vor mir herwälze.

11.5.[1969] Wieder in Berlin. Abnahme des Foto-Films «Meine Familie auf Usedom».[42] Er ist nach meinem Ermessen recht gut geworden. Ich bin gespannt, was andere dazu sagen werden. Theaterabend. Premiere, die berliner Theaterwochen mit dem Stück von Tankred Dorst: «Toller».[43] Wapnewski, Roehler, Hildebrandt getroffen. Streit mit Klaus Roehler um Peter Schneider[44], wobei Roehler doch zugab, daß diese frischgebackenen Revolutionäre ihre eigenen psychologischen Probleme auf die Gesellschaft und die Politik übertragen: also Kontaktarmut, plus Soziologie, plus Psychologie, plus Politik, ergibt eine seltsame Art von Romantik, deren Ziel dann ein Paradies menschlicher Kontaktfreudigkeit ist. Eine konfliktlose Gesellschaft, in der jede Art von Selbstentfremdung aufgehoben ist, ein entlaubter Dschungel. Das alles ist nicht neu, es wirkt nur seltsam abgestanden in einer Zeit, in der der Mensch sich anschickt, die Erde zu verlassen. Der Beginn des planetarischen Zeitalters schlägt seltsame reaktionäre Wellen. Zurück, zurück, rufen jene, die meinen, sie riefen: «Vorwärts, vorwärts.»

19.5.[1969] Besuch von Siegfried Unseld. Leutselig wie immer. Erzählte von Peter Weiss, der nun doch ein Schauspiel über «Trotzki» schreibt und es schon dreiviertel fertig hat.[45] Unseld behandelt mich schon wie seinen Autor, liebenswürdig, wohlwollend. Anscheinend bin ich übernacht in die literarischen Höhen seines Verlages geklettert. Meine «Geschichten um meinen Vater» sollen nun im kommenden Frühling mit einem Buch von Handke als Suhrkamp-Schlager erscheinen.[46] Martin Walser soll es lektorieren, ausgerechnet er, der mich mit seinen Querelen über die

Gruppe 47 immer verrückt gemacht hat.[47] Aber Unseld meint: Walser schätze mich sehr, es sei echte Freundschaft. Merkwürdig, was für Freunde man hat. Trotzdem, ich freue mich darüber. Vielleicht bin ich wirklich ein schlechter Menschenkenner. Andersch soll ärgerlich sein, daß ein Buch von mir bei Unseld erscheint, während Unseld gleichzeitig ein Manuskript von ihm abgelehnt hat.[48] So begegnet man sich immer wieder mit derselben Rivalität, vom «Ruf» bis heute. Und auch das ist Freundschaft. Ernst Schnabel spricht in diesem Zusammenhang ebenfalls von einem literarischen «come back». Ob auch er neidisch ist? Ich kann es mir nicht vorstellen. Schließlich war es Unseld, der mich auf die Geschichte «Blinder Alarm», die im Monat stand,[49] angesprochen hat, und erst durch seine Anregung bin ich zu den weiteren Geschichten gekommen. Seltsam, daß auch er von Günter Grass ähnliches sagt wie Joachim Kaiser es in der Zeit schrieb: «Grass <ist> für die Jungen schon zwischen Homer und Goethe im Gebirge verschwunden.»[50] Das heißt, Grass ist über den Berg. Man kann sich für Günter darüber freuen, aber man kann es auch bedauern.

20.5.[1969] Eine ganze Woche nur Theater. «Toller» von Tankred Dorst, «Kaspar» von Peter Handke, «Philoktet», von Sophokles in der Bearbeitung von Heiner Müller und zum Schluß «Die Räuber».[51] Eine gute Übersicht über das, was auf deutschen Bühnen zur Zeit möglich ist. Fernsehgespräch über «Nörgeleien über das westdeutsche Theater» mit Peter Palitzsch[52], Stein[53], Heyme[54], Karasek, Wiegenstein.[55] Ein Abend hier in der Erdenerstraße, vorwiegend mit den Theaterleuten. Karasek möchte die «Gruppe 47» wieder haben. Am frühen Morgen kommt er darauf zu sprechen. Die Ursache seiner Wünsche: «Dort habe ich meine glücklichsten Stunden erlebt.» Auch ein Grund, eine Sache über ihre Zeit hinwegzuheben. Ich bin mir nicht sicher, was Günter Grass darüber denkt. Traf ihn nach den «Räubern» in einem italienischen Lokal, mit Roehler, Toni, Anna Grass. Er spricht jetzt über Betriebsräte wie er früher über seine Kollegen – die Schriftsteller – sprach.

2.6.[1969] Stichwort: Sozialismus als psychotherapeutische Anstalt der Studenten, besser bürgerlicher Studenten. Das traurige Fazit einer Diskussion mit angehenden Germanisten über die Gruppe 47.[56] Eine Stunde der Disziplinlosigkeit, dummer Anwürfe und des Versuchs, mich umzufunktionieren. Was für arrogante Kinder. Sie kämpfen an einer imaginären Klassenkampffront und versuchen so ihre Aggressionstriebe abzureagieren. Die Arbeiterschaft als Fetisch, eine Klasse zum irrationalen Symbol erhoben. Arme Arbeiter, die nun zu Gottwesen einer bürgerlichen Jugend geworden sind, nur um romantische Neigungen und Triebe zu befriedigen. Dazu bei fast all diesen jungen Leuten der Hang zur Intoleranz, zur Diffamierung, zur Ignoranz, zur Gewalt, alles Merkmale faschistischer Mentalität, jetzt links getarnt. Das ist es, was so deprimierend wirkt. Die geschundene Linke, der mißbrauchte Sozialismus, der mißverstandene Marx, von Friedrich Engels und Rosa Luxemburg und allen anderen ganz zu schweigen. So steht die bürgerliche Demokratie wiederum am Scheidewege. Entweder sie entscheidet sich für die Gewalt gegen die Gewalt, das ist der Weg nach rechts, oder sie bleibt in der Mitte stehen, dann wird sie an ihrer Liberalität zugrunde gehen. Das eine wie das andere ist gleichermaßen unglückselig. Aber es gibt noch einen anderen Weg: das Bündnis zwischen Konservativen und den Technologen. Das würde bedeuten: Sieg der fortschrittlichen Antifortschrittlichen. Das wäre unter dem Druck der Jugend die traurige Bilanz einer Linken, die sich selbst zerschlägt.

19.8.[1969] Hier ist eine große Zäsur. Am 7.6. brach ich mir in Bibione das rechte Handgelenk. Ich fiel schlicht die Treppe herunter. Dann mit Kurt Heuser nach Camaiore zu Bermann Fischer.[57] Dort in Pisa wurden Handgelenk und Arm in Gips gelegt. So konnte <ich> nicht schwimmen und was schlimmer war, nicht schreiben. Drei Wochen mit Toni in Bibione, mit Fontane, den ich nachlesen mußte, und sonst mit einem Arm in Gips. Das mit dem Schreiben fällt auch jetzt noch schwer. Immer wieder beginnt das Handgelenk zu schmerzen. Trotzdem ist hier vieles nachzutragen, Begegnungen mit Grass und Böll, als größtes Ereignis der

Flug zum Mond[58], die Verschärfung des russisch-chinesischen Konflikts[59], dessen gefährliche Entwicklung nun auch andere sehen, und so fort. Ich will es versuchen.

20.8.[1969] Das Ereignis im Juli war der erste Mensch auf dem Mond. Leider haben sich meine schriftstellernden Freunde sehr unqualifiziert dazu geäußert. Grass, Dürrenmatt, Böll gaben sich anti-fortschrittlich, fast reaktionär. Was sie dazu veranlasst hat, kann nur eine unterbewußte und unbewußte Reaktion sein. Wahrscheinlich ist es das Gefühl, selbst von der technologischen Entwicklung überholt zu werden, das heißt: Literatur nur noch eine Randerscheinung neben der Raumfahrt. Dürrenmatt: «Man wird nur Wüsten finden.»[60] Woher weiß er das? Grass: «Ich muß einen Tropfen Wermut in den Wein schütten.»[61] Das klang fast größenwahnsinnig. Und dann, immer wieder, die Armen dieser Welt und die ungelösten Probleme dieser Welt. Als ob es das nicht immer gegeben hätte? Und, schlimmer als dies, als ob sich das mit zwanzig Milliarden Dollar lösen ließe. Und dann: ein seltsamer Mangel an Phantasie und ein tragischer Mangel an Bewußtheit gegenüber kommenden Entwicklungen. Grass verstieg sich sogar zu dem Satz: «Nun hat ein Mensch seinen kleinbürgerlichen Fuß auf den Mond gesetzt.»[62] Als ob der Mond großbürgerlich ist!

22.8.[1969] Es gibt nicht viel nachzutragen. Böll rief einmal an. Er wollte von mir einen Rat. Grass bedrängt ihn, ebenfalls auf die Wahltribüne zu steigen. Ich habe abgeraten. Es ist nicht die Sache der Schriftsteller, Wahlen zu gewinnen oder zu verlieren. Außerdem haben sie in den letzten Jahren ihre Einflussmöglichkeiten mehr und mehr verloren. Zuviel extreme Sprünge von einem politischen Bett ins andere haben dazu beigetragen. Übrigens fragt niemand nach der Gruppe 47. Auch Heinrich Böll sagte «kein einziges Wort».

29.8.[1969] Hochzeit Barbara König, zuerst im Kohlenschuppen, dann im Gasthof bei Götzfried in Dießen am Ammersee. Elf Gedichte für das Paar geschrieben.[63] Hansl, der hier Kohlen vertreibt und Barbara nach zehnjährigem Zusammenleben nun geheiratet hat, brachte zwei Flaschen Sekt zum Vorschein, die sein Bruder 1940 aus dem Frankreich-Feldzug mitgebracht hat. Der Bruder wollte sie zu seiner eigenen Hochzeit trinken, fiel aber ein Jahr später in Russland. Hansl, als er mit den Flaschen ankam: «Ich glaube, dies ist der einzige Tag, an dem ich sie öffnen und austrinken darf.» Der Beginn des zweiten Weltkrieges ist genau 30 Jahre her.

1.9.[1969] Großartige Rede von Heinemann zum dreißigsten Jahrestag des Kriegsbeginns.[64] Ruf nach einer Friedensforschung und nach einer Verständigung mit Polen. Gespräch mit Theo Pirker und Klaus Stephan. Pirker zu dem Verhalten der deutschen Schriftsteller anlässlich des Mondflugs: «Die Schriftsteller waren gegenüber dem wissenschaftlichen Fortschritt immer rückständig.» Auch in der Renaissance seien die «Literati» gegen die Naturwissenschaftler gewesen. Kein Schriftsteller jener Zeit hätte sich für Galilei eingesetzt und keiner sich gegen die Verbrennung von Giordano Bruno gewandt. Und heute sei es noch schlimmer. «Kein Schriftsteller», so Pirker, «begreift, um was es heute geht. Die Schriftsteller von heute sind die Kleriker von gestern.» Das ist eine schwere Anklage und ein Vorwurf, den ich so nicht teilen kann. Trotzdem: die pompöse Moral, mit der Grass und Böll in Fragen der Raumfahrt daherkamen, hatte etwas Klerikerhaftes an sich.

4.9.[1969] Besuch von zwei Franzosen. Der eine macht eine Doktorarbeit an der Sorbonne über den «Ruf», der andere, oder die andere, eine Frau, will ihr Examen über die Gruppe 47 machen und dann als Buch in Frankreich veröffentlichen.[65] Einerseits freue ich mich darüber, andererseits hat eine Veröffentlichung in Frankreich nicht mehr die Bedeutung, die sie vor zehn Jahren gehabt hätte. Merkwürdig! Auch die französische

Literatur ist unwichtig geworden. Sechs Stunden Fragen. Aber gerade durch diese sehr genauen Fragen rückt alles von mir immer weiter weg. Es ist wie ein fernes Märchen, das ich zwar kenne, an dem ich aber nicht beteiligt war. In der hiesigen «Abendzeitung» den Satz gefunden: «Die Gruppe 47 ist tot. Krämer-Badoni hat es nur noch nicht bemerkt.» Als ob Krämer-Badoni je etwas bemerkt hätte. Heute das Buch über die «Pommern» abgeschlossen: ein Nachruf, nicht mehr.[66]

22.9.[1969] Willy Brandt getroffen. Er hat sich sehr zu seinem Vorteil verändert. Der Außenminister ist ihm gut bekommen. Das Verklemmte scheint sich in Humor aufgelöst zu haben. Jetzt neigt er zum lächelnden Unterstapeln. Trotzdem: eine seltsame, sture Zähigkeit. Jemand, der ihn nicht kannte, sagte: «Wenn der zwei Jahre Bundeskanzler ist, dann bleibt er es, dann werden wir ihn nie wieder los.» Ich denke, eines Tages wird es so sein. Am gleichen Tag merkwürdige Begegnung am Pasinger Bahnhof, auf der Straße. Hans Mayer steht vor mir, eine runde, rotgesichtige Kugel, lebhaft, sprühend, eine optimistische Kugel. Die Kugel: «Die Gruppe 47 war zu ihren Lebzeiten ein Mythos.» «Das», sage ich, «wird sie später wieder sein.» Er lächelt, er nickt und meint, ich müsse intern doch alles zusammen halten, aber ohne Enzensberger und Lettau, die schrecklich seien. «Schrecklich» sagte er und schüttelte sich, «schrecklich».

Berlin 3.10.[1969] Es ist viel geschehen in den letzten zehn Tagen. Der Wahlsonntag! Ich konnte schon Nächte vorher nicht schlafen. Eine neue, veränderte Zeit kündigte sich <an>, noch nicht sichtbar, noch unter der Oberfläche. Mich machte es nervös, aber andere haben es kaum bemerkt. Dann kam die Wahlnacht bei Klaus Stephan. Alles versammelte sich in dessen Wohnung: Herburger, Amery, Pirker, Kaiser, und viele andere. Schon nach den ersten Hochrechnungen betranken sich viele. Gewohnt, immer zu den Verlierern zu gehören, verfielen sie in Pessimismus, lange bevor das Endergebnis feststand. Als sich die Ergebnisse im Lauf des Abends änderten, als aus der Niederlage der kleine Sieg wurde[67], da waren sie schon fast alle gegangen: «Literaten, die Politik mit dem Gefühl aufnehmen, nicht mit dem rechnenden Verstand.» Erst am nächsten Morgen bemerkten sie überrascht, was wirklich geschehen war. Nun scheint es festzustehen, daß Willy Brandt Bundeskanzler wird, und in seiner Regierung werden wohl fast alle Leute sitzen, die hier in der Erdenerstraße waren, mit denen ich mich befreundet fühle oder die ich gut kenne.[68]

4.10.[1969] Gestern abend bei Günter Grass. Seine Wohnung wie immer: proletarisch-kleinbürgerlich. Sein Ausspruch: «Na, was sagst Du jetzt, daß ich Dir doch noch diesen Sieg zu Füßen lege.» Er plapperte immer noch, wie eine Maschine, die nicht still stehen kann, über seinen Wahlkampf, Sätze, Parolen, Anekdoten, die ich alle schon kannte. Trotzdem habe ich mich gefreut, ihn zu sehen: einen fröhlichen, wenn auch etwas selbstgefälligen Sieger. Später kam Klaus Roehler dazu. Er dämpfte die allgemeine Freude ein wenig mit dem Satz: «Aber was machen wir Intellektuellen jetzt. Wir können doch nicht positiv und kritiklos zu einer Regierung stehen. Nach jahrelangem Meckern und Kritisieren können wir doch nicht plötzlich in Lobgesänge ausbrechen.»

Roehler hat recht. Es ist eine merkwürdige Situation. Noch nie haben die deutschen Intellektuellen einer Regierung gegenüber gestanden, die fast ausschließlich aus Leuten ihrer Mentalität besteht. Grass, der möchte, daß alle Schriftsteller schreibend diese neue Regierung unterstützen, antwortet auf meine Bemerkung «Was willst Du eigentlich von den Schriftstellern? Sie sind keine Politiker, sie denken nicht politisch» mit dem harten Satz: «Ja, Schriftsteller sind dumm.»

11.10.[1969] Eine turbulente Woche. Am Sonntag trafen die Fischers ein, Bermann Fischer mit Tutti[69], dann Peter de Mendelssohn[70] aus London, dann Kurt Heuser. Fischers haben mich sehr strapaziert. Sie sind dumm und anspruchsvoll, außerdem nervös, hochfahrend, arrogant. Ihr Lebensstil ist der von vorgestern: die feine Welt der zwanziger Jahre. Mit der notorischen Naivität ihres Vorfahren Samuel Fischer haben sie nichts mehr zu tun. Er hat etwas aufgebaut, sie haben es wieder abgebaut. Trotzdem gelang der ganze Tag zu Ehren Samuel Fischers.[71] Günter Grass nahm daran teil, Fritz Raddatz kam aus Hamburg, dann Manfred Hausmann[72], nicht so alt wie ich dachte, sondern frisch und drahtig, ein praktizierender Prediger. Auch Peter Härtling[73] war dabei. Das Ganze eine für mich ungewohnte Mischung aus Ganz-Alt, Alt und Mitteljung. Der Film über Samuel Fischer wird wohl gelingen. Nur das viele Hin und Her macht müde. Am Freitag die Gedenktafel für Samuel Fischer am Haus angebracht. Senator Stein hielt eine Rede, kurz, aber brauchbar.[74] Ein paar alte Verlagsangestellte weinten. Wie schwer ist es, Vergangenheit in die Gegenwart zu tragen. Am Mittwochabend kam Gabriele Wohmann.[75] Ich war allein und sie unter der schwarzen Bluse «oben ohne». Aber sie ist so männlich, oder so wenig weiblich, daß ich es kaum registriert habe. Vielleicht ist alles an ihr ein wenig zu wenig, zu dünn, zu nichtssagend. Dafür trank sie klaren Korn. Zwei Stunden lang sprach sie von der «Gruppe 47». Sie bat mich förmlich, doch wieder damit anzufangen. Ohne die Gruppe 47 sei das Leben kein «literarisches Leben» mehr. Alle dächten so. Alle sehnten sich zurück. Wer die «alle» sind, sagte sie nicht. Trotzdem: aus ihr sprachen mehr. Ich kann das verstehen!

14.10.[1969] Gedächtnisfeier für Günther Weisenborn.[76] Dort, in der Akademie, Uwe Johnson und Klaus Roehler getroffen. Die Feier war in einer seltsamen Art traurig. Weisenborn war kein bedeutender Schriftsteller, aber ein integerer Mann. Nun sollte mehr aus ihm werden: ein europäischer Geist. Aber je mehr man aus ihm machen wollte, umso mehr schrumpfte die Substanz zusammen. Das wirkte deprimierend und endete schließlich im sentimentalen Kitsch. Heruntergekommener, schlecht verdauter Nachexpressionismus. Alles ist schon lange her, wirkt verstaubt und aus dem Staub ist keine Patina geworden. Mit Uwe Johnson und Klaus Roehler langes Gespräch in einer Kneipe. Johnson war mehr als aufgeschlossen. Nun will auch er die Gruppe 47 wieder haben. Das hatte ich nicht erwartet. Klaus Roehler: «Das war keine literarische Schule, sondern eine Schule für Verhaltensweisen. Du hast die Verhal-

Der griechische Oppositionspolitiker Andreas Papandreou. Ganz links
Hans Werner Richter.

tensweisen den anderen vorgelebt. Und wenn das wegfällt, geht vieles
zugrunde.» Uwe Johnson nickte dazu. Ich habe es gern gehört. Vielleicht
haben beide recht.

18.10.[1969] Zwei Tage mit Andreas Papandreou[77], Führer der exilier-
ten Griechen, ein Herr, ein gewandter Politiker, der erste der emigrierten
Griechen, der mir ganz und gar gefällt. Ein langes Gespräch im Fernsehen mit ihm und Grass, Sontheimer, Baring.[78] Anschließend hier ein
Abendessen in der Erdenerstraße. Dabei Kultursenator Stein. Es ging
recht fröhlich zu. Alles, was Papandreou sagte, hatte Hand und Fuß. Er
erwarb sich die Sympathien aller. Das gibt es selten bei so vielen Skeptikern. Trotzdem scheint mir seine Sache hoffnungslos. Griechenlands
Freiheit wird ebenso lange auf sich warten lassen wie die Freiheit der
Tschechoslowakei, die gerade in diesen Tagen wieder ganz erlischt, grau-
sam erstickt von russischen Händen.[79] Ein Trauerspiel ohnegleichen.

Aber die Welt verhält sich ebenso gleichgültig wie im Fall Griechenland. Sie nimmt das Tragische hin und gewöhnt sich daran.

21.10.[1969] Nowakowski, Mundt, Wapnewski und Ilse Aichinger zu Besuch. Sie alle haben ihre Geschichten zum 1. September erzählt.[80] Leider ist es keinem gelungen, frei zu erzählen. Jeder hat abgelesen. Das war bedauerlich. Dabei hatte ich ihnen alles vorgespielt. Ilse Aichinger ist alt geworden, ihr nervöses Augenklappern krankhafter. Ihr Manuskript war herunter geschmiert, mit großen Tintenflecken versehen. Sie fand sich nicht darin zurecht. Offensichtlich trinkt sie zu viel. Aber noch immer ist ihre seltsame, fast astrale Ausstrahlung da; nur der Ruhm ist abgeblättert. Ich mußte an 1952 denken, vier Wochen vor der Tagung der Gruppe 47 in Niendorf an der Ostsee, eine Tagung, auf der sie dann den Preis bekam.[81] Damals in Wien eine junge Frau in Hosen, mit langen Haaren, die mich an George Sand[82] erinnerte. Wir fuhren beide um Wien herum, spazierten in den Wäldern, aßen zusammen Mittag, waren sehr vergnügt und lagen nebeneinander in den Feldern, ohne daß etwas geschah. Es war Vorfrühling. Es war seltsam. Sie war damals überwältigend schön, aber da war auch etwas anderes, eine Kluft, ein Abgrund, der nicht zu überspringen war. Dann kam der Erfolg, kam die Ehe mit Günter Eich, kamen die Kinder, das Leben, und heute: eine ausgewaschene, von der Tragik ihres Lebens zerstörte Frau. Vielleicht ist das ein Irrtum, vielleicht sehe ich sie nur so. Aber dieses «Vielleicht» ist schon schlimm genug.

25.10.[1969] Gespräch mit vier Schriftstellerinnen: Renate Rasp, Helga Novak, Barbara König und Gabriele Wohmann.[83] Thema: «Der Mann in der Literatur der Frau». Sie hatten sich für den Bildschirm alle gut zurecht gemacht. Leider nahmen Gabriele Wohmann und Barbara König vorher Beruhigungstabletten, ohne daß ich es bemerkt hätte. Dadurch waren beide blockiert. Es kam nur immer ein Satz heraus. Dann verfielen sie wieder in Schweigen. Umso mehr traten die Novak und die Rasp hervor. Während die Novak die sozialpolitisch linken Theorien ausspielte: «Der

Helga M. Novak, Renate Rasp, Hans Werner Richter, Gabriele Wohmann
und Barbara König diskutieren in einer ZDF-Sendung das Thema «So sehen
wir den Mann».

Mann als Sklave der Gesellschaft», ging die Rasp ins allgemein gesell-
schaftspolitisch-menschliche: «das verzerrte Bild des Mannes in einer
Interimszeit». Dabei kamen ein paar gute und erstaunliche Gedanken heraus. Trotzdem bin ich nicht sicher, ob das Ganze ankommen kann, zumal eine Kamera plötzlich ausfiel. Ich mußte merkwürdigerweise immer
an Bettina von Arnim[84] denken. Was hätte sie gesagt? Barbara König hätte
diese Rolle spielen können. Durch Beruhigungstabletten lahm gelegt,
blieb sie leider nur eine weißgeschminkte lächelnde Maske, aus der ich
nur mit Mühe kleine Funken witziger Gedanken schlagen konnte. Schade.

28.10.[1969] Verabschiedung von Prof. Sontheimer aus Berlin, dann
gleich anschließend vierzigjährige Geburtstagsfeier bei Klaus Roehler.[85]

Ein Fest nach den primitiv, überzogenen [?], etwas dümmlichen, musik-
lautstarken Methoden unserer Zeit. Es ist weder ein ästhetisches Vergnügen, noch sonst irgendeines. Nur Uwe Johnson war lustig, brach mit
seinem Stuhl <zusammen>, warf die Standuhr um, war alles in allem ein
pommerscher Elefant, der auf Roehlers Möbeln tanzte, zuerst mit dem
Inhalt eines runden Dutzend Bierflaschen im Magen, dann, als es kein
Bier mehr gab, mit Rotwein – und, als ich ging, mit Whisky.

1.11.[1969][86]   Abend über «Rathenau und der Erbschaftskapitalismus»,
mit dem Strafrechtler Klug, mit Pirker, Lepsius[87] und einem jungen Mann
von Karl Schiller aus dem Wirtschaftsministerium.[88] Kein aufregender,
aber ein netter Abend. Als Theo Pirker am nächsten Mittag abfahren
wollte, kam zu meiner Überraschung Heinrich Böll herein. Er war so
jovial, so mitteilsam, wie ich ihn nie erlebt habe. Es kam mir vor, als suche
er aus irgendeinem Grund Anlehnung. In wenigen Stunden entstand eine
Freundschaft, die es eigentlich nie gegeben hat. Das war merkwürdig.
Ganz habe ich nicht erfasst, warum er kam. Er mußte abends nach Ost-
berlin, um dort in der Evangelischen Akademie zu lesen[89] und hatte
Angst davor. Vielleicht war es dies.

3.11.[1969]   Heinrich Böll rief nach seiner Lesung an, er wolle noch einmal nach Ostberlin fahren, ob ich nicht mitkommen könnte. Ich hatte
keine Lust, aber Toni überredete mich. So fuhren wir. Das war gestern,
Sonntag. Ich fahre so ungern dorthin. Mich stört das System von Jahr
zu Jahr mehr mit seinen Funktionären, Polizisten, Grenzsoldaten, mit seinen Absperrungen und seinen Bevormundungen. Es ist nicht nur grau
und humorlos, es ist auch farbenblind und unmodern. Immer fährt man
in die Vergangenheit, in das konservierte Vorgestern. Da wir zu früh da
waren, gingen wir unter den Linden bis zum Dom hinauf und zurück. Ein
Stück «Jugend» stand da herum: die Universität, der Lustgarten, das
Zeughaus, die Oper. Alles Erinnerungen an die Jahre 1930–34. Alles Vergangenheit, das Vorgestern, mit ein paar Menschen auf der Straße, hin

und wieder ein Auto, und vor dem ehemaligen Ehrenmal zwei preußische Soldaten, in den der russischen Armee nachgebildeten und nachempfundenen Uniform, Stahlhelmen und Stiefeln. Heinrich kannte das alles nicht und spürte wohl auch wenig von meinen immer wachsenden Depressionen.

5.11.[1969] Wenige Minuten später trafen wir Peter Huchel vor dem Pressecafé gegenüber dem Bahnhof Friedrichstraße. Ich hatte ihn seit 1952 nicht mehr gesehen. Damals, auf einer Tagung der Gruppe 47, auf Schloß Rothenburg, gab es Streit mit ihm.[90] Er verteidigte die SED oder mußte sie verteidigen. Günter Eich, einmal sein Jugendfreund, griff ihn an. Schließlich wurde der Streit so unerträglich, daß Huchel abfuhr. Jetzt sah ich ihn wieder, ein von derselben Partei, die er damals verteidigte, isolierter, verfolgter, unter ständiger Polizeibeobachtung stehender Mann, grau geworden, alt. Überall, so sagte er, seien Staatssicherheitsbeamte, also Spitzel, wir müssten uns vorsehen. Wir gingen die Friedrichstraße hinauf. Der kalte, ziehende berliner Ostwind kam uns entgegen. In einem neu gebauten Hotel nahmen wir an der Bar Platz. Huchel erzählte. Es war sein Leben, das er führen muß, das Leben in einem Gefängnis, ein Haus, ein Garten, das von schweigenden, immer wieder verschwindenden und auftauchenden Beobachtern umstellt ist. Seine Post wird beschlagnahmt. Er bekommt nur die Beschlagnahmungsmitteilung über Briefe, Päckchen, Drucksachen. Alles verfällt dem Staatssicherheitsdienst. «So» sagte er, «trocknet man allmählich aus.» Sein Schicksal ähnelt dem vieler russischer Schriftsteller, Kopelew, Solschenizyn[91], von denen ich wenige Tage vorher durch einen Kurier aus Moskau Näheres hörte. Sie ließen mir bestellen, wenn ich helfen könnte, solle ich ihnen helfen. Aber wie soll man helfen? Huchels Resignation war größer. Er sagte: «Es gibt keine Hilfe.»

6.11.[1969] Wir gingen mit Huchel zu Wolf Biermann, das heißt eigentlich nicht zu ihm, sondern in die Wohnung seiner Freundin[92], wo er uns erwarten wollte. Ich hatte ihn zuletzt vor fast vier oder drei Jahren gesehen. Damals wurde Bobrowski beerdigt, und ich hielt, das war damals noch möglich, eine Rede an Bobrowski's Grab.[93] Dann hörte ich zwei Jahre lang von Biermann nur das, was jeder erfuhr: Verbote, Absperrung, Überwachung. Erst in Bansin erzählte mir Willi, mein ältester Bruder[94], Wolf Biermann sei dort gewesen, hätte sich auf mich berufen, hätte gesungen, und alle waren voller Bewunderung für ihn. Mit Huchel und Böll rechts und links von mir, beide schwerfällig, stieg ich die Treppe des alten berliner Hauses hinauf. Und da kam er mir entgegen, die Treppe herunter, ein springendes Leichtgewicht, ein nervöser, zu Ironie neigender, immer noch jugendlicher Mann, sensibel wie seine eigene Gitarre. Seine Freundin empfing uns, ein ostdeutsches blass-blondes, schmalköpfiges Reh, ein wahrscheinlich sehr hartes Reh, kein Rehlein, ein Frauentyp, den man im Westen kaum noch antrifft. Er erinnert mich an längst Vergangenes. Huchel fragte sie, ob hier auch Wanzen seien. Die Wohnung sah so aus – Altberlin. «Nein» sagte das Mädchen, «hier sind keine Wanzen.» Ich begriff nicht. Ich dachte wirklich an Wanzen. Aber Peter Huchel hatte nur Abhörgeräte des Geheimen Sicherheitsdienstes gemeint. Sie werden drüben als «Wanzen» bezeichnet. Man klärte mich auf. So naiv kann man werden, wenn man nur selten hinter die Wände der Diktaturen blickt.

8.11.[1969]   Es wurde ein seltsamer Abend. Günter Kunert und ein junger Autor – Fries[95] – kam, dazu ihre Frauen[96], dann ein Regisseur, ein etwas astrales Mädchen, offensichtlich auch eine Schauspielerin. Es gab eine Fischsuppe, alles etwas primitiv. Sie erzählten Witze = Diktaturwitze. Wir saßen – und sie sagten es so – in einem offenen Gefängnis. Schließlich sagte Huchel: «Na Wolf, nun sing mal einen. Du wartest doch schon darauf.» Es war so. Biermann braucht sein Publikum. Und da ihm die sozialistische Obrigkeit das seine, das echte, das große, genommen hat, mußten wir es im kleinen Kreis ersetzen: Böll und ich. Und Biermann sang, neue Chansons, neue Bänkellieder, Lieder gegen seinen Staatssicherheitsdienst, der ihn überwacht und vor allen Dummheiten bewahrt: vor Seitensprung und Ehebruch, vor Dieben und Totschlägern. So geht es sicher durchs Leben, ein von Kommunisten überwachter Kommunist, einer, der aus seinem Gefängnis gegen jene anschreit und ansingt, die ihn ins Gefängnis gesetzt haben. Und dies immer unter roten Fahnen gegen rote Fahnen. Welch eine Tragik. Villon[97], sein großes Vorbild, wußte, warum er unterm Galgen stand, wenn er dort stand, Biermann aber weiß es nicht.

13.11.[1969] Einundsechzigster Geburtstag. Toni hat ein Frühstück gemacht. Es kamen Anna Grass, Walter Höllerer, Klaus Roehler, Ernst Schnabel, Elisabeth Plessen, Gerhard Bahlsen und Manja[98]. Ich habe nicht das geringste Gefühl dafür, einundsechzig zu werden. Vielleicht ist es auch ein Irrtum. Wolfdietrich Schnurre, der ebenfalls mit frühstückte, meinte, es sei ein Irrtum. Ob er recht hat?

18.11.[1969] Barbara König, Theo Pirker, Milo Dor in Berlin. Alle nahmen an einem Gespräch über den 8. Mai 1945 (Kriegsschluss) teil.[99] Seltsam, diese verschiedenen Erinnerungen. Sie verlaufen, verdichten sich, und zerrinnen erneut. Das menschliche Gedächtnis ist eine recht fragwürdige Angelegenheit. Und nur wenige können frei erzählen, was sie erlebt haben. Während des Abendessens kam plötzlich Günter Grass herein. Er kam sozusagen direkt aus Rumänien und Ungarn, sehr braun gebrannt, lustig, guter Laune, und freundete sich zu meiner Überraschung mit seinem Feind und Gegner Theo Pirker an, ja versuchte ihn zur Mitarbeit in der Sozialdemokratischen Partei zu werben.[100] Es wurde ein lustiger Abend. Jetzt konnten plötzlich alle frei erzählen, was sie vor dem Fernsehschirm nicht konnten. Bei Tisch ein heftiges Streitgespräch über Hans Magnus Enzensberger gegen Klaus Roehler. Arnulf Baring nannte Enzensberger einen Verbrecher und Pirker schlicht einen Scharlatan. Roehler verteidigte ihn mit dem «Recht auf Wandlung». Der Vorwurf gegen Enzensberger: «Ein Mann, der auf allen politischen Hochzeiten mit extremen Verrenkungen tanzt und dies für Weltgeschichte hält.»

München, 30.11.[1969] Geburtstag, der vierzigste, von Reinhard Kreile, der jetzt Bundestagsabgeordneter der CSU ist.[101] Bereits die Atmosphäre von Bonn, gediegene Wohlhabenheit mit gemieteter Bedienung, gemietetem Koch, gemietetem Essen. Joachim Kaiser sagte nebenbei: «Alles wie bei Sternheim.» Ja, es gab Geburtstagsszenen, die von Sternheim hätten sein können.[102] Seltsamer, neuester Unsinn: die Küsserei unter Männern. Ich kann das nicht mitmachen. Es ist scheußlich.

1.12.[1969] Es hagelt Geburtstage. Unter anderem Geburtstag von Susanne Brenner, den siebzigsten.[103] Sie sieht noch immer blendend aus, nur nicht mehr ganz so wie damals, als ich sie zum erstenmal sah, neben Hans Georg Brenner[104], 1948 in Altenbeuren in Oberbayern, auf der dritten Tagung der Gruppe 47.[105] Damals fing alles an, jetzt, zwanzig Jahre später, ist es schon zu ende. Das Ganze erscheint mir, von heute aus gesehen, wie ein geglückter Tagesausflug.

2.12.[1969] Seltsames Erlebnis mit meinem Roman. In der Absicht, einige Kapitel in meinem Roman «Onkel August» umzustellen, hatte ich vor einem Jahr viele Kapitel, ich glaube sechs, herausgenommen und beiseite gelegt. Nun, nach einem Jahr, habe ich sie nicht wiedergefunden. So las ich das ganze Manuskript ohne diese Kapitel. Und siehe da, so ist es gut. Noch nie war ich über etwas so verblüfft. Hier hat der Zufall oder «der liebe Gott» seine Hand im Spiel gehabt. Im übrigen immer nur Fontane gelesen, um <mich> auf ein Gespräch in Berlin vorzubereiten.[106] Fontane, was für ein Mann. Er scheute vor nichts zurück, nicht einmal vor dem Kitsch.

Berlin, 3.12.[1969] Es stürzte hier alles mit Wucht auf mich herein. Zuerst kamen per Eilbrief von Suhrkamp die Druckfahnen von «Blinder Alarm». Ich konnte die Geschichten nur anlesen. Aber ich glaube, sie sind geraten. Gottseidank. Es passt alles halbwegs zusammen und alles in allem ergibt sich zum Schluß doch die klare Zeichnung eines Mannes, eben meines Vaters. Das erste literarische Buch nach fast fünfzehn Jahren. Ich bin gespannt, was man dazu sagen wird. Wahrscheinlich auch nur wieder dummes Zeug. Dann kam, gleich hinterher, ein Dankesbrief von Willy Brandt.[107] Es war oder sollte die Antwort auf ein sehr persönlich gehaltenes Schreiben von mir sein.[108] Was kam, war ein vorgedrucktes Exemplar: «Der Bundeskanzler lässt danken ...». Den Dank hätte er sich an den Hut stecken können, der Esel.

5.12.[1969]   Am Morgen des 4. November brach Walter Höllerer am Telefon zusammen. Ich hatte im letzten Augenblick als Ersatzmann Hans Mayer zu dem Gespräch über Theodor Fontane eingeladen. Höllerer: «Das ist unmöglich, ganz unmöglich. Peter Demetz[109] (Professor der Yale-Universität in USA) und Mayer hassen sich wie die Pest. Das wird nichts, um Gotteswillen, das wird nichts.» Es wurde trotzdem etwas, sogar, so meine ich, recht Gutes. Demetz, Mayer, Sagave[110] von der Sorbonne, alles Fontaneexperten, parlierten an meinem Tisch, als säßen sie bei einer Tafelrunde von Sanssouci: Der einzige, der recht professoral wirkte, war Walter Höllerer. Er hat sich sehr verändert. Seine strahlende, unbekümmerte Fröhlichkeit ist unter dem Druck der Studenten verloren gegangen. Dagegen wirkt Hans Mayer, eitel wie immer, als sei er aus homosexuellem Stahl geschmiedet. Er hat sich, eisern, angepasst und trägt nun die Ideen der linken Studenten viel besser vor, als sie es selber können. Das wurde zwei Stunden später klar. Bei einem gleich nachfolgenden Gespräch über «Kollektivismus in der Literatur»[111] verteidigte er einen jungen Mann, der Krausse[112] hieß, die Pulvermühle mit gestürmt haben will und der sich Schriftsteller nennt. Krausse trug himmelblauen Samt, gelbe Lederstiefel und einen sehr gepflegten Bubikopf. Er sah auf dem Bildschirm wie ein Renaissance-Jüngling aus und neben ihm wirkte Mayer mit seiner Glatze wie ein Mönch aus derselben Zeit. Die erste Aufnahme, die Walther Schmieding[113] leiten sollte, ging kaputt. Mayer und alle anderen verlangten eine sofortige Wiederholung. Nun sollte ich mitmachen, um das Gespräch zu retten. Es blieb mir nichts anderes übrig. Um Tempo hineinzu-

ZDF-Sendung zu dem Thema «Fontane heute» mit Hans Mayer, Walter Höllerer, Hans Werner Richter, Pierre-Paul Sagave, Peter Demetz.

kriegen, griff ich gleich Hans Mayer an und warf ihm die leichtsinnige Verwendung des Begriffs «bürgerliche Literatur» vor. Mayer platzte, spielte sich als Hochschullehrer auf und rutschte, um dem sensiblen Bubikopf zu gefallen, immer mehr nach links. Es war herrlich mit anzusehen und mit anzuhören.

7.12.[1969] Fritz Raddatz kam nach dem Gespräch über «Kollektivismus» und nannte Ernst Schnabel einen Dummkopf. «Er ist dumm, glaub es mir, noch viel dümmer als ich vermutet habe.» Eine Feststellung, die mich überraschte. Macht alternde Pubertät dumm? Die Neigung alternder Snobs, die sich an der Seite junger gesellschaftspolitischer Himmelsstürmer tummeln, wirkt tatsächlich erschreckend. Sie ist eines der Merkmale unserer Zeit. Mangelnde Standhaftigkeit der Alten. Ernst Schnabel hat etwas davon, doch nur so viel, daß es sich jeweils verändert, immer nach den wechselnden privaten Rückschlägen. Das wirkt vielleicht bei hoher Intelligenz dumm.

8.12.[1969] Abend bei Günter Grass mit seinem Verleger Reifferscheid, der nun siebzig ist und jetzt erschreckend geschwätzig wirkt. Es gab entsetzlich zähe Hasenkeulen, die Günter gebraten hatte. Das Gespräch lief an einem müden Faden, zäh wie die Hasenkeulen. Auch Grass wirkte auf mich wie längst abgespielt. Ob auch er sich nunmehr allmählich verbraucht?

9.12.[1969] Gespräch mit Horst Krüger, Günter Grass, Klaus Roehler, Fritz Raddatz über: «Die Veränderungen in Bonn und die deutschen Schriftsteller».[114] Ein laues Gespräch. Offensichtlich weiß niemand mehr, wozu die deutschen Schriftsteller noch da sind. Die sozial-liberale Regierung in Bonn, die alle wollten und nun haben, hat ihnen allen Wind aus den Segeln genommen. Grass wußte Auswege: Griechenland, Biafra, Vietnam.[115] Er hätte auch sagen können: «Kultivieren wir Grönland.»

17.12.[1969] Sechs Studenten aus Freiburg zu Gast, vier weibliche, zwei männliche. Alle arbeiten über die «Gruppe 47». Ihre Fragen waren die üblichen. Es war wie immer schwer, ihnen zu erklären, was die Gruppe 47 ist. Aber das Interesse dieser jungen Leute war lebhaft und kontrovers. Auf die Frage, ob die Gruppe 47 weiter geht, verwickelte ich mich in Widersprüche. Was soll ich auch sagen? Es ist leichter, eine Sache ins Leben zu rufen, als sie dann, nach zwanzig Jahren, sterben zu lassen. Das Sterben ist qualvoll. Alle Druckfahnen von «Blinder Alarm» durchgesehen und an Suhrkamp zurückgeschickt. Was wird daraus werden? Ein literarisches «come back»? Ich glaube kaum.

18.12.[1969] Gestern abend kam ein Redakteur vom «Deutschlandfunk».[116] Er wollte meine Stellungnahme zu Äußerungen von Gabriele Wohmann, Helmut Heißenbüttel, Marcel Reich-Ranicki und Joachim Kaiser aufnehmen. Er spielte mir alles vor, was diese vier gesagt hatten, und zwar über die Gruppe 47, geht es weiter oder nicht. Es war erstaunlich, was da aus dem Bandgerät kam. Joachim Kaiser: «Die Gruppe 47 war für uns ein Hauptstadtersatz. Jetzt haben wir Berlin zum zweiten mal verloren.» Gabriele Wohmann: «Wenn Richter aufhört, stirbt das literarische Leben in Deutschland.» Helmut Heißenbüttel: «Richter hat mir versprochen, daß es weiter geht.» Nur Marcel Reich-Ranicki hält ein Ende für richtig: «Die Gruppe 47 verkörpert das literarische Leben in den fünfziger und sechziger Jahren. Sie gehört zu jener Zeit und ohne sie ist die deutsche Literatur nicht zu denken. Aber jetzt kann man das nicht mehr fortsetzen.» Alle: «Ohne Richter hätte es die Gruppe 47 nicht gegeben und ohne ihn kann sie nicht fortgesetzt werden. Nur wenn er will, wird die Gruppe 47 weiterleben.» Viel Anerkennung für mich, aber auch mit dieser Anerkennung wieder der Sturz in die Unsicherheit. Handele ich richtig, wenn ich sie alle, abgesehen von Reich-Ranicki, sitzen lasse? Historisch ist es sicherlich richtig aufzuhören, doch was ist das: «historisch».

27.12.[1969] Das Jahr 1969 geht zuende. Es war, alles in allem, ein gutes, ja man kann sagen, ein fruchtbares Jahr. Jetzt sind praktisch drei Bücher fertig: «Blinder Alarm», die Erzählungen, dann «Onkel August», der Roman, und «Deutschland, Deine Pommern», ein Buch, das ich vielleicht nicht hätte schreiben sollen. Eigentlich könnte man zufrieden sein, eine neue Regierung, wie man sie sich seit Jahren gewünscht hat, ein Neubeginn in der Ostpolitik, der Versuch, mit den großen Reformen weiter zu kommen bezw. ernsthaft anzufangen. So geht es in das kommende Jahrzehnt, das vorletzte, das mir voraussichtlich beschieden ist. Es war ein ruhiges Weihnachten. Nur ein Abend mit Hans Josef Mundt, der nun wieder das liest, was er in seiner Jugend gelesen hat: Immanuel Kant und Montesquieu.

1970

6.1.[19]70   Alfred Döblins «Alexanderplatz» gelesen.[1] Es fasziniert mich immer noch. Döblin zeigt das «Proletariat» wie es wirklich ist, nicht idealisiert, sondern menschlich, oder vermenschlicht. Vierzig Jahre danach, so scheint es, hat sich viel und doch nichts verändert. Literatur: das ist das Gedächtnis der Menschheit. Sie allein ist fähig, das Menschliche vor der Überfremdung durch Ideologie und Technokratie zu bewahren. Schade, daß das die jungen Soziologen unserer Tage nicht begreifen. Aber was haben sie schon begriffen? Ein paar Erkenntnisse des 19. Jahrhunderts, neu poliert. Vielmehr ist es nicht. Brief von Heinrich Böll. Im Falle Solschenizyn ist auch er ziemlich ratlos.[2] Von Boykott-Drohungen hält er nichts. Er schreibt: «Wenn man den Brüdern (den Sowjet-Funktionären) wirklich drohen könnte! Womit?» Merkwürdig, vor zehn Jahren wäre ein Protest internationaler Schriftsteller in Moskau gehört worden. Jetzt ist es nur noch ein lästiger Mückenstich. So schnell haben die Schriftsteller ihr politisches Prestige verloren. Selbst in Moskau hat man das begriffen. Die Ursache? Es ist vielleicht der Verrat an der Literatur, wie ihn Enzensberger und andere begangen haben. Sie erklärten die Literatur für tot, wollten Politiker sein und sind nun gar nichts mehr. Ein Vertreter einer verstorbenen Gattung ist für die <Funktionäre> ebenfalls tot. Er besitzt nach ihrer Ansicht keinen Einfluß mehr, weder hier noch dort. Wie dumm sind eigentlich Schriftsteller, wenn sie politisch werden? Sie begreifen nicht einmal den einfachsten Mechanismus der Macht.

Berlin, 20.1.[19]70   Böll kam, um von seinen Eindrücken am 30. Januar 1933 zu erzählen. Dazu Wolfgang Koeppen, Hermann Kesten, Erika von Hornstein[3] und Hans Mayer.[4] Böll hatte einen kapitalen Schnupfen. Er verbrauchte Dutzende von Taschentüchern (Marke Tempo), dazu Unmengen von Tee. Was er zu erzählen hatte, war belanglos, er war auch nicht

Heinrich Böll während des traditionellen Abendessens nach Aufzeichnung der Sendung «Der 30. Januar 1933».

darauf vorbereitet. Nur die 2000,- DM Honorar haben ihn angezogen. Er liebt das Geld und ist gegen die Geldwirtschaft. Wie immer trat er bescheiden auf, wobei mir nie klar ist, was es mit seiner Bescheidenheit auf sich hat. Besitzt er sie oder besitzt er sie nicht? Ganz anders Wolfgang Koeppen. Er ist nicht nur verhemmt und verklemmt, sondern auch von einer unverkennbaren Zurückhaltung und Bescheidenheit. Dabei besitzt er eine großartige Beobachtungsgabe. Was er zu erzählen hatte, war beeindruckend und stilistisch ausgefeilt. Es kam mir vor, als sei er, Koeppen, die größere Begabung, und die Legende, die immer noch um ihn besteht, obwohl er schon seit fünfzehn Jahren nichts mehr veröffentlicht hat, besteht zu recht.

21.1.[1970]   Abend mit Böll, Kesten, Koeppen, Erika von Hornstein. Ein fröhlicher, ganz und gar harmonischer Abend. Spät, als wir an der Bar saßen, kam überraschend auch Grass herein. Er kam direkt aus Wien, wo er die SPÖ im Wahlkampf beraten hatte. Seltsam, bis wohin er es gebracht hat. Es gab ein Gespräch über Peter Weiss, dessen neues Stück «Trotzki» in Düsseldorf uraufgeführt wird.[5] Grass zu mir: «Da hast Du dem Peter ja wieder schön was eingeredet.» Tatsächlich habe ich den «Trotzki» Peter Weiss eingeredet, aber es war wohl mehr ein Zureden, und das in derselben Bar, bei Karlchen[6], wo seiner Zeit auch sein «Marat» geboren wurde. Grass hält das seinerseits für eine Infamie, aber die Wahrheit ist eine andere. Ich wollte «Trotzki» auf der Bühne sehen, nicht nur, um damit die «Bannbulle der Partei» durchlässig zu machen, ja unter Umständen ganz zu vernichten. Aber Peter Weiss scheint es nicht geschafft zu haben. Die Kritiken sind schlecht.[7] Ivan Nagel bezeichnet in der Süddeutschen Zeitung das ganze als «gelungenen Schulfunk».[8] Schade, daß Peter Weiss sich nie mehr meldet. Auch er läuft im Kreis und damit in die Irre. Wie schlecht Ideologien Autoren bekommen.

22.1.[1970]   Noch ein paar Sätze zu dem Abend mit Böll, Grass, Koeppen und Kesten. Es wurde die Gruppe 47 besprochen. Grass kam eigentlich, um darüber zu sprechen. Er hatte in irgendeiner schweizer Provinzzeitung Sätze aus meinem Interview im «Deutschlandfunk» gelesen. Grass: «Da sagst Du drei Sätze im Deutschlandfunk und schon schreibt die letzte Provinzzeitung darüber. Und so etwas willst Du fallen lassen?» Ich erzählte ihm, daß ich «ja» und «nein» und «nein» und «ja» gesagt hätte und eigentlich weder das eine noch das andere. Ich fragte Hermann Kesten, was er tun würde, wenn er an meiner Stelle stände. Kesten: «Es ist für Sie persönlich sicherlich besser, wenn Sie aufhören, aber für die Allgemeinheit oder für die Entwicklung der deutschen Literatur ist es nicht gut. Und nun müssen Sie selbst entscheiden, was für Sie wichtiger ist.» Eine salomonische Antwort. Grass plädierte für eine Gegenbewegung gegen den Zerfall der Literatur in nur soziologische Kategorien. Es ginge dabei jeder Wertmaßstab verloren. Die Zertrümmerung jeglicher Aesthetik sei das Ende der Literatur. Diese Entwicklung aufzuhalten sei die Aufgabe der Gruppe 47. Nur mit ihren Methoden sei das möglich. Interessanterweise schloß sich dem Heinrich Böll an. Er meinte nur, einschränkend, dazu brauche man einen langen Atem. Das ist richtig. Kurzfristig kann man das nicht schaffen.

23.1.[1970] Walter Jens hat in Stockholm von der Humanistischen Fakultät, also von Gustav Korlén[9], die Ehrendoktorwürde bekommen.[10] Dabei hat Jens einen Vortrag gehalten, in dem der Satz vorkommt: «Die Gruppe 47 sei, das müsse man heute leider sagen, der Ausdruck der Resignation der deutschen Schriftsteller. Sie mauserten sich zu Literaten. Die Dichtung der 50er Jahre sei trotz einer Figur wie Heinrich Böll durch eine Tendenz zum Eskapismus gekennzeichnet.»[11]

Was dem Walter Jens, dem «treuen Walter», so hinterher alles einfällt. Was heißt hier «Eskapismus»?

25.1.[1970] Das Interview im «Deutschlandfunk» hat Wellen geschlagen. Das hatte ich nicht erwartet. Natürlich wurde es überall entstellt abgedruckt. Bis auf einen gehässigen Angriff in der «Frankfurter Rundschau», in dem mir unterstellt wird, ich wolle mich wieder in den Vordergrund drängeln, ist vieles positiv.[12] Man spürt, daß das Fehlen der Gruppe 47 auch in der Öffentlichkeit bemerkt worden ist. Ein paar andere Autoren, unter ihnen Peter Bichsel, haben sich noch geäußert. Bichsel: «Ich gehe wieder zur Gruppe 47. Dort kann man so herrlich trinken und ich trinke gern.» Auch ein Standpunkt. Noch ein Wort zu Jens. Er soll in seinem Vortrag gesagt haben, die deutsche Literatur hätte sich in diesen Jahren von der National- zur Weltliteratur gemausert.[13] Da kann man nur fragen, war das nicht die Arbeit und ist dies nicht der Verdienst der Gruppe 47? Merkwürdig der Gebrauch des Wortes «gemausert» bei Jens. Vielleicht ist ihm bewußt geworden, daß er der größte «Mauserer» dieser zwei Jahrzehnte war und noch immer ist.

26.1.[1970] Brief von Willy Brandt, nunmehr handschriftlich. Einerseits habe ich mich darüber geärgert, daß ihn mein Mißfallen erreicht hat, andererseits habe ich mich gefreut. Er schreibt: «Es erschreckt mich der Gedanke, Sie könnten sich durch mich gekränkt gefühlt haben. Wenn Sie im Herbst bürokratisch abgefertigt wurden, tut es mir wirklich leid. Hier ging und geht noch allerlei durcheinander. Insoweit ist die Bürokratie zurückgeblieben oder nicht genügend anpassungsfähig. Ich weiß nicht, wie viel Sie von der Wählerinitiative – deren Vorläufer ja ohne Sie überhaupt nicht möglich gewesen wären – gehalten haben. Auf diese Weise ist jedenfalls eine neue Qualität – oder, wie man heute sagt, neue Dimension – in die Entscheidung der Wähler hineingekommen. Es wird nicht einfach sein, den dabei geweckten Erwartungen auch nur einigermaßen gerecht zu werden. Ich will mich darum bemühen. Vielleicht ist das ja auch, bei allen Unzulänglichkeiten, schon deutlich geworden. Es würde mich freuen, wenn wir uns möglichst bald einmal sehen könnten und wenn Sie mir sagten, was ich in dieser Situation besonders bedenken sollte. Jedenfalls sollen Sie wissen: Ich bin gerade jetzt darauf angewiesen, dass mir kritische Freunde ihren Rat nicht vorenthalten.»[14] Ich werde ihm schreiben und den Vorschlag machen, daß er hier in der Erdenerstraße die «Schriftsteller» besucht. Das wäre eine Geste, die vielleicht für die Zukunft bedeutsam werden kann.

28.1.[1970] Grass den ganzen Abend bis um drei Uhr. Er hatte offensichtlich von Klaus Roehler gehört, daß ich nun doch die Gruppe 47 im Mai oder auch im Herbst zusammenrufen will. Natürlich hatte er Vorschläge: Soziologen, Publizisten, Psychologen dazu einladen. Und letzten Endes Willy Brandt einladen. Der Bundeskanzler sozusagen als Präzeptor. Damit wäre die Gruppe 47 eine Art sozialdemokratischer Wahlverein. Ich halte das für schlichten Unsinn. Grassen's Wort: «Wo sich alles reformiert, muß sich auch die Gruppe 47 reformieren» kann man so auslegen: Die Hauptsache ist Reform, wozu und wohin man etwas reformiert, ist gleichgültig. Und wiederum bin ich anderer, ja entgegengesetzter Meinung. Die Gruppe 47 war und ist mit ihren Methoden und Spielregeln <der Zeit> weit voraus. Wozu da Reform?

6.2.[1970] Mit Roehler einen «offenen Brief» an den Intendanten des NDR geschrieben. Es ging um den Springer Verlag.[15] Drei Stunden lang mit allen telefoniert, von Max Frisch und Alfred Andersch bis zu Siegfried

Lenz und Heinrich Böll. Alle gaben ihre Unterschriften, Roehler war über diesen Erfolg ganz euphorisch. Er wunderte sich, daß dies alles immer noch funktioniert und zog die nach meiner Ansicht falsche Schlußfolgerung, dies sei der gute Geist der Gruppe 47. Dabei war es wahrscheinlich nur der Ärger über den Pressezaren Axel Cäsar Springer. Trotzdem: die Stimmen klangen am Telefon alle gut und fröhlich.

7.2.[1970] Abend mit einem tschechischen Maler und seiner Frau[16], einer Redakteurin des Prager Rundfunks, bei Prof. Ossip Flechtheim. Viel über die Situation in der Tschechoslowakei gesprochen. Es sieht traurig aus, aber, so sagte die Redakteurin, es wird nie wieder gut zu machen sein, was am 21. August 1968 geschehen ist. Das Volk vergisst es nicht. Es hat wieder wie im Dritten Reich hassen gelernt. Und es wird in seiner Opposition gegenüber den Russen niemals nachgeben, was auch geschieht. Im Gegenteil, es wird jede Gelegenheit wahrnehmen, um sich zu rächen.

8.2.[1970] Robert Jungk und seine hysterische und mit ihrer Hysterie furchteinflößende Frau einen ganzen Abend lang hier im Haus. Jungk gab zu, sich in einer Krise zu befinden.[17] Er lässt sich «zerzauseln», d. h. durch Vorträge hier und Diskussionen <dort> völlig zerreiben. So kommt er durch zu viel Tätigkeit nicht mehr zu einem Buch. Ich sagte ihm, daß die Öffentlichkeit gerade darauf wartet, nämlich auf eine Zukunftsversion des Robert Jungk, eines Mannes also, der zwischen der Wissenschaft und der Publizistik steht. Das Problem schien ihm sehr nahe zu gehen. Seine Frau am nächsten Tag am Telefon: «Wir haben uns wie beim Psychoanalytiker gefühlt.» Dabei habe ich ihnen nur meine eigenen Entscheidungen erzählt, nämlich nur noch das für mich Wesentliche zu tun, ohne Rücksicht auf die Problematik der Jugend und aller öffentlicher Bedürfnisse. Robert Jungk fragte nach meiner Zukunftsvision, besser nach meiner Zukunftsperspektive. Ich sagte ihm, daß voraussichtlich die gesamte «Futurologie» an jenen Katastrophen scheitern werde, die wohl in der menschlichen Entwicklung unvermeidbar sind. Aber nicht im Westen, nicht unter den kapitalistischen Staaten, reiften diese Katastrophen heran, sondern im Osten, unter den sozialistischen Staaten, einschließlich Chinas. Dort seien die Spannungen und die Druckverhältnisse zu groß geworden. Ich erwartete diese Eruptionen noch in diesem Jahrzehnt und ich sei darauf gefasst, daß ich mein Leben nicht ruhig zuende führen könnte, d. h. noch einmal in den großen Orlog[18] geworfen würde, wie in den dreißiger und vierziger Jahren. Das hat ihn verwirrt und deprimiert.

13.2.[1970] Gespräch mit Wanda Bronska-Pampuch, Helen von Ssachno und Horst Bienek über Alexander Solschenizyn.[19] Fast zur gleichen Zeit trat Alexander Twardowski, was wir nicht wußten, von seinem Posten als Chefredakteur der Literaturzeitschrift «Nowy Mir» zurück.[20] Dabei hatten wir gerade sein Verbleiben auf diesem Posten auf die lange Sicht als gutes Omen gewertet. So überschneiden sich die Dinge. Ich erinnere mich gut an Twardowski. Ich traf ihn in Leningrad 1963 und später in Taormina auf Sizilien für die Vergebung des «Prix Italia» an Anna Achmatowa. Ein sehr großer, starker, schweigsamer Mann, zu dem ich leider nie den richtigen Kontakt fand, vielleicht deswegen, weil er nur Russisch und ich – leider, leider – nur Deutsch sprach. Jetzt mußte auch er, das Haupt des literarischen Anti-Stalinismus gehen. Das wird für Kopelew, Solschenizyn und all die anderen nicht nur ein schwerer Schlag sein. Vielleicht wird die liberale Opposition nun ganz in den Untergrund gedrängt, in den großen, schwarzen Literaturmarkt der Sowjetunion, von dem Wanda Pampuch sprach. Zur gleichen Zeit verhandelt der kleine, so verschlossene Egon Bahr[21] in Moskau im Auftrag Willy Brandts mit Gromyko und Kossygin wegen besserer Beziehung.[22] So ist es immer. Entspannung nach außen, Verhärtung nach innen, anscheinend ein Kernsatz russischer Politik.

14.2.[1970] Besuch bei Günter Grass. Anna und er und Erbsensuppe und Eisbein und noch einmal dasselbe Gespräch über die Gruppe 47 und Willy Brandt's Politik. Grass ein wenig der besorgte Hausvater der Sozialdemokratischen Partei. Gleichzeitig irritiert über die mündliche Drohung zweier Studenten am Vorabend: «Sie, Grass, sind der erste, den wir einen Kopf kürzer machen, wenn wir zur Macht kommen.» Außerdem am gleichen Tag eine Drohkarte mit fünfundzwanzig Unterschriften: «Sie sind der nächste, der dran glauben muß.» Sieht man in diesen Tagen nach München – Attentat auf dem Flughafen, Brandstiftung im jüdischen Altersheim[23] – so gewinnen diese Drohungen, die man sonst als Belästigungen abschütteln könnte, <an> Gestalt. Die Neigung zur Brutalität wächst unaufhörlich. Sie knistert unter der Decke des scheinbar so Festgefügten.

22.2.[1970]   Langer Abend mit Arnulf Baring, Theo Pirker, Grass, einer Französin litauischer Herkunft, einem tschechischen Soziologen, mit Prof. Flechtheim und anderen.

Gespräch über Roger Garaudy, der von der KPF abgehalftert wurde.[24] Es kam nicht viel dabei heraus. Die «große Wende» des Sozialismus, von der Garaudy noch vor zwei Jahren sprach, wo ist sie? Stattdessen ein ständiges Versteifen dogmatischer Haltungen. Vielleicht hat Sartre recht mit seinem jetzt ausgesprochenem Wort: «Die Sowjetbürger können ihr System nur noch auf den Misthaufen der Geschichte werfen.»[25] Wie anders war das noch, als ich Sartre auf dem Schriftstellerkongress 1962 in Leningrad traf.[26] Da war ich der Ketzer. Nun sind sie alle Häretiker, die sich gegenseitig vorwerfen, «Konterrevolutionäre» zu sein. Dies wirft Sartre auch den Russen vor. So gibt es nur noch Konterrevolutionäre. Morgen noch ein Abend über Alfred Döblin[27], am Dienstag über Alfred Kerr[28], und dann mit Barings[29] und Barbara König und Hansl ab in die Schweiz zum Skilaufen. Gottseidank!

1. April [1970]   Fünf Wochen sind vergangen. Und dieses Buch hat gewartet. Inzwischen vierzehn Tage in Sedrun in der Schweiz mit Ski und Schlittschuhlaufen. Seltsame Erlebnisse mit Arnulf Baring. Aber es war schön und lustig. Bei der Rückkehr an der deutschen Grenze die Münchner Abendzeitung gekauft. Überschrift: Treffen Brandt – Stoph in Erfurt.[30] Baring las mir während des Fahrens das alles vor: ein neues Kapitel in der Deutschlandpolitik. Aber erst Toni fand später auf der vierten Seite die erste, lange Kritik von Nöhbauer über mein Buch: «Blinder Alarm».[31] Sie enthielt zu meiner Überraschung mehr als Lob, wörtlich heißt es: «Ein kleines Meisterwerk.» Die Freude war allgemein, aber in den letzten Wochen ist sie stark gedämpft worden. Es gab nur noch wenig Kritiken und die wenigen waren fast alle schlecht.[32] «Simpel» ist das Hauptwort. Es kehrt in jeder Kritik <wieder>. Ist die Kritik so auf den Hund gekommen, daß sie nicht merkt, wie schwierig das «Simple» ist.[33] Aber Wolfgang Koeppen scheint angetan und Unseld steht zu dem Buch.[34] Nun ja, viel wird wohl auch daraus nicht werden?

14.4.[1970]   Nun ist auch Peter Weiss ein «Verräter» an der Sache des Sozialismus geworden, kurz ein «Konterrevolutionär». Man wirft ihm in Moskau, und nicht nur dort, sein Trotzkistück vor. Der Angreifer heißt: Lew Ginsburg.[35] Gewiss, das Stück über Trotzki ist schlecht, aber nicht das ist der Stein des Anstoßes. Anstößig ist allein, daß sich Peter Weiss überhaupt mit Trotzki beschäftigt, der nicht nur ein Verfemter, sondern jemand ist, der gar nicht existiert hat, jedenfalls nicht in der russischen Revolution. Armer Trotzki, armer Peter Weiss, aber man muß auch sagen: Armer Lew Ginsburg. Ich lernte ihn 1963 in Moskau kennen. Seitdem hat er viele Wandlungen durchgemacht, aber schon 1965, bei meinem zweiten Besuch in Moskau, gaben ihm Kostja[36], Kopelew und andere, praktisch die gesamte Opposition, nicht mehr die Hand. Ginsburg, ein Chamäleon der sowjetrussischen Bürokratie, der den Marat von Peter Weiss übersetzt und hochgelobt hat, versetzt nun Peter Weiss den Fußtritt, den dieser trotz seiner politischen Naivität nicht verdient hat. Aber das alles war vorauszusehen. Auf diesem Gebiet ist viel, ja fast alles vorauszusehen. Im übrigen: Heinrich Böll lässt sich zur Zeit in Russland feiern und Günter Grass in Amerika.[37] So hat jeder seine Supermacht.

Hans Werner Richter

München 24.4.[1970] Zehn Tage in Berlin. Ausgezeichnete Gespräche mit Siegfried Lenz, Günter Grass und anderen.[38] Lenz hatte ich seit fast zwei Jahren nicht mehr gesehen. Er schwimmt im Erfolg. Seine «Deutschstunde» hat jetzt eine Auflage von 500 000.[39] Das ist kaum fassbar. Wie ich ist auch Siegfried Lenz davon überzeugt, daß in den nächsten Jahren die erzählende Literatur wieder zum Zuge kommt. Der Erfolg seines Buches ist ein erstes Anzeichen dafür. Es gibt auch andere Anzeichen. Auch dies, daß «Blinder Alarm» anscheinend ankommt und gelesen wird. Es sind fast nur gute Kritiken erschienen. Ich bin gespannt, wie es weiter geht. Jetzt kommt die Zeit zum Schreiben. Auch das Pommernbuch ist nun ganz fertig und im Druck. Franz Wischnewski hat ausgezeichnete «Bildchen» dazu angefertigt. Die Gruppe 47, ja, nun habe ich sie endgültig abgeschrieben. Nun erst gehört sie der Vergangenheit an.

1. Mai [1970] Es ist immer noch kalt. Es schneit. Es ist wohl doch der Beginn einer neuen Eiszeit. In Berlin noch ein Gespräch mit Schmieding, Grass, Wondratschek[40], Wallraff[41], Wapnewski, Hagelstange[42] und einem Lektor des Luchterhand Verlags, ein etwas verquollener Soziologe, Benseler[43] mit Namen, der sich als Literaturproduzent ausgibt und dafür plädiert, daß sich die Schriftsteller von nun ab Literaturproduzenten nennen.[44] Wie wenig diese Leute, die sich so radikal links und revolutionär geben, von der Sprache verstehen. Literaturproduzent, wer wird das schon annehmen? Es war erstaunlich, wie wenig diese jungen Leute zu sagen ‹haben›, viel schlecht verdaute soziologische Dilettanten-Erkenntnisse, vermischt mit Ansprüchen, für die es gar keine Berechtigung gibt. Dabei leiden gerade sie, die immer wieder die Realitätsnähe betonen, an Realitätsverlust.

7.5.[1970] Paul Celan hat sich das Leben genommen. Er ist, wie vor zehn Jahren Louis Clappier[45], in die Seine gegangen. In den Nachrufen wird kaum oder eigentlich nicht erwähnt, daß er durch die Gruppe 47 bekannt wurde.[46] Das war im Mai 1952 in Niendorf. Ich war kurz vorher in Wien gewesen und hatte dort einen Vortrag über die Gruppe 47 gehalten. Damals lernte ich Ingeborg Bachmann kennen. Sie und Milo Dor empfahlen mir Paul Celan, der in Paris saß. Ich schrieb eine Postkarte noch aus dem Wiener Café mit Grüßen von Ingeborg und Milo nach Paris und lud Celan nach Niendorf ein.[47] Es wurde sein erster großer Erfolg.[48] Sein Aufstieg war, wie auch der Aufstieg Ingeborg Bachmanns, kometenhaft. Zwar bekam Ilse Aichinger den Preis auf dieser Tagung, aber die eigentlichen Entdeckungen waren Paul Celan und Ingeborg Bachmann. Ich wußte damals noch nicht, daß Ingeborg die Geliebte Paul Celans gewesen war, ja, daß er sie in ihrer Lyrik maßgeblich beeinflusst hatte.[49] So kam es zu seltsamen Zwischenfällen. Nach der Lesung Celans beim Mittagessen hatte ich ganz nebenbei und ohne jede Absicht gesagt, daß die Stimme Celans mich an die Stimme Joseph Goebbels erinnere. Da beide Eltern Celans von der SS umgebracht wurden, kam es zu einer dramatischen Auseinandersetzung. Paul Celan verlangte Rechenschaft und versuchte mich in die Position eines ehemaligen Nationalsozialisten zu drängen. Ilse Aichinger und Ingeborg Bachmann weinten und baten mich unter wahren Tränenströmen immer wieder, mich zu entschuldigen, was ich dann schließlich tat. Trotzdem, Paul Celan hat es mir nie vergessen.[50]

10.5.[1970] Jetzt kommt der Roman «Onkel August» endlich voran. Ich glaube, ich habe den Ton gefunden, den ganz eigenen Ton, der so schwer zu finden ist. Vielleicht gelingt mir dieses Buch, vielleicht.

13.5.[1970] Wieder in Berlin. Am Abend eine Menge Leute im Theater bei einer Aufführung von Wolfgang Bauer mit dem Titel «Change» getroffen.[51] Merkwürdig, mich interessieren die Leute nicht mehr oder nur noch am Rande. Die Kontakte, ja sogar die Freundschaften zu den Schriftstellern der Gruppe 47 gehen allmählich ganz verloren. Seltsam, wie schnell sich alles auflöst, wenn von einem selbst keine Initiativen mehr ausgehen.

15.5.[1970] Nun hat Ulrike Meinhof, in der Presse Ulrike von Meinhoff genannt, das Ende ihrer dummen, arroganten und politisch besserwissenden Laufbahn erreicht. Sie hat gestern den Warenhausbrandstifter mit einem bewaffneten Überfall auf dessen Bewacher befreien lassen.[52] Wahrscheinlich hängt auch Gudrun Ensslin damit zusammen, für die ich, einen Tag zuvor, ein Gnadengesuch schreiben sollte[53]: Jetzt kann man nur noch von der «tollen Ulrike» sprechen. Aber das alles war wohl vorgegeben: ständige Radikalisierung, ständige Steigerung politischer Hysterie. 1958 habe ich sie aus einem Kongress gegen Atomrüstung in London aus dem Saal geworfen, weil sie unerträglich geworden war.[54] Damals weinte sie. Jetzt weint sie wohl nicht mehr. Nun wird geschossen.

22.5.[1970] Abend mit Paul Schallück, Günter Grass, Renate Gerhardt, Charlotte Beradt aus New York.[55] Schallück beschwor mich, die Gruppe 47 weiterzumachen, und Grass unterstützte ihn mit dem Satz: «Ich sage kein Wort mehr dazu», sagte dann aber doch eine ganze Menge. Schallück: «Die Gruppe fehlt, fehlt, fehlt.» Schließlich sprachen sie von dem Denkmal, das sie mir bauen würden oder das mir sicher sei. Ein Denkmal, du lieber Gott. Scheinbar hat Günter Grass wieder zu einem ausgewogenen Lebensstil zurückgefunden: hier ein bißchen Politik, dort ein bißchen

Literatur, alles in einer anscheinend großzügigen Konzeption. Mir gefällt das und wenn er sagt, er sei mein bester Schüler gewesen, könnte ich eigentlich stolz darauf sein. Aber ich bin es nicht.

23.5.[1970] Fritz Raddatz tauchte mit einem Telefonanruf wie aus der Vergessenheit auf. Einer der wenigen, der sich spontan und, wie ich meine, aus purer Freundschaft meldet. Merkwürdig, daß mich mit ihm, der nur Feinde hat, soviel Sympathie verbindet, Sympathie, die jede politische Gefährdung übersteht. Aus ihm, der für mich die Inkarnation des «Literarischen» ist, wird nun unter Augstein (ach ja, Augstein) der Vorsteher eines soziologischen Instituts, eine zeitgemäße Verwandlung.[56] Trotzdem, er wird mir nicht verloren gehen.

27.5.[1970] Anfrage einer Akademie, wie ich Peter Handke gefunden habe. Was soll ich da antworten? Ich habe nicht Peter Handke, sondern Peter Handke hat mich gefunden.[57] Aber er wird das nie zugeben. Er ist nicht nur ein Akrobat der Literatur, er ist auch der Akrobat seines eigenen Ruhms. In Princeton machte er seinen ersten noch unbeholfenen Hand-, um nicht zu sagen, Handkestand. Und die Journalisten staunten, allen voran der bemerkenswert dumme Erich Kuby.[58]

28.5.[1970] Wolfgang Hildesheimer mit seiner Silvia[59] in Ambach am Starnberger See bei «Bierbichler»[60], eine von allem Realen losgelöste Unterhaltung. Nach ihm sind alle Schriftsteller unserer Generation in einer Krise, vor allen Dingen die in der Schweiz lebenden: Max Frisch, Alfred Andersch, Friedrich Dürrenmatt. Sie können und wollen nicht alt werden, aber es ist wohl nicht allein die Krise des Alterns, es scheint vielmehr eine Krise der eigenen Produktivität zu sein. Was, sagt Hildesheimer, soll denn Max Frisch noch schreiben? Unseld hat ihm geraten, einen Roman über das Altwerden zu schreiben, aber, so Hildesheimer, Max Frisch kann sich nicht dazu aufraffen. Ach ja, ein sechzigjähriger Stiller,

das ist schon fast eine Perversion.[61] Hildesheimer selbst ist nun ein Joyce-
Interpret[62] geworden, (auch nicht gerade neu) der auf Arno Schmidt
schimpft, weil dieser den großen Joyce entstellt, verstellt, verfälscht und
selbst nur ein mieser Epigone ist, ein deutscher Joyce und deshalb unerträglich.[63] Er, Hildesheimer, wolle ihn bei Gelegenheit fertig machen. So
hat jeder – trotz Alterskrise – dennoch seine Sorgen.

5.7.[1970] Immerfort geschrieben, aber noch immer bin ich unsicher,
ob mir das Buch gelingt. Die Mischung zwischen Autographie und Roman
ist vielleicht in dieser Form nicht möglich. Toni und Bernd Schauer haben
den Fotofilm über meine «die Rembrandtstraße» fast fertig[64], und ich bin
immer allein mit meinem «Onkel August». Manchmal habe ich es satt. Es
hat in diesen Wochen nur einen Abend gegeben, der interessant war, ein
Abend bei Kurt Sontheimer mit Reinhard Baumgart und anderen. Es kam
natürlich wieder die Sprache auf die Gruppe 47. Hille Baumgart[65] möchte
sie wieder haben, nicht nur als gesellschaftliches Ereignis, die Gruppe, so
sagt sie, fehle überhaupt, auch als literarisches Ereignis, mehr aber noch
als Filter, als Kontaktzentrum, es sei ein Jammer. Sie hat recht: es ist
ein Jammer, aber es ist auch ein Katzenjammer, der Jammer der Katzen,
die zuviel politisch miaut haben, und mehr als ein Miauen war es ja nicht.
Nun kommt das Jammern. Wie sollte es ausbleiben, da sie doch Literaten
und weder Soziologen noch Politiker sind?

10.7.[1970] Begegnung mit Horst Ehmke, nun Staatsminister oder
Kanzleiminister bei Willy Brandt. Zum letzten Mal sah ich ihn in der
Erdenerstraße in Berlin, an einem Abend für die Freiheit der Griechen,
damals, vor zwei Jahren, noch ein Mann fast ohne Macht, jetzt ein Mann
mit Macht, umschwärmt von Anhängern und Parasiten. Damals fand er,
wenigstens bei den Frauen, denen er burschikos auf den Hintern klopfte,
keinen Anklang. Und jetzt? Er umarmte mich, wie man so sagt «stür-
misch», als er mich unter den vielen sogenannten münchener Lokalpro-
minenten sah, er tat, als seien wir alte, enge, vertraute Freunde. Vielleicht

sind wir es auch irgendwie. Es gab ein Essen im Hotel Continental. Claus Hardt «führender Kopf» der münchener Wählerinitiative, hatte dazu eingeladen, und ein Industrieller hatte <es>, wie Hardt mir später gestand, bezahlt.[66] Zwischen den Gängen hielt Ehmke ein Kurzreferat, wie er es nannte, von fast einer Stunde, vordergründig, oberflächlich, eigentlich ungeeignet für diesen dort versammelten Kreis. Anscheinend hatte es ihm irgendein Referent oder vielleicht auch Staatssekretär ausgearbeitet. Dementsprechend war es denn auch. Ach, der gute Horst, könnte man sagen, ist zwar ein burschikos witziger, aber ganz und <gar> unmusischer und keineswegs brillianter Mensch.

Berlin 15.8.[1970]   Auf dem Weg nach Bansin, übermorgen also in der großen Familie, in der nun nicht mehr «sogenannten» Demokratischen Republik. Ich bin gespannt, wie dort die Stimmung <ist> nach dem Besuch Brandt's in Moskau.[67] Überhaupt hatten diese Tage etwas Seltsames an sich, eine immer wiederkehrende Erinnerung an das Jahr 1965. Damals kam ich aus Russland zurück. Lew Kopelew, Haupt der Solschenizyn-Opposition, hatte mir im Namen vieler russischer Intellektueller eine Botschaft an Willy Brandt mitgegeben. Die Botschaft bestand, neben einigen Informationen, im Wesentlichen aus der Übermittlung eines Wunsches: Brandt sollte nach Moskau kommen. Ich war dann fast drei Stunden bei ihm im Rathaus Schöneberg und habe ihm alles erzählt und er hat nur immer wieder gesagt: «Sie wissen gar nicht, wie gern ich diesem Wunsch nachkommen würde, wie gern ich nach Moskau fahren würde, aber wie soll ich, als Regierender Bürgermeister von Berlin nach Moskau kommen. Es gibt ja gar keine Möglichkeit für mich.» Nun, fünf Jahre später, als Bundeskanzler, ist er gefahren, vielmehr geflogen. Die Frage ist: sind die Kopelews, ist die intellektuelle russische Opposition, heute glücklich darüber? Ich glaube «ja», ich meine, auch für sie ist dies eine Wende. Ihr damaliges Vertrauen zu Brandt, ihre in ihn gesetzten Hoffnungen haben sich wohl bestätigt. Ob ich Willy Brandt einen Brief schreibe? Aber das sieht mir zu aufdringlich aus. Vielleicht erinnert er sich auch gar nicht mehr an jenes so intensive Gespräch und an die Botschaft Kopelews.

10.9.[1970]   Drei Wochen in Bansin. Die Familie wie immer, nur wieder älter geworden – schade. Es geht schnell dem Ende zu. Alle sind für Willy Brandt's Politik, befürchten aber durch den Vertrag mit der Sowjetunion eine Aufwertung des Systems der DDR, eine Befürchtung, die zweifellos berechtigt ist. Im übrigen hat sich dort nicht viel verändert, ist nichts besser geworden. Das völlig verbeamtete staatswirtschaftliche System hat seine Schwerpunkte, wobei – natürlich – auf allen anderen Punkten alles zurückbleibt und verfällt. Bansin sieht völlig heruntergekommen, ja teilweise verwahrlost aus. Die Straßen haben Schlagloch neben Schlagloch, die Bürgersteigplatten sind zerbrochen, die Fassaden der Häuser bestehen aus abgeplatztem, zerborstenem Putz. Es ist ein trostloser Anblick. Dort kann man studieren, wohin die totale staatliche Zwangs- und Planwirtschaft führt. Ihr zwischenzeitliches Ergebnis ist eine erschreckende Lähmung jeder individuellen Initiative. Aber weder der Staat noch die Partei, die diesen Staat trägt, kann diese Initiative ersetzen. Der Kollektivismus ist nur dort fruchtbar, wo er sich aus charakterlich gleichen und gleich laufenden individuellen Initiativen zusammensetzt. Das aber ist selten. Die Wahrheit liegt wahrscheinlich in der Mitte zwischen Kollektivismus und Individualismus, und jedes funktionierende Wirtschaftssystem der Zukunft wird sich sowohl des einen wie des anderen bedienen müssen: Private Initiative hier und Planung dort. Alle sozialistischen Theorien sind gegenüber dieser sich aus der Erfahrung ergebenden Notwendigkeit grau und überholt. Aber wann wird man nach diesen Notwendigkeiten handeln? Wann?

12.9.[1970][68]   Vor der Fahrt nach Kreta Grass gesprochen.[69] Er legt mir dringend nahe, einen Bericht an Willy Brandt über die Stimmung in Bansin, das heißt in der DDR, zu schreiben. Aber ich habe keine Lust dazu.[70] Ich weiß nicht warum? Es ist wohl alles, was dort in Bonn geschieht, zu fern gerückt, dieses sozialdemokratische Bonn.

München 14.9.[1970][71]   Bei der Fischer Vroni auf der Oktoberwiese ein Fest der sozialdemokratischen Wählerinitiative mit Willy Brandt, Horst

Ehmke und anderen.[72] Dabei auch Leo Bauer getroffen. Brandt marschierte hinter einer Blaskapelle, die den Bayrischen Defiliermarsch spielte, in das Zelt und dirigierte dann selbst den Marsch «Alte Kameraden». Seltsam, was ein Bundeskanzler für das Wahlvolk alles tun muss. Mir gefällt das nicht. Ob die alten minoischen Könige, denen ich morgen oder übermorgen auf Kreta begegnen werde, sich ähnlich benahmen? Man kann es sich, auch ohne bayrischen Defiliermarsch, vorstellen.

1.10.[1970] Zurück von Kreta. Tage am Meer, Schwimmen, Baden, Baden, Schwimmen und zwischendurch «Minos», wie man das heutzutage so macht. Aber der Besuch der minoischen Paläste, das war schon mehr für mich, viel mehr, alles viel fröhlicher, viel lebensbejahender, bunter, schöner, als ich es mir vorgestellt habe. Was war das vor viertausend Jahren? Leben und Kunst in naiver Unschuld? War es das? Dieser sichere Sinn für Farben, für Formen, für das Gestalten in der Natur. Was ist seit jener Zeit alles verloren gegangen? Eigentlich alles.

Berlin 6.10.[1970] Besuch in der Erdenerstraße von Fritz Raddatz, Hermann Kesten, Hellmuth Karasek, Peter de Mendelssohn. Gespräch über Jakob Wassermann.[73] Ein Romancier von gestern, der nicht mehr gelesen wird. Raddatz: «Wassermann war immer auf der Suche nach der Erlösung in Reinheit, nach der germanischen Reinheit, praktisch der Versuch, sich aus dem Judentum zu emanzipieren.»[74] Dieser Versuch ging 1933 in Blut und Tränen unter. Überhaupt die «goldenen» zwanziger Jahre. Es war nur Scheingold, Blattgold, ach, und vielleicht nur Doublégold. Nicht viel mehr. Es gab an diesem Abend ein langes Streitgespräch, zeitweise ziemlich betrunken, zwischen Hellmuth Karasek und Günter Grass über den sichtbaren Niedergang des Feuilletons, ja, des literarischen Lebens überhaupt. Grass versuchte die Redakteure dafür verantwortlich zu machen, was nach meiner Ansicht purer Unsinn ist. Hellmuth Karasek verteidigte sich mit der Ansicht, daß mit dem Ende der Gruppe 47 nicht nur das literarische Leben absterbe, sondern auch das literarische Feuilleton an Substanz und Qualität verliere. Wo keine Maßstäbe mehr vorhanden seien, arbeite auch der Redakteur ins Leere. Daran ist viel Wahres. Nur scheint mir das – der Verlust des Literarischen – eine allgemeine Zeiterscheinung zu sein, die sich nicht nur auf Deutschland beschränkt. Es sieht in Frankreich nicht besser aus, eher schlechter.

8.10.[1970] Solschenizyn hat den Nobelpreis bekommen und ich kann mir die Freude meiner russischen Freunde vorstellen.[75] Lew Kopelew hat das ganze Jahr über darauf gedrängt. Immer wieder kamen «Kuriere», die seinen Wunsch an mich und alle überbrachten, etwas dafür zu tun. Nun ist es geschehen und sofort haben die russischen Bürokraten mit einer heftigen Gegenattacke reagiert, was alle, auch Kopelew, erwartet haben. Merkwürdig, daß sie immer genau das tun, was man von ihnen erwartet. Würden sie einmal entgegengesetzt reagieren, die Welt ihrer direkten und indirekten Gegner würde vor Staunen völlig irritiert und verunsichert. Aber man kann ganz sicher sein, daß sie nie aus den genormten Schienen herausspringen. Das macht alles so langweilig.

11.10.[1970] Verhältnismäßig einsame Tage hier in Berlin. Das einmal so rege gesellschaftliche und literarische Leben ist fast ganz gestorben. Walter Höllerer lacht zwar wieder sein lautes, ach so schallendes Lachen, aber das ist auch alles. Die Soziologie hat sich, was zu erwarten war, als Krebskrankheit der Literatur herausgestellt, und sie wuchert in ihrer tötlichen Strebsamkeit immer weiter. Die von den jungen, jugendbewegten Soziologen vor zwei Jahren in dieser Stadt begonnene «Revolution» ist zwar zuende, aber geblieben ist ein undefinierbares Vakuum, in dem nun alle vereinsamt und vereinzelt herumirren. Geblieben ist auch ein revolutionärer Restposten: ein Anwalt «Mahler»[76] mit Perücke und Bart verkleidet und eine Schar zorniger hysterischer, akademischer Damen, die mit Pistolen, Bomben, mit Banküberfällen und Brandstiftungen der verhassten Gesellschaft ein frühes Ende bereiten wollen.[77] Und das alles ist nicht einmal aufregend, sondern nur lächerlich, einem nachgespielten Film der sechziger Jahre ähnlich. Leider ist auch Gudrun Ensslin darunter, die einmal 1965, ein schüchternes, bescheidenes, bürgerliches Mädchen, hier in der Erdenerstraße Kaffee für ihre Freunde kochte, damals die Mitarbeiter eines «Wahlkontors» zur Unterstützung der Sozialdemokratischen Partei: Piwitt[78], Buch[79], Vesper[80]. Wo sind sie alle geblieben und wohin haben sie sich verlaufen? Der Mangel an politischem Verstand ist erschreckend.

17.10.[1970] Gestern Geburtstag bei Grass, sein 43. Geburtstag, eine etwas trostlose, traurige Angelegenheit. Auch bei ihm wird nun das Vakuum sichtbar, sein Ausspruch «Die Zeit ist noch nicht gekommen, in der man wieder große Geburtstage feiern kann». Es war nur noch Ulf Baring dort, ein rumänischer, junger, etwas tragisch anmutender Dichter[81] und noch ein junger Kritiker[82], beides anscheinend Grass-Verehrer, und dann alle vier oder fünf Grasskinder[83], die unbedingt aufbleiben und dabei sein wollten, nachdem, wie die neunjährige Laura sagte, Vater Günter ihnen versprochen hatte, an diesem Abend einmal ausnahmsweise nicht von der SPD zu sprechen. Aber Grass sprach trotzdem von der SPD, was die Kinder veranlasste, nach einer Lärmszene sich langweilend ab ins Bett zu verziehen. Tatsächlich sieht es ja mit der sozialdemokratischen Regierung in Bonn traurig aus, ihre Mehrheit ist auf sechs Stimmen zusammen geschmolzen.[84] Es wird wohl das kommen, was nach all dem revolutionären Geschrei zu erwarten war, eine wiederum reaktionäre und restaurative Regierung. Die konservativen und die reaktionären Kräfte stoßen in das Vakuum vor, das die Pseudorevolutionäre hinterlassen haben. Und dabei fällt wahrscheinlich auch die sozialdemokratische Regierung. Nicht nur der lange Rock fällt wieder über die Beine der Damen, es scheint so, als ginge mit der Mode auch der restaurative Plüschvorhang wieder über alles nieder, was in diesen Jahren, vielleicht allzu freiheitlich, nach vorn drängte. Das Pendel schlägt wieder zurück. Aber noch, noch scheint es nur so.

24.10.[1970] Abend mit Wanda Bronska-Pampuch, mit Helen von Ssachno, mit Tadeusz Nowakowski über die Auswirkung des Nobelpreises auf die russische Gegenwartsliteratur und auf die dortige Opposition. Später kam ein Maler dazu, von dem Toni Bilder kauft: Uwe Bremer[85], ein Freund von Lettau, und vor zwei Jahren noch ein heftiger Demonstrant, und nun, im Aufstieg, fast ein liberaler Mann, der über das Leben in der Bundesrepublik sagt: «besser werden, ja können wir es niemals haben, nur schlechter.» Trotzdem später, um Mitternacht, fast Schlägerei mit Günter Grass, mit wüsten Beschimpfungen wie «Du hast in den letzten drei Jahren doch nur Scheiße gebaut». So Bremer zu Grass. Es ging so weit, daß Grass die Wohnung verlassen und niemals wieder kommen wollte, bis sich Bremer entschuldigte. Eins wurde mir dabei nicht klar: was ist es nur, das dem Günter Grass so viele Feinde einbringt? Es kann nicht nur seine politische Haltung sein, die ja auch die meine ist, es muß da noch psychologische Ursachen geben, die schwer zu definieren sind. Grass ist nicht eitel, er spielt sich nicht als berühmter Mann auf, er ist kein Rechthaber? Also was ist es? Ich begreife es nicht.

27.10.[1970] Zurück von einer kleinen Vorlesetourné. Über Hamburg nach Lübeck. Auf allen Flugplätzen Leibesvisitationen. So dreht sich die Zeit zurück von der Zivilisation in die Barbarei. Und es kommt schleichend, auf Taubenfüßen, und ehe man es bemerkt, hat man sich schon daran gewöhnt. In Lübeck am Sonntag vormittag ein Theatersaal und zum ersten Mal trete ich aus einem Vorhang heraus und sehe unter mir ein Publikum, das meine harmlosen Geschichten hören will.[86] Ein gutes Gefühl, aber, trotz allem, kein erhebendes. Spät am Abend von Hamburg nach Düsseldorf. Dort holt mich Schwab-Felisch ab. Langes nächtliches Gespräch in seiner Wohnung über die «Gruppe 47». Er meint, sie müsse neu geboren werden, sie sei notwendig, dringend notwendig. Ich höre das immer gern – es schmeichelt wohl meiner Eitelkeit – und weiß doch zugleich, daß die Zeit vorüber ist. Aber ist sie wirklich vorbei? Wer will das genau beantworten? Nach Mitternacht, da es in ganz Düsseldorf kein freies Hotelzimmer gab, im Hotel Hilton: mein Gott, eine andere Welt, eine elegante Welt, abstrakt, unwirklich: Glas und Pelze und Pelze und Glas, das alles in Wildwestmanier, und alles so pseudorevolutionär wie es die Studenten waren, eine irreale Wirklichkeit. Am nächsten Vormittag scheiterte der Versuch, vor dem Mikrophon im WDR ein Kapitel aus «Onkel August» zu lesen. Merkwürdig: wo kamen nur die Hemmungen her, die das Mikrophon bei mir verursacht. Dann am Abend Lesung vor einem ganz kleinen Kreis von Zuhörern in Moers und Übernachtung im «Gasthof zum Schwarzen Adler».[87] Dort war wieder alles, wie es sein soll: natürliches, atmendes Leben. Am nächsten Vormittag noch einmal Lesung aus «Onkel August». Diesmal zweistimmig mit Schwab-Felisch zusammen und nun klappte es. Und dann kam Schwab mit einem Vorschlag zur Gruppe 47, der mich bis heute beschäftigt hat; nämlich einen «Bericht zur Lage der Nation», den die Gruppe 47 jährlich herausbringen soll. Darüber lohnt es sich tatsächlich nachzudenken!!

1.11.[1970] General Warlimont[88], einmal einer der wichtigsten Männer in Hitlers Hauptquartier, Generalstabsoffizier, die rechte Hand des Feldmarschall Keitel[89], und nun bei mir in der Erdenerstraße.[90] Aber welch eine Überraschung. Ein kleiner Mann kam da herein, kleiner als ich, schmächtig, dünn, natürlich, wie alle preußischen Generale, drahtig und «gebildet», mit der ganzen großbürgerlichen Bildung von damals: Goethe und Binding, Novalis und Rilke. Im übrigen aber ein operativer Denker, für den die Schlacht, ganz gleich welche, eine Art Schachspiel war, auch die «Invasion» von 1944, über die mit Peter de Mendelssohn und drei ehemaligen Obergefreiten gesprochen wurde: Paul Schallück, Peter Wapnewski und Christian Ferber. Und siehe da, die Obergefreiten hatten alles besser gewußt als der General und als der Abend zu Ende ging, sprachen sie, die ehemaligen Obergefreiten, über den General Warlimont nur noch abfällig und nannten ihn «altes Arschloch», ungerecht, wie ich meine, und vielleicht doch gerecht. Auf meine Frage an Warlimont: «Welchen Eindruck hat Hitler auf Sie gemacht? Hatten Sie den Eindruck, einen ‹großen› Mann vor sich zu haben?», antwortete er: «Nein. Ich habe wohl achthundert Mal bei den Lagebesprechungen neben ihm gestanden und mich mit ihm unterhalten, aber diesen Eindruck hatte ich nie.» «Und warum haben dann die Generäle immer weiter mitgemacht, obwohl sie die Katastrophe kommen sahen?» «Weil jeder, der sich geweigert hätte, erschossen worden wäre, denn Hitler war ja der höchste Kriegsherr.» Ein Beispiel preußisch-deutscher Tapferkeit. Ach ja, Warlimont war, obwohl er mir so gut gefiel, in seiner feinen, nervösen, gebildeten Art, doch nur die Verkörperung der preußisch-deutschen Geschichtskatastrophe: ein Endprodukt dieser Entwicklung.

3.11.[1970] Gestern abend waren Siegfried Unseld, Hans Mayer, Fritz Raddatz und drei junge Leute hier, zwei Schweizer und der Sohn von Walter Jens: Tilman Jens.[91] Die Frage: «Warum wird Hermann Hesse wieder gelesen?» wurde von den Jugendlichen unterschiedlich, aber von allen mit Distanz und Skepsis beantwortet. Resumée: Flucht aus der Wirklichkeit, aus der Gesellschaft, aus jeder Bindung, Abkehr vom Rationalismus und Sehnsucht nach einem neuen Irrationalismus. Ein gutes Gespräch. Am Abend, bei Tisch, langes Gespräch über die Gruppe 47, schon legendäre Vergangenheit. Aus Wahrheiten werden Märchen, die auch jene mit einbeziehen, die gar nicht dabei waren. Nun will auch Siegfried Unseld alles wieder haben, möglichst eine Tagung im Ausland, er schlug Sizilien vor, der Tüchtige. Aber um was geht es ihm: um die Förderung seiner jungen Autoren, denen das Sprungfeld fehlt, das die anderen, die Grass, die Böll's usw. besaßen. Als ob sich Literatur einfach so aus dem Boden stampfen ließe, eine Art Managertum. Und genau dies war die Gruppe 47 nie.

14.11.[1970][92] Reise nach Hamburg und von dort aus zu Lesungen in der Provinz. Verhandlungen mit Albrecht Knaus vom Hoffmann und Campe Verlag. Er rennt mir nach, will mich auf jeden Fall als Autor in seinem Verlag haben. Aber, mein Gott, ich war vorsichtig wie ein verschlagener Geschäftsmann, was ich doch gar nicht bin.[93] Abends in Heide in Schleswig-Holstein.[94] Der Buchhändler ist aus Bansin und dementsprechend war der Abend, eine Menge Zuhörer, und ein Grog nach dem anderen, bis weit nach Mitternacht, bis ich betrunken war und mir die Augen zufielen.

15.11.[1970] In Hamburg, einen Tag nach der Lesung in Heide, Besuch bei Siegfried Lenz. Er war wie immer, die Liebenswürdigkeit in Person, und riet mir, mit all seinem Charme, zu Hoffmann und Campe zu gehen.[95] Er fiel von einer Begeisterung in die andere, als ich ihm alle meine Pläne vortrug, darunter auch jenen mit der Gruppe 47: «Bericht zur Lage der Nation». Durch diese Unterredung hat sich einiges entschieden, wofür ich Siegfried Lenz dankbar bin. Er verdient von allen Schriftstellern, die ich kenne, wohl am meisten Vertrauen.

16.11.[1970] Besuch bei Fritz Raddatz in Hamburg. Langes Gespräch mit ihm über die Möglichkeiten der Gruppe 47. Er nahm meine Pläne skeptischer auf und sorgte für eine gewisse Abkühlung auch bei mir. Später kam Reich-Ranicki dazu. Marcel Reich-Ranicki sprach von der gesunkenen Moral der deutschen Schriftsteller. Das klang merkwürdig aus seinem Mund. Aber es ist wohl so. Auch Raddatz stimmte ihm zu. Vor zehn Jahren nannten sich diese Schriftsteller stolz und auch für mich zu überheblich «das Gewissen der Nation». Davon ist nichts geblieben. Nun sind sie mit ihrem neugegründeten Schriftstellerverband Lobbyisten geworden, die ihre eigenen materiellen Interessen vertreten, ein Interessentenverband unter anderen.[96] Ohne es zu merken, haben sie sich so dem kapitalistischen System angepasst, das sie vorgeblich bekämpfen und verändern wollen. Und das alles geht – und hier hat Reich-Ranicki recht – mit einem Absinken der Moral Hand in Hand, aus der heraus sie allein wirken und Einfluß nehmen konnten. Reich-Ranicki hält dieses Absinken der Moral für gefährlich, auch und im besonderen für die gesamtgesellschaftliche Entwicklung. Wahrscheinlich hat er recht. Es ist erstaunlich, daß dieser Marcel immer noch mitten in der Literatur lebt, in seiner Welt, und sich durch nichts beirren lässt, durch keine noch so modische Strömung, ganz gleich welcher Art. Wahrlich, eine <Ausnahme>, und gerade bei ihm hätte ich es nicht erwartet.

Marcel Reich-Ranicki
bei der Tagung
der Gruppe 47
in der «Pulvermühle».

3.12.[1970]   Nachzutragen ist vieles. Diese Wochen waren mehr als strapaziös, Lesungen in der Provinz, Geburtstagsfeier in Hamburg, und zwischendurch immer wieder Fernsehgespräche in Berlin, ein Gespräch über die Situation der tschechischen Intellektuellen in Prag[97], dann über den Röhmputsch[98], und schließlich, als letztes, den 20. Juli 1944[99]. Kurz vorher aber noch Teilnahme an dem Schriftstellerkongress in Stuttgart, der erste Schriftstellerkongress seit 1948.[100] Es war, alles in allem gesehen, nicht schade, daß ein solcher Kongress zwei Jahrzehntelang auf sich warten ließ. Dieser Kongress hat jedenfalls keine Sehnsucht nach solchen Veranstaltungen aufkommen lassen. Er war farblos, triste, zeitweilig ermüdend. Alles stand mit gleissendem Scheinwerferlicht unter dem Terror der Massenmedien. Die Kameras waren wichtiger als die Schriftsteller. Es wurde nur von Honoraren, vom Bibliothekspfennig, von Altersversorgung gesprochen. Das Hauptthema war: «Anschluß an die Gewerkschaft». Seltsamerweise halten Leute wie Martin Walser dies für einen revolutionären Akt, ohne zu merken, daß es sich um einen Vorgang totaler Anpassung handelt. Die Verwirrung der an und für sich verwirrten Geister ist vollkommen. Als ich zu Richard Hey in einer der vielen Vorhallen dieses Kongresses sagte: «Ich weiß nicht, mir gefällt etwas an all dem nicht. Wir sind keine Lohnarbeiter» antwortete er: «Aber wir möchten es doch so gerne sein.» Tatsächlich, sie versuchen denselben Kopfstand, der schon den Intellektuellen der zwanziger Jahre nicht gelungen ist: die Verwandlung in Proletarier. Sie sind wieder einmal dabei, sich selbst aufzugeben, für eine Illusion, für eine Utopie, und der Vorschnellste ist wiederum der stilistisch Beste und politisch Dümmste von ihnen: Martin Walser. Mit ihm habe ich in den zwanzig Jahren der Gruppe 47 immer nur Ärger gehabt, aber was er jetzt ohne jede Kontrolle anrichtet, das grenzt an Geisteskrankheit. Aber das Auditorium klatscht ihm Beifall, wie immer in Deutschland, wenn jemand auftritt, der den Eindruck macht, als könne er den Himmel auf die Erde holen.[101]

5.12.[1970] Nach dem Schriftstellerkongress ein Abend mit Willy Brandt, nach seiner Ansprache in der Liederhalle in Stuttgart, die Günter Grass und Paul Schallück redigiert, ja wahrscheinlich geschrieben haben.[102] Eine, wie die Zeitungen schreiben, «noble» Rede.[103] Brandt wirkte ermüdet, abgespannt, war aber gleichzeitig von einer erstaunlichen Redseligkeit. Umgeben von Schriftstellern wirkt er wie ein Journalist, der die Schriftsteller interviewt, aber immerhin der erste Kanzler, der sich mit solchen «Literaturproduzenten» schmückt. Hinter ihm natürlich, und wie immer, Leo Bauer und Günter Grass, wobei Grass ein wenig den Staatsmann, Leo Bauer aber den immer noch jugendbewegten Sozialisten spielt. Bauer: «Wir schaffen es. Du kannst Dich darauf verlassen. Diesmal schaffen wir es.» Es ist erstaunlich, daß er immer derselbe geblieben ist, von 1933 bis heute, immer mit demselben Ziel vor Augen.

6.12.[1970] Von Stuttgart mit Heinrich Böll nach Bonn geflogen. Merkwürdig: er spricht nie von der Gruppe 47, so als hätte er ein schlechtes Gewissen, obwohl in Stuttgart die «Gruppe 47» immer wieder erwähnt wurde, nicht nur in öffentlichen Reden, auch und vielmehr als das in privaten Gesprächen. So kam Alexander Kluge immer wieder gelaufen, um mich zu beschwören, ja eine Tagung der Gruppe 47 anzusetzen. Sein Argument dafür: es zerfällt alles, die Kommunikation, das Zusammengehörigkeitsgefühl, der Maßstab für Qualität, kurz das ganze literarische Leben. Er sprach zeitweise so eindringlich auf mich ein, daß ich wieder schwankend wurde. Er schlug eine nächste Tagung in Polen vor. Dies alles war erstaunlich bei einem Mann, dessen intellektuelle Glätte und Kälte mich so oft gestört hat. Bei Heinrich Böll aber «kein einziges Wort».

7.12.[1970]   Lange und viele Gespräche mit Heinrich Böll. Erst in diesen Gesprächen habe ich ihn ganz begriffen. Wie in meinem Leben die entscheidende Rolle die kommunistische Partei gespielt hat, so in dem seinen die Katholische Kirche. Es ist sein Zentralerlebnis. Und aus seiner Kritik beurteilt er alles andere, auch, und natürlich falsch, den Kommunismus. Seine Kritik an der Sowjetunion oder an der Deutschen Demokratischen Republik ist wesentlich sanfter, ja oft philokommunistisch, als etwa seine Verurteilung der Katholischen Kirche, nur, so scheint es jedenfalls, weil er das eine eng, aus nähester Nähe, das andere weit, in der Ferne sieht. Es geht ihm sozusagen wie mir, nur umgekehrt. Mein Ärger, meine Kritik konzentriert sich immer auf die Entwicklung des Sozialismus in der Praxis, während mir die Katholische Kirche, und alles was mit ihr zusammen hängt, völlig gleichgültig ist. Trotzdem, manchmal ist mir alles unklar bei ihm, einerseits setzt er sich für Solschenizyn ein, hat ihn, auch in Schweden, fast möchte ich sagen «selbstlos», immer wieder für den Nobelpreis empfohlen[104], andererseits ärgert er sich über Theodor Pirker, der nach seiner Reise durch die Sowjetunion das Versagen des dortigen Wirtschaftssystems heftig kritisiert hat, und hält ihn für einen «rechten» Polemiker, zu dem er kein Vertrauen hat. Von zwei Dingen scheint er offensichtlich gar nichts zu verstehen: vom Marxismus schlechthin und von der politischen Ökonomie im allgemeinen. Dass Pirkers Kritik von links kommt, eben eine Kritik eines Sozialisten ist, der sich ebenso seine Kritik am Sozialismus leistet (auch aus Enttäuschung), wie er an seiner Katholischen Kirche, das begreift er nicht.

8.12.[1970] Willy Brandt in Polen. Unterzeichnung eines deutsch-polnischen Vertrages.[105] Grass und Lenz dabei. Das ist gut, das ist gut. Aber ob es auch gut geht?

14.12.[1970] Rückblick auf den letzten Abend in Berlin mit Inge Scholl[106], Joachim Kaiser, Horst Krüger, Heinrich Böll, Ben Witter[107], einem Dr. Georgi[108], einmal Luftwaffenoffizier, der den 20. Juli in der Bendlerstraße miterlebt hat.[109] Das Gespräch war nicht gut. Es tauchten seltsame Hemmungen auf und die Stimmen wurden immer leiser. Böll sagte fast nichts. Es war ihm plötzlich peinlich. Umso schöner wurde der Abend hinterher in der Erdenerstraße. Grass kam noch dazu. Aber ich war schlecht gelaunt, gereizt, und warf Grass vor, daß er sich allzu tolerant Walser gegenüber benommen habe, den ich schlicht «gehirnkrank» nannte. Toni war entsetzt und verbot es mir. Aber Grass hatte wohl begriffen, daß ich mich auf dem Schriftstellerkongress geärgert hatte. Erst jetzt kam es, für mich selbst überraschend, heraus. Später langes Gespräch mit Inge Scholl, die der ganzen Entwicklung ebenso skeptisch gegenübersteht wie ich, auch sie sieht den schnellen Verfall jeglichen Niveaus, eine erschreckende Sache, die politische Folgen haben muß. Als sie vor mir saß, fiel mir die Zeit vor fünfundzwanzig Jahren ein, als ich in ihrer Volkshochschule in Ulm meine ersten Vorlesungen hielt und ich auf die Idee kam, in Ulm eine «Hochschule für demokratische Bildung» mit ihr zu gründen. Es war eine Gründerzeit. Daraus entstand dann die «Hochschule für Gestaltung», die etwas ganz anderes war und an der ich nicht mehr teil hatte, nur weil Inge den damaligen Amerikanern nachgab, die, wie der Hochkommissar McCloy[110], mich für einen «Roten» hielten.[111] Und aus meiner so schönen Idee einer politischen Elit-schule wurde ein Designer-Laden. Er ging vor einem Jahr ebenfalls zugrunde.[112]

1971

2.1.[19]71 Das Jahr 1970 ist zuende gegangen. Es war, alles in allem, ein schönes Jahr, zuletzt ein bißchen strapaziös. In diesen Wochen in München geschah nicht viel. Ein Besuch bei Barbara König draußen in Dießen am Ammersee. Seit es die Gruppe 47 nicht mehr gibt, wird sie immer unsicherer. Es fehlt der literarische Hintergrund. So versucht sie sich in Fernsehfilmen, was natürlich nichts Rechtes werden kann. Überhaupt wirkt sich das Verebben des literarischen Lebens mehr und mehr «tragisch» aus. Dazu eine neue Generation, die völlig a-literarisch ist und nur noch soziologisch denkt. Das ist schlimm für Menschen wie Barbara, die von ihren Vorstellungen und von ihrer Phantasie leben. Ein Abend bei Wanda Pampuch, mit Helen von Ssachno und ihrem Mann. Es haben gerade die großen Aufstände in den polnischen Ostseestädten begonnen, eine echte «spontane» Aktion, die wieder einmal zeigt, wie unsicher die Systeme drüben auf ihren ökonomischen Beinen stehen.[1] Rosa Luxemburg hätte an diesem spontanen Aufstand ihre Freude gehabt, nur, was hätte sie zu der erstaunlichen Tatsache gesagt, daß sich solche zweifellos ‹revolutionäre› spontane Aktivität ausgerechnet gegen einen sozialistischen Staat richtet und von den Werftarbeitern von Stettin und Danzig getragen wurde. Wanda Bronska-Pampuch war als Polin über das alles einerseits erfreut, andererseits aber tief beunruhigt, denn – und dies ist das Damoklesschwert, das auch über den Polen wie über den Tschechen hängt – die sowjetrussische Armee konnte jeden Augenblick einmarschieren. Das geschah gottseidank nicht. Stattdessen wurde Gomułka davongejagt.[2] Nicht die Revolution opfert ihre Kinder, sondern die kommunistische Partei ihre liebsten Funktionäre. Was soll nur daraus werden? Sitzt man da drüben nicht doch auf einem Vulkan, der eines Tages mit ungeheurer Gewalt ausbrechen kann?

Max Frisch, Barbara König und Walter Höllerer 1972 während der Sendung
«Sind Tagebücher zeitgemäß?».

5.1.[19]71 Mittagessen mit Christian Amery und Kurt Heuser im «Ha-
xenbräu». Amery entwickelte den Plan eines neuen Buches, ähnlich wie
sein Pamphlet gegen den Klerikalismus[3], nur jetzt ein Pamphlet gegen
unser nach seiner Ansicht völlig veraltetes «Weltbild», von dem er behauptet, es sei sowohl philosophisch wie theologisch noch weitgehend
vorkopernikanisch.[4] Seine Gedankengänge sind oft sehr theologisch
verschachtelt und für mich schwer zu verstehen. Aber den Kern seiner
Absicht habe ich klar verstanden, es geht um sehr viel mehr als um ein
landläufiges Pamphlet, es geht um die Revision der gesamten Entwicklung vom Mittelalter bis heute. Die Voraussetzungen dieser Entwicklung
haben sich als falsch erwiesen: «der Mensch als Mittelpunkt». Er ist nur
eine Kreatur wie andere, anfällig, abhängig von irdischen und mehr noch
von kosmischen Bedingungen, ein Wesen, das morgen als Gattung aus-
sterben kann und das, immer an den Fortschritt glaubend, sich selbst mit

diesem Fortschritt zugrunde richtet. In diesem Sinn ist auch der Marxismus total veraltet, eine Ideologie der Vergangenheit unter anderen. Alle
Denkvoraussetzungen, so Amery, waren falsch. Offensichtlich hat er über
den Interimszustand, in dem wir uns befinden, mehr nachgedacht als ich,
aber meint merkwürdigerweise, er würde sich mit einem solchen Pamphlet zwischen alle Stühle setzen, oder wie er es sagt: «in alle Fettnäpf-
chen treten». Ich habe ihm zugeraten, dieses Buch zu schreiben. Es
scheint mir dringend notwendig zu sein. Wenn ich es könnte, aber ich
kann es nicht, möchte ich es selbst schreiben.

6.1.[1971] Telefongespräch mit Leo Bauer und Heinrich Böll, der eine
hell, optimistisch, der andere mißmutig, nörgelnd, depressiv. Bauer, der
nach Berlin kommen sollte, um an einem Gespräch: «Die deutsche Ostpolitik und die indirekte Aufwertung des kommunistischen Systems» teilnehmen sollte, mußte absagen. Grund: Er muß dringend nach Amerika
fliegen, um den «Bericht zur Lage der Nation» vorzubereiten, den Brandt
am 20. Januar im Bundestag abgeben will.[5] Auf meine Frage: «Was wird
denn nun in diesem Jahr?» kam die Antwort «wir müssen durch, wir müssen durch». Es ist ihnen zu wünschen, aber es bleibt die Frage: ist es nicht
doch eine illusionäre Politik? Von den Aufständen in Polen kein Wort.
Und doch hätte Bauer vor wenigen Jahren, etwa nach seiner Rückkehr aus
dem sibirischen Zwangsarbeiterlager, ausschließlich von diesen Aufständen gesprochen, denn sie sind, wie man es auch immer nimmt, ein
Alarmzeichen. Das weiß natürlich auch Leo Bauer, nur schweigt er sich
jetzt darüber aus, obwohl diese Aktionen «klassenbewußter Arbeiter» ihn
bewegen müssen, richten sie sich doch gegen das System, das er selbst
mit aufgebaut und einmal für gut befunden hat. Erst nach dem Urteil zum
Tode als Titoist in Moskau und der späteren Begnadigung zu fünfundzwanzig Jahren Zwangsarbeit in Sibirien ist eine Änderung seiner Ansichten eingetreten, wenn auch, wie es scheint, keine grundsätzliche. Immer
noch ist er Sozialist. Trotzdem unterscheidet ihn viel von jenen kommunistischen Emigranten wie Bloch, Fischer und anderen, die den Moskauer
Prozessen, ja den ganzen grauenhaften Exzessen Stalins zugestimmt

haben und nun dies, wie es Ernst Bloch in diesen Tagen getan hat, mit Veränderungen in ihren damals geschriebenen Artikeln «hinweg retouschieren» wollen.[6] Bloch, ein nach meiner Ansicht armer alter Mann, der sich nicht nur fast immer geirrt hat, sondern mit seinem «Prinzip Hoffnung» auch viel Unheil für die heutige Jugend angerichtet hat. Mir hat er in den wenigen persönlichen Begegnungen nie gefallen, ein Mann in den Händen einer Frau namens «Klara»[7], die zuviel redet und vielleicht auch diese alten Artikel alle verändert hat. Ich traue es ihr zu. Pirker aber nannte gestern abend Ernst Bloch den «großen Verführer», der besser in Ulbrichts Reich geblieben wäre.[8] Leo Bauer aber ist ein Aktivist, der in seiner Todeszelle in Moskau, in der er fast ein Jahr saß, wahrscheinlich mehr begriffen hat als Bloch, dem es nie an den Kragen ging. Und was hat Bloch von den großen Veränderungen begriffen, von denen Amery sprach? Ich glaube, so gut wie nichts.

7.1.[1971]   Ein Neujahrsgruß aus Moskau, von Lew Kopelew. Er schreibt: «Dein Bild, mit der Hand im Nacken, steht auf meinem Bücherregal und ich sehe es immer.» Er fragt nach der Gruppe 47: «Ist es endgültig mit ihr vorbei?» Und dann kommt der schöne Satz: «Meines Ermessens ist die Bedeutung dieser Deiner Leistung für die deutsche und internationale Geschichte riesengroß.»[9] Ein reichlich übertriebener Satz, aber er tut gut, und ich bin eitel genug, ihn mir gefallen zu lassen. Wer, ja wer, würde so etwas in Deutschland sagen. Niemand! Ist vielleicht dies, Kopelews Zuneigung zu mir, und auch diese Worte, ist das «russisch»? Es ist ja nicht nur er, der so denkt, es ist auch Solschenizyn, und es sind auch andere. Aber Arnulf Baring hat Kopelew im Sommer besucht und ihn ein wenig aufgeklärt, wahrscheinlich mit dem Satz: «Richter spielt in der Bundesrepublik nicht die Rolle, die Sie sich vorstellen» oder so ähnlich. Und das ist wohl gut so!

10.1.[1971]   Anruf von Günter Grass, auch er ein wenig deprimiert. Sein Blick in die Zukunft scheint leicht umflort. Auch er sieht den «Vulkan», auf

dem die Funktionäre in Polen, in Russland sitzen, und heute teilt er meine
Ansicht, daß alle großen Erschütterungen von dort kommen, bzw. dort
eintreten werden. Es wird nicht ohne Einfluß auf uns hier bleiben. Die
Auswirkungen des Aufstandes in Polen zeigen sich allmählich und überall. Sie werden auch Willy Brandt's Ostpolitik unmerklich zwar, aber doch
beeinflussen. Auch Bruder Otto[10] schreibt davon aus Malmö. «Wir sind
hier dichter dran», schreibt er, «und haben vielleicht mehr erfahren als
ihr.» Demnach sind zahlreiche Milizsoldaten in Danzig und Stettin von
den aufgebrachten Arbeitern stranguliert worden, ähnlich wie 1956 in
Budapest. Es hat wohl auch sehr viel mehr Tote gegeben als offiziell bekannt wurde.[11] Otto schreibt: «Stell Dir einmal vor, Dir hätte vor vierzig
Jahren jemand gesagt, daß in der zweiten Hälfte dieses Jahrhunderts
Europa in zwei Blöcke geteilt sein würde, in einen kommunistischen und
in einen kapitalistischen. Man hätte Dir auch noch erzählt, daß man in
den kapitalistischen Ländern [die Arbeitslosigkeit] nur noch vom Hörensagen kennt, daß dagegen die Überbeschäftigung ein neues Problem
geworden ist und daß die Arbeiterschaft und ihre Gewerkschaften die
sichersten Stützen dieses kapitalistischen Systems seien. Und daß man in
den kommunistischen Ländern demonstrierende Arbeiter zu Dutzenden
über den Haufen schießt und Streikende mit Panzern wieder in die Be-
triebe treibt u. s. w. Wenn Dir das jemand erzählt hätte, dann hättest Du
sicherlich geantwortet, daß Du eher geneigt bist, zu glauben, daß es im
Wald böse Hexen gibt und Wölfe, die sich als Großmütter verkleiden, um
kleine Mädchen aufzufressen. Wie sehr man sich doch manchmal irren
kann!!!»[12] Er hat recht. Nur, was werden die Irrtümer unserer Tage sein,
fünfzig Jahre später gesehen.

11.1.[1971] Gespräch mit Gerhard Szczesny.[13] Er hat die «neo-marxisti-
sche» Jugend überaus scharf angegriffen und sich dementsprechenden
Gegenangriffen ausgesetzt, natürlich von diesem gedanklich so «lieder-
lichen» und, so meine ich, auch etwas schmalbrüstigen Yaak Karsunke[14],
der zweimal [bei der] «Gruppe 47» war und einmal bei mir in Berlin in
einer Fernsehsendung. Aber Gerhard Szczesny scheinen solche Angriffe

kalt zu lassen. «Ich habe keinen Vorteil davon gehabt, daß ich vor zehn Jahren für den Bayrischen Rundfunk zu links war, und ich habe keinen Vorteil davon, daß ich heute für diese Neo-Linken zu rechts bin. Ich greife sie an, weil ich ihre Theorien, ihre Agitation für gefährlich halte.» Und er nennt diese Neo-Marxisten «die Pest». Er sagt «eine Pest ist das, eine Pest.» Damals als er den Bayrischen Rundfunk verlassen mußte, geschah es wegen einer Sendung von Lez Kołakowski[15], dem polnischen Philosophen, den ich 1960 in Warschau kennen lernte, damals mit André Wirth[16] zusammen, eine Zeit noch großer Hoffnungen.[17] Kołakowski, in jenen Jahren das Ideal der polnischen Jugend, erzählte mir einen ganzen Nachmittag lang, warum der Protestantismus im 16. Jahrhundert in Polen scheiterte. Es hing immer alles an einem dünnen Faden und je länger Kołakowski erzählte, umso dünner wurde der Faden, aber letzten Endes siegte der Katholizismus, und so ist heute Polen ein katholisches Land. Ein faszinierender, überaus kluger Erzähler. Mein Gott, damals erlebte Polen eine kulturelle Blütezeit, in den Theatern, im Film, in der Literatur, ich war fast jeden Abend im Theater, und heute? Heute sitzt Kołakowski in England, eine Art Emigrant, wohnt Roman Karst[18] in Amerika, ist ‹Alexander› Ford[19], der Filmregisseur, in Israel, und die polnischen Arbeiter haben ihren ersten großen Aufstand nach dem zweiten Weltkrieg hinter sich. Welch ein Rückschritt!

12.1.[1971] Heute kam das Manuskript «Onkel August» endlich von Hans Schwab-Felisch aus Düsseldorf zurück. Mit einem klaren Urteil hält er sich sehr zurück. Es scheint ihm nicht sonderlich zu gefallen. Er schreibt dazu: «Endlich also habe ich das Opus gelesen; mit zunehmendem Interesse, muß ich sagen. Man liest sich ein und die Welt von damals ist, jedenfalls für mich, sehr gut präsent. Man möchte auch wissen, wie es weiter geht. – Natürlich, doch darüber wirst Du Dir ohnehin keine Illusionen machen, wird sowohl die modische Literaturkritik der Jüngeren, wie die überzogen «literarische» ‹sich› an Deiner Erzählweise stoßen und das Buch als ein Opa-Buch ablehnen: ‹weil man so nicht mehr erzählen könne.› Doch das ist eine andere Frage. Ich stehe, wie Du weißt, nicht auf diesem Standpunkt und finde den von Dir vertretenen Realismus immer möglich, denn schließlich hast Du etwas mitzuteilen.»[20]

Naja! Wenn ich das so lese, habe ich eigentlich wenig Lust, das Buch an die Öffentlichkeit zu lassen. Aber was soll man tun? Richtet man sich nach den jeweiligen Moden, dann stirbt man mit ihnen, richtet man sich nicht nach ihnen, dann ist man «veraltet». Es ist so beruhigend zu wissen, daß Theodor Fontane sein ganzes Leben lang veraltet war, und doch, hundert Jahre später, immer noch lebt. Aber ich bin kein Fontane! Morgen geht's wieder nach Berlin. Gottseidank!

Ende des ersten Heftes

18.1.[19]71 Wieder Beginn in Berlin. Und das zum 100. Jahrestag der Reichsgründung, zu dem Gustav Heinemann sprach, tatsächlich ein Bürgerpräsident, die verkörperte Paulskirchen von 1848.[21] Die politischen Uhren gehen langsam in Deutschland, erst jetzt, so scheint es, erfolgt die Bewältigung des 19. Jahrhunderts. Im seltsamen Kontrast dazu ein Gespräch mit Grass, Baring, Jaene[22] und Rexin[23] über die deutsche Ostpolitik: Anerkennung einer geteilten Nation. Das ist übrig geblieben von 1871, nicht mehr: ein geteiltes Land, ein nicht mehr lebensfähiges Berlin, eine irritierte Jugend. Grass ist dünner geworden und trägt einen neuen Ganovenanzug, großes Karo auf braunem Tuch, wirkt aber gleichzeitig resigniert, so als kämen doch schon die ersten Enttäuschungen über das so leidenschaftliche politische Engagement. Die Polen haben ihn zu einem längeren Aufenthalt nach Danzig eingeladen, für ein oder zwei Jahre, und er will dort seine Blechtrommel weiter schreiben, d. h. einen Roman, der in dem heutigen Danzig spielt. Ob daraus etwas wird? Ich glaube es nicht!

21.1.[1971] Eine Menge Leute gestern in der Erdenerstraße.[24] Zuerst Walther Schmieding und die kleine Dr. Mannfeld[25] vom zweiten Fernsehen, mit Walter Höllerer und seiner rechten oder linken Hand Ramsbott[26]. Schmieding ist ein Mann, der, wenn er die Tür aufmacht, zu reden beginnt und erst wieder aufhört, wenn er die Tür wieder hinter sich schließt. Aus irgendeinem Grund kamen sie, die Vierzigjährigen, und um vierzig waren sie alle, auf das Problem ihrer Generation zu sprechen, einer stets «angepassten» Generation, wendig, gelenkig, ohne festen Halt. Es fehlt das Fundament. Schmieding versuchte es so zu erklären: Als sie zehn oder elf Jahre alt waren, Hitler deutscher Kanzler war und der zweite Weltkrieg begann, passten sie sich zum ersten Mal an: ihr Ideal, der strahlende Kriegsheld, der Ritterkreuzträger usw. Kaum war der Krieg zuende, wurde ihnen dieses Ideal zerschlagen und sie mußten sich zum zweiten Mal anpassen: nun wurde der «Demokrat», der liberale Schriftsteller, der politische Pragmatiker zum Vorbild, und jetzt, zwanzig Jahre später, passen sie sich, nun ganz ohne Zwang und Druck, zum drittenmal an: nun einer pseudorevolutionären Jugend. Ideal: Lenin u. s. w.

Man kann sich über soviel Anpassungsfähigkeit lustig machen, aber es ist auch eine Gefahr, die Gefahr, daß eine solche Generation leicht von einer jüngeren, aktiveren und zur Intoleranz neigenden <Generation> überrannt werden kann. Für mich ergab sich aus dieser Generationspsychologie eine seltsame Feststellung. Dieses sich immer wieder Anpassen war also der Grund, warum in der «Gruppe 47» der Bogen von meiner Generation zu dieser gespannt werden konnte, und zwar ohne jeden Konflikt. Jetzt aber haben sie sich von meiner Generation ab- und der ganz jungen zugewandt, jetzt aber machen sie alles nach, was die Jungen für richtig halten, selbst die Haare wachsen ihnen, den Vierzigjährigen, übernacht bis auf die Schultern und dies trotz Glatze und oft recht schütterem Haarwuchs. Es ist ein erstaunlicher Anblick, die Wiegensteins, Kaisers, Beckers, Karaseks so plötzlich im «Romantikerlook» zu sehen. Aber stimmt es auch?

22.1.[1971] Gestern abend kam Günter Grass, überraschend, nach einem kurzen telefonischen Anruf. Mir ist nicht klar geworden, was er von mir wollte. Vielleicht wollte er gar nichts. Nur reden, nur – und auch dies vielleicht – ein bisschen freundschaftliche Wärme. Er erzählte von Reinhard Lettau, den seine V.[27] verlassen hat, um sich einem «Genossen» anzuschließen, der einer radikalen kommunistischen Partei angehört, die sogar Mao für einen Revisionisten hält. Vor fünf oder sechs Jahren lernte er V. durch mich kennen, dann kam die «große Liebe», der politische Fanatismus, die täglichen Demonstrationen, der ganze Unfug, bei dem sich V. immer mehr zu einer «dummen Bestie» entwickelte. Das unzertrennliche Paar wurde unerträglich. Nun ist Lettau wieder allein und das wird ihm vielleicht gut tun. Grass scheint das alles mit einem lachenden und einem weinenden Auge hinzunehmen. Es bleibt aber erstaunlich, daß die Lettaus, die Enzensbergers u. s. w. <sich> immer wieder gerade bei ihm melden, den sie doch am meisten bekämpft, diffamiert und gehasst haben. Grass überbrachte zugleich eine traurige Nachricht. Leo Bauer ist in New York zusammengebrochen und liegt mit Magenblutungen in einem New Yorker Krankenhaus. Das hat mich sehr getroffen, zumal Bauer der letzte politisch aktive Freund aus den Jahren 1932/33 ist.[28] Alle anderen leben nicht mehr.

23.1.[1971] Grass erzählte, Wehner habe ihn aufgefordert, vor der SPD-Fraktion in Bonn zu sprechen, er sprach davon mit Genugtuung, vielleicht auch mit Stolz.[29] Dabei fiel der Satz: «Ich überlege mir, ob ich in einigen Jahren nicht doch hineingehen muß.» Auf meine Frage «Wo hinein, in die SPD?», kam ein Satz, den ich nicht erwartet hatte: «Nein, ob ich eine Position in Bonn annehme.» Sollte er «Staatsmann» werden wollen? Ich war ein wenig erschrocken und fragte nicht weiter. Ihn für einen Politiker zu halten, fällt mir schwer, aber er ist mit seiner Begabung zu erstaunlichen «Lernprozessen» fähig, zu Verwandlungen also, die man kaum erwarten kann. Ablehnend sprach er über Uwe Johnson, mit dem er sich nun ganz überworfen hat, was mit diesem orientalischen hinterpommerschen Holzkopf nicht sonderlich schwer ist.[30] Auch ich sehe Johnson kaum noch. Er ist ein Elefant mit dem Kopf einer Gazelle und dem streitsüchtigen Charakter eines aus dem Gleichgewicht geratenen Büffels. Dazu eine Fülle von Verklemmungen, naive, sensible und solche höchst intelligenter Art, was schon für ein paar Stunden mehr als anstrengend ist.

27.1.[1971] Eugen Kogon, den ich seit vielen Jahren nicht mehr gesehen habe, gestern abend hier zu Gast.[31] Er sieht aus wie immer, nun aber schon siebenundsechzig Jahre alt, doch mein erster Eindruck ist geblieben: «ein kluger Fuchs». Und doch, auch seine Zeit ist vorüber. Er erzählte vor der Kamera sehr lebhaft, sehr eindrucksvoll und mit erstaunlicher Disziplin von seiner Verhaftung in Oesterreich 1938.[32] Leider gab es hier beim Essen Ärger mit einem oesterreichischen Schriftsteller Reinhard Federmann[33], der sich darin gefiel, Kogon dauernd anzupöbeln. Durch diese recht unangenehmen Zwischenfälle gelang es mir nicht, etwas von dem zu erfahren, was Kogon heute denkt. Das hätte mich interessiert. Einige Äußerungen von ihm lassen auf Skepsis gegenüber der sogenannten «Neuen Linken» schließen. Aber, wie gesagt, genau ließ sich das nicht feststellen. Gleichzeitig waren auch Geno Hartlaub[34], der österreichische Chansonsänger Georg Kreisler[35], Ernst Schnabel und Franz Tumler[36] hier. Es wurde, trotz der von Federmann provozierten Zwischenfälle, viel gelacht. Geno Hartlaub, auf den ersten Blick eine durchschnittliche Hausfrau, entwickelte dann doch viel Temperament. Sie fährt oft in die Sowjetunion und auch nach China, das sie offensichtlich sehr fasziniert. Trotzdem, ihre Frage: «Kommen Sie öfter über Irkutsk?» war von verblüffender Naivität. Sie hätte auch fragen können: «Kommen Sie öfter über Jüterbog?» Nur dann wäre es realistischer gewesen.

31.1.[1971] Ein Abend mit Willy Brandt in der Akademie der Künste. Er kam auf mich zu, als seien wir alte Freunde und schüttelte mir die Hand. Vielleicht sind wir auch alte Freunde. Die Jahre verbinden ja, von 1956 bis heute. Damals sah ich ihn auf einer Tagung des «Grünwalder Kreises» zum ersten Mal, ein noch junger Mann, zweiter Bürgermeister in Berlin.[37] Später besuchte ich ihn mit Walter Mannzen zusammen im Rathaus und er entwickelte jene ostpolitische Konzeption, die er auch heute noch vertritt, eine im Augenblick wieder stark gefährdete Konzeption. Aber seine Beharrlichkeit, seine Geduld, sein Durchstehvermögen, das ist vielleicht das Charakteristische eines bedeutenden Politikers. Merkwürdigerweise wurde später in einem sehr kleinen Kreis mit Grass, Baring, Neuss[38] über

Bismarck gesprochen, so als sei Brandt irgendwie sein Nachfolger, was natürlich Unsinn ist, es sei denn in der Ostpolitik. Die deutsche Geschichte von jenem Kanzler zu diesem, das ist ein langer Weg. Aber der «rote» Stadtrat Harry Ristock sagte es wörtlich: «Du bist Bismarcks Nachfolger», ein Witz vielleicht, und Willy Brandt lachte darüber ganz ohne jede Eitelkeit. Er hat sehr gewonnen, ist sozusagen in sein Amt hineingewachsen, auch an Statur. Das «Kanzler sein» scheint ihm selbstverständlich geworden zu sein. Das imponiert auch den jungen Leuten, die ja in ihrem anti-autoritären Geschrei doch nur nach der Autorität suchen. Wir haben beide lange über Leo Bauer gesprochen, der nun in Bonn in der Klinik liegt, Lebersklerose und Magengeschwüre, eine mehr als traurige Geschichte. Er lobte Bauer über den grünen Klee: «ein einwandfreier, nobler Charakter.» Seine Sorgen um ihn waren echt. Aber Bauer, dem es unter diesen Umständen finanziell nicht gut geht, will seine Hilfe nicht annehmen. Dazu Brandt: «Aber wir sind doch Freunde. Und unter Freunden ist das doch selbstverständlich.» Mich hat das alles gefreut. Es wurde sehr spät. Willy Brandt wollte Witze hören, erzählte selbst welche, aber die um ihn Herumsitzenden wußten keine und kamen stattdessen immer wieder auf die Politik zurück, von der Brandt nichts mehr hören wollte. Von Willi Stoph, dem Ministerpräsidenten der DDR, sagt er: «er könnte ein Sozialdemokrat sein, aber er ist ganz ohne Humor.» Auf meinen Einwand, gerade das prädestiniere ihn doch für die Sozialdemokratie, wußte er keine Antwort, lachte aber ebenso fröhlich wie alle anderen.

3.2.[1971] Mittagessen bei Manfred Rexin in einer sogenannten Herrenrunde mit Journalisten und Professoren, die ich alle nicht kannte. Auch unter diesen Leuten scheint es Mode geworden zu sein, sich röter als rot zu geben. Man nennt sich Marxist, traut aber doch dem Frieden und der marxistischen Gesetzmäßigkeit nicht so recht. Trotzdem – der Satz eines jungen Mannes «Sie müssen doch zugeben, die Bundesrepublik ist eine einzige Fehlentwicklung» blieb unwidersprochen. Über die wirklichen Probleme der «sozialistischen» Staaten fiel kein Wort, über das nun für alle sichtbare Versagen des zentral gelenkten planwirtschaftlichen

Systems, über den Aufstand der Arbeiter in Polen, über die Schwierigkeiten der DDR in der Energieversorgung.[39] Dafür wurde viel über die Aktion der «Roten Zellen» an der Universität gesprochen, und dies ohne jede Distanzierung zu deren Zielsetzung.[40] Mir fiel auf, wie unpolitisch diese Leute sind. Sie sprechen viel vom «kritischen Denken», sind aber selbst kaum fähig, die Politik im Gesamtzusammenhang kritisch zu sehen. Das ist verblüffend.

4.2.[1971] Ein seltsamer Abend gestern bei Uwe Johnson. Ich habe ihn nie so lebhaft, so liebenswürdig, ja so fröhlich gesehen. Es war, als hätte er sich im letzten Jahr völlig verändert, was natürlich nicht stimmt. Er ist der alte. Nur sein Verhalten mir gegenüber hat sich verändert, vielleicht, weil er nun sieht, was die Gruppe 47 auch für ihn war. Jedenfalls sprach er fast den ganzen Abend über davon. Zwei Dinge, so sagte er immer wieder, müsse ich tun, und das erste davon sei meine Pflicht. Meine Pflicht sei es, die Gruppe 47 aus ihrem Dornröschenschlaf zu erlösen. Der andere Auftrag, und wie einen Auftrag formulierte er es, sei über mein Leben, über meine Familie zu schreiben. Wichtig erschien mir nur die Frage der Gruppe 47. Wie kommt gerade er, der sich immer halb und halb kritisch distanziert hat, dazu, nun sich eine neue Tagung zu wünschen. Auf meine dementsprechende Frage kam die Antwort, ähnlich wie bei Alexander Kluge: «Wir brauchen Orientierung, Qualität, Maßstäbe. Das hatte die Gruppe 47 gesetzt und gerade das geht heute wieder verloren.» Mir kam das alles vor, als <mache> er vor mir einen Kopfstand. Was einmal oben war, war nun unten. Ein erstaunlicher Vorgang für mich, ein Drahtseilakt. Trotzdem, er meinte es ernst; bei allem Humor, der plötzlich hinter seiner Elefantenhaut sichtbar wurde. Wir tranken viel Bier, eine Flasche nach der anderen, er natürlich die doppelte Anzahl seiner Größe entsprechend, liefen zur Toilette, tranken wieder und liefen wieder zur Toilette, und jedesmal, wenn ich zurückkam, hatte er sich zum Thema «Gruppe 47» <etwas Neues> einfallen lassen. Alles in allem ein fröhlicher Abend mit einem Johnson, demgegenüber ich manches zurücknehmen muß, falls er morgen nicht wieder ein anderer ist.

10.2.[1971] Gestern abend ein hervorragendes Gespräch mit Theo Pirker, Fritz Raddatz, Ossip Flechtheim (wie kann man Ossip heißen?) und Ivo Frenzel[41] über Ernst Bloch und die Diskontinuität des Denkens.[42] Bloch kam nicht gut darin weg, ja, es gab Augenblicke, wo ich befürchtet habe, Pirker könne ihn einen «Säulenheiligen» oder einen nicht glaubwürdigen, schäbigen Verführer nennen. Aber Pirker ordnete ihn einfach in die deutsche Geistesgeschichte als Hegelianer und später als «Romantiker» ein, wobei er ihm jedes Recht abstritt, sich Marxist zu nennen. Zu meiner Überraschung stimmte Raddatz ihm zu, was nicht zu erwarten war. Es blieb das Messianische, Utopische bei Bloch, wiederum ein Stück abzulehnender irreparabler deutscher Geistesgeschichte. Flechtheim sprach zwar von der «Schonung eines alten, nunmehr achtzigjährigen Mannes», aber davon wollten die anderen nicht viel wissen. Später zum Abendessen kam Günter Grass dazu und das Thema «Bloch» blieb unter dem Tisch. Dafür wurde viel gelacht. Pirker entwickelte seinen österreichisch-bayrischen Humor, der anscheinend nur mir bekannt ist. Flechtheim will ihn auf einen Lehrstuhl für Soziologie nach Berlin holen: «Wir brauchen Professoren, die fähig sind, die Studenten zum Lachen zu bringen.»[43] Und das mit Theo Pirker, dem Fanatiker von gestern! In der Nacht gab es Krach zwischen Grass und Raddatz über Uwe Johnson und Raddatz vergriff sich in den Satz «Nun ja, das müssen Sie doch verstehen, neben Ihrem hochstilisierten und manipulierten Image kann Johnson natürlich nicht bestehen», ein Satz, der die alte Feindschaft zwischen Grass und Raddatz wohl wieder neu aufleben lassen wird. Schade!

15.2.[1971] Nach langer Zeit wieder Klaus Roehler zu Besuch. Er behauptete, es stünde eine großartige Renaissance der Gruppe 47 vor der Tür, die «jungen Revolutionäre» von gestern seien nun alle auf dem Weg in die Literatur. Das alles scheint mir übertrieben. Aber Tendenzen dieser Art gibt es wohl. Er stellte mir Gaston Salvatore[44] vor, einen jungen Chilenen, gestern noch eine der Hauptfiguren der Studentenrebellion, ein Freund Rudi Dutschkes. Auf Demonstrationsfotos sah man die beiden vor zwei Jahren immer Arm in Arm. Jetzt, hier an der Bar, gab sich Salva-

Gaston Salvatore während der kleinen Tagung der Gruppe 47
in der Erdener Straße 1972.

tore, ein Neffe übrigens des augenblicklich amtierenden chilenischen
Präsidenten Allende[45], ganz der Resignation hin, ein «Revolutionär» von
nicht einmal dreißig Jahren, der davon spricht, sich zurückzuziehen. Das
klang nicht nur fatalistisch, sondern auch zynisch, etwa so: Lasst mich
mit der Revolution in Ruh, ich will Gedichte schreiben. Und Klaus Roehler, verliebt in Salvatore, bestätigt sofort, er, Salvatore, habe sehr, sehr
gute Gedichte geschrieben, die im April im Luchterhand Verlag erscheinen sollen.[46] Ein seltsamer Anblick, diese beiden. Sie kokettierten miteinander, tranken meinen Whisky aus und benahmen sich wie ein Liebespaar. Trauriges Resumée: eine Pseudorevolution entlässt ihre Kinder in
die Literatur und sonst wohin.

20.2.[1971] Hans-Jochen Vogel, Oberbürgermeister von München, hat
auf seine weitere Kandidatur verzichtet, und dies wegen der Querelen der
münchener Jungsozialisten. Er hat eine Erklärung abgegeben, die viel Be-

achtung gefunden und viel Staub aufgewirbelt hat.[47] Als ich ihn auf dem Bildschirm sah, fielen mir die gemeinsamen Jahre 1956/1957 ein, unsere Arbeit im Grünwalder Kreis, unser Versuch, etwas Neues zu schaffen. Der Kreis war nur kurzlebig, aber Vogel blieb und begann eine Karriere, die beachtlich ist. Er hat auch diesmal seine Chance gegenüber den Jungsozialisten ausgenutzt, sozusagen offensiv, was natürlich politisch richtig war. Was ich ihm damals nicht zugemutet habe, heute muß ich es zugeben: er hat das Zeug zum großen Politiker. Sein immenser juristischer Sachverstand hat mir schon damals imponiert, nur wirkte er immer puritanisch, politisch etwas zu eng, zu wenig welterfahren. Das hat sich geändert, jedenfalls scheint es so zu sein, wenn man die Sicherheit sieht, mit der er sein Auftreten ins politische Kalkül zog, energisch, treffsicher, ein Paukenschlag. Willy Brandt verblasst plötzlich daneben, wirkt zu nachgebend, zu sehr zu Kompromissen bereit. Kündigt sich hier vielleicht schon der Nachfolger an?

21.2.[1971]   Oskar Negt zu Gast. Dazu Pirker und einige andere.[48] Eigentlich sollte Gerhard Szczesny kommen, um uns seine sehr scharfen Angriffe gegen die Neomarxisten noch einmal vorzutragen, aber er mußte wegen einer plötzlichen Grippe absagen. Negt erzählte von Ulrike Meinhof und von ihrer Gruppe, in den Polizeiberichten und in der Presse als Baader-Mahler-Meinhof-Bande bezeichnet. Er lehnt natürlich ihren Terrorismus in Bonny and Clyde-Manier ab, diese «Kinderkrankheit» des Kommunismus, den Glauben, mit Bomben und Pistolen die Welt zu verbessern und einen prolctarischcn Klassenkampf führen zu können, sieht sich aber gleichzeitig in der fatalen Situation, morgen vielleicht helfen zu müssen und dann selbst in den Teufelskreis des Abstiegs in die Kriminalität zu kommen. Ja, es ist seltsam. Vor zweieinhalb Jahren, es war Ostern 1968, saß Eduard Goldstücker, intellektueller Wortführer des «Prager Frühlings» hier bei mir, zur gleichen Zeit war das Attentat auf Rudi Dutschke, Rechtsanwalt Mahler und Ulrike Meinhof gingen den Demonstrationen gegen Springer voran. Was ist aus ihnen, den Akteuren, nach zwei Jahren geworden? Goldstücker sitzt in England und erklärte in diesen Tagen, der Sozialismus der Ostblockstaaten sei degeneriert und deformiert[49], Rudi Dutschke wird aus England ausgewiesen und traf heute in Dänemark ein, wo er politisches Asyl findet[50], Mahler sitzt hinter Gefängnismauern[51] und Ulrike Meinhof wird nach Gefangenenbefreiung und nach fünf Banküberfällen von der Polizei gejagt. Das ist eine traurige Bilanz sowohl der Studentenbewegung wie der großen sozialistischen Reformbewegung des Prager Frühlings. Es bewegte, als ich es so erzählte, auch Oskar Negt. Dennoch ließ er sich in ein Streitgespräch mit Theo Pirker ein, das ihn in einigen Passagen von der gleichen Stupidität zeigte, wie sie Ulrike Meinhof besaß. Es ging um Hegel, um den Imperialismus der Sowjetunion, um das Nationalitätenprinzip, um Lenin, den Pirker als einen brutalen Politiker der Macht und einen «ungebildeten Kerl» bezeichnete, was dem guten Negt fast die Sprache verschlug. Je heftiger der Streit wurde, umso mehr wirkte Negt als Gläubiger, was ihn dümmer erscheinen ließ, als er ist. Es ging um den Marxismus-Leninismus und Pirker bestritt einfach den Totalitätsanspruch, den die Sowjetunion erhebt, es sei nur noch die dogmatische Scholastik einer Heilslehre übrig geblieben. Beide wirkten auf mich zeitweise wie zwei sich streitende Theologen des 16. Jahrhunderts, der eine, Negt, ein Lutheraner, ein gläubiger Christ, der andere, Pirker, ein Jesuit, in der Schule des <Christentums> groß geworden, jede These, jede Variante beherrschend, aber ohne jeden Glauben. Es war ein erstaunlich Bild, ein hinreißendes Streitgespräch, bei dem Negt den Kürzeren zog. Man sah plötzlich, fast überscharf belichtet, woran Dutschke und die Meinhof und letzten Endes auch Eduard Goldstücker gescheitert sind: an ihrem Glauben.

23.2.[1971]   Gestern Gespräch über den 17. Juni 1953: Aufstand, Streik in der DDR.[52] Teilnehmer: Hans Mayer, Martin Gregor-Dellin[53], Uwe Johnson, Fritz Raddatz und Heinz Brandt[54]. Entlarvt hat sich dabei in einer erschreckenden Weise Hans Mayer. Er sprach so, wie die Presse drüben sich und anderen den Aufstand zu erklären versucht hat: Agenten des

Westens in, wie er sagte «chromblitzenden Dingern», die schon Wochen vorher durch Leipzig flitzten. Eine für seine Intelligenz seltsam banale und dumme Erklärung. Vom Volk war nicht die Rede, von Spontanität auch nicht. Uwe Johnson nannte sein Verhalten später: «Rückversicherung». Aber ich frage mich: wogegen versichert er sich «rück». Er kann doch nicht glauben, daß morgen sich die Dinge hier im Sinne der SED verändern? Oder geht es nur darum, sich drüben «lieb-Kind» zu machen, die Beziehungen dorthin nicht zu gefährden, und, vielleicht, die eigene Vergangenheit so zu belichten, daß sie anderen verständlich und richtig erscheint.

5. April [1971]   Eine lange Pause. Ende Februar fuhren wir nach München und gleich anschließend zum Skilaufen in die Schweiz, nach Sedrun, nicht weit von Andermatt entfernt, mit Barbara König, Arnulf Baring, mit Hansl[55], dem Kohlenhändler aus Dießen am Ammersee. Es waren schöne Tage, aber leider fiel ich beim Schlittschuhlaufen einmal nach hinten, aufs Kreuz, und dann, am nächsten Vormittag beim Skilaufen, nach vorn, auf die Rippen. Es blieben beträchtliche Schmerzen zurück. Kaum wieder in München warf mich eine scheußliche, ziemlich langwierige Grippe ins Bett. Seltsam: das Leben entfernte sich dabei, wurde blasser und uninteressant. Auch die Menschen und das, was sie tun! Reinhold Kreile, Bundestagsabgeordneter der CSU, schickte mir die Rede ans Krankenbett, die Günter Grass vor der SPD-Fraktion in Bonn gehalten hat. Wahrlich eine dumme Rede. Aber warum so dumm, so primitiv, mit einem Kotau vor Wehner und Brandt? Es war die Rede eines «Unpolitischen» und nicht nur stilistisch weit unter seinem Können, auch inhaltlich weit unter seiner Intelligenz. Verrennt sich Grass, verrennt er sich in Überheblichkeit, Verblendung, Arroganz? Das wäre schade. Aber es scheint so zu sein. Mein Roman scheint nun doch endlich in den Druck zu gehen. Ich habe ihn «Rose weiß, Rose rot» genannt, ein Verkaufstitel, ein bisschen dumm. Aber was soll man tun? Das Manuskript hat ja auch schon sein Schicksal und <das> Ende (die Veröffentlichung) wird vielleicht schrecklich sein. Ich sehe meine Freunde, die Kritiker, schon über mich herfallen. Eine

Lektorin[56] kam noch an mein Krankenbett, eine Tochter des verstorbenen Publizisten Sethe[57], sie nieste und schneuzte sich wie ich während der ganzen, hoffentlich letzten, Arbeit an dem Roman. Wahrlich, ich kann das Manuskript schon nicht mehr sehen. Es wurde zu viel daran herumgemurkst.

10.4.[1971] Es tut sich wieder etwas in Sachen: literarische Zeitschrift. Fritz Raddatz schreibt davon.[58] Er gibt seine Stellung im Spiegel auf. Augstein hat ihn anscheinend sehr enttäuscht. Wen hat Rudolf Augstein nicht enttäuscht? Wenn ich zurückdenke an die ersten Jahre nach dem Krieg: du lieber Gott, welch ein intellektueller Gernegroß, fast ohne Charakter. Damals ging er in München bei mir ein und aus, und was ist geblieben – nichts.

Langes nächtliches Gespräch mit Jürgen Kolbe[59] aus dem Hanser Verlag über die Möglichkeiten einer solchen Zeitschrift. Ich habe einen ganzen der Zeit angepassten Plan entwickelt, aber ob daraus etwas werden kann? Kolbe meinte, ich hätte ihm nicht einen Floh, sondern einen Elefanten ins Ohr gesetzt. Nun gut, auch Elefanten können tanzen.

19.4.[1971] Ein seltsamer Abend über Bayern.[60] Dazu in der Diskussion Theo Pirker, Carl Amery, Sebastian Haffner, einen Mann namens Felix Rexhausen[61] und dann einen Urbayern vom bayrischen Rundfunk: Bernhard Ücker[62]. Es kam nicht viel dabei heraus. Interessanter war ein Abend mit Jürgen Kolbe, Uwe Johnson, Hans Josef Mundt und Rolf Michaelis[63] über das mögliche Ende der Belletristik.[64] Johnson benahm sich wie ein gefuchster Debattierer, sagte gute Sachen und verteidigte das Leben, das notwendige Leben der Belletristik. Er gibt «pommersch meckelburgisch» seine Grundhaltung nicht auf und missachtet alle Moden. Das imponiert! Seltsam zu beobachten ist Sebastian Haffner. Er scheint sehr einsam und isoliert zu sein. Es ist, als zermartere er seinen Kopf über eine neue mögliche Anpassung an die Strömungen der Zeit, von denen die vielleicht bald kommende wieder konservativer zu werden verspricht. War er, Haffner, früher in den fünfziger Jahren ein strikter Anhänger Adenauers, also recht konservativ, so wurde er in den letzten Jahren ein eifriger Befürworter der Studentenrebellion. Dies veranlasste Pirker, der immer zynischer wird, bei Tisch zu dem Satz: «Ach wissen Sie, lieber Herr Haffner, ich beurteile die Intelligenz eines jeden danach, ob er mit den Studenten mitgelaufen ist oder nicht.» Das war recht boshaft. Aber Haffner schluckte es hinunter. Ich mag ihn, seltsamerweise, trotzdem gern.

29.4.[1971] Gestern ein Gespräch über Stalingrad mit drei ehemaligen Offizieren, einem Herrn von Bismarck, ich glaube Philipp von Bismarck[65], zwei anderen, Wanda Bronska- Pampuch und Hans Scholz.[66] Erstaunlich wie gehemmt diese adligen Herren vor der Kamera sind. Anschließend mit Wodka so etwas wie die «historische» deutsch-russische Freundschaft gefeiert, wobei dem Herrn von Bismarck schlecht wurde und er fortlaufend die Toilette benutzen mußte, die dann auch dementsprechend aussah.

3.5.[1971] Fritz Raddatz zu Besuch. Zweck: Gespräch über eine neue literarische Zeitschrift.[67] Er möchte etwas tun, etwas in Bewegung bringen, denn, so erzählte er, materiell hätte er ausgesorgt. Er könne von seinen Zinsen leben. Und das mit neununddreißig Jahren. Der so viel geschmähte «Spätkapitalismus» sorgt hinreißend für seine marxistischen Kinder. So setzte Raddatz bei einem Kostenüberschlag für die geplante Zeitschrift nur 5 000,– DM für sich als Chefredakteur ein, statt 10 000 DM. Ein Akt der Bescheidenheit und des Idealismus!

6.5.[1971] Ärger mit Hans Mayer. Er sagte ein Gespräch über Thomas Mann ab, nur weil ich ihm einen anderen Vorschlag machte. Er sollte mit Gisi Fischer[68] über Thomas Mann persönlich erzählen.[69] Dies nahm er als Kränkung und ließ mich wissen, daß ich für ihn erledigt sei, sozusagen für immer. Ein schrecklich eitler und dadurch trotz seiner Intelligenz recht dummer Mensch. Ich werde den Verlust seiner Freundschaft verschmerzen können.[70]

7.5.[1971] Ein Abend mit Grass, Johnson, Jürgen Becker, Fritz Raddatz und anderen.[71] Grass und Johnson, die neuerdings mit einander verfeindet sind, gaben sich nur spärlich die Hände, so als täte jeder dem anderen weh. Es wurde viel bei Tisch gelacht. Nur Grass zog sich an die Bar zurück. Er fand offensichtlich unser albernes Gelächter dem Ernst der politischen Situation nicht angepasst. Tatsächlich verliert er, je mehr er sich in die Parteipolitik verstrickt, immer mehr an Humor. Uwe Johnson hingegen gewinnt an Souveränität und Fröhlichkeit, vielleicht weil er sich aus allem Politischen heraushält oder sich zumindest neutraler gibt. Als die ausgelassene Betrunkenheit ihren Höhepunkt erreichte, sagte Elisabeth Johnson[72] etwas, was mich überraschte. Sie flüsterte es vor sich hin, mehr auf die Tischplatte hinunter als mir ins Gesicht. Sie sagte: «Wir sind keine Sozialisten mehr.» Diese Ehrlichkeit hat mich stark beeindruckt. Welche Wandlung ist mit Uwe Johnson vor sich gegangen? Ist ihm das «Geschrei der Gewalttätigen» so auf die Nerven gegangen, daß er nun der eigenen Jugend den Rücken kehrt. Es sieht alles danach aus. Auch Reinhard Baumgart, der immer das ihm angeborene und durch Familie und Ehrgeiz mitgegebene «Bürgerliche» abstreifen will, was ihm nie gelingt, machte auf mich einen ähnlichen desolaten Eindruck. Wissen die deutschen Schriftsteller nicht mehr wohin. Ihr Gerangel mit ihrem Verband, eine Oase der Mittelmäßigkeit, mit dem mittelmäßigen Dieter Lattmann[73] an der Spitze, lässt auf eine völlige Desorientierung schließen, wobei ihre politischen Wunschvorstellungen sich mit ihren ästhetischen Neigungen dauernd überkreuzen und in den Haaren liegen. Nun wollen sie sich auch noch den Gewerkschaften anschließen. Wahrlich, ihr Abstieg aus dem «Olymp», auf dem sie gestern standen, in die allzu irdischen Klassen- und Interessenkämpfe unserer Tage ist erstaunlich, um nicht zu sagen von bornierter Dummheit. Es wird lange dauern, ehe sie sich wieder fangen und sich ihrer eigenen und wirklichen Aufgabe bewußt werden. Wann

Abendessen bei Richters in der Erdener Straße. Von links: Uwe Johnson, Fritz J. Raddatz, Reinhard Baumgart, Jürgen Becker.

werden sie begreifen, daß die Soziologie die Literatur verdirbt, ja, daß sie in dem Nur-Soziologischen ersticken muß.

10.5.[1971][74]   Schauspieler sind immer die Produkte ihrer jeweiligen Rollen. Victor de Kowa[75] spielte mir das vor dem Fernsehschirm vor, als er seine Eindrücke im Sportpalast bei der Goebbels-Kundgebung im Februar 1943 «Wollt ihr den totalen Krieg» schildern sollte.[76] Es wurde ein Auftritt, bühnenreif, filmreif. Wenn Schauspieler über Politik reden oder politisch zu denken anfangen, wird es meistens falsch, weil sie in jede Rolle schlüpfen können, selbst in die ihres Gegners, oder am besten in die ihres Gegners.

14.5.[1971]   Ivan Nagel ist Intendant in Hamburg geworden.[77] Er kam gestern abend in die Erdenerstraße, so wie ich ihn seit langem kenne, kein starker Mann, ein Aesthet, ein Intellektueller, einer, der wohl kaum führen kann.[78] Vor zehn Jahren galt er in der Gruppe 47 als Konservativer, jetzt ist er ein Linker, einer, der das damals verpönte, dumme Wort «progressiv» ohne Nachdenken, ohne Überlegungen ausspricht. Alle diese Wandlungen von rechts nach links sind selbstverständlich. Nur wer und was haben sie bewirkt? Wo sind die Ursachen für diese Entwicklung? Die ökonomischen Gegebenheiten können es nicht sein. Wären sie es, dann hätte Karl Marx sich geirrt. Allen geht es gut, besser denn je, die Klassengegensätze sind gegenüber dem 19. Jahrhundert so stark gemildert, daß sie sich politisch kaum noch entscheidend auswirken. Freiheit, Freizügigkeit, Rechtssicherheit sind gegeben. Was also ist es, das die Intellektuellen zur linken Radikalität treibt? Sind es doch wieder vorwiegend psychologische, ja irrationale Faktoren, die kaum fassbar sind. Es scheint so zu sein.

19.5.[1971] Tarzan in der Erdenerstraße, tatsächlich Tarzan, unter den grellen Scheinwerfern des Zweiten Deutschen Fernsehens, ein Gespräch bei 30 Grad Hitze draußen und vielleicht 40 Grad in meinem Zimmer, eine vielleicht belanglose, dumme Angelegenheit, von Walther Schmieding geleitet, mit scharfer Polemik gegen den Verleger, der sich links-progressiv nennt und dementsprechend aus dem alten Tarzan einen neuen antikolonialistischen gemacht hat, nach dem Motto: Was nicht in die Zeit passt, wird umgeschrieben.[79]

20.5.[1971] Tagung aller Goethe-Instituts-Leiter über deutsche Kulturpolitik im Ausland im «Literarischen Colloquium» am Wannsee, von Walter Höllerer geleitet und inszeniert.[80] Walter Höllerer sehr hart, leicht autoritär, dabei doch unsicher und dementsprechend leicht hysterisch wirkend. Das meiste, was er sagte, war wohl in den Wind gesprochen, gegen eine Bürokratie, die zwar guten Willens, aber unfähig ist. Auch die Sozialdemokraten haben in der auswärtigen Kulturpolitik keine gute Hand. Sie lassen es schleifen, vielleicht aus Mangel an Interesse. Die großen Worte und Versprechungen aus ihrer Oppositionszeit sind längst verflogen. Grass und Jürgen Becker machten Vorschläge, die sich gut anhörten, aber wohl umsonst gemacht wurden. Merkwürdig, alles wirkt wie auf einer Parteiversammlung, etwas verknöchert. Der Stil der Gruppe 47 ist ganz verloren gegangen.

21.5.[1971] Eine Woche lang die Fahnen von «Rose weiß, Rose rot» durchgesehen. Noch einiges gestrichen. Jetzt, so glaube ich, kann man es vertreten. Ich bin gespannt, was der Verlag daraus machen wird.

25.5.[1971] Marcel Reich-Ranicki gestern in der Erdenerstraße, lebendig wie immer, nur noch zynischer geworden. Er, der viel geschmähte, bleibt scheinbar was er ist, ein Mann, der nur von und für die Literatur lebt. Das wirkt wohltuend in einer Zeit, in der jeder etwas anderes sein will als er ist. Marcel Reich-Ranicki kümmern die Wandlungen nicht. Er tut sie mit einer Handbewegung ab: alles schon dagewesen. Für ihn gilt nur Qualität, nicht die Ideologie, oder das, was gewollt wird. Ein Gespräch über Gerhart Hauptmann mit ihm, mit Ernst Wendt, Michaelis und anderen.[81] Dabei kam heraus, daß man Hauptmann doch eine Wiederbelebungschance gibt.

26.5.[1971] Drei Theaterstücke gesehen «Der Kirschgarten» von Tschechow, «Den Ritt über den Bodensee» von Handke, und «Eduard den II» von Marlowe.[82] Das älteste Stück, nämlich «Eduard» aus der elisabethanischen Zeit war das beste. Aber es scheint so, als ob das Theater sich unter dem Einfluß und dem Können neuer Regisseure wieder belebt. Abschiedsfest vor unserer Rückkehr nach München bei Arnulf Baring, ein Sommerfest. Die ganze Nacht getanzt, seit Jahren wieder zum ersten Mal. Ein herrliches Fest.

München 1.6.[1971] Nun ist das eingetreten, was ich lange erwartet habe. Günter Grass hat den Punkt erreicht, der in seiner Laufbahn wahrscheinlich ein Kulminationspunkt ist, das heißt Rückschlag, unter Umständen Abstieg. Seine vielen Alleingänge rächen sich jetzt. Die Zukurz-Gekommenen, die Mittelmäßigen, alle, denen er ein Dorn im Auge war, stehen gegen ihn auf. Sie werfen ihm «stilistische Prunksucht», selbstherrliches «Gottvatertum», sein «Gekunkel mit den Regierenden» vor und sie bezeichnen ihn als einen «bezahlten Mietling der SPD», was er nicht ist.[83] Zweifellos hat er immer nur aus Überzeugung gehandelt. Aber Günter Herburger nennt ihn in der «Zeit» frei nach Martin Walser «Überlebensgroß, Herr Grass»[84], ein böses, ein allzu böses Wort. Es enthält jedoch alles, was man Grass vorwerfen kann: nämlich dies, auf allen Hochzeiten gleichzeitig zu tanzen, ob es mit Albrecht Dürer in Nürnberg[85] oder mit Willy Brandt in Warschau ist[86], ob mit Jürgen Steffen in Schleswig-Holstein[87] oder mit dem Entwicklungsminister Eppler in Tansania[88], immer ist er Mittänzer, Vortänzer, Nachtänzer. Das mußte alles mögliche hervorrufen: Mißgunst, Neid, Bosheit und das Schlimmste, was es gibt unter Schriftstellern: Lächerlichkeit. Und nun ist es so weit, nun kann man sich über ihn lustig machen, nun hat man ihn in die Ecke der «bombastischen» Lächerlichkeit geschoben. Es wird schwer für ihn sein, aus dieser Ecke wieder herauszukommen, sehr viel schwerer, als er es sich jetzt noch vorstellt.

17.6.[1971] Grass hat dreimal angerufen in den vergangenen vierzehn Tagen, er bittet in einem Brief an mich um Hilfe, aber Hilfe ist schwer, in diesem Fall fast unmöglich.[89] Die bösartige Polemik gegen ihn hat ihn mehr getroffen, als man erwarten konnte. Ich habe im Bayrischen Rundfunk für ihn gesprochen, mich zu ihm bekannt, aber auch einige Einwände gemacht.[90] Er donnert zu viel. Mit Donnern allein ist es nicht getan. Und wer hört andere schon gern donnern? Es wurde genug gedonnert in diesem Land. Vielleicht gewöhnt er sich durch diesen Niederschlag einige Dinge ab. Ein paar Monate der Besinnung täten ihm gut.

Hans Werner Richter mit seinen Eltern und Geschwistern. Untere Reihe von links: Willi, Paula, seine Mutter Anna und sein Vater Richard, Frieda; hintere Reihe von links: Otto, Hans Werner, Ernst, Max.

3.7.[1971] Willi ist gestorben, überraschend für mich, obwohl ich es erwartet hatte.[91] Aber was heißt schon «erwartet hatte». Man ist dann doch wie vor den Kopf geschlagen, es war eben doch ein Stück eigenes Leben, alle diese Jahre, vom ersten Weltkrieg bis heute. Überstürzt mußte ich zur großen Familie nach Bansin fahren, eine traurige, trostlose Fahrt. Dauerregen und dazu in einer DDR-Eisenbahn, die schaukelnd und ratternd und auf fast jedem Bahnhof haltend, durch die märkischen und pommerschen Wiesen fährt. Und alles farblos, triste, ohne Freude, ohne Geschmack, ein Funktionärsstaat, wie er trauriger nicht zu denken ist. Am nächsten Tag die Beerdigung, die Familie hielt sich gut, keine Tränen, keine Sentimentalität; nur Kränze, Blumen, Menschen, alte Gesichter, Erinnerungen an meine Jugend. Dann habe ich Willi mit aus der Leichenhalle getragen, mit all meinen Brüdern[92], auf den Friedhof über den Seen, über einer Landschaft, die so schön, so großartig ist, dass sie alles erträgt, selbst diesen miserablen Staat. Allein bin ich dann zurückgegangen, über die Seenplatte, durch die Buchenwälder, hinunter zum Meer, und noch einmal war alles da, die Kindheit, die Jugend, diese ganze unvergessliche Zeit, hinter der sich jetzt die Türen schließen. Willi war nur der erste, der davon ging, ein Leben voller Tragik, bestimmt durch die Politik dieser Jahrzehnte, von der Geschichte, die ihn immer wieder zurückwarf, von 1933, als er als Volksschullehrer entlassen wurde, bis zum Einmarsch der Russen, die ihn zum Bürgermeister und zum Schulrat machten, bis in seine letzten Jahre hinein, in denen er schon zum Gegner jenes Systems geworden war, das sich sozialistisch nennt und für das er sein ganzes Leben lang gekämpft hatte. Das war wohl seine größte Enttäuschung: zum Schluß der Feind seiner eigenen Vorstellungen und Ideen zu sein.

19.7.[1971]   Nichts besonderes in München, ein paar Besuche, aber niemand will hören, wie es da drüben in dem anderen Teil Deutschlands aussieht. Es interessiert niemanden, vielleicht, weil man es sich nicht vorstellen kann, eine tötliche Ignoranz für alle, die dort leben müssen. Theodor Pirker ist aus Kleinasien zurückgekehrt und alles, was er erzählt, steht im krassen Gegensatz zu dem, was ich aus der DDR erzähle. Merkwürdig wie alles sich überschneidet und nichts mehr stimmt, aber auch Pirker, gestern noch ein überzeugter Marxist, interessiert sich nicht mehr für die Realität des anderen deutschen Staates. Und dabei sind meine Eindrücke: vollständige Verbürokratisierung, Verfall, Verknöcherung, Verkümmerung der Lebensfreuden, des Geschmacks, alles ist grau, mausgrau, ohne Farbe. Dazu die Klagen aller: keine Möglichkeiten und Aussichten der Änderungen, keine Hoffnungen. Ein Gefängnis, aus dem niemand entlassen wird. Es hat mich mehr denn je deprimiert, fast könnte ich sagen: «Wenn dies Sozialismus sein soll, dann war ich nie Sozialist oder bin keiner mehr.»

9.10.[1971]   Der Sommer ist ohne Bedeutung vergangen. Es war ein schöner, trockener, heißer Sommer. Was sich nach meiner Rückkehr aus der DDR ereignet hat, ist fast ohne Belang. Natürlich war da das Erscheinen des Romans «Rose weiß, Rose rot», Ärger mit dem Verleger, etwas zu viel Ärger.[93] Auch dieser Roman wird untergehen, ebenso schnell wie alles andere.[94] Aber was liegt daran. Die Zeit ist wieder angefüllt mit dem Geschrei der Extremen und das literarische Leben ist tot. Es gibt nur noch das Sozialkritische und das löst allmählich gähnende Langeweile aus. Das scheint nun auch die Vierzigjährigen zu ergreifen. Fritz Raddatz spricht in einem Brief davon, daß seine Freunde in Hamburg alle «marode» sind, er selbst natürlich auch, eine erschreckende Feststellung.[95] Sie haben sich, alle miteinander, mit der Studentenrevolte verlaufen und finden nicht mehr zurück, und vielleicht gibt es auch kein Zurück. Ende August hatte ich in einem langen Brief an Günter Grass, der aber für Willy Brandt bestimmt <war>, über meine Eindrücke in der DDR geschrieben.[96] Jetzt hat Brandt geantwortet, direkt an mich, er schreibt: «Aber so paradox es ist: wenn das Regime dort viele Anhänger hätte, dann würde es nicht so verkrampft zu sein brauchen.»[97] Das ist natürlich richtig.

10.10.[1971] Gerhard Szczesny war hier. Leider waren die Gesprächspartner für ihn ganz ohne Niveau, ein Professor Altvater[98] und ein Professor Doeker[99], junge, neue Leute, die ihren Marx so verstehen wie sie wollen.[100] Eine Unterhaltung mit ihnen ist fast ohne Sinn, es ist immer dieselbe Leier, die aus ihrem Mund kommt: die in der Bundesrepublik unterdrückte Arbeiterschaft und immer wieder die angeblich schrecklichen sozialen Zustände. Man kann es kaum noch hören. Und das gegen die These von Szczesny, der in seinem Buch «Das sogenannte Gute»[101] in zweifellos provokativer Form behauptet hat, daß alle Ideologien von Platon bis Marx, also auch alle Ethiken des Abendlandes, in der Praxis versagt haben: mit der Absicht das Gute durchzusetzen, in der Theorie die Glückseligkeit des Menschen als Endziel, hätten sie nur das Böse bewirkt. Dies gilt nach Szczesny sowohl für das Christentum wie für den Marxismus unserer Tage. Szczesny war rührend in seiner Verteidigung gegen diese niveaulosen Angriffe, aber gerade dadurch erfolgreich. Sein Buch scheint es auch zu sein, ein konsequentes und in vielen Passagen (nicht in allen) großartiges Buch.

17.10.[1971][102] Zwei seltsame Tage, dieser 15. und 16. Oktober.[103] Auf der Buchmesse in Frankfurt neben Robert Jungk, Rudolf Augstein, Horst Krüger, Fritz Raddatz und anderen, Milo Dor getroffen und mit ihm völlig versumpft. Eine schreckliche Sauferei. Es endete um fünf Uhr morgens auf dem Bahnhof, in einem Wartesaal. Folgendes trotzdem bemerkt: es scheint eine neuerliche Wandlung vor sich zu gehen, nämlich weg von dem revolutionären Getue, zurück zur echten Auseinandersetzung, wieder Toleranz, Freundschaft, Gemeinsamkeit. Dann, im Flugzeug, Peter Weiss getroffen, eine Überraschung, auf die wir beide nicht gefaßt waren. Und Peter Weiss sprach das alles aus, was ich unterschwellig gespürt hatte, weg vom Fanatismus und Dogmatismus, zurück zur gemeinsamen Basis, die nach seiner Ansicht in den menschlichen Beziehungen bestanden hatte. Er beschwor mich alles zu tun, um die gemeinsamen Freundschaften wiederherzustellen, ja, unter Umständen und wenn möglich, die Gruppe 47 wieder einzuberufen. Er schien alt, verstört, mitgenommen von den vielen Angriffen, die sein Trotzki-Stück ausgelöst hat, wörtlich sagte er: «Weißt Du, es kommt doch nur auf das Menschliche an, auf die paar Freundschaften, die man hat» und dann: «Dieser Umgang mit den Funktionären, das ist schrecklich.» Da saß ich neben ihm, in dem Flugzeug nach Berlin, müde von der durchfeierten Nacht, und begriff nur langsam, daß ich einen anderen, einen gewandelten Peter Weiss vor mir hatte.

20.10.[1971][104] Auf seinen eigenen Wunsch habe ich Peter Weiss zu Günter Grass mitgenommen. Er feierte seinen Geburtstag.[105] Nach jahrelanger politischer Feindschaft ein gemeinsamer Abend. Grass versuchte sich souverän zu geben, Peter Weiss gab ohne Bedenken die politischen Fehler seiner jüngsten Vergangenheit zu, ein schuldiger Bekenner, was mir nicht immer gefallen hat. Auch Günter Grass konnte es sich nicht verkneifen, hin und wieder Nadelstiche loszulassen. Und ich war müde, müde, vielleicht auch von so viel menschlicher Unzulänglichkeit, die oft, bei Anerkennung aller Begabung, doch erschütternd ist.

22.10.[1971] Mit Peter Palitzsch, Hellmuth Karasek vor dem Fernsehschirm. Thema: Ödön von Horvath – schutzlos?[106] Eine eigentlich nutz-
lose Diskussion. Aber ein Wort von Hellmuth Karasek hat mich belustigt.
«Jetzt», so sagte er, «können wir ja wieder fröhlich sein, die Revolution ist
vorbei. Und wir, weißt Du noch, haben es ja schon 1968 gesagt. Das war
doch vorauszusehen.» So einfach ist das für Mitläufer.

23.10.[1971] Ein langer Abend hier in der Erdenerstraße, eine Art
«Familienfeier» <nannte es> Robert Jungk, der sich selbst eingeladen hatte,
ein Abend mit Pierre Bertaux[107], der den Jakobiner Hölderlin für Peter
Weiss erfunden haben soll, mit Grass und Peter Weiss, mit Manès Sperber[108], der aus Paris angereist war, mit Marcel Reich-Ranicki, Hans Josef
Mundt, Francois Bondy[109], Arnulf Baring und Erich Kuby, eine Versamm-
lung von «Grauköpfen», wie es Hans Josef Mundt nannte.[110] Und bis auf
Baring stimmte es auch, eine Generation von Schriftstellern und Publizisten, die schon abgetreten ist oder vor dem Abtreten steht, ein Anblick, der
zur Resignation veranlassen könnte. Aber es war lustig, geistreich, an-
regend, ja, Manès Sperber fast in Euphorie, so glücklich war er, einmal
hier sein zu dürfen, und Erich Kuby, mein Gott, grau, elegant, ein soig-
nierter alter Herr, und Bondy und Jungk schon etwas verschlammt [?], nur
Grass, nicht grau, immer noch vital, jünger natürlich, fast zwanzig Jahre,
und diesmal nicht rechthaberisch. Bertaux aber erklärte den ganzen
Abend über Peter Weiss anscheinend wiederum einen neuen Hölderlin,
so eng saßen sie beieinander und so sehr hing Weiss an den Lippen von
Pierre Bertaux. Ich aber mußte mir fast stundenlang eine bewegte Klage
von Marcel Reich-Ranicki anhören, Klagen über seine volle Isolation,
niemand riefe ihn mehr an, niemand kümmere sich um ihn: «Was ist das
für ein Leben, den ganzen Tag über, jeden Tag sitze ich unter meinen
Büchern, allein, isoliert, fast schon wieder verfemt. Und Ihr, Ihr wollt
mich ja weg haben.» Vergeblich versuchte ich ihm zu erklären, daß er
nicht allein in dieser Isolation lebt, ja, daß das zur Zeit für viele, wenn
nicht für alle gilt. Er glaubte mir nur bedingt. Und doch hatte ich recht.
Es ist eine Zeit der Vereinsamung, des sich allmählichen Auflösens aller

Kontakte, sowohl der literarisch-politischen wie auch der menschlichen. Eines wurde mir auch an diesem sonst so schönen Abend wieder klar: sie sind alle Suchende. Vielleicht muß ich noch einmal etwas tun, und wenn ich sie nur hin und wieder zusammenrufe. Aber es wird wohl mehr sein.

1.11.[1971] Robert Jungk gestern nachmittag zu Besuch. Er kam, um mit mir noch einmal über die Möglichkeiten zu sprechen, die zur Bildung eines neuen Kreises bestehen, praktisch einer Fortsetzung der Gruppe 47 auf einer anderen Ebene. Wir sind uns ziemlich einig geworden, wo die Notwendigkeiten liegen. Und eigentlich ist die Entscheidung nun wohl doch gefallen. Ich meine, ich muß es tun. Nur die Konzeption ist mir noch nicht ganz klar. Aber ich sehe die Umrisse. Jungk sprach von einer neuen Schule des «spekulativen Denkens». Aber vielleicht nicht nur des Denkens. Es muß mehr sein.

3.11.[1971] Ein Inder, Umarshankar Joshi[III], wollte mich unbedingt sprechen. Es war eine seltsame Unterhaltung, halb indisch, halb englisch, halb deutsch. Selbst sein Dolmetscher kam durcheinander. Joshi ist Mitglied des indischen Oberhauses. Seine politischen Ansichten waren interessant, mehr aber noch seine literarisch-philosophischen. Er fragte, ob ich die Gruppe 47 fortsetzen würde, und ich erzählte ihm von meinem Vorhaben, das er überraschend schnell begriff. Ähnliche Kreise und Absichten, sagte er, gäbe es auch in Indien. Der Versuch, das philosophisch-ideologische Vakuum, in dem wir leben, auszufüllen, müsse gemacht werden, es sei das dringendste in unserer Zeit. Trotz der Sprachbarriere verstanden wir uns in diesem Punkt glänzend. Es genügten schon Gesten. So dicht unter der Decke liegt das, was notwendig ist und was doch nicht geschieht: eine Neuorientierung über alle Ideologien hinweg.

8.11.[1971] Vier Tage in Kiel und in Hamburg. In Kiel eine Mammutlesung im großen Konzertsaal mit Peter Handke, Günter Grass, Peter

Härtling und Siegfried Lenz, alle ein wenig aufgeregt, ein wenig angetrunken.[112] Als der Veranstalter, Eckart Cordes[113], drei Minuten vor Beginn, versagte, mußte ich die Ansage übernehmen. Vor den 1500 Besuchern hatte ich die Lacher schnell auf meiner Seite. Es gab viel Beifall, immer nur Beifall. Erstaunlich: ein lachendes Publikum ist immer das treueste, das geduldigste, das diszplinierteste. Es wurde ein schöner – ein, wie Günter Grass sagte, Gruppe 47-Abend, mit derselben fröhlichen Atmosphäre. Dabei Walter Mannzen wiedergesehen, er saß in der ersten Reihe, ein Stück meines Lebens, von den Kriegsgefangenenlagern in Amerika bis in die sechziger Jahre. Und jetzt, ein alter, kranker Mann. Dann anschließend versumpft, bis sechs Uhr morgens, bis Siegfried Lenz zusammenbrach, bis Grass [...] ins Bett ging, bis Peter Härtling von seinem Fahrer abgeholt wurde, um nach München zu fliegen und auch alle anderen übermüdet umfielen.[114]

13.11.[1971]   Gestern Geburtstag. Dreiundsechzig Jahre alt. Keine Feier, aber es kamen spontane Gratulanten, auch Klaus Roehler, auch Walter Höllerer. Eine erstaunliche Gratulationscour. So wurde es doch noch ein Fest. Und das merkwürdigste und für mich recht schmeichelhafte, Höllerer ist begeistert von meinem Buch. Er findet alles daran gut, selbst die Kargheit des Stils. Das ist erstaunlich, denn es steht im Widerspruch zu allem, was die Kritiker sagen und schreiben. Für sie ist Form und Stil schlicht veraltet.[115] Und Höllerer behauptet das Gegenteil: Bilder, die Leben gewinnen. Ist es bei ihm eine Wandlung von der Überbewertung des Ästhetischen in den vergangenen Jahren zurück zur aussagenden, einfachen Literatur. Oder ist es etwas ganz anderes. Erklären kann ich es mir nicht!

14.11.[1971]   Marcel Reich-Ranicki erzählte mir in Hamburg von Gustav Korlén, der in Stockholm der «Gruppe 47» nachtrauert. Sie sei, so Korlén, unersetzlich, und es müsse sie wieder geben. Marcel erzählte das etwas zynisch, so als hätte Korlén den Wandel der Zeit nicht begriffen. Aber vielleicht sieht Korlén die Entwicklung in Deutschland viel klarer und schärfer als er. Warum er nur immer wissen will, mit welchen «Dichterinnen» der Gruppe 47 ich geschlafen hätte. Anscheinend vermutet er: mit allen. Will er eine «chronique scandaleuse» der Gruppe 47 schreiben? Das wäre verheerend bei seinem mangelhaften Fingerspitzengefühl.

15.11.[1971] Auf meinem Schreibtisch liegt ein Brief von Willy Brandt vom 28.9.[116] Jeden Tag will ich ihn beantworten, tue es aber nicht. Es sind Hemmungen, die mich zurückhalten, höchst merkwürdige Hemmungen. Ist es der Bundeskanzler oder Brandt selbst, zu dem meine Kontakte doch immer sehr distanziert waren? Ich weiß es nicht. Nicht einmal zum «Friedensnobelpreis» habe ich ihm gratuliert.[117] Vielleicht ist es die Scheu, mich in den «Kometenschweif» eines anderen zu begeben, dabei erscheint er mir immer bescheidener als andere, aber möglicherweise ist es gerade dies, was mich stört. Und dann: zum treuen, ergebenen Bewunderer à la Günter Grass bin ich völlig ungeeignet.

16.11.[1971] Seltsam, und vielleicht ja nicht seltsam, wenn die Bundestagswahlen näher heranrücken (obwohl es noch zwei Jahre hin ist) melden sich die Politiker.[118] So jetzt Franz Josef Strauß, der mich zu einem «bayrischen Schmankerlessen» nach Taufkirchen einlädt.[119] Wenn Namen eine Bedeutung haben, dann vielleicht dieser: Taufkirchen. Soll ich dort umgetauft werden? Ich erinnere mich an mein erstes Treffen mit Strauß, damals, nach der Spiegelaffaire ein gebrochener Mann, der erledigt schien und der mich für etwas hielt, was ich nie war: ein Gewaltiger der öffentlichen Meinungsmanipulation. So viel Einfluß oder besser Ansehen hatte damals die Gruppe 47. Und jetzt? Später, 1965, dann noch einmal ein gemeinsames Essen, nach meiner Rückkehr aus der Sowjetunion. Damals habe ich ihm die ganze Ostpolitik ‹vorgetragen›, die Willy Brandt heute entwickelt hat, er hat dabei begriffen und nicht begriffen, ja zeitweise sah er sich als den großen Wegbereiter einer solchen neuen Politik mit Rußland: eine Art Bismarck mit fünf Bällen. Wörtlich: «Ich könnte mit den Russen.» Leider scheint er das völlig vergessen zu haben. Vilshofen liegt ihm eben doch näher als Brest-Litowsk.

23.11.[1971] Gabriele Wohmann, noch dünner, fast ein Gerippe, noch
psychosomatischer. Sie reibt sich anscheinend mit ihrem eigenen Erfolg
völlig auf. Aber sie hängt an der Gruppe 47, noch immer, «ihre Familie»,
wie sie sagt, oder die meine. Doch alles, auch dies, ist traurig, eine trostlose und manchmal etwas schmuddelige Traurigkeit. Sie gab dann auch
frühzeitig auf, ging schon während des Abendessens, mit Kopfschmerzen. Dafür waren Reinhard Baumgart, Herbert Heckmann[120] und Peter
Härtling um so lustiger, sie lachten über alles, am meisten über ihren
eigenen Humor.[121] Von Revolution, von der Studentenbewegung, von
sozialer Veränderung kein Wort mehr, als hätte es das alles nie gegeben,
als hätte man nie Partei ergriffen. Geblieben ist, wie bei Roland Wiegenstein, ein etwas makabrer Zynismus.

25.11.[1971] Zu Besuch bei Günter Grass mit Peter Weiss zusammen.
Die Wohnung von Grass hat für mich immer etwas Trauriges, seltsam Stilloses, ja Unbehaustes an sich. Aber vielleicht irre ich mich, vielleicht wirkt
dieses Möbeldurcheinander nur auf mich so. Grass kam aus Israel zurück,
wo es bei einer deutschen Kulturwoche viele Störungen und Proteste
gegeben hatte, ein ziemlich alberner Vorgang.[122] Aber er, durch Wahlkundgebungen abgehärtet, soll sich gut geschlagen haben. Selbst Peter
Weiss bewundert ihn neuerdings. Er sah drahtig aus, gähnte aber bei
jeder Gelegenheit und führte dies auf den Klimawechsel   Israel-Deutschland – zurück. Wieder ein langes Gespräch über das Wiederauflebenlassen der «Gruppe 47», dabei alle Namen durchgegangen, die noch in Frage
kommen. Grass lehnte Enzensberger strikt ab: «Den können wir nicht
mehr gebrauchen. Der lacht ja alles weg.» Mit anderen Worten, Enzensberger schwimmt mit einem zynischen Opportunismus durch seine eigene
politische makabre Vergangenheit der letzten Jahre. Peter Weiss stimmte
dem zu, fast ohne Vorbehalte. Ebenso erging es Martin Walser, den Weiss

zwar verteidigte, dann aber doch fallen ließ. Walser, ein gefährdeter Psychopath, der immer dann, wenn er sich in einer schöpferischen Krise befindet, nach dem Strohhalm Politik greift. Was dabei herauskommt, ist oft hart an der Grenze des Irrsinns. Gestern nachmittag übrigens ein langer Telefonanruf von Leo Bauer aus dem Krankenhaus, offensichtlich in einem hilflosen Angstzustand. Er fühle sich, so sagte er, in seinem Krankenhauszimmer wieder wie in der Todeszelle in der Lubjanka vor zwanzig Jahren.[123] Grass, der ihn auf dem Parteitag der SPD getroffen hat[124], sagte wörtlich dazu: «es geht mit ihm zuende».[125] Diese Vorstellung ist schrecklich!

1972

25.1.[19]72 Es ist viel Zeit vergangen. Ich habe dieses Tagebuch liegen lassen, fast vergessen. Ein paar Wochen in München, vorweihnachtliche Wochen, Besuche bei Barbara König in Dießen am Ammersee, Fischessen mit viel Fröhlichkeit, dann, kurz vor Weihnachten Anruf von Thomas Ellwein[1] und die Anfrage, ob ich wohl den Kulturpreis des Deutschen Gewerkschaftsbundes annehmen würde. Das war eine wirkliche Freude, besonders, weil es wieder einen ziemlich widerlichen Angriff in der Zeitschrift «konkret» von einem Herrn Röhl gab, ehemaliger Mann der Ulrike Meinhof, und gleichzeitig einen mehr getarnten Angriff in der Zeitschrift «Kürbiskern» mit geradezu ungeheuerlichen Entstellungen, anscheinend beide im Auftrag oder in Absprache mit der SED geschrieben.[2] Es ist ja immer noch so, daß ein Herr Norden befiehlt, was einige hier zu schreiben haben. Nur sieht das niemand, außer Theo Pirker, der es aus seiner Vergangenheit wissen muß.

28.1.[1972] Noch ein Rückblick. Am 1. Januar morgens flogen wir nach Palma, wo wir Walter Grohmann[3] trafen, dann nach Ibiza und von dort nach Formentera.[4] Es waren wunderbare Wochen, die kleine Insel Formentera mit kalten Winden, winterlich, doch einer immer vorhandenen warmen Sonne. Toni war glücklich und ich war es auch. Man war sozusagen aus der Welt, keine Zeitungen, kein Fernsehen, ein Leben ohne Informationen. Nur Fahrten auf der Insel, von einem Felsenriff, von einem Kap zum anderen, und überall Wasser, Wasser. Ich hatte dabei vergessen, daß es Deutschland und dieses doch recht unselige Volk der Deutschen gibt, zu dem ich selbst <gehöre>. Ich wurde unsanft daran erinnert, als ich auf der Rückreise auf Ibiza bei Bekannten eine Nummer des «Spiegel» fand, in der Heinrich Böll Stellung für Ulrike Meinhof nimmt.[5] Es war für mich ein einzigartiges Ärgernis: Böll als Verteidiger terroristischer Pathologen, die mit Gefangenenbefreiung, mit Banküberfällen, mit Autodiebstählen, mit immer schußbereiten Pistolen die Demokratie beseitigen wollen, wieder einmal einen Staat zerstören, weil sie in einer bedingten Freiheit nicht leben können. Mit einemmal wurde sichtbar, wer Heinrich Böll ist, genau das, was ich immer vermutet habe und doch nie recht glauben wollte, ein Deutscher mit dem verquasten Denken eines Deutschen, bramarbasierende Moral statt politische Intelligenz, ohne klares Rechtsempfinden, kein Demokrat, sondern ein Mitläufer der Gewalttätigen, nur, weil sie eine Minderheit sind. Was er mit diesem Artikel angerichtet hat, das ist ihm vielleicht selbst nicht ganz bewußt geworden, eine Legitimierung von Pseudorevolutionären, die auch die «Kriminalität» für eine Waffe halten.

1.2.[1972] Die Böll-Geschichte hat sich nun zu einer Böll-Affaire ausgewachsen. Heinrich ist beleidigt, fühlt sich mißverstanden, ‹verfolgt›, ja verfemt, wie Hajo Schedlich, der dauernd mit ihm telefonisch in Verbindung stand, gestern sagte. Eine seltsame Geschichte, in der lauter moralische und sehr deutsche Kopfstände vor sich gehen – bald steht Heinrich Kopf, bald die Angreifer.[6] Die Ulrike Meinhof ist dabei nur noch Anlass. Gestern bei Günter Grass. Er war über die Böll-Affaire deprimiert, sie schadet, so sagte er, und meinte damit schon den erst im nächsten Jahr kommenden Wahlkampf der SPD. Vielleicht war er auch etwas erschüttert darüber, daß nun Böll in aller Munde ist und nicht er, Günter Grass. Es muß etwas unbehaglich für ihn sein, wenn in diesen Tagen alle Welt schreibt und redet von «Deutschlands bekanntestem Schriftsteller Heinrich Böll, der eine moralische Macht ist». War das nicht Günter – bis gestern.

5.2.[1972] Ein merkwürdiger Anruf von Thilo Koch[7]. Er bot mir den Präsidentenstuhl des Pen-Clubs an. Ich erschrak und bin auch jetzt noch recht erschrocken. Was soll man mit einem solchen Amt und was kann man daraus machen? Vielleicht ein wenig in den Osten hineinwirken, diesem oder jenem helfen, vielleicht meinem Freund Lew Kopelew in Moskau, mit <dem> ich von München aus am heiligen Abend telefoniert habe. Ein solches Gespräch mit Moskau hat etwas dümmlich-prickelndes an sich. Aber ihm ging es gut, besser als vor zwei Jahren, als er mit Solschenizyn zusammen aus dem sowjetrussischen Schriftstellerverband ausgeschlossen wurde und dann sich nach Taschkent absetzte.[8] Trotzdem – bei einem solchen Telefongespräch hat man immer das Gefühl, der ganze russische Geheimdienst hört mit oder steht hinter Lew Kopelew. Langes Gespräch am Vormittag mit Toni über Weiss, Grass und Böll, die erst nach ihrem literarischen Erfolg sich politisch engagierten, dann auch auf <dem> Gebiet der Politik Furore machten und plötzlich durch ihr Einzelgängertum oder durch ihre Egozentrik, sprich Selbstüberschätzung, an einem bestimmten Punkt zurückgeworfen wurden, dann oft bis zum Zusammenbruch, bis zum tiefen Hader mit der Welt, die sie nicht mehr versteht. Literaten, oder besser, Schriftsteller, auch dieser Begabung, sind nicht für die Politik geeignet. Am Sonnabend übrigens Jesco von Puttkamer nach vielen Jahren wiedergetroffen. Er ist nun Botschafter in Israel, ganz seriös, aber nach einigen Schnäpsen doch noch mit der pommerschen Schnauze.[9] Dann kommt der Junker wieder heraus, was mir viel Spaß macht: da laufen im Klang der Sprache wieder die Jagdhunde und die Treiber über die Felder und knirscht das Sattelzeug über Kartoffeläcker. Wahrlich, niemand kommt aus seiner Haut <heraus>, auch dann nicht, wenn er Sozialdemokrat wird.

10.2.[1972]   Heinrich Böll gestern abend überraschend mit seiner Frau[10] zu Besuch. Ich habe ihm alles gesagt, was ich von seiner Baader-Meinhof-Gruppe-Attacke im «Spiegel» halte. Er nahm es hin und war wieder wie immer: der gute Mensch von Köln. Was macht ihn nur so sympathisch? Auch ich erliege diesem rheinischen Charme. Dabei kann ich mit seinem oft sehr undifferenzierten Denken gar nichts anfangen. Besonders dann nicht, wenn es sich um Politik handelt. Aber das gleicht sich immer wieder aus, wenn es um Menschen geht. Drei Dinge haben wir besprochen. Seine Reise nach Russland, die er heute angetreten hat[11], den Pen-Präsidenten und die Baader-Meinhof-Gruppe und ihre radikale Aktivität. In der Beurteilung aller drei Dinge waren wir uns fast einig. Ich frage mich nur, warum er in <der> Öffentlichkeit dann oft so ganz andere Dinge sagt, provozierende Dinge, die zu seinen gestern geäußerten Ansichten im krassen Gegensatz stehen. Auch in der Beurteilung der Vorgänge in der Sowjetunion gehen wir konform. Er sieht gewisse Entwicklungen, die dort heraufkommen, genauso skeptisch wie ich: eine Art neuen Panslawismus. Ob ich mich zum Präsidenten des Pen-Clubs wählen lasse, sozusagen zu seinem Nachfolger, darüber haben wir lange gesprochen.[12] Er wünscht es sich. Aber ich weiß nicht! Noch einmal in die Arena steigen? Und das mit all den «Pfeifen», die in diesem Club sind.[13] Günter Grass riet mir heute telefonisch, es zu tun, wörtlich: «Wir müssen alle Kommandostellen besetzen.»

12.2.[1972]   Ich habe «Ja» gesagt. Thilo Koch war noch einmal hier, gestern abend. Also Präsident des Pen-Clubs. Das heißt, wenn ich gewählt werde. Ob diese Entscheidung richtig ist? Ich weiß es nicht. Viel lässt sich nicht daraus machen und gegenüber der Arbeit für die «Gruppe 47», die produktiv war, ist diese eigentlich nur repräsentativ. Das aber liegt mir nicht sehr. Wir werden sehen.

14.2.[1972]   Der Film «Meine Straße» ist gelaufen und er scheint angekommen zu sein. Das ist erfreulich. Aber vieles ist traurig in diesen Tagen. Wanda Bronska-Pampuch ist gestorben, überraschend schnell, an Leukämie.[14] Mit ihrem Verschwinden ist auch für mich eine Lücke entstanden, die sich nicht schließen lässt.

17.2.[1972]   Vorgestern abend kam mit anderen Leo Bauer hier herein, ein Schatten seiner selbst, dünn, gebrochen, ein Mann, hinter dem der Tod schon herläuft. Das hat mich sehr erschüttert. Unwillkürlich mußte ich an das Paris 1933/34 denken, ein neunzehnjähriger Junge damals, gläu-

big, gewandt, aber dogmatisch, und dann, später, Gefängnisse, Todeszelle in Moskau, fünf Jahre Zwangsarbeit in Sibirien, und jetzt – nach all
dem Leiden – Berater des Kanzlers, endlich mit an der Macht, und doch
schon das Ende, Schluß, vorbei. Und, so würde meine Schwester Paula[15]
fragen, wozu das alles? Ja, wozu? Morgen früh fliegen wir für vierzehn
Tage nach London.

5.3.[1972]   Drei Wochen in England, in London, in Manchester, in Edin-
burgh, in Glasgow, mitten im Streik der Miners, der Bergarbeiter.[16] Viele
Abende also ohne Licht, sozusagen im Kerzenschein. Die Londoner
nehmen das hin, als sei das selbstverständlich: keine Nervosität, keine
Unruhe, nur Gelassenheit, Höflichkeit. Ein bewundernswertes Volk,
inmitten einer veralteten industriellen Welt, einer alt-kapitalistischen
Wirtschaftsstruktur. Es ist, als lebten sie alle noch von dem, was sie gestern an Kapital aus aller Welt zusammengetragen haben, «und», sagte
mir jemand, «das reicht noch für zwanzig Jahre, aber dann ist es aus». Der
verblassende und nachlassende Reichtum des ehemaligen Imperiums.

6.3.[1972]   Thilo Koch, Generalsekretär des Pen-Clubs rief an, um mir
mitzuteilen, daß er gern selbst Präsident des Clubs werden möchte. Es
reize ihn sehr. Für mich eine verblüffende Mitteilung. Was sollte ich darauf sagen? Aber, aber, sagte ich, wenn Du es gern machen willst, dann tu
es doch, ich habe nichts dagegen. Er schien sehr erleichtert. Aber was
treibt einen solchen Mann dazu, sich selbst als Präsident zu empfehlen.
Reine Geltungssucht? Ich werde also nicht kandidieren. Vielleicht ist es
besser so.[17]

7.3.[1972]   Gustav Korlén, ein wenig wie Karl Schiller aussehend, mit
dem Gesicht eines Abiturienten, wenn auch älter geworden, war hier und
nahm an einem Gespräch über «Was ist Deutsch?» teil.[18] Nachdem es
schon brieflich geschehen war, lud er mich noch einmal nach Stockholm

Gustav Korlén und Sebastian Haffner während der Sendung
«Was heißt in Zukunft ‹deutsch›?».

ein, ohne genau zu sagen, was ich dort machen soll: wahrscheinlich wieder einmal über die Nachkriegsliteratur sprechen.[19] Als ich ihm eine
Zusage gab, war er ganz glücklich, dann, sagte er, hätte sich sein Flug
nach Berlin gelohnt, das sei für ihn ein großer Erfolg. Merkwürdig, es ist
mir nicht ganz klar geworden, was er von mir wollte.

8.3.[1972] Hartmut Lange, der ebenfalls, wie Peter Weiss, ein Stück
über Trotzki geschrieben hat[20], das am 15. März in Hamburg aufgeführt
werden soll, war hier und sein erstes Wort war: warum machen Sie die
Gruppe 47 nicht weiter. Sie sind schuld, wenn das alles zugrunde geht.
Das hatte ich nicht erwartet, ausgerechnet Lange. Später in einem Fernsehgespräch mit Johannes Gross, Sebastian Haffner, Korlén, Schmieding
und anderen, behauptete er, die Gruppe 47 sei nicht tot und als Walther
Schmieding sagte: «Aber das ist doch schon historisch» war die Antwort:
«Sie irren sich.»

10.3.[1972] Gestern abend rief Thilo Koch an, noch einmal. Er scheint sich sicher zu sein, daß man ihn zum Präsidenten wählt. Mir ist es gleichgültig. Ich habe Heinrich Böll geschrieben, daß mich der Pen-Club noch niemals sonderlich interessiert hat.[21] Aber er scheint aus Moskau noch nicht zurück zu sein.

14.3.[1972] Den ganzen Montag über Rundfunkgespräch, drei Stunden lang, mit Gerhard Szczesny, Theo Pirker, Hartmut Lange, Leo Bauer und dem Jungsozialisten Gansel[22]. Leo Bauer kam aus Italien, von der KPI, mit einem schweren Koffer und sah doch aus, als ginge der Tod schon hinter ihm her.[23] Erschreckend. Aber das Thema der Gespräche machte ihn wieder lebendig: «Die Renaissance des Marxismus. Schein oder Wirklichkeit?» Es ist sein Thema, das Thema seines Lebens.

München, 20.3.[1972] Böll rief an. Er ist aus Moskau zurück, scheinbar tief deprimiert, er habe, sagt er, dort zwischen allen Stühlen gesessen, es sei für ihn ein Verschleißprozess gewesen, aber es sei ein gewisser Optimismus da, vor allen Dingen bei der Opposition.[24] Im übrigen habe das Konspirative zugenommen, konspirativ sei alles, fast wie unter dem Zaren. Sonst aber viele Grüße an mich, von Kostja[25], von Kopelew, auch von Solschenizyn. Böll wollte mich noch einmal bewegen, doch Präsident des Pen-Clubs zu werden. Aber ich habe es entgültig abgelehnt.

25.3.[1972] Theo Pirker ist zum Professor ernannt und an die FU nach Berlin berufen worden. Das ist ein Fortschritt.

12.4.[1972] Reise nach Stockholm. Inzwischen hat der Pen-Club in Düsseldorf getagt und Hermann Kesten zum Präsidenten gewählt.[26] Thilo Koch, der als Präsident durchfiel, ließ sich wieder zum Generalsekretär wählen, ein makabres Schauspiel. Was soll das nur?

Berlin 22.4.[1972] Zurück aus Stockholm. Es war eine Enttäuschung. Nichts ist dort mehr so wie es einmal war, auch das schwedische Experiment scheint zu misslingen, zu viel Sozial- und Bildungsausgaben, mehr als das Volksvermögen hergibt. Deshalb zu hohe Steuern, zu hohe Preise, eine Spirale, an der wahrscheinlich auch die schwedische Sozialdemokratie scheitern wird. Und merkwürdig, obwohl die schwedischen Bürger nun nach rechts tendieren, machen die anderen jetzt auf überzogenen linken Radikalismus: so auch meine Freunde, Korlén, Vegesack[27], Löfdahl. Erster Abend mit ihnen und Peter Weiss und Gunilla[28], die ich seit fünf Jahren nicht mehr gesehen habe. Beide sprachen nur von Vietnam. Einen Tag später, bei meinem Vortrag und der anschließenden Diskussion, war der Saal halbleer. Welch ein Gegensatz zu meinem ersten Auftreten dort – 1963 – im selben Saal.[29] Damals alles überfüllt, selbst die Ränge brechend voll. Inzwischen scheint der Glanz der Gruppe 47 auch dort erloschen zu sein. In der Diskussion, in der ich heftigen Angriffen junger linker Germanisten ziemlich hilflos gegenüberstand, verteidigte mich Marcel Reich-Ranicki, der aus Uppsala herübergekommen war. Er ließ sich zu dem Satz hinreißen: «Sie haben eine Gelegenheit, die wahrscheinlich nie wieder kommt. Vor ihnen stehen fünfundzwanzig Jahre deutscher Literaturgeschichte.» Das alles war nicht erfreulich, zumal einer der jungen Germanisten, Assistent von Korlén, aufstand und von mir forderte, ich möge doch gefälligst Selbstkritik üben. Diese blasierten jungen Deutschen sind unerträglich. Anschließend beim Festessen ließ ich mich leider gehen. Es kam zu einer hitzigen Auseinandersetzung über das politische Verhalten meiner schwedischen Freunde: «Lob der DDR und Diffamierung der Bundesrepublik.» Und Korlén sagte: «Du sprichst, wie die Springerpresse schreibt.» Alles in allem, dieser Besuch hat sich nicht gelohnt, ich hätte ihn mir sparen können. Nur Otto und Friedel in Malmö waren angenehm.[30] Sie teilen meine Ansichten.

3. Mai [1972] Nun doch Tagung der Gruppe 47 hier in der Erdenerstraße.[31] Aber war es die Gruppe 47? Es war sie wohl nicht, eine Auslese, nicht ganz gerecht: Grass, Weiss, Kluge, Johnson, Becker, Höllerer, ein

Auf der Terrasse der ehemaligen S. Fischer-Villa. Von links: mit dem Rücken zugewandt Walter Kempowski, Hildegard Baumgart, Uwe Johnson, Fritz J. Raddatz, Peter Wapnewski, Reinhard Baumgart, Jürgen Becker.

paar alte Freunde: Milo Dor, Nowakowski, Wapnewski, Raddatz. Dazu Baumgart, Kempowski, Salvatore, Roehler, Born. Eine angenehme Gesellschaft, aber ohne Sprungkraft. Das Feuer ist weg, vielleicht, weil die Literatur nicht mehr von allgemeinem Interesse ist oder von diesem Interesse getragen wird. Gleich zu Beginn gab es Ärger mit Höllerer. Er kam mit dem Germanistenunsinn dieser Zeit, alles hätte sich verändert, alles sei heute ganz anders als noch vor wenigen Jahren, es gäbe ein neues Literaturverständnis. Leider sagte er nicht, welches Verständnis? Er wußte es wohl selbst nicht genau. Unglücklicherweise ließ ich mich, noch verärgert über die Debatten in Stockholm, zu scharfen Reaktionen hinreißen, was mir selbst nicht gefallen hat. So quirlte Höllerer also weiter herum, eigentlich mit dem Satz «Seid nett zueinander», es hörte sich jedenfalls so an, keine Kritik, um Gottes willen, kein scharfes Wort, nur Fragen an den Autor, auch dann, wenn er miserabel ist. Trotzdem gingen die zwei Tage gut. Ein paar gute und interessante Lesungen und eine Entdeckung: Gaston Salvatore mit seinem Büchnerstück, eine Leistung, die anerkannt

Kleine Tagung der Gruppe 47 in der Erdener Straße 1972. Ganz links
Klaus Roehler, ganz rechts Arnulf Baring.

wurde.[32] Aber ich weiß dennoch nicht, ob man das weiter machen soll.
Erstaunlich waren nur Günter Grass und Alexander Kluge. Sie behielten
den alten Kontext bei, kritisierten mit Sachverstand und Sachkenntnis-
sen, ohne sich ideologisch beirren zu lassen und waren in jedem Augenblick ganz das, was man Gruppe 47 nennt. Nur Uwe Johnson schwieg,
schwieg, schwieg! Obwohl doch gerade er immer wieder auf eine solche
Zusammenkunft gedrängt hatte.

München 20.8.[1972]   Fast der ganze Sommer ist vergangen. Am 5. Mai
habe ich den Bauernhof bei Wesselbüren gekauft und inzwischen haben
Beatrice und Knut Husemann einen Betrieb daraus gemacht: «Ponyhof
am Deich», eine Art Ferienheim für Kinder.[33] Am 23. Juni, als ich mich
zu einem Mittagessen mit Hajo Schedlich treffen wollte, wurde ich auf
der Leopoldstraße überfahren oder besser angefahren, Fersenknochen-
bruch, Polizei, Unfallwagen und nach wenigen Minuten im Schwabinger
Krankenhaus. Damit kam alles durcheinander, die schönen Pläne für den

Sommer stürzten in sich zusammen. Aber die Ärzte benahmen sich, als seien sie eigens für mich angestellt. Ich wurde genagelt und konnte im Fernsehschirm meiner eigenen Operation zusehen. Ein sonderbares Gefühl. Hajo Schedlich, der ins Krankenhaus geeilt kam, brach fast selbst zusammen. Am liebsten hätte er sich gleich in das freie Bett neben dem meinen gelegt, so krank fühlte er sich. «Ein Scheiß-Mittagessen» sagte er immer wieder verzweifelt. Dann schickte er mir Ingrid Bachér[34], die mein Auto nach Pasing fuhr und überhaupt alles für mich erledigte. Mit ihr kam die alte Gruppe 47 in mein Krankenzimmer. Sieben Tage habe ich dort gelegen, dann kam Toni und brachte mich nach Norddeich-Wesselbüren zur Einweihung des Ponyhofs, die am 1. Juli sein sollte und bei der ich nicht fehlen konnte, eine schlimme Reise mit dem Gipsbein. Seltsam, diese plötzliche Hilflosigkeit, dieses «Aufeinanderangewiesensein». Man muß sich ins Flugzeug tragen lassen und schlimm ist es, daß alle eigenen Kräfte sich auf das kranke Bein konzentrieren. [...]

4.9.[1972] Immer noch Rückblick auf diese zwei Sommermonate, die so trübselig waren. Am 1. Juli die Einweihung des Ponyhofes. Grass, Lenz, Ortlieb[35], Barbara König, Ulf Baring, viele Freunde waren da, ein wunderbares Fest auf der Tenne, nur ich hatte nichts davon mit meinem Gipsbein. Es war sehr anstrengend. Grass sehr gelockert, so wie immer nett, alle anderen von einer ausgelassenen Heiterkeit.

12.9.[1972] Mit Günter Grass in Berlin ein langes Gespräch über «seinen» beginnenden Wahlkampf, ein schleppendes Gespräch. Er hat sich zu seinem Nachteil verändert, merkt es aber nicht.[36] Seine Motorik treibt ihn immer wieder auf die Wahlkampftribüne. Dabei aber etwas müde wirkend. Er spricht so langsam, jedes Wort kommt wie ein rollender Gummiflausch aus seinem Mund. Im übrigen in diesen Wochen nur Olympiade, Olympiade. Ich habe mich mit dem Gipsbein zum Einweihungsfest geschleppt. Es war ein Farbenrausch, tatsächlich in wenigen Stunden ein Fest der Völker, eine Illusion wahrscheinlich, aber eine schöne Illusion, an die man glauben möchte. Aber dann, in Berlin, die Nachricht des Attentats der palästinensischen Mörder, der Zusammenbruch dieses strahlenden Festes.[37] Nie hat mich etwas mehr erschüttert.

Dominik Geppert

Hans Werner Richter als Tagebuchschreiber.
Mutmaßungen über einen Text, den es eigentlich nicht geben sollte

«Warum ich kein Tagebuch schreibe», lautete die Überschrift des Essays, den Hans Werner Richter 1965 zu einem Sammelband über «Das Tagebuch und der moderne Autor» beitrug. «Nein, ich schreibe kein Tagebuch», hieß es da. «Ich bedauere es. Man kann Vergangenes nicht zurückholen.»[1] Mehr als zwanzig Jahre später bekräftigte Richter im Nachwort seiner Porträtsammlung «Im Etablissement der Schmetterlinge», für die er 21 Charakterskizzen – von Heinrich Böll bis Ingeborg Bachmann, von Ilse Aichinger bis Günter Grass, von Alfred Andersch bis Marcel Reich-Ranicki – verfertigt hatte, dass er für seine Arbeit auf keine Notizen, Tagebücher oder Protokolle habe zurückgreifen können; er sei allein auf sein «schlechtes und etwas zur Verschwommenheit neigendes Gedächtnis angewiesen» gewesen.[2]

Seither galt als gesichert, dass Hans Werner Richter, Gründervater und spiritus rector der einflussreichsten Schriftstellergruppe der deutschen Nachkriegszeit, zwar ein ungemein produktiver Briefeschreiber war und eine weit verzweigte Korrespondenz[3] mit anderen Schriftstellern, Intellektuellen und auch Politikern pflegte, dass er aber keinerlei Tagebuchnotizen hinterlassen habe. Tatsächlich finden sich im Richter-Nachlass, der heute im Archiv der Akademie der Künste Berlin verwahrt wird, keine Tagebuchaufzeichnungen, sieht man einmal von zwei kurzen Fragmenten aus den späten 1920er Jahren und einigen Notizen von einer Reise durch die zentralasiatischen Republiken der Sowjetunion Anfang der 1960er Jahre ab, die Richter später in seinem Bericht «Karl Marx in Samarkand» verarbeitet hat.[4]

Dass fast zwanzig Jahre nach Richters Tod am 23. März 1993 doch noch zwei bisher unbekannte Tagebuchkladden aus den Jahren 1966 bis 1972 veröffentlicht werden können, ist einem Zufallsfund oder, genauer gesagt, einer privaten Wiederentdeckung in der Bibliothek Arnulf Barings zu verdanken. Richter hatte Baring, mit dem er befreundet war, Ende der 1970er Jahre die damals vorhandene Korrespondenz und weitere Papiere anvertraut. Dieser hatte den Bestand zunächst in den Keller seines Hauses in Berlin-Nikolassee bringen lassen und dort verwahrt, ehe der Bestand in mehreren Etappen 1986 und 1987 in das Archiv der Akademie der Künste Berlin transferiert wurde. Die beiden Tagebuchhefte befanden sich nicht in diesen Kisten mit dem Nachlass und wurden deswegen auch nicht zusammen mit den Briefen und anderen Unterlagen ins Archiv überführt. Vielmehr hatte Baring die Hefte zusammen mit Richters veröffentlichten Werken in seiner Bibliothek aufbewahrt und dort über die Jahre hin einfach vergessen. Als sie ihm jüngst wieder in die Hände fielen, ließ er sie der Hans Werner Richter-Stiftung zukommen, die über die Rechte am Werk des Schriftstellers verfügt. Dort war man der Meinung, dass es wünschenswert sei, dieses zeit- wie literaturgeschichtlich bedeutende Dokument in Gänze zu edieren.

Die Bezeichnung «Tagebuch» ist insofern irreführend, als Richter nicht täglich Notate verfasste; mitunter liegen mehrere Wochen zwischen zwei Einträgen. Die Notizen sind fraglos echt. Sie sind in Richters Handschrift geschrieben und stammen zweifellos aus den Jahren 1966 bis 1972, obwohl dem Autor manche Fehler bei der exakten Datierung der Einträge unterlaufen sind, etwa wenn er sich auf Ereignisse bezieht, die nachweislich erst einige Tage später eingetreten sind oder Interviews in der Presse erwähnt, die zum angegebenen Zeitpunkt noch gar nicht erschienen waren.[5] Über Richters Biographie vor 1966, über sein Privatleben, seine familiären Verhältnisse, seine Gewohnheiten und seinen Lebensrhythmus erfährt der Leser wenig. Von Antonie Richter, seiner Ehefrau seit 1942, ist in den Einträgen relativ selten die Rede. Private Vorlieben oder Hobbys finden kaum Erwähnung. Das Tagebuch kreist vielmehr um die beiden Themen, die Richters Leben ausmachten: Literatur und Politik. Dabei sind die losen Einträge durchweg mehr als bloß kurz hingeworfene Notizen zur späteren Verwendung, aber weniger als ein vom Autor schon mit Blick auf eine spätere Publikation verfasstes Manuskript. Sie enthalten manche mit Bedacht formulierte boshafte Spitze, sind aber nicht bis ins Detail durchkomponiert.

Es bleibt die Frage, wieso Richter im Herbst 1966 ein Tagebuch zu führen begann, nachdem er im Jahr zuvor ausführlich dargelegt hatte, warum er sich dazu nicht eigne. Der Sinneswandel ist umso bemerkenswerter, als die Gründe, die Richter 1965 in seinem Essay angeführt hatte, durchaus grundsätzlicher Natur waren. Dem Chronisten seiner selbst, der sich am Abend hinsetze, um die Erlebnisse des Tages aufzuschreiben, fehle der Abstand zu den Ereignissen, hatte Richter argumentiert; es mangele ihm an Übersicht über den größeren Rahmen, in den sie einzuordnen seien. Man könne keine Atmosphäre einfangen, die man selbst mitbestimme. Der Schriftsteller bezweifelte, dass Tagebuchnotizen über den Augenblick der Niederschrift hinaus Bestand hätten. Die Regelhaftigkeit abendlicher Selbsterforschung, so fürchtete er, lasse keine «natürlichen», sondern «forcierte Gedanken» entstehen, «hervorgezaubert aus einem schon müden oder auch leeren Kopf, um weiße Papierseiten zu füllen».[6]

Ein literarisches Tagebuch, das von vornherein zur Veröffentlichung bestimmt sei, kranke zudem daran, dass unklar bleibe, an wen es sich richte: an ein späteres Ich oder an andere Leser der Zukunft. Deswegen gerate sein Verfasser unweigerlich in einen «Zwiespalt zwischen Objektivität und Subjektivität» und laufe Gefahr, sich selbst zu stilisieren, zu fabulieren statt zu notieren.[7] Die Authentizität, die ein Tagebuch suggeriere, hielt Richter für einen Trugschluss: Auf dem laufenden Band des Lebens gebe es «keine Minute des Stillstands, keinen Augenblick der Besinnung, der sich nicht schon in der Minute, in der er beginnt, verändert hat».[8] Was bleibe, sei das Tagebuchschreiben als Ersatzhandlung für denjenigen, der «nicht den Mut hat oder auch nicht die gestalterische Kraft, einen Roman oder eine Autobiographie zu schreiben».[9] Ohnehin, so der Schlussakkord, sei das Tagebuch keine zeitgemäße literarische Form mehr – ähnlich veraltet wie der Brief des 19. Jahrhunderts im Zeitalter des Telefons: «Würde ich mich heute hinsetzen, um ein Tagebuch zu schreiben, es kämen sofort die Zweifel. Ist die Person, die da das eigene Leben schreibt – mein Ich – noch mit sich identisch? Die moderne Frage nach der Identität ließe sich nicht vermeiden[,] und alles würde sofort wieder in sich zusammenfallen.»[10]

Auf die Frage, warum Richter diese lange Liste ernstzunehmender Einwände nur wenige Monate, nachdem er sie zu Papier gebracht hatte, wieder verwarf, gibt sein Tagebuch keine gesicherte Antwort. Im Unterschied zum Essayisten Richter hat der Tagebuchschreiber seine Entscheidung nicht reflektiert. Wer eine Erklärung sucht, muss zwischen den Zeilen lesen. Er muss die persönliche Lage Richters bedenken, die Situation der Gruppe 47, das intellektuelle Klima und die turbulenten politischen Ereignisse in dem Zeitraum, den die Notizen abdecken. Von all dem ein wenig mag dazu beigetragen haben, dass der Schriftsteller damals vom Skeptiker zum Praktiker des Tagebuchschreibens wurde. Vier Erklärungen, die einander keineswegs ausschließen, bieten sich an:

Erstens stellen die Jahre 1966 bis 1972 eine Phase der Umorientierung und des Ringens um einen literarischen Neuanfang in Richters Leben dar. Nachdem er sich fast zehn Jahre lang auf kürzere Texte und die Lenkung der Gruppe 47 konzentriert hatte, arbeitete er in der zweiten Hälfte der 1960er Jahre zunehmend intensiv an einem Comeback als Romancier. Politisch hörte er auf, ein Oppositioneller zu sein. In einem Land, in dem Willy Brandt erst Außenminister, dann Bundeskanzler war, fühlte sich Richter zum ersten Mal in seinem Leben nicht mehr als Meinungsgegner der Macht. Damit änderte sich seine Grundhaltung gegenüber Staat und Gesellschaft in Deutschland, die Richter vom späten Kaiserreich über die Weimarer Republik und die nationalsozialistische Diktatur bis in die Bundesrepublik der 1960er Jahre über sechs Jahrzehnte und drei Regimewechsel hinweg konsequent eingenommen hatte. Sein Tagebuch, so kann man annehmen, diente jedenfalls auch der Selbstreflexion in dieser literarischen wie politischen Umbruchphase.

Zweitens umreißen die sieben Jahre zwischen September 1966 und September 1972 ziemlich exakt die Phase der Auflösung der Gruppe 47. Es wurden damals immer mehr Stimmen laut, die ein baldiges Ende teils prognostizierten, teils sogar forderten, weil die Gruppe sich überlebt habe, nicht mehr auf der Höhe der Zeit oder schlicht überflüssig geworden sei. Zugleich bedeutete die Tagung im Gasthof «Pulvermühle» im oberfränkischen Waischenfeld Anfang Oktober 1967, die oft als letztes reguläres Gruppentreffen bezeichnet wird, keineswegs für alle unmittelbar Beteiligten schon das unumstößliche Ende der Gruppe. Richter plante nicht nur für Anfang Oktober 1968 ein Treffen in der Tschechoslowakei, das wegen der Niederschlagung des «Prager Frühlings» im August dieses Jahres nicht stattfinden konnte. Er trug sich auch in den folgenden Jahren mehrfach mit dem Gedanken, die Gruppe wieder zusammenzurufen. Erst das Treffen in der ehemaligen Villa von Samuel Fischer in Berlin-Grunewald Ende April, Anfang Mai 1972 markierte das Ende dieser Phase des Auslaufens einer zur literarischen Institution gewordenen Improvisation. Das Tagebuch diente, so steht zu vermuten, der Dokumentation und Abwägung von Richters wachsenden Zweifeln an der Zukunftsfähigkeit der Gruppe 47.

Drittens deckten die Jahre 1966 bis 1972 einen Großteil der Doppelexistenz Richters in München und Berlin ab. Zwar lebte er weiterhin überwiegend in der bayerischen Landeshauptstadt, unterhielt aber gleichzeitig von 1964 bis 1975 eine zweite Wohnung in der früher dem Verleger Samuel Fischer gehörenden Villa in der Erdener Straße im Westteil Berlins. Dort fungierte er als Gastgeber eines politisch-literarischen Salons, in dem er Hörfunk- und Fernsehsendungen hauptsächlich für den *Sender Freies Berlin* (SFB), den *Norddeutschen Rundfunk* (NDR), *Radio Bremen* (RB) und das *Zweite Deutsche Fernsehen* (ZDF) konzipierte und moderierte. Damit war Richter ideal positioniert, um in zahllosen Gesprächen mit deutschen wie internationalen Künstlern, Intellektuellen und Politikern drängend scheinende Fragen der Zeit zu besprechen und den Wandlungen der geistigen Zeitstimmung nachzuspüren. Das Tagebuch hält Richters Eindrücke aus diesen Diskussionsrunden fest und zeichnet seine Versuche nach, eine eigene Position in den intellektuellen Selbstverständigungsdebatten zu finden. Auch dies mag ein Motiv gewesen sein, Eindrücke in einem Tagebuch zu fixieren.

Viertens war die Zeit zwischen 1966 und 1972 nicht nur geistig, sondern auch gesellschaftlich und politisch eine Phase rasanten Wandels und sich überstürzender Ereignisse in Deutschland, West- und Osteuropa, ja weltweit: das Ende der Kanzlerschaft Ludwig Erhards, die Bildung einer Großen Koalition, die Erfolge der NPD in verschiedenen westdeutschen Landtagswahlen, die Studentenunruhen in Berlin, Frankfurt, Heidelberg und Freiburg, in Paris, Rom, New York und Berkeley, die Niederwerfung des tschechoslowakischen Reformsozialismus durch die Armeen des Warschauer Pakts, die Arbeiterunruhen in Polen, die Dissidentenbewegung in der Sowjetunion, der amerikanische Krieg in Vietnam, die Kulturrevolution in China. Richters Tagebuch reflektiert die tektonischen Verschiebungen in der nationalen, europäischen und globalen Politik aus der Perspektive eines «linken Konservativen» des Jahrgangs 1908.[11] Es sind die Erwägungen eines von den politischen und geistigen Erschütterungen des 20. Jahrhunderts geprägten Intellektuellen, der trotz seiner desillusionierenden Erfahrungen mit der marxistischen Ideologie an einer Revolutionsperspektive festhielt, nur dass er die revolutionären Veränderungen der Zukunft nicht im Westen, sondern im Osten lokalisierte: als Revolution gegen die kommunistische Diktatur. Auch der Versuch, eine sich dramatisch verändernde Welt zu begreifen, wäre schließlich ein plausibler Grund, Tagebuch zu schreiben.

Die vier genannten Punkte markieren nicht nur mögliche Motive Richters, sondern geben auch Gesichtspunkte an, unter denen man das Tagebuch heute mit Gewinn lesen kann: (1) als wichtige Ergänzung zur Biographie Richters, (2) als zentrale Quelle zur Spätgeschichte der Gruppe 47, (3) als Dokument einer deutschen Intellektuellengeschichte der 1960er und 1970er Jahre sowie (4) als eigenwillige Zusammenschau der revolutionären Ereignisse um «1968» in Ost und West.

1. Ein Leben für Literatur und Politik

Hans Werner Richters Biographie vor 1966 kann am besten in den beiden Dimensionen nachgezeichnet werden, in denen sich sein Leben hauptsächlich abspielte: Literatur und Politik. Da ist zum einen der Lebensweg eines literarischen Autodidakten, der 1908 auf der vorpommerschen Ostseeinsel Usedom geboren wurde und in einer Familie von Fischern und Katenbauern mit sechs Geschwistern aufwuchs. In seiner großen Familie dürfte Hans Werner Richter gelernt haben, sich in einer Gruppe zu behaupten; hier wird er früh auch den «sozialen Sinn» erprobt haben, der ihm später als Moderator von Diskussionen aller Art zugutekam.[12] Das Milieu, aus dem Richter kam, würde heute als bildungsfern bezeichnet werden.

Die Mutter schuftete als Wäscherin, der Vater verdiente sein Geld im Sommer als Bademeister, sonst als Fischer und übernahm außerhalb der Saison allerhand Gelegenheitsarbeiten.[13]

Der junge Hans Werner machte sich nach wilhelminischer Volksschule und schwieriger Berufsfindung mit abgebrochenen Ausbildungen und wiederholten Lehrstellenwechseln in der Umbruchszeit nach dem Ersten Weltkrieg als Buchhandelsgehilfe zuerst in Swinemünde, dann in Berlin im Selbststudium mit der großen Literatur des 19. und frühen 20. Jahrhunderts – von Tolstoi und Dostojewski bis Rilke und Thomas Mann – vertraut.[14] In den Jahren der Zerstörung der Weimarer Republik unternahm er erste eigene literarische Gehversuche und schlug sich während der nationalsozialistischen Diktatur in verschiedenen Stellungen im Buchhandel und im Verlagswesen durch. Es ist der Werdegang eines Schriftstellers, der, um sich vor der Verfolgung durch die Gestapo zu schützen, im Juli 1938 Mitglied der Reichsschrifttumskammer wurde, noch ehe er, von einigen unpolitischen Feuilletongeschichten abgesehen, überhaupt schriftstellerisch produktiv geworden war. 1940 wurde Richter in die Wehrmacht eingezogen und beim Grenzschutz erst in Polen, dann in den Pyrenäen eingesetzt. In Italien geriet er nach den heftigen Kämpfen um Monte Cassino im Sommer 1943 in amerikanische Kriegsgefangenschaft.

Erst nach dem Zweiten Weltkrieg gelang ihm durch die literarische Auseinandersetzung mit Krieg und Gefangenschaft der Durchbruch als eine führende Stimme der deutschen «Trümmerliteratur».[15] Heinrich Böll, der im Krieg ähnliche Erfahrungen gemacht hatte wie Richter, hat die zunächst herabsetzend gemeinte Bezeichnung der «Trümmerliteratur» ins Positive gewendet und gegen Verfechter eines traditionelleren Kunstbegriffs verteidigt, die mehr Erhabenheit und einen raffinierteren Stil in der Literatur bevorzugten. Die Menschen, von denen er und die anderen Kriegsheimkehrer schrieben, so Böll, «lebten in Trümmern, sie kamen aus dem Kriege, Männer und Frauen in gleichem Maße verletzt, auch Kinder. Und sie waren scharfäugig: sie sahen. Sie lebten keineswegs

in völligem Frieden, ihre Umgebung, ihr Befinden, nichts an ihnen und um sie herum war idyllisch, und wir als Schreibende fühlten uns ihnen so nahe, daß wir uns mit ihnen identifizierten».[16] Der Kahlschlag nach 1945, so hat Arnulf Baring es einmal treffend formuliert, war der «Kampfruf einer Landsknechtsgeneration, die bis dahin um ihre Lebenschancen betrogen worden war. Die Stunde Null als Lotterielos für alle Kriegsheimkehrer, die für die neue Zeit nichts mitbrachten als viel guten Willen und gewaltige Hoffnungen.»[17]

Das galt für die Literatur ebenso wie für die zweite Dimension, die Richters Leben prägte: das politische Engagement. Man kann seine Biographie nicht nur als Entwicklungsgeschichte eines Schriftstellers erzählen, sondern auch als Lebensweg eines Oppositionellen, der in den ersten sechs Jahrzehnten seines Lebens im Widerspruch zu den Mächtigen, in Gegnerschaft zum politischen System und zu den gesellschaftlich vorherrschenden Kräften stand und erst in der zweiten Hälfte der 1960er Jahre seinen Frieden mit dem Staat und der Gesellschaft machte, in denen er lebte. Das Elternhaus gehörte zu den nicht sehr zahlreichen Familien im ostelbisch-konservativen Bansin der Kaiserzeit und der Weimarer Republik, die zur Arbeiterbewegung hielten. Der Vater war Sozialdemokrat, ein Bruder Pazifist, ein anderer Mitglied des Spartakusbundes. Hans Werner Richter selbst trat 1930 der KPD bei, bis ihn die Partei 1932 wegen «Trotzkismus» ausschloss.[18] Danach wandte er sich der Sozialistischen Arbeiterpartei Deutschlands (SAP) zu, für die er in den letzten Monaten der ersten deutschen Republik als Redner auftrat. Nach der Machtübertragung an die Nationalsozialisten tauchte Richter vorübergehend in die Illegalität ab. Er versuchte, sich wieder an die KPD anzunähern, musste aber bald mit Hilfe einer Freundin nach Paris fliehen. Fünfzig Jahre später hat er darüber in seinem Roman «Ein Julitag» berichtet.[19]

Das Exil in Frankreich empfand er als Phase zermürbenden Nichtstuns und endloser Streitereien unter den linken Emigranten, nicht zuletzt auch als Zeit blanker Not und nagenden Hungers. All dies trieb ihn schon nach wenigen Monaten zurück ins Deutsche Reich, obwohl er die Nationalsozialisten verabscheute. Später in der amerikanischen Kriegsgefangenschaft wurde er als glaubwürdiger Gegner des NS-Regimes eingeschätzt und gefördert. Zugleich lehnte er aber die von den USA verfochtene These der Kollektivschuld aller Deutschen vehement ab, für die jemand mit seiner Vergangenheit kaum Verständnis aufbringen konnte. Seine Kritik setzte er in den Jahren 1946/47 fort, als er zusammen mit Alfred Andersch die Zeitschrift *Der Ruf* herausgab und darin die amerikanische Besatzungspolitik in Deutschland derart heftig angriff, dass beide sich im April 1947 genötigt sahen, aus der Redaktion auszuscheiden.[20] Richter blieb seinen politischen Vorstellungen aus der Besatzungszeit in den folgenden Jahren treu. Er trat auch nach der Gründung der Bundesrepublik für einen undogmatischen, humanitären Sozialismus ein, für die Wiedererlangung der deutschen Einheit durch einen europäisch eingebetteten Nationalneutralismus, für die Rolle Deutschlands als Mittler zwischen Ost und West und für eine «Demokratisierung unserer Demokratie», wie er 1957 schrieb.[21]

Freilich verlagerte sich der Schwerpunkt seiner Aktivitäten in den späten 1940er, frühen 1950er Jahren zunächst weg vom politisch-publizistischen Engagement hin zur Literatur. Für den Schriftsteller Richter waren die ersten zehn Jahre nach der Gründung der Bundesrepublik die produktivste und erfolgreichste Zeit seines Lebens. Er veröffentlichte in kurzem Abstand fünf Romane, die zum Teil hohe Auflagen erzielten und breite Beachtung fanden. Der 1949 erschienene Erstling «Die Geschlagenen» wurde in neun Sprachen übersetzt und mit dem Fontane-Preis der Stadt Berlin ausgezeichnet.[22] Der 1951 folgende Roman «Sie fielen aus Gottes Hand» erhielt ebenfalls einen Preis, den von prominenten Vertretern der Emigrationsliteratur und führenden ausländischen Verlagen gestifteten René-Schickele-Preis «für den besten Roman eines jungen Autors, der in der Hauptsache erst nach dem Zusammenbruch des ‹Dritten Reichs› wesentliche Werke veröffentlicht hat».[23] Die folgende Erkundung der eigenen Kindheit und Jugend auf Usedom, die 1953 unter dem Titel «Spuren im Sand» erschien, verkaufte sich zwar anfangs nicht sonderlich gut, erlebte aber bis 2004 insgesamt sechs Auflagen (eine DDR-Ausgabe 1961 eingeschlossen). Der 1955 erschienene Antikriegsroman «Du sollst nicht töten» fiel bei der Kritik weitgehend durch, war aber von allen bisherigen Büchern Richters der größte kommerzielle Erfolg.[24] Auch der satirische

Roman «Linus Fleck» 1959 wurde von Kritik und Publikum überwiegend positiv aufgenommen.[25]

Die fünf Werke unterschieden sich in Tonlage und Komposition zum Teil beträchtlich voneinander. «Spuren im Sand» und «Linus Fleck» offenbaren hintersinnigen Witz, während die anderen drei Romane von einem kargen, nüchternen Realismus bestimmt sind. Dennoch zeigen sie unverkennbar dieselbe Handschrift. Alle tragen mehr oder weniger deutlich autobiografische Züge. Ihm fehle es an Phantasie, um sich «etwas völlig selbständig auszudenken», hat Richter einmal bemerkt, deswegen schreibe er Geschichten, die er «selbst erlebt habe oder zum Teil selbst erlebt habe».[26] Zugleich ist jeder Roman auf seine Weise als Auseinandersetzung mit einem Stück deutscher Geschichte des 20. Jahrhunderts angelegt. «Spuren im Sand» lässt die kleinbürgerlich-proletarische Gegenwelt eines Ostseebads im späten Kaiserreich und den Anfangsjahren der Weimarer Republik wieder aufleben. «Die Geschlagenen», «Sie fielen aus Gottes Hand» und «Du sollst nicht töten» verarbeiten als Antikriegsromane das traumatische Erlebnis des Zweiten Weltkriegs, während «Linus Fleck», teils ironisch, teils sarkastisch, die Gründerjahre im Nachkriegsdeutschland zwischen Schwarzmarkt, Währungsreform, verdrängter NS-Verstrickung und beginnender Wohlstandswelt karikiert.[27]

Seit Mitte der 1950er Jahre empfand Richter ein zunehmendes Unbehagen, das, was er als die reaktionären politischen Entwicklungen und die restaurativen gesellschaftlichen Tendenzen der Adenauer-Ära ansah, weiterhin nur mit den Mitteln der Literatur zu kommentieren. Der Aufbau der Bundeswehr, die Diskussion um eine atomare Bewaffnung der westdeutschen Streitkräfte, die Gründung einiger neonazistischer Verlage und Zeitschriften machten es aus seiner Sicht notwendig, sich stärker in die Tagespolitik einzumischen. Zu diesem Zweck schuf Richter 1956 von der bayerischen Landeshauptstadt aus den Grünwalder Kreis und zwei Jahre später das Münchener Komitee gegen Atomrüstung, über die er mit sozialdemokratischen Politikern wie Hans Jochen Vogel, Waldemar von Knoeringen, aber auch mit Willy Brandt, damals Regierender Bürgermeister von Berlin, in Kontakt kam.[28]

In dem Maße, in dem Richter sein politisches Engagement intensivierte, traten seine schriftstellerischen Aktivitäten seit Ende der 1950er Jahre in den Hintergrund. Ob dabei der Wunsch, sich stärker politisch zu betätigen, dazu führte, dass kaum noch Raum für die literarische Arbeit blieb, oder ob umgekehrt eine künstlerische Schaffenskrise die kompensatorische Flucht in das politische Engagement begünstigte, wird sich nicht mehr mit Sicherheit entscheiden lassen. In jedem Fall brachten die 1960er Jahre eine Zäsur in seinem literarischen Schaffen. Zwölf Jahre lang erschienen keine Romane aus Richters Feder, sondern ausschließlich kürzere Prosastücke, zum Beispiel ein Bericht über eine Reise durch die zentralasiatischen Republiken der Sowjetunion, der 1967 unter dem Titel «Karl Marx in Samarkand» publiziert wurde. Außerdem brachte Richter 1965 ein Bändchen mit dem Titel «Menschen in freundlicher Umgebung» in den Druck, das ähnlich wie «Linus Fleck» die gesellschaftliche Entwicklung im Nachkriegsdeutschland satirisch reflektierte.[29]

Dafür war er – teils als Herausgeber, teils als Co-Autor oder Ideengeber – an einer ganzen Reihe wichtiger politischer Schriften beteiligt. Zur Bundestagswahl 1961 regte er eine Streitschrift mit dem Titel «Die Alternative oder Brauchen wir eine neue Regierung?» an, in der Schriftsteller und Intellektuelle für eine SPD-Regierung warben, auch wenn das Bekenntnis zur Sozialdemokratie in den meisten Fällen eher halbherzig bis griesgrämig ausfiel.[30] In demselben Jahr gab Richter einen Band über «Die Mauer oder Der 13. August» heraus, der gegen den Mauerbau der SED protestierte.[31] Es folgte die «Bestandsaufnahme. Eine deutsche Bilanz 1962», in der Richter zusammen mit 35 Wissenschaftlern, Schriftstellern und Publizisten (u. a. Alexander Mitscherlich, Hartmut von Hentig, Inge Scholl, Wolfgang Abendroth und Robert Jungk) mit der Ära Adenauer abrechnete.[32] Zur Bundestagswahl 1965 initiierte Richter nicht nur ein «Wahlkontor» junger Schriftsteller, das den Reden prominenter SPD-Politiker wie Willy Brandt und Karl Schiller ein wenig stilistische Finesse verleihen sollte.[33] Er gab außerdem einen Band mit dem Titel «Plädoyer für eine neue Regierung» heraus, in dem wie 1961 Schriftsteller und Intellektuelle (von Peter Rühmkorf und Siegfried Lenz über Rudolf Augstein, Rolf Hochhuth und Erich Fried bis zu Klaus Wagenbach, Carl Amery und Axel Eggebrecht) zur Wahl der SPD aufriefen, diesmal freilich entschiedener im Ton und in der Sache, wie schon der Untertitel «Keine Alternative» deutlich machte, der anders als vier Jahre zuvor nicht mehr mit einem Fragezeichen versehen war.[34]

Das Tagebuch setzt im Herbst 1966 zu einem Zeitpunkt ein, als Richter sich offenkundig entschieden hatte, politisch-publizistisch künftig kürzer zu treten und die eigene künstlerische Produktion wieder stärker ins Zentrum zu stellen. Er arbeite an einem «literarischen come back», heißt es im Tagebuch mehrfach [etwa am 19. Mai und am 17. Dezember 1969].

In einem Gespräch mit Robert Jungk berichtete Richter von seinem Entschluss, «nur noch das für mich Wesentliche zu tun, ohne Rücksicht auf die Problematik der Jugend und aller öffentlicher Bedürfnisse» [8. Februar 1970]. Im letzten Drittel der 1960er Jahre arbeitete er parallel an einem Roman über den Untergang der Weimarer Republik und das Heraufziehen der nationalsozialistischen Diktatur, an einem Buch über seine pommerschen Landsleute und an einer Sammlung von Erzählungen mit dem Titel «Blinder Alarm», die thematisch an die «Spuren im Sand» anknüpfte, nur dass hier der Vater, nicht die Mutter im Zentrum stand.[35]

Man kann Richters Tagebuch als Werkstattbericht eines erfahrenen Schriftstellers lesen, dem seine journalistischen Texte, auch die Erzählungen und Kurzgeschichten weiterhin leicht von der Hand gingen, der sich aber mit der Rückkehr zu der von ihm eigentlich immer noch favorisierten Form des Romans schwer tat. Die Tagebuchnotizen sind gespickt mit Seufzern der Mutlosigkeit und des Selbstzweifels [etwa am 25. August 1967 und am 5. Juli 1970] über den als lähmend langsam empfundenen Fortschritt des Manuskripts, das im Tagebuch unter dem Arbeitstitel «Onkel August» firmierte und dessen Entstehungsgeschichte sich von der ersten Idee 1965 bis zur Veröffentlichung 1971 über sechs Jahre hinzog.

Richters politisches Engagement blieb von der angestrengten Konzentration auf die literarische Produktion nicht unberührt. Anders als 1961 und 1965 war er in die SPD-Bundestagswahlkämpfe 1969 und 1972 nicht eingebunden, obwohl sein Verhältnis zum Spitzenkandidaten Willy Brandt eng blieb. Zugleich macht das Tagebuch deutlich, dass Richter von seinem politischen und gesellschaftlichen Engagement und seinem Interesse an den aktuellen Entwicklungen der Tagespolitik nicht abließ. Insbesondere über die Auseinandersetzung mit der Studentenbewegung blieb Richter in das Tagesgeschehen involviert. Seine Sicht auf die revoltierenden Studenten war dabei zunächst durchaus von Sympathie geprägt. Er hatte seit 1963 Kontakte zum Liberalen Studentenbund Deutschland (LSD), engagierte sich 1965/66 in München als Vorsitzender von dessen Förderkreis und versuchte, in seinem Bekanntenkreis Geldgeber zu werben. Richter teilte die Hoffnung der linken Studenten auf eine bessere Zukunft im Sozialismus und schätzte ihre Weigerung, überkommene Ungerechtigkeiten zu akzeptieren. Er lobte den Veränderungswillen der Studenten, beneidete sie um ihre Zuversicht und fühlte sich zugleich in seine eigene kommunistische Sturm-und-Drang-Zeit in Berlin vor 1933 zurückversetzt.

Bei aller Sympathie für die Anliegen der Studenten gewann Richter jedoch zunehmend den Eindruck, es mit überspannten, kopflastigen und wirklichkeitsfremden Luftgebilden zu tun zu haben. Nach einem Gespräch mit den Berliner Studentenführern Wolfgang Lefèvre und Bernd Rabehl notierte er, die Studenten «drehten sich um ihre eigene Achse, ihre marxistische Achse, alle Theorietrümmer von vor 1932 tauchten wieder auf», von Trotzkis permanenter Revolution bis zu Heinrich Brandlers und August Thalheimers Bemühungen um eine antifaschistische Einheitsfront: «eine seltsame, fast gespenstische Diskussion». Vor dem Hintergrund seiner eigenen Erfahrung Ende der 1920er, Anfang der 1930er Jahre muteten Richter die theoretischen Pirouetten der Studenten grotesk an, weil sie die überkommenen marxistischen Doktrinen nicht weiter entwickelten, sondern kanonisierten: eine neue Generation «mit alten Ladenhütern der Theorie» [9. April 1968].

In diesem Zusammenhang offenbart das Tagebuch eine sowohl von der zeitgenössischen Literaturkritik als auch später von der Literaturwissenschaft kaum erkannte Verbindung zwischen den Studentenprotesten und Richters Romanprojekt, das 1971 schließlich unter dem Titel «Rose weiß, Rose rot» im Suhrkamp Verlag erschien. Es behandelt das Schicksal einer linken Jugend am Ende der Weimarer Republik, Richters eigener Generation, und ist bisher in erster Linie als «ideologischer Abrechnungsroman» verstanden worden, in dem sich Richter mit den Fehlern der eigenen Vergangenheit als überzeugter Kommunist am Ende der 1920er, Anfang der 1930er Jahre auseinandersetzt: mit der dogmatischen Ideologiefixierung der Kommunistischen Partei, dem zunehmenden Realitätsverlust, den fruchtlosen Fraktionskämpfen innerhalb der Linken, die zu Vereinzelung und politischer Ohnmacht führten, der selbstgewissen Ignoranz gegenüber der eigentlichen Gefahr von rechts.[36] Im Lichte der Tagebucheintragungen kann man den Roman aber auch als Auseinandersetzung mit Richters Gegenwart lesen: als Ausdruck der Sorge vor der Rückkehr ideologischer Scheuklappen in Form eines dogmatischen (Neo-)Marxismus, als Plädoyer gegen ideologische Verblendung, gegen die Zersplitterung der Linken, das Verächtlichmachen der Republik, damals der ersten, nun der zweiten deutschen Republik.

Eine solche Lesart befände sich im Einklang mit Richters Verständnis von Literatur als «Gedächtnis der Menschheit» [6. Januar 1970] und seiner Weigerung, künstlerische Tätigkeit und gesellschaftliches Engagement, Politik und Literatur, Kunst und Geschichte voneinander zu trennen. Die Politik habe Hans Werner Richter immer mehr interessiert als die Literatur, hat Marcel Reich-Ranicki, der dieses Verhältnis selbst ganz anders sah, in seinen Erinnerungen behauptet: «[E]r war eher ein Journalist als ein Schriftsteller».[37] Dieser nicht ohne Bosheit formulierte Satz enthält zwar einen wahren Kern. Freilich sollte man genauer sagen: Richter schrieb immer, ob als Romancier oder als Publizist, um Einfluss auf seine Mitmenschen auszuüben. Politik war für ihn nicht wichtiger als Literatur, sie war lediglich ein anderer Weg zu demselben Ziel und deshalb nicht von ihr zu trennen. So gesehen waren die beiden zentralen Dimensionen von Richters Leben letztlich zwei Seiten derselben Medaille.

2. «Die Gruppe 47 im Verfall»

Mehr noch als das schriftstellerische Œuvre oder das politische Engagement war die Gruppe 47 Hans Werner Richters Lebenswerk. Weite Strecken des Tagebuchs spiegeln sein Bestreben wider, sie gegen tatsächliche oder vermeintliche Vereinnahmungs- und Übernahmeversuche zu schützen, sie als seine ureigene persönliche Leistung, sein literarisch-politisches Vermächtnis eifersüchtig zu verteidigen. Nicht zufällig schien diese Aufgabe im Herbst 1966, als das Tagebuch einsetzt, besonders dringlich zu sein. Die Gruppe 47 befand sich damals nach der Tagung in Princeton vom April 1966 in einer akuten Zerreißprobe, die mindestens so sehr politische wie literarische Gründe hatte. Der junge Peter Handke hatte in den USA die Literatur der Gruppe 47 unter anderem deswegen attackiert, weil sie seiner Ansicht nach allzu sehr auf Gesellschaftskritik und Vergangenheitsbewältigung zielte, was er als «läppisch» empfand.[38] Den «berüchtigten Ort» Auschwitz in einem Nebensatz zu erwähnen, gehe vielleicht noch an; ihn aber «bedenkenlos in jede Wald- und Wiesengeschichte einzuflechten, in einem unzureichenden Stil, mit untauglichen Mitteln, mit gedankenloser Sprache», das sei unmoralisch.[39]

Die wichtigste Meinungsverschiedenheit drehte sich freilich nicht um die NS-Vergangenheit oder um Handkes Stilkritik, sondern um den Krieg der Vereinigten Staaten in Südostasien. Nachdem Richter auf Anregung von Peter Stadelmayer, dem Leiter des New Yorker Goethe House, und unterstützt von dem in Princeton lehrenden Germanisten Victor Lange zum Gruppentreffen an die renommierte Universität im Bundesstaat New Jersey an der amerikanischen Ostküste eingeladen hatte, waren von einer Reihe prominenter Mitglieder der Gruppe 47 Absagen gekommen. Manche, wie Heinrich Böll und Martin Walser, wollten nicht als gleichsam offizielle Vertreter der Bundesrepublik ins Ausland reisen, andere – Wolfgang Hildesheimer etwa – verweigerten sich aus Protest gegen die Vietnampolitik der US-Regierung. Peter Weiss, der mitreiste, legte Wert darauf, dass Einladung und Reisegeld ausschließlich von der Princeton University stammten, dass die Tagung ohne Presse stattfinden und der Aufenthalt genutzt werden sollte, um sich mit den Anti-Vietnamkriegs-Kräften an der Universität solidarisch zu zeigen. Er selbst würde es für gut halten, so Weiss, «wenn so viele Teilnehmer wie möglich vor dem Besuch sich auch den Protesten gegen den amerikanischen Vietnam-Krieg anschließen würden», wie er selbst es zu tun gedenke.[40]

Tatsächlich hatte Weiss zusammen mit anderen Schriftstellern, wie Hans Magnus Enzensberger, Carl Amery, Erich Fried, Walter Jens, Uwe Johnson, Reinhard Lettau, Peter Rühmkorf, Wolfdietrich Schnurre, Ingeborg Bachmann, Martin Walser und Heinrich Böll, schon im Dezember 1965 auf der Berliner Gruppentagung eine Resolution gegen den Vietnamkrieg verfasst, die Richter und auch Günter Grass bewusst nicht mitgetragen hatten, wohl weil beide an die bevorstehende Reise in die USA dachten und dort kein böses Blut verursachen wollten. Der Streit eskalierte, als Weiss während der Tagung in Princeton, aber außerhalb der in geschlossener Runde stattfindenden Lesungen, gemeinsam mit Lettau eine Protestveranstaltung gegen den Vietnamkrieg besuchte und der New York Times ein Interview gab, in dem er erklärte, die Gruppe 47 sei gegen den Krieg. Richter und Grass bedrängten Weiss daraufhin, öffentlich nachzuschieben, seine Interviewäußerung sei lediglich seine Privatmeinung, nicht die offizielle Position der Gruppe. Außerdem sprachen sie ihm, weil er den Krieg im neutralen Schweden erlebt habe, das Recht ab, sich im Namen Deutschlands zu äußern.[41]

Die Auseinandersetzung ist nicht nur erhellend, weil sie verdeutlicht, wie stark sich das Verhältnis der deutschen Schriftsteller zu Amerika Mitte der 1960er Jahre bereits weltanschaulich und emotional aufgeladen hatte. Sie ist auch wichtig für das Verständnis von Richters Beziehung zu Schriftstellerkollegen, die wie Peter Weiss Deutschland während des «Dritten Reiches» verlassen hatten. Über dieses Thema ist schon viel und kontrovers geschrieben worden. Die einen behaupten mit Klaus Briegleb[42], Richters Reserve sei Ausdruck unterdrückter Minderwertigkeitskomplexe angesichts eigener Kompromisse und Konzessionen während des «Dritten Reiches», wenn nicht gar Reflex eines untergründigen Antisemitismus. Andere widersprechen, es sei Richter im Gegenteil in der Gruppe 47 darum gegangen, «eine Verbindung der in Deutschland Verbliebenen und der Emigranten einer jüngeren Generation zu erreichen», darunter auch zahlreiche Autoren jüdischer Herkunft (neben Peter Weiss zum Beispiel Wolfgang Hildesheimer und Erich Fried oder die Literaturkritiker Hans Mayer und Marcel Reich-Ranicki).[43]

Das Tagebuch ist für diese Kontroverse aufschlussreich, weil es zum einen zeigt, wie sehr Richter das Thema Exilliteratur noch Ende der 1960er Jahre umtrieb und weil es zum anderen keinerlei judenfeindliche Untertöne vernehmbar werden lässt, die Brieglebs These stützen würden.

Auch der berühmt-berüchtigte Vergleich von Paul Celans Vortragsweise mit derjenigen von Joseph Goebbels, den Richter im Tagebuch einräumt, ohne offenbar selbst im Abstand von 15 Jahren die Taktlosigkeit seiner Bemerkung ganz zu erfassen [7. Mai 1970], ist kein Zeichen von Antisemitismus. Er zeugt eher von der emotionalen Taubheit gegenüber dem Leid von Holocaust-Überlebenden, das anders geartet war als die Ängste und Nöte, die sich die ehemaligen Soldaten und Kriegsgefangenen in der «Kahlschlagliteratur» von der Seele zu schreiben versucht hatten. Der millionenfache Kriegstod an der Front, zu Hause oder auf der Flucht, so hat Detlev Peukert diese für die deutsche Nachkriegsgesellschaft symptomatische Wahrnehmungsverengung einmal prägnant beschrieben, «überlagerte in seiner unmittelbar erfahrenen sinnlichen Dichte die Erinnerungsspuren an die ‹Endlösung›, die sich in scheinbar fernen Räumen vollzog. Die Notlage bei Kriegsende förderte den autistischen Bezug auf das eigene überschaubare Schicksal und ließ das millionenfache Schicksal fremder Menschen verblassen.»[44]

Richters Vorbehalte gegenüber den Emigranten, die in der ersten Jahreshälfte 1966 deutlich wurden, hatten nichts mit Antisemitismus und viel mit den Lehren aus dem Scheitern der ersten deutschen Republik zu tun. Wieder ging es um Krach zwischen Schriftstellern, diesmal allerdings nicht als Streit innerhalb der Gruppe 47, sondern in Form eines Angriffs von außen.[45] Polemische Attacken gegen den Kreis waren im Prinzip nichts Neues, sondern begleiteten sie seit den frühen 1950er Jahren. Öffentliche Anfeindungen trugen sogar auf gewisse Weise zum Erfolg der Gruppe 47 bei, indem sie das Zusammengehörigkeitsgefühl der selbsterklärten Vertreter einer neuen deutschen Nachkriegsliteratur stärkten und ihr Profil in medienwirksamen Debatten schärften.[46] In der Sache hatten konservative Kritiker, wie Friedrich Sieburg, Rudolf Krämer-Badoni oder Hans Habe, vor allem Richters autokratische Einladungspraxis moniert: Nur wen er ausdrücklich aufforderte zu kommen, gehörte dazu. Außerdem hatten sie sich über die wachsende kommerzielle Bedeutung der Gruppentagungen empört, die – so der Vorwurf – immer weniger einem Werkstattgespräch und zunehmend einer Literaturbörse glichen. Schließlich hatten sie sich ganz generell gegen den Anspruch der Gruppe 47 gewandt, einen Neuanfang der deutschen Literatur nach der Katastrophe von nationalsozialistischer Diktatur und Weltkrieg zu verkörpern.

Die Vorstellungen, die Hans Erich Nossack und Robert Neumann im Mai 1966 in der Zeitschrift *konkret* formulierten, fügten sich in mancher Hinsicht in diese Deutungsmuster ein, etwa wenn Nossack als Vizepräsident der Mainzer Akademie der Wissenschaften und der Literatur die Gruppe der literarischen «Prostitution» zieh, weil deren Texte «nach den Gesichtspunkten einer risikolosen Verwendbarkeit» erstellt und letztlich wie «Zahnpaste» professionell vermarktet würden.[47] Neumann hingegen, dem wie Nossack bereits in der Zwischenkriegszeit der literarische Durchbruch gelungen war, brachte nicht nur eine persönlich herabsetzende Schärfe in die Auseinandersetzung, indem er Richter als «Fürzchen» und «feuchten Fleck» titulierte. Er eröffnete auch in der Sache neue Fronten. Zum einen prangerte er das Netzwerk von «Spezies [sic] in Berlin» – so der Titel seiner Polemik – an, das Richter gemeinsam mit Höllerer und Grass zwischen der Gruppe 47, dem Literarischen Colloquium, der Akademie der Künste und dem SFB geflochten habe und das er mit literaturpolitischen Gangstermethoden zusammenhalte. Zum anderen kritisierte Neumann die Politisierung der Gruppe 47 und ihre Annäherung an die reformorientierte SPD nach dem Godesberger Parteitag vom November 1959, die seiner Ansicht nach keine glaubwürdige sozialistische Opposition mehr darstellte, sondern «eine miese Volkspartei» geworden sei.[48]

Der Niederschlag, den diese Attacken im Tagebuch fanden, ist in doppelter Hinsicht bemerkenswert. Zum einen scheint Richter Neumanns und Nossacks Kritik ungleich mehr getroffen zu haben als die Angriffe Sieburgs und anderer konservativer Kritiker in den Jahren zuvor. Den Grund für die emotionale Aufwallung kann man nicht zuletzt darin sehen, dass die Attacke diesmal von links kam, nicht von rechts. Vor dem Hintergrund seiner Lebensgeschichte und dem Primat einer Einheit der Linken, die Richter als Lehre aus der Katastrophe von 1933 gezogen hatte, war das ein entscheidender Unterschied. «Die politische Dummheit dieser Angriffe ist kaum fassbar», notierte er, «man schießt im Stil der Rechten von links, und wundert sich, wenn die Geschosse rechts heraus kommen. Alles schon einmal gehabt» [29. September 1966].

Zum anderen fällt auf, dass Richter auf die Vorwürfe der Kommerzialisierung, der Ämterhäufung, der unzulässigen Politisierung kaum einging und sich in seiner Auseinandersetzung mit Neumann ganz und gar auf dessen Status als Vertreter der Exilliteratur konzentrierte. Neumann verkörpere «die ‹mieseste› Seite der zwanziger Jahre», heißt es. Das einzig Erfreuliche der Angriffe sah Richter in der «Abgrenzung gegenüber Stil, Methode, Sprache der zwanziger Jahre», welche die Affäre zur Folge gehabt habe. Angesichts von Neumanns Invektiven sah Richter sich rückblickend in seiner Entscheidung bestätigt, die «grand old men» der Exilliteratur oder der inneren Emigration nicht in die Gruppe 47 einzubeziehen: «Mir war klar, was jetzt auch anderen bewußt wird: Emigration war ‹konservierte› Literatur der zwanziger Jahre, konservierter Stil, konservierte Sprache, konservierte Methode, die Leute vom Range Neumanns – Caféhausmethode – 1947 schon veraltet und einer anderen Epoche angehörend. Was sollte ich mit ihnen? Sie hätten sich nie der Mentalität der Gruppe 47 angepasst» [6. Oktober 1966].[49]

Im ätzend-polemischen Stil von Neumanns Kritik sah Richter die übelsten Kennzeichen der intellektuellen Auseinandersetzung der Zwischenkriegszeit wiederkehren: das bewusste «Ausweichen vor jeder sachlichen Information», der rhetorische Trick der Unterstellung (man «unterstellt und greift dann das Unterstellte an»), «Halbwahrheiten, die so als Wahrheiten garniert werden, dass sie nicht mehr als Halbwahrheiten erkennbar sind», ehrabschneidende Verleumdungen («indem man auch das als Korruption bezeichnet, was nüchternes Geldverdienen ist»), die konsequente «Verächtlichmachung der Person» des Gegners («Abwertung durch: Würstchen, Fürzchen, Abservieren usw.») sowie schließlich das bewusste «Aussparen der Sache selbst, von der man nur in allgemeinen Wendungen spricht, ohne je auf sie einzugehen». Diese Art von Polemik hatte Richters Ansicht nach dazu geführt, dass die Linke 1933 dem Nationalsozialismus unterlegen gewesen sei. Denn ihr habe der einigende «Corpsgeist» der Rechten gegenüber gestanden. Diese Fehler dürften auf keinen Fall wiederholt werden, resümierte Richter seine Überlegung nach dem Krieg. «Das war die eigentliche Ursache für die Entstehung der Gruppe 47», schrieb er Anfang August 1966 an Fritz J. Raddatz. «Deshalb versuchte ich eine Art Corpsgeist auch unter den linken Literaten zu züchten».[50]

Nur vor dem Hintergrund der biographischen Erfahrung des Scheiterns der ersten deutschen Republik ist der Nachdruck zu erklären, mit dem Richter seine Konzeption der Gruppe 47 in seinem Tagebuch gegen Neumanns Kritik gerechtfertigt hat. «Man lässt Texte lesen», schrieb er, «man lässt sie kritisieren. Es ist unwichtig, ob die Texte etwas besser oder schlechter sind, ob die Kritik brillant oder nicht brillant ist, es entsteht, so oder so, Kommunikation, es entsteht, setzt man dies Jahr für Jahr fort, ein literarisches Zentrum, ein literarischer Existenzmittelpunkt, es entsteht das, was ich den indirekten Einfluss nenne. Er muss sich – in einer demokratischen Gesellschaft – auch politisch auswirken. Dieser Einfluss ist unmerklich, kaum wahrnehmbar. Dennoch bewirkt er mehr als alle Programme, alle Manifeste, mehr als jeder Versuch, unmittelbar Einfluß zu nehmen» [1. Oktober 1966]. Ähnlich hatte er schon acht Wochen zuvor gegenüber Raddatz argumentiert: «Kritik an den Texten, nur und ausschließlich an den Texten [...] Kritik der Sachen, der Ideen, der Ansichten, bei Vermeidung der Kritik der Person». Wenn man, wie er, 1933 erlebt habe, «wie sie uns im Stich ließen, [...] wie sie davon liefen: Todfeinde untereinander, noch hinter der Grenze sich beschimpfend, ja dann gab es nach dem Krieg nur diesen Weg, den wir gegangen sind: Abdrosselung der persönlichen Polemik, lockere Zusammenfassung der Literaten mit der Absicht, eine Art Corpsgeist zu pflegen, Versachlichung der Kritik und Beschäftigung mit der Literatur, so daß ein indirekter politischer Einfluß entsteht.»[51]

Richter operierte mit politisch-didaktischen Argumenten, nicht mit den literarischen Meriten der Gruppe. Literatur war für ihn Mittel zum Zweck der Ausprägung einer «linksliberalen Mentalität» [1. Oktober 1966]. Man könnte diese Tagebucheinträge und Briefe als nachträgliche Rechtfertigung interpretieren – zu einem Zeitpunkt, als sich in der Gruppe 47 Auflösungstendenzen bemerkbar machten. Tatsächlich aber hatte Richter schon im Frühjahr 1948 an Ilse Schneider-Lengyel, der Gastgeberin des ersten Gruppentreffens am Bannwaldsee, geschrieben, seine Pläne mit der Gruppe 47 gingen «über das nur literarische hinaus, sie gehen ins größere gesellschaftliche und politische Leben der Zukunft».[52]

Die Gruppe 47, heißt das, war von Anfang an mehr – und wollte nach dem Willen Richters auch mehr sein – als ein literarischer Zusammenschluss. Richter sah in ihr von Beginn an einen intellektuellen Treffpunkt, an dem Debattenkultur und Kritikbereitschaft eingeübt werden konnten. Dementsprechend avancierte die Kombination von politischem Engagement, linksoppositioneller Mentalität, lebensfroher Geselligkeit und kontroversen Gesprächen über Literatur zum Markenkern der Gruppe. Sie war ein wesentlicher Bestandteil dessen, was Nina Verheyen unter dem Rubrum der «Diskussionslust» als wesentliches Charakteristikum der westdeutschen Gesellschaft nach 1945 beschrieben hat.[53]

Dabei ist völlig zu Recht die Bedeutung der amerikanischen Umerziehungspolitik herausgestrichen worden, in deren Konzeption kontroverse, aber friedliche Diskussionen eine zentrale Rolle spielten. In Kriegsgefangenenlagern in den USA, in denen auch Richter viele Monate verbracht hatte, wurde der «freie, das heißt spontane und unzensierte Meinungsaustausch in der Gruppe regelrecht trainiert».[54] Auch wenn Richter derartige Prägungen später selten thematisiert, vielmehr die amerikanische *re-education*-Politik wegen der ihr zugrunde liegenden Kollektivschuldthese heftig kritisiert hat, sind die Verbindungslinien zwischen den von den Amerikanern propagierten Leitgedanken freier demokratischer Diskussion und der in der Gruppe 47 geübten Praxis einer durch Regeln geleiteten Kritik doch augenfällig. Hierzu gehört auch der herausgehobene Status des Moderators, «der nicht nur das Rederecht gleichmäßig verteilen und die einzelnen Redebeiträge in ihrer Länge begrenzen, sondern auch für die Lebhaftigkeit des Gesprächs und das Wohlbefinden der Anwesenden Sorge tragen sollte».[55]

Der politisch-didaktische Impetus, mit dem Richter die Gruppe 47 nicht so sehr als Schule der Literatur, sondern als «Schule für Verhaltensweisen» [14. Oktober 1969] verstanden wissen wollte, deckt sich mit den Lernzielen für die Einübung demokratischer Gesprächskultur, wie sie die amerikanische Besatzungsmacht Ende der 1940er Jahre in eigens auf Deutsch verfassten Ratgeberheften propagiert hatte: die Gewöhnung an legitimen

Meinungsstreit und die Pluralität von Ansichten, die Stärkung gegensei-
tiger Toleranz, sozialen Zusammenhalts und individueller Lebensfreude
durch das Training demokratischer Diskussionspraktiken, die nicht notwendig zu einem allgemeinen Konsens führen mussten, sondern auch die
Feststellung divergierender Positionen zum Ergebnis haben konnten.[56]

Glaubt man Richters retrospektiver Selbstdeutung, dann erwuchs die
Diskussionskultur der Gruppe 47 nach dem Zweiten Weltkrieg jedoch
nicht so sehr aus der amerikanischen Umerziehungspolitik. Sie entsprang
vielmehr dem Bestreben, unter allen Umständen eine Wiederholung der
fatalen Selbstzerfleischung der intellektuellen Linken in der Weimarer
Republik zu vermeiden und das erneute Aufkommen eines Umgangsstils
ätzender Polemik zu verhindern, der sich nicht nur gegen den Gegner von
rechts richtete, sondern auch von linken Intellektuellen untereinander
gepflegt wurde. In diesem Kontext ist wohl auch die alarmierte Besorgnis
zu sehen, mit der er auf die zunehmende Uneinigkeit innerhalb der
Gruppe reagierte. Im Spätherbst 1966 sah er «die Gruppe 47 im Verfall, die
Intellektuellen zerstritten: Vietnamkrieger, SED-Mitläufer, konkret-Leser,
SPD-Anhänger» [21. November 1966].

In Richters Wahrnehmung erschien die fortschreitende Auflösung der
Gruppe als Folge politischer, nicht literarischer Differenzen. Jedenfalls
finden sich im Tagebuch wenige Hinweise auf künstlerische Meinungs-
verschiedenheiten, dafür aber umso mehr Belege weltanschaulicher und
parteipolitischer Entfremdung.[57] Martin Walser, der in jenen Jahren der
DKP nahe stand, sei «von einem geradezu seltsamen politischen Infantilismus», notierte Richter [3. Oktober 1966].[58] Walser sei «ein gefährdeter
Psychopath», vermerkte er fünf Jahre später, der immer dann, wenn er
sich in einer schöpferischen Krise befinde, nach dem «Strohhalm Politik»
greife. Was dabei herauskomme, sei oft «hart an der Grenze des Irrsinns»
[25. November 1971]. Ferner bezeichnete Richter – eine Formulierung von
Jürgen Habermas aufgreifend[59] – Hans Magnus Enzensberger auf dem
Höhepunkt von dessen Identifizierung mit den rebellierenden Studenten
als «zugereisten Harlekin am Hof der Schein-Revolutionäre» [1. Juli 1968],
der «von einem Scharlatan der Literatur zu einem Scharlatan der Revolution» geworden sei [22. März 1969].

Den ebenfalls mit der Studentenbewegung sympathisierenden Reinhard Lettau beschrieb er als einen «schwache[n], alle[n] Einflüssen ausgesetze[n] Mann, der sich für einen Revolutionär hält. Aus welchem Holz sind neuerdings Revolutionäre geschnitzt. Eichenholz scheint es nicht zu sein, vielleicht Birkenholz, ein immer grünendes Holz, das niemals trocken wird» [14. Juli 1968]. Als Heinrich Böll im Januar 1972 in einem Essay im *Spiegel* Ulrike Meinhof gegen die Berichterstattung der *Bild*-Zeitung in Schutz nahm, kommentierte Richter: «ein Deutscher mit dem verquasten Denken eines Deutschen, bramarbasierende Moral statt politische Intelligenz, ohne klares Rechtsempfinden, kein Demokrat, sondern ein Mitläufer der Gewalttätigen, nur weil sie eine Minderheit sind» [28. Januar 1972]. Auch an der politischen Urteilsfähigkeit von Günter Grass, mit dem er sich in politischen Grundsatzfragen so einig war wie mit keinem anderen Mitglied der Gruppe 47, kamen Richter wiederholt Zweifel. Er mochte weder die wachsende Selbstzufriedenheit noch die Ichbezogenheit, mit der Grass anderen «die Show stahl». Er argwöhnte, dessen politische Alleingänge verdammten alle anderen Schriftsteller zur Passivität und zerstörten «die politische Gemeinsamkeit, die fast ein Jahrzehnt lang unter den Schriftstellern der Gruppe 47 bestand» [3. Dezember 1966].

Trotzdem wäre es falsch, die Gruppe 47 nach Princeton und der Neumann-Nossack-Polemik schon vor ihrem unausweichlichen Ende zu sehen. Zwar hatten sich seit Mitte der 1960er Jahre die Stimmen derjenigen gemehrt, die dafür plädierten, die Sache bald auslaufen zu lassen.[60] Einige argumentierten, die geistige Energie der Gruppe habe sich erschöpft, weil ihre Zeit, die Ära des Zusammenbruchs und des Wiederaufbaus, des Kahlschlags, der Trümmer und des Nachkriegs, vorbei sei. Manche meinten, die oppositionelle Avantgarde von einst sei inzwischen selbst zum «Establishment» geworden und nicht mehr imstande, geeigneten literarischen Nachwuchs aufzuspüren und einzubinden. Andere glaubten, die Organisation der Nicht-Organisation und Richters autokratischer Führungsstil stießen an ihre Grenzen. Wieder andere kritisierten den allzu großen Anteil von professionellen Kritikern bei den Gruppentreffen, hielten das stille Ertragen der Kritik auf dem «elektrischen Stuhl» für falsch und präferierten alternative Zusammenschlüsse wie das von literaturinteressierten Frankfurter Bürgern ins Leben gerufene Frankfurter Forum oder die Gruppe 61 um Max von der Grün, Peter Paul Zahl und Günter Wallraff, bei denen der Autor seine Texte erläutern und verteidigen durfte.

Zugleich aber vermerkte Richter gerade nach der erzwungenen Absage der Tagung in der Tschechoslowakei aus den unterschiedlichsten, sicher nicht immer uneigennützigen Motiven auch viel Zuspruch und den dringenden Rat, ein erfolgreiches Unterfangen nicht vor der Zeit zu beenden. Man brauche die Gruppe 47 als «ruhenden Pol» der deutschen Literatur, argumentierte Helmut Heißenbüttel [21. Januar 1969]. Ohne sie drohe die Vereinzelung, meinten Klaus Roehler und Fritz J. Raddatz: «jeder für sich und niemand für alle» [4. April 1969]. Seit die Gruppe nicht mehr tage, gebe es kein literarisches Leben mehr, beklagte Gabriele Wohmann [11. Oktober 1969]. Mit ähnlichen Worten drängte Alexander Kluge, Richter solle eine neue Tagung ansetzen. Momentan zerfalle alles: «die Kommunikation, das Zusammengehörigkeitsgefühl, der Maßstab für Qualität, kurz das ganze literarische Leben» [6. Dezember 1970].

Richter selbst schien Jahre lang hin und her gerissen. Eine Weile trug er sich mit dem Gedanken, eine Zeitschrift ins Leben zu rufen, wie sie mit der *Literatur* Anfang der 1950er Jahre bereits einmal kurz existiert hatte.[61] Im Sommer 1967 machte er sich Gedanken über ein Publikationsorgan der Gruppe 47 beim Luchterhand Verlag [20. Juni 1967]. Im Frühjahr 1971 begeisterte er sich für Raddatz' Plan, den *Monat* zu kaufen und in eine literarische Zeitschrift umzuwandeln. Raddatz hatte das Vorhaben zunächst zusammen mit Rudolf Augstein verwirklichen wollen, nach dessen Rückzug jedoch Richter ins Boot geholt, der auch gleich seine Kontakte zum Hanser Verlag ins Spiel brachte [10. April 1971]. Letztlich scheiterten alle Projekte nicht zuletzt an den Kosten.[62]

Richter schwankte lange, ob er die Gruppentreffen fortführen sollte. Mal schwor er sich, so lange weiterzumachen, bis die am Einmarsch der Roten Armee gescheiterte Tagung in Prag stattfinden könne. Dann wieder tendierte er dazu, an seinem 60. Geburtstag endgültig Schluss zu machen [8. November 1968]. Mal entwickelte er Pläne für Zusammenkünfte in Jugoslawien [29. Januar 1969] und Polen [6. Dezember 1970], die er schnell wieder fallen ließ, mal begeisterte er sich für die Idee, die Gruppe 47 solle, wie der Bundeskanzler oder der amerikanische Präsident, regelmäßig einen «Bericht zur Lage der Nation» herausbringen [15. November 1971]. Wiederholt finden sich Notizen, er habe jetzt endgültig «keine Lust mehr» [24. März 1969], denen kurz darauf Eintragungen folgen, die sein «Heimweh nach der Gruppe» bekunden [4. April 1969]. Historisch sei es sicherlich richtig aufzuhören, notierte er einmal [18. Dezember 1969], nur um kurz darauf niederzuschreiben, die «Gruppe 47 war und ist mit ihren Methoden und Spielregeln der Zeit weit voraus. Wozu da Reform?» [28. Januar 1970].

Die Tagung, zu der Richter Ende April, Anfang Mai 1972 neben Neulingen wie Gaston Salvatore Teile der alten Truppe – von Grass und Weiss über Kluge, Johnson und Höllerer bis zu Raddatz, Roehler, Wapnewski und Born – in die Erdener Straße nach Berlin einlud, um die 25. Wiederkehr des ersten Gruppentreffens am Bannwaldsee zu feiern, war keine spontane Entscheidung. Sie diente dazu, die «Zeit der Vereinsamung, des sich allmählichen Auflösens aller Kontakte, sowohl der literarisch-politischen wie auch der menschlichen» zu beenden, unter denen Richter seit der letzten Gruppentagung in der «Pulvermühle» im Oktober 1967 gelitten hatte [23. Oktober 1971]. Der alte Zauber wollte sich jedoch offenkundig nicht so recht wieder einstellen. Es sei eine angenehme Gesellschaft gewesen, notierte er anschließend, «aber ohne Sprungkraft. Das Feuer ist weg, vielleicht, weil die Literatur nicht mehr von allgemeinem Interesse ist oder von diesem Interesse getragen wird» [3. Mai 1972].

Es war, wenn man nicht auf die «Pulvermühle» 1967 oder auf Prag 1968, sondern auf Berlin 1972 blickt, kein Ende mit einem Knall, sondern ein Abschied mit einem Seufzer. Das Tagebuch unterstreicht, wie sehr Richter nicht erst im Nachhinein an der Legende der Gruppe 47 arbeitete, sondern in welchem Ausmaß er schon während des Auflösungsprozesses die spätere Mythenbildung bedachte. Den oberfränkischen Gasthof «Pulvermühle» suchte er 1967 auch deswegen als Tagungsort aus, weil er «zu zahlreichen Assoziationen Anlass» gab: «Wird die Gruppe 47 hier pulverisiert werden? Oder wird sie sich hier ‹aufpulvern›?» [20. Juni 1967] Das Scheitern der Prager Tagung fügte sich in doppelter Hinsicht gut in Richters Bestrebungen. Erstens ließ sich argumentieren, das letzte «reguläre» Gruppentreffen sei nicht 1967 von deutschen Studenten gesprengt, sondern 1968 von den Panzern des Warschauer Paktes verhindert worden. Und zweitens hielt Richter mit seiner Ankündigung, man werde dereinst im vom Kommunismus befreiten Prag wieder zusammenkommen, die Gruppe gleichsam geistig lebendig, auch wenn sie in der Praxis bis 1990 nur noch zu Veteranentreffen an runden Jahrestagen oder zu Richters Geburtstagsfeiern zusammenkam. Ein förmliches Ende, auch das macht das Tagebuch deutlich, gab es schon deshalb nicht, weil die Gruppe 47 kein Verein mit Satzung und Kassenwart war, der sich statutengemäß auflösen konnte. Sie war und blieb Hans Werner Richters Schöpfung, die nur dadurch und darin bestand, dass er sie zusammenrief.

3. Deutsche Intellektuelle im Gespräch

Richters Tagebuch ist nicht nur hinsichtlich seiner individuellen Biographie oder mit Blick auf die spezifische Geschichte der Gruppe 47 aufschlussreich, sondern auch für die größeren Zusammenhänge einer deutschen Intellektuellengeschichte im 20. Jahrhundert. Denn es dokumentiert – bei allen berechtigten Vorbehalten gegenüber dem Konstruktionscharakter von Generationen und der darin zum Ausdruck kommenden Selbststilisierungsabsicht bestimmter generationeller Gruppen[63] – doch so etwas wie intellektuelle Generationengespräche: Selbstverständigungsdebatten zwischen Vertretern der drei wichtigsten politischen Sozialisations- und Erfahrungskohorten, die es im 20. Jahrhundert in Deutschland gegeben hat und die man mit Blick auf ihre Schicksalsjahre als die Generationen von 1933, 1945 und 1968 bezeichnen könnte.[64]

Richter selbst gehörte zur ältesten Gruppe derjenigen, die im ersten Jahrzehnt des Jahrhunderts geboren worden waren. Ihre Vertreter wuchsen mit den Folgen der russischen Oktoberrevolution auf, empfanden die Anfänge des Weltkommunismus in der Sowjetunion als Verheißung oder Bedrohung, fühlten sich vom italienischen Faschismus, später vom Nationalsozialismus in Deutschland teils angezogen, teils abgestoßen. Sie waren in den 1920er und 1930er Jahren «alt genug, um engagiert am Geschehen der Zeit teilzunehmen, aber noch nicht so gefestigt in ihren Positionen, um unversuchbar zu sein».[65] Zur Abgrenzung von den etwa gleich alten NS-Aktivisten, jener «Generation des Unbedingten» (Michael Wildt), denen sie im Hinblick auf ihren Ideologisierungsgrad, die Wucht ihres politischen Aktivismus und auch den von ihnen betriebenen Jugendkult kaum nachstanden, könnte man sie als «Schattengeneration von 1933» bezeichnen.[66] Unter Richters Gesprächspartnern der Jahre 1966 bis 1972 war die Alterskohorte dieser inzwischen um die Sechzigjährigen vergleichsweise spärlich vertreten; Männer wie Sebastian Haffner, Eugen Kogon und Leo Bauer gehörten ihr an.

Dafür waren die etwa vierzig Jahre alten, in den 1920er und frühen 1930er Jahren Geborenen umso zahlreicher: Günter Grass, Fritz Raddatz oder Kurt Sontheimer, um nur einige derjenigen zu nennen, deren Biographien mittlerweile unter dem Signum der «45er Generation» zeitgeschichtlich recht intensiv ausgeleuchtet und zum Teil kritisch hinterfragt worden sind.[67] Sie hatten das Ende des Krieges als Kinder und Jugendliche erlebt und waren jung genug, um von den Chancen, die ihnen der Neuanfang nach 1945 bot, nachhaltig zu profitieren.

Hinzu kamen schließlich Vertreter der rebellierenden studentischen Jugend von Peter Schneider über Bernd Rabehl bis Rudi Dutschke, die zwar nur einen kleinen Teil der 68er Generation ausmachten, deren Selbstbild und Generationserzählung aber entscheidend mitbestimmten.[68] Sie kannten den Krieg nur noch vom Hörensagen und wuchsen in ein zusehends prosperierendes, stabilisiertes Gemeinwesen hinein.

Richter hat in seinem Tagebuch das Echo einiger Gespräche zwischen Vertretern dieser drei generationellen Gruppen aufgezeichnet, die umso erhellender sind, als er nicht nur ein feines Gespür für die Wandlungen des intellektuellen Zeitklimas besaß, sondern außerdem über verzweigte Kontakte und breite Interessen verfügte. Er bildete, wie Sabine Cofalla es formuliert hat, den «kommunikativen Knotenpunkt eines Netzes einflussreicher Intellektueller».[69] Der geographische Mittelpunkt dieses Netzwerks befand sich Ende der 1960er, Anfang der 1970er Jahre in der Erdener Straße 8, wo der Schriftsteller seit dem 1. April 1964 im Hochparterre der ehemaligen Villa des Verlegers Samuel Fischer residierte. Von Oktober bis April jeden Jahres moderierte er dort als Gastgeber eines literarisch-politischen Salons Gesprächsrunden mit Schriftstellern, Wissenschaftlern und Politikern zu verschiedenen Themen, die von der sogenannten Nordkette (*Sender Freies Berlin*, *Norddeutscher Rundfunk* und *Radio Bremen*), teilweise auch vom *Westdeutschen Rundfunk* und dem ZDF übertragen wurden.

Dabei handelte es sich neben dem vom ZDF gesendeten «Literarischen Colloquium» um mehrere Reihen der ARD. Die erste wurde im Rundfunk unter den Titeln «Berlin X-Allee. Jour Fixe» und «Berlin 33, Hasensprung» gesendet. Eröffnet wurde sie am 26. Mai 1964 mit dem damaligen CSU-Chef Franz Josef Strauß als Gast.[70] Ihrem Charakter nach war sie wie die im Radio und im Fernsehen ausgestrahlte Reihe «Open End» als Begegnung von Geist und Macht angelegt: ein «politisch-literarisches Hearing», bei dem Schriftsteller, Journalisten, Politiker und Wissenschaftler über Themen wie «Die Problematik der Mitbestimmung im kulturellen Bereich», die «Mitbestimmung an den Universitäten» oder «Die NPD, die Große Koalition und die Wahlen in Schleswig-Holstein» diskutierten. Der Publizist Johannes Gross war dort ebenso zu Gast wie Freiherr Karl Theodor zu Guttenberg, unter Kurt Georg Kiesinger Parlamentarischer Staatssekretär im Bundeskanzleramt, der sozialdemokratische Oppositionschef im Kieler Landtag Jochen Steffen oder der Präsident des tschechoslowakischen Schriftstellerverbandes Eduard Goldstücker, einer der Protagonisten des Prager Frühlings. Einmal wurde Rudolf Augstein zur Deutschlandpolitik befragt; andere Sendungen waren «Alexander Solschenizyn» oder dem Thema «Freie Literatur in der sozialistischen Gesellschaft» gewidmet.

In der Fernseh-Sendereihe «Berliner Werkstatt: Große Tage? Erinnerungen an Daten unserer jüngsten Geschichte» berichteten die als Gäste eingeladenen Schriftsteller – etwa Uwe Johnson, Hermann Kesten, Siegfried Lenz oder Wolfdietrich Schnurre – über ihre persönliche Erinnerung an bestimmte wichtige Ereignisse der jüngsten Geschichte. Fast immer handelte es sich um Daten der 1930er und 1940er Jahre, die mit der NS-Diktatur und dem Zweiten Weltkrieg verbunden waren: die «Machtergreifung» am 30. Januar 1933, den «Röhm-Putsch» vom 30. Juni 1934, den «Anschluss» Österreichs am 12. März und die «Reichskristallnacht» vom 9. November 1938, der Überfall auf die Sowjetunion am 22. Juni 1941 oder die bedingungslose Kapitulation der Wehrmacht am 8. Mai 1945, aber auch ein zentrales Ereignis der Nachkriegszeit wie der Aufstand vom 17. Juni 1953 in der DDR wurde bedacht. Richter hielt sich in diesen Sendungen als Moderator nicht diskret zurück, sondern erzählte ausführlich aus dem eigenen Leben, meist frei formulierend, während viele seiner Gäste mitgebrachte Manuskripte vorlasen.

Eine weitere Reihe, die ebenfalls im Fernsehen gesendet wurde, trug den Titel «Das S. Fischer-Haus im Grunewald». Sie war den Schriftstellern gewidmet, die zwischen 1905 und 1934 in der Residenz des Verlegers im Berliner Westen ein- und ausgegangen waren. Alfred Döblin, Alfred Kerr, Ferdinand Bruckner, Arthur Schnitzler, Rainer Maria Rilke, Hermann Hesse, Albert Einstein, Gerhart Hauptmann, Hugo von Hofmannsthal, Jakob Wassermann, Carl Zuckmayer, Thomas Mann und Walter Rathenau waren jeweils eigene Sendungen gewidmet. Am Anfang wurden zur Einstimmung Passagen aus dem Werk des jeweils vorgestellten Künstlers vorgelesen, ehe eine Runde zeitgenössischer Schriftsteller und Kritiker, wie Peter de Mendelssohn, Walter Kempowski, Joachim Kaiser oder Friedrich Luft, unter Richters Moderation Fragen der fortdauernden Bedeutung oder aktuellen Relevanz des jeweiligen Œuvres diskutierte.

Das den Sendereihen zugrunde liegende Arrangement war Teil jenes West-Berliner Kulturgeflechts, das Robert Neumann in konkret so skandalös gefunden hatte. Richter wohnte in der Erdener Straße als Untermieter von Walter Höllerers Literarischem Colloquium Berlin, das die Villa gemietet hatte und als Gemeinnütziger Verein seinerseits teilweise vom Berliner Senat finanziert wurde. Die beteiligten Sendeanstalten trugen über die Produktionskosten den Löwenanteil.[71] Richter selbst zahlte monatlich 325 Mark Miete.[72] Die Verflechtung zwischen Kultur, Intellektuellen, öffentlich-rechtlichem Rundfunk und Politik war in der von Subventionen abhängigen Teilstadt nach dem Mauerbau vielleicht besonders eng; außergewöhnlich war sie nicht. Vielmehr lässt sich die Intellektuellengeschichte der frühen Bundesrepublik durchaus als Geschichte erfolgreicher Anlagerung an die großen Rundfunkanstalten erzählen.[73] Man denke etwa an Walter Dirks als Hauptabteilungsleiter Kultur beim WDR, an Eugen Kogon, der von 1963 bis 1965 das Fernsehmagazin «Panorama» beim NDR leitete, oder an Dolf Sternberger, der im *Hessischen Rundfunk* zwischen 1946 und 1966 alle zwei Wochen Vorträge über aktuelle Themen hielt.[74]

Die Beispiele aus dem Kreis der Gruppe 47 reichen von Alfred Andersch und Helmut Heißenbüttel, die nacheinander die Redaktion «Radio Essay» des *Süddeutschen Rundfunks* leiteten (mit Hans Magnus Enzensberger als Assistent von 1955 bis 1957) über Heinz Friedrich als Abteilungsleiter beim «Nachtstudio» des *Hessischen Rundfunks* und später Rundfunkprogrammdirektor von *Radio Bremen* bis zu Martin Walser, der nach 1949 zunächst als Reporter und Regisseur beim SDR arbeitete. Gerhard Szczesny leitete von 1947 bis 1962 das «Nachtstudio» des *Bayerischen Rundfunks*.[75] Hans Schwab-Felisch, der nach einer Karriere im Printjournalismus 1961 als Studioleiter des WDR nach Düsseldorf gewechselt war, gehörte ebenso der Gruppe 47 an wie Ernst Schnabel, der als Leiter der «Literarischen Illustrierten» beim SFB-Fernsehen maßgeblich Richters Berliner Salon möglich gemacht hatte. Die Rundfunkanstalten waren dankbare Abnehmer von literarischen Produktionen, seien es Hör- oder Fernsehspiele, seien es Essays oder Drehbücher für Dokumentationssendungen. Außerdem zahlten sie in der Regel besser und gewährten ihren Autoren größere Freiheiten als die meisten Tageszeitungen, so dass sich das Radio in den 1960er Jahren tatsächlich als «der letzte große Mäzen» der Literatur etablierte, wie es Wolfgang Koeppen einmal formuliert hat.[76]

Für eine Intellektuellengeschichte der Bundesrepublik ist Richters Tagebuch interessant, weil es die Diskussionen in der Fischer-Villa im Abstand weniger Tage in Form von Nachbetrachtungen noch einmal Revue passieren lässt. Es wendet die Argumente der Gesprächspartner hin und her und dokumentiert Richters Suche nach einer eigenen Position zu den Streitfragen des Tages. Die Einträge machen damit einen Bereich von Richters Wirken erstmals quellenmäßig zugänglich, der bislang einer näheren Betrachtung entzogen war. Denn viele Sendungsmitschnitte sind verloren gegangen, und die interessantesten Diskussionen

Joachim Kaiser, Hans Werner Richter, Jean-Paul Picaper und Günter Wallraff diskutieren im ZDF mit Schnaps und Zigaretten.

wurden ohnehin oft ohne Kameras und Mikrofone nach Abschluss der Aufnahme in zwangloser Runde beim anschließenden Abendessen geführt. Dabei wurde dem Tabak und auch dem Alkohol sowohl vor der Kamera als auch nach deren Abschalten kräftig zugesprochen, was zum einen die Zungen löste und zum anderen den männerbündischen Charakter der Runden unterstrich, bei denen die wenigen zur Diskussion eingeladenen Frauen sich manchmal durch Einnahme von Beruhigungsmitteln selbst weitgehend außer Gefecht setzten [25. Oktober 1969].

Hier zeigt sich Richter als Persönlichkeit, deren Prägungen, Hoffnungen und Ängste vielfach die Generationserfahrungen, Visionen und Obsessionen einer größeren Gruppe deutscher Intellektueller widerspiegelten. Das gilt für die Auseinandersetzungen über die Studentenbewegung um 1968 ebenso wie für die Lehren aus dem Scheitern der Weimarer Republik, das noch zur stets präsenten Lebenserinnerung vieler politisch engagierter Zeitgenossen gehörte. Entsprechend gegenwärtig war die erste deutsche Republik in den Diskussionen bis in die 1960er und 1970er Jahre.[77] Richter gehörte jedoch, wie gesagt, nicht zu den «45ern» als

Generation der Flakhelfer und HJ-Mitglieder. Überhaupt bestand die literarische Generation der «Stunde Null», als die sich die Gruppe 47 gern präsentierte, nicht aus den Geburtsjahrgängen der 1920er und frühen 1930er Jahre. Vielmehr waren die meisten Gründungsmitglieder merklich älter. Richter wurde wie Walter Kolbenhoff 1908 geboren, Andersch 1914. Der erste Preisträger der Gruppe, Günter Eich, war Jahrgang 1907. Der Diskurs des Neuanfangs und die Selbststilisierung als junge Generation dienten zum einen als Unterscheidungsmerkmal gegenüber den Älteren, wie es im Profilierungsspiel generationeller Identitätsbildung üblich ist. Zum anderen hatte die Abgrenzung gegenüber der vorangegangenen Generation in der konkreten Situation nach 1945 aber auch die Funktion der Schuldabwehr. Die junge Generation deutscher Soldaten, so lautete die Argumentation, war nicht schuld an Hitler und Krieg; sie verstanden sich vielmehr als deren Opfer.[78]

Dies bedeutete, dass Vertreter der selbsternannten jungen literarischen Generation in Deutschland nach 1945 nicht nur Nationalsozialismus und Krieg kannten. Sie waren durch die Weimarer Republik geprägt und durch deren Scheitern erschüttert worden, das sie als junge Männer im Alter zwischen zwanzig und dreißig politisch bewusst miterlebt hatten. Für Männer wie Richter blieb es zeitlebens das große politische Trauma, dass die erste deutsche Demokratie 1933 mit Duldung, wenn nicht Zustimmung von Reichstag und Parteien abgeschafft worden war, wobei gerade auch die von ihnen damals unterstützte Kommunistische Partei keine rühmliche Rolle gespielt hatte. Obwohl Richter seine Entscheidung, im Lande geblieben bzw. aus Frankreich nach Deutschland zurückgekehrt zu sein, in seinem literarischen Werk immer wieder verteidigte, taucht in seinen Tagebuchaufzeichnungen wiederholt das Motiv des nachgeholten Exils auf. Bei der Wiederbewaffnung, während der *Spiegel*-Krise oder anlässlich der Wahlerfolge der NPD – immer wieder äußerte er den Gedanken, man müsse die Bundesrepublik verlassen und diesmal rechtzeitig ins Ausland emigrieren [siehe etwa den Eintrag vom 21. November 1966]. Man tut Richter sicher nicht Unrecht, wenn man das Liebäugeln mit dem Exil nach 1945 auch als nachträgliche Kompensation des gescheiterten Exils der 1930er Jahre interpretiert. Dass Richter in dieser

Hinsicht kein Einzelfall war, zeigt ein Blick auf Andersch, der es nicht bei der bloßen Idee beließ, sondern Ende der 1950er Jahre tatsächlich in die Schweiz übersiedelte.

So reflexhaft Richter die Vorstellung vom Gang ins Exil nach 1945 heimsuchte, so zwanghaft plagte ihn der Gedanke, die Zerstörung der deutschen Demokratie könne sich wiederholen. Während der *Spiegel*-Affäre unkte er mit Blick auf Verteidigungsminister Franz Josef Strauß, die «Dunkelmänner» säßen wieder einmal, «wie seinerzeit, in Bayern. Unsere Demokratie wird daran über Jahr und Tag sterben».[79] Andersch schrieb noch im Januar 1963 – also nach dem Ende der Affäre – an Richter, «dass wir gar nicht mehr in einer Demokratie leben, sondern in einem rechtsgerichteten Militärstaat».[80] Ähnlich alarmiert reagierte Richter auf die Wahlerfolge der NPD. Das Wort «völkisch» werde wieder ohne Scheu gebraucht, notierte er: «Mein Gott, wer hätte geglaubt, daß dies alles wieder kommen kann. Aber es ist wieder da und kommt wahrscheinlich überall im Eil-Marsch-Schritt der Nation auf uns zu» [21. November 1966]. Während des Sechstagekrieges im Nahen Osten erinnerte ihn die antiisraelische Haltung der *National- und Soldaten-Zeitung* im Westen und der SED im Osten an das Zusammenwirken von Nationalsozialisten und Kommunisten beim Untergang der Weimarer Republik [16. Juni 1967].

Selbst im Angesicht der Studentenbewegung verließ ihn die Furcht vor einer rechten Gegenbewegung nicht.[81] «Man hat so viel erlebt», schrieb er seinem Bruder, «man kennt die Gefahren, sechzig Jahre Erfahrungen belasten auch, sie hemmen, und wenn es auch nur dies ist, dieses Wissen, das [die Studenten, DG] nicht haben und nicht haben können, das [sic] ein Gegenschlag von rechts in diesem Land furchtbar werden kann.»[82] Wenn Richters wichtigster Einwand gegen die protestierenden Studenten anfangs darauf zielte, dass sie die Gefahr einer rechten Gegenbewegung unterschätzten, so wurde für seine weitere Auseinandersetzung mit der Studentenrevolte die Anwendung des Faschismusvorwurfs auf die linken Studenten selbst symptomatisch. Je mehr die politische Hysterie zunahm, je heftiger die Gewalt nach dem Tod Benno Ohnesorgs eskalierte und je offener dabei ein tiefgründiger Hass zutage trat, desto stärker setzte sich bei ihm der Eindruck fest, man habe es mit einem «roten Faschismus» zu tun, wie er im Anschluss an eine Formulierung von Jürgen Habermas festhielt [20. Juni 1967]. Im Rückblick bezeichnete er als wichtigstes Ergebnis des Kriegsendes von 1945 die Befreiung vom Hass – eine Erfahrung, die sich bedauerlicherweise nicht von einer Generation auf die andere übertragen lasse. Die heutigen Studenten wollten «wieder Intoleranz statt Toleranz, Emotion statt Vernunft, Terror statt Auseinandersetzung». Sie könnten mit der Freiheit nichts anfangen, langweilten sich und glaubten, «die Manipulation dieser Gesellschaftsordnung zerstören zu müssen und zerstören dabei wahrscheinlich sich selbst» [2. November 1967].

Da Richter keine materiellen Ursachen für diese Wendung entdecken konnte, deutete er sie psychologisch. Die «frischgebackenen Revolutionäre» übertrugen in seiner Sicht ihre seelischen Probleme auf die Gesellschaft und die Politik. Aus einer Mischung von Romantik und Kontaktarmut entstehe als utopisches Ziel «ein Paradies menschlicher Kontaktfreudigkeit», eine konfliktlose Gesellschaft, in der jede Art von Selbstentfremdung aufgehoben sei [11. Mai 1969]. Die Studenten missverstünden den «Sozialismus als psychotherapeutische Anstalt». Sie kämpften an einer imaginären Klassenkampffront und versuchten auf diese Weise, ihre Aggressionstriebe abzureagieren. Die Arbeiterschaft sei für sie nichts weiter als ein «Fetisch, eine Klasse zum irrationalen Symbol erhoben. Arme Arbeiter, die nun zu Gottwesen einer bürgerlichen Jugend geworden sind, nur um romantische Neigungen und Triebe zu befriedigen» [2. Juni 1969].

Noch weniger Verständnis als für die rebellierenden Studenten hatte Richter für die «Zwischengeneration» (Erwin K. Scheuch) derjenigen, die Ende der 1960er Jahre um die vierzig waren. Ihnen warf er Opportunismus, Leichtsinn und politische Fahrlässigkeit im Umgang mit den selbsternannten Revolutionären vor. Statt dem überschießenden Utopismus der Jungen Pragmatismus und Vernunft entgegenzusetzen, ließen sie sich teils widerstandslos, teils begeistert von der Modeströmung mitreißen. Die «Neigung alternder Snobs», sich an der Seite «junger gesellschaftspolitischer Himmelsstürmer» zu tummeln, wirke erschreckend, notierte er. «Mangelnde Standhaftigkeit» der Älteren sah er als wichtiges Merkmal dieser Jahre [7. Dezember 1969]. Das Bemühen mancher Berliner Professoren, mit ihren aufrührerischen Studenten mitzuhalten, empfand er als würdelose «Servilität» [26. März 1969]. Die Begeisterung für Mao Tse-tung und die chinesische Kulturrevolution, die mancher dabei offenbare, hielt er für fehlgeleitete Radikalität ohne Substanz [5. April 1967].

Richter tendierte dazu, in der politischen Verblendung und Verantwortungslosigkeit, die manche Angehörige der 45er Generation um 1968 seiner Ansicht nach an den Tag legten, mehr zu sehen als individuelle Verirrungen. Stärker leuchtete ihm eine übergreifende, generationsbezogene Erklärung ein, die er von dem ZDF-Journalisten Walther Schmieding übernahm. Die 45er, so Schmieding, der als 1928 Geborener selbst dieser Alterskohorte angehörte, seien eine angepasste Generation, «wendig, gelenkig, ohne festen Halt». Drei Erlebnisse hätten sie geprägt: erstens der Kriegsbeginn 1939/40, zweitens das Kriegsende 1945 und der demokratische Neuanfang danach, und drittens die «Scheinrevolution» von 1968. Auf jede einschneidende Veränderung der Zeitstimmung, so Schmiedings Beobachtung, habe diese Generation mit Anpassung reagiert. Als Hitler Reichskanzler war, sei ihr Ideal «der strahlende Kriegsheld, der Ritterkreuzträger» gewesen, nach 1945 hingegen der «‹Demokrat›, der liberale Schriftsteller, der politische Pragmatiker». Zwanzig Jahre später hätten sie sich – nun ganz ohne Zwang und Druck – erneut angepasst, diesmal einer «pseudorevolutionären Jugend. Ideal: Lenin usw.» [21. Januar 1971].

Schmiedings Theorie erschien Richter vor dem Hintergrund seiner eigenen Schwierigkeiten mit der Gruppe 47 umso plausibler, als sie zum einen erklärte, warum in den Anfangsjahren der Gruppe der Bogen von den Älteren zu den Jüngeren «gespannt werden konnte, und zwar ohne jeden Konflikt». Zum anderen machte sie aber auch die Fliehkräfte der späten 1960er Jahre verständlich, als die mittlere Generation der 45er «von einer jüngeren, aktiveren und zur Intoleranz neigenden Generation überrannt» wurde bzw. zu ihr überlief und alles nachahmte, was die Jüngeren vormachten: «selbst die Haare wachsen ihnen, den Vierzigjährigen, übernacht bis auf die Schultern und dies trotz Glatze und oft recht schütterem Haarwuchs» [21. Januar 1971]. Enzensbergers Proklamation vom «Tod der Literatur» im *Kursbuch* gehörte für Richter ebenso in diesen Kontext wie Walsers Eintreten für eine Schriftstellergewerkschaft. Das sei kein «revolutionärer Akt», sondern ein «Vorgang totaler Anpassung», bei dem seine Schriftstellerkollegen denselben Kopfstand versuchten, «der schon den Intellektuellen der zwanziger Jahre nicht gelungen ist: die Verwandlung in Proletarier. Sie sind wieder einmal dabei, sich selbst aufzugeben, für eine Illusion, für eine Utopie» [3. Dezember 1970].

Im Kern ging es bei dieser Auseinandersetzung freilich nicht um einen Generationenkonflikt, sondern um das Staats- und Politikverständnis der Schriftsteller – und damit um ihr Selbstverständnis als Intellektuelle.[83] Für die einen galt es, prinzipienfest Kritik zu üben, sich als Individualisten für das Wahre, Gute und Schöne einzusetzen. Sie standen in der deutschen Tradition der Trennung von Geist und Macht, wie sie noch in Max Webers Unterscheidung zwischen Gesinnungsethik und Verantwortungsethik anklang. Aus dieser Sicht war die Geisteshaltung und gesellschaftliche Funktion des Intellektuellen mit den Argumentationsweisen, Handlungsmustern und Aufgaben des Politikers grundsätzlich unvereinbar. Nach der Bildung einer sozial-liberalen Koalition im Herbst 1969 herrschte deswegen trotz aller Freude eine gewisse Ratlosigkeit, die Klaus Roehler zu der Frage veranlasste: «Aber was machen wir Intellektuellen jetzt [?] Wir können doch nicht positiv und kritiklos zu einer Regierung stehen. Nach jahrelangem Meckern und Kritisieren, können wir doch nicht plötzlich in Lobgesänge ausbrechen» [4. Oktober 1969].

Richter notierte dazu zwar: «Roehler hat recht. Es ist eine merkwürdige Situation. Noch nie haben die deutschen Intellektuellen einer Regierung gegenüber gestanden, die fast ausschließlich aus Leuten ihrer Mentalität besteht» [4. Oktober 1969]. Dennoch schlug er sich mit seinem parteipolitischen Engagement für die SPD in den 1960er Jahren auf die Seite der pragmatischen Reformer. Für ihn bestand das Charakteristikum des Intellektuellen nicht (mehr) «in einer absoluten Autonomie (und damit Abstinenz) von der Politik, sondern in einer relativen Autonomie in der Politik».[84] Walser oder Enzensberger hingegen, die Ende der 1960er Jahre in revolutionärem Enthusiasmus entbrannt waren, gehörten mit ihrer Fundamentalkritik an den bestehenden Verhältnissen, ihrem visionären Utopismus und der Verachtung für pragmatische Realpolitik zur gegenseitigen Denkrichtung.

Mit Blick auf die ideengeschichtlichen Traditionslinien im Staatsverständnis deutscher Linksintellektueller des 20. Jahrhunderts war die Hinwendung von Schriftstellern wie Richter zur SPD und damit letztlich auch zum politischen System der Bundesrepublik beinahe revolutionär zu nennen. Schließlich hatte die linke Intelligenz, wie sie etwa Kurt Tucholsky oder Carl von Ossietzky repräsentierten, die erste deutsche Republik zumeist nur als Idee, aber nicht als notwendigerweise unvollkommene Realität verteidigt.[85] Wenn man, wofür vieles spricht, im fehlenden Engagement der Linksintellektuellen für die erste deutsche Republik, ja in ihrer teilweise verächtlichen Herabsetzung des Staates einen wichtigen Grund für das Scheitern Weimars erblickt, dann muss auch das gewandelte Staatsbewusstsein und Demokratieverständnis Richters und anderer als Beitrag zur Stabilisierung der zweiten deutschen Republik gewürdigt werden. Wegen der im Vergleich zur Zwischenkriegszeit langen Phase politischer Stabilität und wirtschaftlicher Prosperität war westdeutschen Intellektuellen wie Richter möglich, was für Ossietzky oder Tucholsky undenkbar geblieben war: geistig in ihrem Staat anzukommen, dort heimisch zu werden und sich für ihn zu engagieren.

4. Revolutionen in Ost und West

Die DDR war für Richter schon seit langem keine ernstzunehmende Alternative mehr, war es recht eigentlich nie gewesen, obwohl – oder vielleicht gerade weil – der Schriftsteller sich zeitlebens als Sozialist begriff. Seine düstere Sicht auf die Entwicklungen in Ostdeutschland war von den Erfahrungen seiner Familie auf Usedom geprägt. Die Abriegelung West-Berlins durch den Mauerbau, den er bei seiner Familie in Bansin erlebte, hatte er persönlich als Einkerkerung seiner Verwandten empfunden und politisch als möglichen Auftakt eines dritten Weltkriegs.[86] Dem SED-Regime unter Walter Ulbricht warf er in einem offenen Brief an Nikita Chruschtschow Anfang September 1961 nicht nur «Verletzung der Menschenrechte» und «Verstöße gegen die Idee des Friedens» vor, sondern bezeichnenderweise auch «Verstöße gegen die Grundsätze des Sozialismus».[87] Den real existierenden Sozialismus in der späten Ulbricht-Ära fand Richter aus ästhetischen wie politischen Gründen abstoßend: menschenfeindlich und ohne Zukunft.

Die Notizen über seine Besuche in der DDR sind in verschiedenen Schattierungen eines trüben Grau gehalten. Ihn störe das System von Jahr zu Jahr mehr, heißt es 1969, «mit seinen Funktionären, Polizisten, Grenzsoldaten, mit seinen Absperrungen und seinen Bevormundungen. Es ist nicht nur grau und humorlos, es ist auch farbenblind und unmodern. Immer fährt man in die Vergangenheit, in das konservierte Vorgestern» [3. November 1969]. Bansin sehe völlig heruntergekommen, ja teilweise verwahrlost aus, notierte er ein knappes Jahr später nach einem Besuch in der alten Heimat: «Die Straßen haben Schlagloch neben Schlagloch, die Bürgersteigplatten sind zerbrochen, die Fassaden der Häuser bestehen aus abgeplatztem, zerborstenem Putz. Es ist ein trostloser Anblick». Dort könne man studieren, wohin die totale staatliche Zwangs- und Planwirtschaft führe [10. September 1970]. Alles sei «farblos, triste, ohne Freude, ohne Geschmack», lautete die Einschätzung nach einer weiteren Reise in die DDR im Sommer 1971, «ein Funktionärsstaat, wie er trauriger nicht zu denken ist» [3. Juli 1971]. Als vorherrschenden Eindruck vermerkte er «vollständige Verbürokratisierung, Verfall, Verknöcherung, Verkümmerung der Lebensfreuden, des Geschmacks». Alles sei «grau, mausgrau, ohne Farbe. Dazu die Klagen aller: keine Möglichkeiten und Aussichten der Änderungen, keine Hoffnungen. Ein Gefängnis, aus dem niemand entlassen wird» [19. Juli 1971].

Auch *ad personam* hatte Richter Gründe, dem SED-Regime ablehnend gegenüberzustehen. Zwar hat Matthias Braun kürzlich festgestellt, dass die Gruppe 47 kaum ins Visier der ostdeutschen Staatssicherheit geraten ist, «weil eine systematische Überwachung des Literaturbetriebes von Seiten der Stasi erst in den 1970er Jahren einsetzte».[88] Dafür sind andere Aktivitäten Richters, insbesondere im Grünwalder Kreis Ende der 1950er Jahre, misstrauischer verfolgt worden – bis hin zu dem Versuch, seinen ältesten Bruder Willi als Spitzel zu gewinnen und auf ihn anzusetzen.[89] Zwischen 1966 und 1968 belegte ihn die DDR zudem mit einem Einreiseverbot, so dass er seine Familie auf Usedom zwei Jahre lang nicht besuchen konnte.

Auch wenn bis heute keine Opferakte Richters in den Unterlagen des Ministeriums für Staatssicherheit gefunden wurde, erscheint es vor dem Hintergrund derartiger Umtriebe und Schikanen nachvollziehbar, dass der Schriftsteller bei öffentlichen Angriffen auf ihn wiederholt die lenkende Hand der Stasi am Werk sah [22. und 24. Oktober 1966; 4. Januar 1967]. Im Fall von Gerhard Zwerenz saß er dabei einem Gerücht auf.[90] Was Klaus Rainer Röhls Zeitschrift konkret betrifft, die im Frühjahr 1966 Neumanns und Nossacks Anwürfe publiziert hatte, ist seit längerem bekannt, dass sie mindestens bis 1964 von der DDR finanziert wurde.[91] Ob Neumanns und Nossacks Angriffe auf Richter und die Gruppe 47 tatsächlich von den DDR-Behörden gesteuert wurden, ist bis heute nicht geklärt und bedarf weiterer Forschung. Für den Kürbiskern, den Richter ebenfalls verdächtigte, mit seiner Kritik an der Gruppe 47 im Dienste Ost-Berlins tätig geworden zu sein, ist eine Zusammenarbeit mit den DDR-Behörden bislang nicht belegt worden, obwohl der Verdacht nahe liegt, dass er als Zeitschrift, die unter dem Einfluss der DKP stand, Zuwendungen aus der DDR erhielt.[92]

Wenngleich er den in der DDR praktizierten Staatssozialismus verabscheute und ein begründetes Misstrauen gegen das SED-Regime hegte, gehörte Richter zu den frühen Verfechtern einer neuen, aktiveren Ostpolitik.[93] Fast scheint es, als habe er gehofft, darin manche seiner 1946/47 im Ruf entwickelten nationalneutralistischen Ideen eines dritten Weges wieder auferstehen zu sehen. Schon im Grünwalder Kreis hatte er mit der Idee Ernst Noltes sympathisiert, eine Anerkennung der Oder-Neiße-Grenze als befreienden «Akt schmerzlich großen Umdenkens und realer Wiedergutmachung» zu fordern.[94] Im Nachwort des von ihm herausgegebenen Bandes zum Mauerbau schrieb er im Herbst 1961 von der «Notwendigkeit ... einer aktiven Ostpolitik». Unter dem Schock des Ereignisses versuchte Richter, sich mit rhetorischem Pathos über die vage Unbestimmtheit seiner Lösungsvorstellungen hinwegzuhelfen. Nur eine neue Ostpolitik, schrieb er reichlich wolkig, könne siebzehn Millionen Menschen hinter der Mauer die Erleichterung bringen, auf die sie warteten. Nur durch sie sei auf lange Sicht vielleicht die Wiedervereinigung möglich. Der neue Weg sei zweifellos voller Gefahren. Er bedürfe der Anstrengung des ganzen Volkes, der Politiker wie der Intellektuellen und eines jeden, «der die Teilung des Volkes mit all ihren tragischen Umständen nicht in satter Bequemlichkeit hinnehmen will».[95]

In den Monaten nach dem Mauerbau konkretisierten sich Richters ostpolitische Vorstellungen. Die Bundesrepublik dürfe unter keinen Umständen die Klärung des Deutschlandproblems den vier Großmächten allein überlassen, schrieb er im Juni 1962 dem Journalisten Jochen Wilke. Sie müsse sich in die Verhandlungen einschalten «und vor allen Dingen eigene Initiativen entwickeln». Die Chancen der Wiedervereinigung seien gering. Trotzdem müsse die Wiedervereinigung «das erste Ziel einer deutschen Ostpolitik» sein. Da sie ausschließlich von der Sowjetunion abhänge, sei es notwendig, «bessere, ja freundschaftliche Beziehungen» zu Moskau herzustellen. Die Bundesregierung solle darüber hinaus zu allen Ostblockstaaten diplomatische Beziehungen aufnehmen. Die Hallstein-Doktrin solle sie als zunehmend erfolglosen Versuch, die DDR international zu isolieren, «entweder ganz aufgeben oder modifizieren». Besonders wichtig sei «die sofortige Aufnahme diplomatischer Beziehungen zu Polen».[96] Auch mit Blick auf die Rolle der Schriftsteller entwickelte Richter konkrete Vorstellungen. In den von ihm initiierten deutsch-deutschen Schriftstellergesprächen 1964 äußerte er einem IM-Bericht zufolge, dass «auf die Dauer eine Anerkennung der DDR nicht zu umgehen [sei]. Die ‹Gruppe 47› müsse auf dem Gebiet der Schriftsteller zur Entwicklung von Kontakten beitragen».[97]

Es ist erstaunlich, wie sehr einige von Richters Überlegungen dem ähnelten, was Willy Brandt und Egon Bahr zunächst in der Senatskanzlei in Berlin, dann in Bonn, erst im Auswärtigen Amt, später im Kanzleramt an konzeptionellen Planungen entwickelten.[98] Manche Idee Richters hätte fast als Regieanweisung für die spätere Ostpolitik der Regierung Brandt dienen können. Richter selbst sah das im Rückblick ähnlich. Jedenfalls rechnete er die ostpolitischen Initiativen der sozial-liberalen Koalition nach 1969 auch seinen eigenen publizistischen Vorarbeiten zu. Im Spätherbst 1971 erinnerte er sich an ein Gespräch, das er sechs Jahre zuvor mit Franz Josef Strauß geführt hatte und in dem er dem CSU-Politiker bereits «die ganze Ostpolitik vorgetragen» habe, die «Willy Brandt heute entwickelt hat» [6. November 1971].

Brandt und dessen Neue Ostpolitik stellten ohne Zweifel eine Brücke dar, über die ein Adenauer-Gegner und Verfechter eines Dritten Weges wie Richter in der Bundesrepublik der späten 1960er Jahre gleichsam ankommen konnte. Eine zweite Triebkraft für Richters zunehmende Identifizierung mit Staat und Gesellschaft der Bundesrepublik, so ließe sich argumentieren, war die Abgrenzung zu dem, was er als die Ideologie- und Gewaltexzesse der westlichen Jugend auf der einen und den diktatorischen Kontrollwahn der KPdSU und ihrer osteuropäischen Vasallen auf der anderen Seite des Eisernen Vorhangs ablehnte. Richters Sicht auf die turbulenten politischen Ereignisse jener Jahre ist außergewöhnlich, weil sie die Entwicklungen in West und Ost in gleichem Maße einbezog. Der Schriftsteller nahm damit einen Blickwinkel ein, der zu Recht als eine der wichtigsten «Leerstellen» bei der zeitgeschichtlichen Erforschung von «1968» identifiziert worden ist, nämlich «die fehlende oder schiefe Balance zwischen West- und Osteuropa».[99]

Richter gehörte zu den wenigen westdeutschen Intellektuellen, die 1968 nicht nur nach Frankfurt, Paris, Rom oder Berkeley, sondern ebenso nach Prag, Warschau und Moskau blickten. Sein Alter und seine Biographie legten ihn weniger auf die dichotomische Perspektive des Kalten Krieges fest als viele Jüngere. Sie ließen ihn stärker in gesamteuropäischen Zusammenhängen denken, machten ihn aber zugleich vergleichsweise unempfänglich für die Entwicklungen in der «Dritten Welt», die für die Studentenbewegung ein so zentrales Anliegen waren. Liest man Richters Tagebuch als Quelle einer Ökonomie der Aufmerksamkeit, dann wird deutlich, welch breiten Raum gerade die politischen Auseinandersetzungen in Süd- und Osteuropa einnahmen: von der griechischen Militärdiktatur über Jugoslawien und Ungarn bis zur Tschechoslowakei und Polen. Veränderungen in den Zentren der kommunistischen Weltbewegung, die Dissidentenbewegung in der Sowjetunion, der russisch-chinesische Grenzkonflikt an den Flüssen Amur und Ussuri kommen immer wieder zur Sprache. Auch der Nahostkonflikt bereitete ihm Sorgen. Anfang Juni 1967 war er sogar derart intensiv damit beschäftigt, Unterschriften für ein von ihm initiiertes Manifest für Israel zu sammeln, dass er vier Tage nach dem Tod Benno Ohnesorgs geradezu erstaunt vermerkte, es sei schwierig gewesen, mit seinen Berliner Bekannten über die Israel-Resolution zu sprechen: «[I]hre Sorgen wegen des erschossenen Studenten [...] waren scheinbar größer als meine Sorgen um Israel» [6. Juni 1967].

Die Befreiungsbewegungen in den Ländern Asiens, Afrikas und Lateinamerikas spielen hingegen in Richters Tagebuch kaum eine Rolle. Grass' Vorschlag, die deutschen Schriftsteller sollten sich für Biafra oder Vietnam engagieren, kommentierte Richter mit der Bemerkung: «Er hätte auch sagen können: ‹Kultivieren wir Grönland›» [9. Dezember 1969]. Ikonen des antikolonialen Protests wie Che Guevara oder Fidel Castro werden nicht erwähnt; Ho Chi Minh und Mao Tse Tung kommen zwar vor, aber bezeichnenderweise nicht als Kronzeugen einer moralischen Revolution der Unterdrückten, sondern als revolutionäre Realpolitiker. Moral sei noch keine Politik, heißt es. «Lenin war kein Moralist und Mao [...] ist es auch nicht. Wären sie es gewesen, keiner von ihnen hätte seine Revolution gewonnen» [10. Mai 1967].

An der westlichen Studentenbewegung ärgerte Richter nicht zuletzt das Unernste, Alberne ihrer Aktionen. Der aufgedeckte Pudding-Anschlag der Berliner Kommunarden gegen den amerikanischen Vize-Präsidenten Hubert Humphrey im Frühjahr 1967 erschreckte ihn wegen des «Dilettantismus», der sich darin offenbarte: Die halbe Stadt habe vorher von dem Attentatsversuch gewusst [7. April 1967]. Irritierend fand Richter weniger den großen Gestus des Protests oder die Forderung nach einem Primat der Praxis. Was ihn störte, spielte sich auf der performativen Ebene ab: in den spielerischen Formen der Politik und des Protests. Auf Massenbeteiligung zielende Happenings, Sit-ins, Teach-ins, Love-ins usw. traten an die Stelle von Diskussionen, Manifesten und Aufrufen einer Avantgarde, wie sie die Gruppe 47 praktiziert hatte. Hier schieden sich die Geister. Nachdem Richter im Januar 1967 an einer Demonstration gegen eine Hausdurchsuchung beim Münchener SDS teilgenommen hatte, notierte er: «Eine seltsame Demonstration mit Sonnenblume und Leierkasten, der Melodien wie: ‹Püppchen, du bist mein Augenstern› spielte, Melodien aus der Zeit des Kaiserreichs, eine Demonstration, die jede echte politische Spannung vermissen ließ, und scheinbar mehr der Gaudi diente. [...] Welch ein Unterschied zu den Demonstrationen von vor dreißig Jahren:

damals der Glaube an die Ideologie, politische Spannung, politische Leidenschaft, jetzt: ein Leierkasten» [28. Januar 1967].

Die Langzeitwirkungen der Studentenproteste und der außerparlamentarischen Opposition sah Richter denn auch auf dem Gebiet der Mentalität und der Politik, nicht bei den sozio-ökonomischen Verhältnissen. Er registrierte eine wachsende Irrationalität der Debatten, eine zunehmende Neigung zur Brutalität in der politischen Auseinandersetzung und bemerkte einen «Hang zur Intoleranz, zur Diffamierung, zur Ignoranz, zur Gewalt, alles Merkmale faschistischer Mentalität, jetzt links getarnt» [2. Juni 1969]. Nicht nur die «revolutionäre[n] Restposten» der in den Terrorismus abwandernden Gruppe um Ulrike Meinhof, Andreas Baader und Gudrun Ensslin, die noch im Wahlkampf 1965 an dem von Richter initiierten Wahlkontor junger Schriftsteller beteiligt gewesen war, hatten sich nach Richters Meinung verrannt, sondern weite Kreise der rebellischen Studenten [14. Februar 1970].

Die Radikalisierung der Studentenbewegung brachte in Richters Augen den Gedanken eines humanitären Sozialismus in Misskredit und verbaute die positiven Potentiale der marxistischen Theorie. Unschuldige Opfer dieser Fehlentwicklung seien die «geschundene Linke, der mißbrauchte Sozialismus, der mißverstandene Marx, von Friedrich Engels und Rosa Luxemburg und allen anderen ganz zu schweigen» [2. Juni 1969]. Derartige Einträge verdeutlichen Richters Festhalten an einigen sozialistischen Idealen seiner Jugend. Die Idee eines humanitären Sozialismus, in dem Freiheit und Sozialismus miteinander vereint waren, ein positiv konnotierter Revolutionsbegriff als vage Zukunftshoffnung und die Grundgedanken einer historisch-materialistischen Gegenwartsanalyse überlebten den Verlust seines Glaubens an eine sozialistische Utopie.

Einen Eindruck davon, was sich Richter unter einem humanitären Sozialismus in Deutschland nach dem Zweiten Weltkrieg vorstellte, vermittelt sein früher Aufsatz «Die Wandlung des Sozialismus – und die junge Generation» vom November 1946 im Ruf. Darin hatte er die Hoffnung auf eine Verbindung von Sozialismus und Freiheit an das Fronterlebnis seiner Generation geknüpft. Dieses sei in den Massenorganisationen von Krieg und Gefangenschaft zu so etwas wie dem Prototyp des «sozialistischen Menschen» geschmiedet worden und habe dort zugleich einen überaus starken Freiheitsdrang entwickelt.[100] Zwar war Richters Hoffnung, die Kriegserfahrungen seiner Generation könnten in dieser Weise nutzbar gemacht werden, bald an den Verhärtungen des Kalten Krieges zerschellt. Trotzdem kann man sein gesamtes politisches Engagement nach 1945 als Versuch interpretieren, die Chance zur Verwirklichung einer «nachgeholten Stunde Null» nicht zu verpassen: sei es im Zusammenhang mit dem Protest gegen die Wiederbewaffnung, bei der Anti-Atomtod-Kampagne, in der Spiegel-Affäre, nach dem Rücktritt Adenauers bis in die Anfänge der Studentenbewegung hinein, als er in München nächtelang mit Vertretern des Liberalen Studentenbundes (LSD) diskutierte. Er sehe alle Ideen seiner Jugend wieder vor sich aufstehen, schrieb er seinem Bruder Willi im April 1968, «alles und noch etwas mehr von dem, was wir damals diskutierten – Rätestaat, Revolution, Sozialisierung».[101]

Auch in dem Versuch der Prager Reformer um Alexander Dubček, Demokratie und Sozialismus, Planwirtschaft und Markt, Freiheit und Emanzipation der Arbeiterschaft miteinander zu verbinden, sah er eigene Ideale aus der zweiten Hälfte der 1940er Jahre wieder auferstehen. Er versuchte, dem Deutschen Taschenbuchverlag die Grundgedanken des Prager Frühlings als Gegengift gegen Verirrungen der Studentenrevolution zu empfehlen, und regte ein «Periodikum gegen den mißverstandenen Sozialismus der Studenten» an, «auf der Linie Ota Šik und Eduard Goldstücker: sozialistische Wirtschaftsordnung und demokratische politische Ordnung» [29. Dezember 1968].

Es war sicher kein Zufall, dass Richter an Dubčeks Reformen von oben Gefallen fand. Er blieb Verfechter einer Elitenpolitik, bei der eine kleine Gruppe von Gleichgesinnten einen besonderen Erziehungsauftrag übernahm. Vor 1933 hatte er geglaubt, diese Rolle komme der Kommunistischen Partei zu. Nach 1945 erblickte er in der Gruppe 47 eine solche Avantgarde. Auch der Gegensatz zum Lebensstil und den Protestmethoden der 68er Generation lässt sich in diesem Rahmen erklären. Die Gruppe 47 war der Idee nach ein elitäres Projekt, initiiert von Männern und Frauen, die nicht aus den Kreisen der traditionellen Eliten stammten, sondern oft einen kleinbürgerlichen, mitunter sogar proletarischen Hintergrund hatten. Im Gegensatz dazu war die Studentenrevolte der Theorie nach egalitär, obwohl sie vielfach von Söhnen und Töchtern aus dem Großbürgertum oder den wohlhabenden Mittelschichten getragen wurde [18. Oktober 1967].

Richters Sympathie gehörte denen, die ernst machten und nicht bloß Revolution spielten.[102] Während in seinen Augen die selbstgerechte, satte und sichere Jugend im Westen lediglich einen «revolutionären Tarnanzug» trug, opferten deren Altersgenossen im Osten wie Jan Palach in der Tschechoslowakei ihr Leben im Protest gegen die bestehenden Verhältnisse: «Von diesem Selbstverbrennungstod werden sehr viel stärkere Wirkungen ausgehen als von allen Theorien und Analysen» [26. Januar 1969]. Die Aufstände in den polnischen Ostseestädten Danzig und Stettin zwei Jahre später trugen seiner Meinung nach deutlich stärker den Charakter revolutionärer Erhebungen als alles, was sich im Westen ereignet hatte: «Rosa Luxemburg hätte an diesem spontanen Aufstand ihre Freude gehabt», notierte er, abgesehen von der nicht ganz unwesentlichen Einschränkung, dass sich die «zweifellos revolutionäre spontane Aktivität ausgerechnet gegen einen sozialistischen Staat richtet» [2. Januar 1971].

Nicht im Westen, nicht unter den kapitalistischen Staaten reiften die großen Umwälzungen der Zukunft heran, davon war Richter zunehmend überzeugt, sondern im Osten, unter den sozialistischen Staaten einschließlich Chinas. Dort seien die Spannungen und die Druckverhältnisse zu groß geworden. Der Schriftsteller betrachtete diese Entwicklungen mit einer Mischung aus Sorge und Faszination. Einerseits hielt er sie für heraufziehende «Katastrophen». Er prophezeite «Eruptionen noch in diesem Jahrzehnt» und sagte voraus, er werde sein Leben wohl nicht ruhig zu Ende führen können, sondern «noch einmal in den großen Orlog geworfen» werden wie in den 1930er und 1940er Jahren. [8. Februar 1970]. Andererseits blieb der Revolutionsbegriff in Richters Wortschatz positiv besetzt. «Ohne die Tugenden der beiden großen Revolutionen, der französischen wie der russischen», notierte er im Juli 1968, «gibt es keine neue Gesellschaft» [24. Juli 1968]. Der Gedanke einer neuen Welle von Revolutionen aus dem Osten übte offensichtlich eine starke Faszination aus: *ex oriente lux*, auch wenn es sich diesmal nicht um kommunistische Revolutionen handeln würde, sondern um Revolutionen gegen den Kommunismus.

Hans Werner Richter hat noch erlebt, wie sich seine Prognose über die antikommunistische Revolution bewahrheitete. Im Mai 1990 konnte die Gruppe 47 in der freien Tschechoslowakei tagen, in eben jenem Schloss Dobříš bei Prag, wo sie 22 Jahre zuvor durch die sowjetische Intervention an ihrem Zusammentreffen mit tschechischen und slowakischen Schriftstellern gehindert worden war. Drei Jahre später starb Richter. Die Gründe, warum er in den letzten zwanzig Jahren seines Lebens kein Tagebuch mehr führte, kennen wir ebenso wenig wie seine Motive, 1966 damit zu beginnen. Die Aufzeichnungen brechen im Herbst 1972 so abrupt ab, wie sie fast auf den Tag genau sechs Jahre zuvor angefangen haben. Wieder bleiben nur Mutmaßungen über persönliche und künstlerische Veränderungen oder einen Wandel des Zeitklimas.

Nachdem Hans Werner und Toni Richter 1972 einen Ponyhof in Norddeich in Ostfriesland gekauft hatten, verbrachten sie Teile des Jahres dort. Aus dem literarischen und politischen Leben zogen sie sich immer mehr zurück. Richters über Jahrzehnte intensiv geführte Korrespondenz ebbte nach 1972 rasch ab. Von den insgesamt 415 in Sabine Cofallas Briefedition versammelten Briefen und Karten stammen lediglich vier aus der Zeit nach dem Ende des Tagebuchs. Das Domizil in der Erdener Straße behielt Richter noch bis 1975; danach lief auch seine Tätigkeit als Fernsehmoderator aus. Fast scheint es, als sei er der betriebsamen Hektik seines Lebens als Künstler, Publizist und politischer Intellektueller überdrüssig geworden und habe sich entschieden, künftig ungebundener zu sein. «Jetzt wird erst mal gelebt», soll er noch als fast Achtzigjähriger gesagt haben.[103]

Schriftstellerisch blieb Richter bis ins hohe Alter tätig. 1974 brachte der Verlag Hofmann und Campe seine «Briefe an einen jungen Sozialisten» heraus, in denen er seine politischen Lebenserfahrungen in einer fiktiven Korrespondenz mit einem Studenten reflektierte.[104] Die Nymphenburger Verlagsanstalt publizierte 1980 Richters «Flucht nach Abanon», ein Jahr später «Die Stunde der falschen Triumphe» und 1982 seinen letzten Roman «Ein Julitag».[105] 1986 erschienen seine Erinnerungen an die Gruppe 47 unter dem Titel «Im Etablissement der Schmetterlinge», 1989 ebenfalls bei Hanser ein weiterer Erinnerungsband: «Reisen durch meine Zeit».[106]

Es wäre übertrieben, Hans Werner Richter einen «verkannten» Schriftsteller zu nennen.[107] In den beiden letzten Jahrzehnten vor seinem Tod 1993 erhielt er vielfältige Ehrungen für sein Lebenswerk. 1974 wurde er ordentliches Mitglied der Bayerischen Akademie der Künste. 1978 bekam er die Ehrendoktorwürde der Universität Karlsruhe verliehen, im Jahr darauf das Große Bundesverdienstkreuz und den Titel eines Professors ehrenhalber durch den Regierenden Bürgermeister von Berlin. Die Würdigung seines künstlerischen Werks stand jedoch meist hinter der Auszeichnung seiner gesellschaftlichen und literaturpolitischen Aktivitäten um die Gruppe 47 zurück. Sein Tagebuch macht deutlich, welch zentrale Stellung die Gruppe in Richters Leben einnahm – für sein Renommee in der Öffentlichkeit und für sein Bild von sich selbst. Es zeigt aber auch, dass er unter der Gleichsetzung litt und dass er mehr und anderes sein wollte als nur der Gründer dieser Schriftstellergruppe oder gar ein literarischer «Herbergsvater» wie es immer wieder vermeintlich liebevoll, aber mit herabsetzender Wirkung formuliert wurde.[108]

Trotzdem kam Richter nicht von der Gruppe 47 los, wollte es wohl auch nicht. Er blieb ein «Genie der Freundschaft» [29. September 1966], das gern die vertrauten Gefährten um sich sammelte – sei es zu einem runden Jahrestag der Gruppengeschichte oder zu den eigenen Geburtstagen, die Richter am liebsten im oberschwäbischen Saulgau beging. Nicht alle geladenen Gäste schätzten Veteranentreffen dieser Art, noch dazu an abgelegenen Orten. Raddatz hat die Feiern in seinen Tagebüchern als «makabre Veranstaltung» oder «groteske Alt-Herren-Versammlung» kariert, bei denen die Gäste nicht mehr wirklich ins Gespräch miteinander fanden («die diskurslose Gesellschaft im Miniformat»); auch die Tagung bei Prag 1990 fand er «lächerlich, das Ritual ausgeleiert bis überflüssig: Feuerzangenbowle, wo Erwachsene noch mal Schüler spielen, obwohl sie alle (Lebens-)Zeugnisse in der Tasche haben».[109] Richter selbst notierte seine Skepsis gegenüber derartigen «Literatengeburtstagsfeier[n]», die oft eher den Gästen zur eitlen Selbstbespiegelung dienten als echte Diskussionen anzuregen oder dem Gastgeber Freude zu bereiten [14. November 1968].

Selbst für einen Spötter wie Raddatz stellten sich die späten 1960er und frühen 1970er Jahre, die Richter in seinem Tagebuch festgehalten hat, im Rückblick als eine Heroenzeit dar, in der «die Schriftsteller Teil der Gesellschaft [waren] und sei es qua Opposition».[110] Diese Hochphase linksintellektuellen Engagements in der Bundesrepublik endete, so scheint es, in der ersten Hälfte der 1970er Jahre. Das «Ende der Zuversicht» und der Umschlag von einer von Fortschrittsoptimismus und Planungsglaube getragenen Zeitstimmung in skeptischere Zukunftserwartungen beschäftigen die Zeitgeschichtsforschung jedenfalls seit einiger Zeit intensiv.[111] Die Erinnerung an das Scheitern der ersten deutschen Republik verblasste allmählich, ebenso – zumindest im Westen – das Gefühl nationaler Zusammengehörigkeit der Deutschen diesseits und jenseits des Eisernen Vorhangs. Die Strukturkrise der Industriegesellschaft, der Übergang in eine stärker von Konsum und Freizeit geprägte Epoche und die Diskussionen um eine konservative «Tendenzwende» ließen überkommene Gewissheiten fragwürdig erscheinen. Das Aufkommen neuer sozialer Bewegungen und bislang vernachlässigter Großthemen wie Umweltschutz veränderte die politische Agenda. Nicht zufällig endet eine jüngst erschienene «ideengeschichtliche Archäologie der alten Bundesrepublik» mit dem Jahr 1972.[112]

Auf lange Sicht verschoben sich sowohl die Koordinaten gesellschaftlicher Debatten als auch die Rahmenbedingungen intellektuellen Engagements. Richter besaß, wie gesehen, ein fein entwickeltes Sensorium für derartige Verschiebungen, auch wenn er sie in das ihm vertraute politische Links-Rechts-Schema übersetzte. Die Studentenrebellion hatte, so sah er es, ein «undefinierbares Vakuum» hinterlassen, in dem nun alle linken Kräfte «vereinzelt und vereinsamt» herumirrten [11. Oktober 1970]. Aufmerksam registrierte er, wie sich der seismographisch nicht minder begabte Sebastian Haffner an die im Wandel befindlichen Zeitströmungen anzupassen begann, «von denen die vielleicht bald kommende wieder konservativer zu werden verspricht» [19. April 1971]. Richter konnte mit den neuen Themen und Fragen wenig anfangen. Zugleich widerstrebte es seinem Naturell, in Nostalgie oder vergangenheitsseliges Pathos zu verfallen. Er war tatsächlich «der einzige politische Kopf unter all den Autoren, die sich im Umkreis der Gruppe 47 über zwanzig Jahre versammelten».[113] Als ihm die Politik nichts mehr sagte, verstummte er auch als öffentlicher Intellektueller. Möglicherweise liegt hier ein tieferer Grund für seinen Rückzug vom politischen Engagement, den das Ende des Tagebuchs anzeigt.

Anmerkungen

Hinweise zur Edition

1 Zum Beispiel Ho Chi Minh statt Hoschimin, Wanda Bronska-Pampuch statt Wanda-Pampuch, Dagrun statt Dahlgrün, Ledig-Rowohlt statt Rowohlt-Ledig, usw.

1966

1 Walter Höllerer (Hrsg.), Kunst und Elend der Schmährede. Zum Streit um die Gruppe 47, in: *Sprache im technischen Zeitalter* 20 (1966), Sonderheft. Walter Höllerer (1922–2003) hatte die Zeitschrift *Sprache im technischen Zeitalter* 1961 gegründet und war bis in sein hohes Alter als deren Herausgeber tätig. Das hier von Richter erwähnte Sonderheft wurde von Höllerer, der selbst seit 1954 regelmäßig an den Treffen der Gruppe 47 teilnahm, als Verteidigung der Gruppe 47 gegen die vorangegangenen Angriffe der beiden Schriftsteller Robert Neumann (1897–1975) und Hans Erich Nossack (1901–1977) sowie des Herausgebers der Zeitschrift konkret, Klaus Rainer Röhl (*1928), konzipiert.

2 Der als Schriftsteller und Lektor tätige Klaus Roehler (1929–2000) gab 1955 sein Debüt bei der Tagung der Gruppe 47 und nahm regelmäßig bis zum Jahr 1966 an den Treffen teil. Er lektorierte u. a. Richters Buch «Karl Marx in Samarkand», das 1967 im Luchterhand Verlag erschien.

3 Hans Erich Nossack und Robert Neumann hatten mit dem Vorwurf, die Gruppe 47 betreibe eine monopolistische Cliquenwirtschaft, in der Zeitschrift konkret eine Debatte ausgelöst [vgl. Robert Neumann, Spezies. Gruppe 47 in Berlin, in: konkret 5 (1966), S. 34–39; Hans Erich Nossack, Literarische Prostitution, in: konkret 6 (1966), S. 30 f.]. Darauf folgten zahlreiche Verteidigungsschriften aus dem Kreis der Gruppe. Siehe Ziermann (Hrsg.), Gruppe 47.

4 Gemeint ist Klaus Rainer Röhl.

5 Anspielung auf die geänderte Strategie der Zeitschrift konkret, mit pornographischen Artikeln größere Leserkreise anzusprechen.

6 Richter bedankte sich bei Andersch für dessen Gedicht in Höllerers Sonderheft sowie bei Höllerer selbst für das gesamte Heft [vgl. Hans Werner Richter an Alfred Andersch, o. D. (vermutlich 25. September 1966), in: Cofalla (Hrsg.), Briefe, S. 631 f.; Hans Werner Richter an Walter Höllerer, 26.9.1966, in: ebd., S. 632–634]. Hans Werner Richter und Alfred Andersch (1914–1980) hatten sich nach anfänglich enger Zusammenarbeit – sie gaben zusammen die Zeitschrift Der Ruf heraus – zunehmend entfremdet [siehe dazu Heidelberger-Leonard, Zur Dramaturgie einer Abwesenheit]. Seit 1962 nahm Andersch nicht mehr an den Tagungen der Gruppe 47 teil.

7 Heinrich Böll (1917–1985) hielt am 24. September 1966 zur Eröffnung des Wuppertaler Schauspielhauses eine vieldiskutierte Rede über die Freiheit der Kunst und die Rolle des Staates [Heinrich Böll, Die Freiheit der Kunst. Dritte Wuppertaler Rede am 24. September 1966, in: Ders., Werke, Bd. 15, S. 210–215]. Heinrich Böll besuchte von 1951 (auf

Anregung Alfred Anderschs) bis 1965 die Tagungen der Gruppe 47 und erhielt 1951 deren Literaturpreis für seine Erzählung «Die schwarzen Schafe».

8 Vgl. Alfred Andersch, Zeilen schinden für die Gruppe, in: Kunst und Elend der Schmährede. Zum Streit um die Gruppe 47. Sonderheft Sprache im technischen Zeitalter 20 (1966), S. 294–297, hier S. 296.

9 Joachim Kaiser, Eine Entzauberung wird entzaubert, in: Ziermann (Hrsg.), Gruppe 47, S. 114–125, hier S. 120]. Richter hatte Joachim Kaiser (*1928) erstmals 1953 zur Tagung der Gruppe 47 nach Mainz eingeladen. Er nahm bis 1977 häufig an den Treffen teil und gehörte zu dem Kreis der bekannten Literaturkritiker der Gruppe 47.

10 Richter hat hier zwei Aussagen von Raddatz zu einer zusammengezogen. Im Original schreibt Raddatz zuerst in einem anderen Zusammenhang von «Gottvater Richter» [Fritz J. Raddatz, Polemik ist gut – Kenntnisse sind besser, in: Ziermann (Hrsg.), Gruppe 47, S. 126–133, hier S. 128], um dann an anderer Stelle des selben Aufsatzes darauf hinzuweisen, dass zu Richters Satireband «Menschen in freundlicher Umgebung» «[...] außer von Widmer [...] überhaupt keine nennenswerte Kritik dieser Veröffentlichung erschienen» sei [ebd., S. 129]. Richter und Fritz J. Raddatz (*1931) kannten sich bereits seit einigen Jahren. Vermutlich fand ihr erstes Zusammentreffen 1955 bei der Tagung der Gruppe 47 in West-Berlin statt. Raddatz flüchtete 1958 aus der DDR in die Bundesrepublik und gehörte in den folgenden Jahren zu den regelmäßigen Teilnehmern an den Tagungen der Gruppe 47. Von 1960 bis 1969 war er stellvertretender Leiter und Cheflektor des Rowohlt Verlages und betreute in dieser Funktion verschiedene Bücher Richters.

11 Vgl. Roland H. Wiegenstein. Ein Brief (Offener Brief an Robert Neumann), in: Kunst und Elend der Schmährede. Zum Streit um die Gruppe 47. Sonderheft Sprache im technischen Zeitalter 20 (1966), S. 345–350, hier S. 349]. Roland H. Wiegenstein (*1926) ist Journalist, arbeitete in Richters Grünwalder Kreis [vgl. die Erläuterung zu dem Grünwalder Kreis in Anm. 37, S. 333] mit und nahm an mehreren Tagungen der Gruppe 47 teil. Wiegenstein war beim WDR für Richters politisch-literarische Sendereihe «Jour fixe» zuständig.

12 Der Zukunftsforscher Robert Jungk (1913–1994) und Richter hatten sich im Zuge ihres Engagements bei der Antiatombewegung kennen gelernt.

13 Der Schriftsteller Christian Geissler (1928–2008) war von 1965 bis 1968 Mitherausgeber der marxistisch orientierten literarisch-politischen Zeitschrift Kürbiskern. Er nahm an der Tagung der Gruppe 47 in Aschaffenburg 1960 sowie an der Fernsehspieltagung in Sasbachwalden 1961 teil und las 1965 bei dem Treffen in Berlin sein Hörspiel «Jahrestag eines Mordes» vor.

14 Günter Grass (*1927) hatte erstmals 1955 an einer Tagung der Gruppe 47 teilgenommen und erhielt 1958 den Preis der Gruppe 47 für seinen Roman «Die Blechtrommel», mit dem ihm der internationale Durchbruch gelang. Grass nahm bis zu dem Ende der Gruppe 47 nahezu durchgängig an deren Tagungen teil. Mit Richter stand Grass in engem Kontakt.

15 In Princeton (USA) hatte die Gruppe 47 vom 22. bis 24. April 1966 getagt. Wegen des von den USA geführten Vietnamkrieges war die Wahl des Tagungsortes auch innerhalb der Gruppe stark umstritten.

16 Klaus Höpcke, Antikommunismus macht dumm, zahm und ratlos, in: Neues Deutschland, 24. September 1966, Nr. 263, S. 4.

17 Zuerst stellten die US-Behörden früheren Kommunisten und Bürgern aus den Warschauer Pakt-Staaten keine Visa aus. Nachdem diese schließlich doch erteilt worden
   waren, verweigerten die DDR-Behörden den zur Tagung in Princeton eingeladenen
   Schriftstellern Wolf Biermann, Fritz Rudolf Fries, Franz Fühmann, Stephan Hermlin,
   Peter Huchel, Günter Kunert, Karl Mickel und Rolf Schneider die Ausreise mit der Begründung, Richter hätte nicht einzelne Schriftsteller, sondern eine offizielle Delegation einladen müssen [vgl. Cofalla (Hrsg.), Briefe, S. 594, Anm. 3].

18 Den in der DDR lebenden Schriftsteller Stephan Hermlin (1915–1997) lernte Richter
   vermutlich im Rahmen der 1951 in Starnberg veranstalteten Gesamtdeutschen Kul-
   turgespräche kennen. 1965 nahm er an der Tagung der Gruppe 47 in Berlin teil. Die
   Einladungen Richters nach Princeton 1966 und in die «Pulvermühle» 1967 konnte
   Hermlin nicht wahrnehmen, da ihm die DDR-Behörden keine Ausreisegenehmigung
   erteilten.

19 Günter Grass, Freundliche Bitte um bessere Feinde. Offener Brief an Peter Handke, in:
   Ders., Werke, Bd. 11, S. 178–180. Grass griff in dem Artikel Peter Handkes Verhalten
   während der Tagung der Gruppe 47 in Princeton scharf an, da dieser mit seiner dort
   vorgebrachten Kritik an der Gruppe den Startschuss für die folgenden Angriffe von
   Robert Neumann gegeben habe [vgl. zu Handkes Rolle bei der Tagung in Princeton
   Pütz, Peter Handkes «Elfenbeinturm»]. Letztlich hätten Neumann und Handke aber
   nicht das Ende der Gruppe 47 erreicht, so Grass: «Die Gruppe lebt wieder, wenn auch
   mühsam.» Er wünsche ihr für die Zukunft jedoch bessere Feinde, als dies Handke und
   Neumann gewesen seien.

20 Vgl. Joachim Kaiser, Eine Entzauberung wird entzaubert, in: Ziermann (Hrsg.), Gruppe
   47, S. 114–125.

21 Vgl. Richter, Einmal durch eine belebte Gasse gehen, S. 36–39.

22 Walter Jens (*1923), der ab 1956 den Lehrstuhl für Klassische Philologie und Rhetorik
   an der Universität Tübingen inne hatte, war ab dem Treffen in Inzigkofen 1950 regel-
   mäßiger Teilnehmer an den Tagungen der Gruppe 47. Den Schriftsteller Peter Weiss
   (1916–1982) hatte Richter 1962 zum ersten Mal zu einer Tagung der Gruppe 47 eingeladen, bei der Weiss aus «Das Gespräch der drei Gehenden» las. Bis 1972 nahm er mit
   Ausnahme des Jahres 1967 an allen Tagungen teil. Weiss und Richter standen sich zeitweilig auch privat recht nahe. So reiste das Ehepaar Richter 1965 zu einem gemeinsamen Urlaubsaufenthalt mit Weiss nach Bibione in Italien [vgl. Peter Weiss an Hans
   Werner und Toni Richter, 15. Juli 1965, in: Hans Werner Richter-Archiv, Akademie der
   Künste Berlin (künftig HWRA), Nr. 7336].

23 Walter Jens wurde wegen seines Fernsehspiels über die Ermordung Rosa Luxemburgs
   [Walter Jens, Die Rote Rosa. Fernsehspiel, Erstausstrahlung am 1. September 1966 im
   Bayerischen Rundfunk] sowohl von der west- als auch von der ostdeutschen Presse scharf
   angegriffen [vgl. beispielhaft für die ostdeutschen Vorwürfe Alexander Abusch, Der
   Adler und das Huhn, in: Neues Deutschland, 9. September 1966, Nr. 248, S. 4; Ernst Schu-
   macher, Adler und Fledermaus, in: Sonntag, 18. September 1966, Nr. 38, S. 12 und 21;
   vgl. die Zusammenfassung der Vorwürfe bei Gerhard Zwerenz, Der Bildschirm als
   Nationaltheater. Walter Jens, die Rote Rosa und die Folgen, in: Die Zeit, 23. September
   1966, Nr. 39, S. 23 f.].

24 Martin Walser (*1927) hielt am 27. September 1966 in der Münchner Neuen Galerie die

Eröffnungsrede zu der Sonderausstellung bildender Künstler gegen den Vietnamkrieg [Martin Walser, Praktiker, Weltfremde und Vietnam, in: Ders., Werke, Bd. 11, S. 176–186]. Er hatte erstmals in Mainz 1953 an der Tagung der Gruppe 47 teilgenommen, im Mai 1955 erhielt er für seine Erzählung «Templones Ende» den Preis der Gruppe 47. In den Jahren 1964–1966 fehlte Walser bei den Tagungen, war aber bei dem Treffen in der «Pulvermühle» 1967 wieder dabei.

25 Martin Walser wurde in Wasserburg am Bodensee geboren und hat seit 1957 seinen Wohnsitz am Bodensee.

26 Martin Walser, Sozialisieren wir die Gruppe 47!, in: Die Zeit, 3. Juli 1964, Nr. 27. Vgl. auch Richter, O Martin, S. 233.

27 Walser wurde über Kafka promoviert [vgl. Walser, Beschreibung einer Form] und seine ersten Texte waren stark von Kafka geprägt. Ab Herbst 1957 beschäftigte er sich intensiv mit dem Werk Marcel Prousts [vgl. Magenau, Martin Walser, S. 139].

28 Martin Walser, Das Einhorn, Frankfurt am Main 1966.

29 Vermutlich Rolf Schneider (*1932), in der DDR lebender Schriftsteller und Regisseur, der 1965 zum ersten Mal an einer Tagung der Gruppe 47 teilgenommen hatte.

30 Auch in der DDR wurde die Gruppe 47 wegen der Tagung in Princeton scharf angegriffen [vgl. Alexander Abusch, Der Sinn unserer Diskussion über Fragen der Kunst und Literatur, in: Neues Deutschland, 24. März 1966, Nr. 83, S. 4; H. U., Reise wohin?, in: Neues Deutschland, 14. April 1966, Nr. 102, S. 4; H. U., Nach der Reise, in: Neues Deutschland, 11. Mai 1966, Nr. 129, S. 4].

31 Der Schriftsteller Wolfgang Hildesheimer (1916–1991) nahm von 1950 bis 1967 regelmäßig an den Tagungen der Gruppe 47 teil und stand in engem Kontakt mit Richter. An der Tagung in Princeton hatte er aus finanziellen, aber vor allem aus politischen Gründen (Vietnampolitik der USA) nicht teilgenommen [vgl. Wolfgang Hildesheimer an Hans Werner Richter, o. D. [1966], in: HWRA, Nr. 6310]. Auch Heinrich Böll hatte aus politischen Gründen seine Teilnahme abgesagt, weil er befürchtete, die Bundesregierung könne aus dem Besuch der Gruppe 47 in den USA politisches Kapital schlagen [vgl. Heinrich Böll an Hans Werner Richter, 19. Februar 1966, in: Cofalla (Hrsg.), Briefe, S. 595–596].

32 Das Gespräch mit dem CSU-Politiker, Bundestagsabgeordneten (1957–1972) und parlamentarischen Staatssekretär im Bundeskanzleramt (1967–1969), Karl Theodor von und zu Guttenberg (1921–1972), wurde am 20. Oktober 1966 im Rahmen von Richters Sendereihe «Berlin 33, Hasensprung» vom SFB aufgezeichnet und am 26. Oktober 1966 im Dritten Programm des SFB, NDR und RB ausgestrahlt. Die Sendung beschäftigte sich mit Guttenbergs deutschlandpolitischen Vorstellungen. Weitere Teilnehmer des literarisch-politischen Hearings waren Fritz J. Raddatz, der Politikwissenschaftler Johannes Agnoli, der Schauspieler Gert Schäfer und der Publizist Roland H. Wiegenstein. Vgl. die Abschrift der Sendung im HWRA, Nr. 10126. Zum Hintergrund von Richters Sendereihen siehe Nachwort.

33 Victor Lange an Hans Werner Richter, 14. September 1966, in: HWRA, Nr. 7838. Victor Lange (1908–1996) war seit 1957 als Professor für Literaturwissenschaft an der Universität Princeton tätig und organisierte die 1966 dort stattfindende Tagung der Gruppe 47.

34 Karl Schiller an Hans Werner Richter, 30. September 1966, in: HWRA, Nr. 7594. Mit

dem SPD-Politiker Karl Schiller (1911–1994), 1966–1972 Bundesminister für Wirtschaft, 1971–1972 zugleich Bundesminister für Finanzen, hielt Richter engen Kontakt. Bereits 1947 hatten sie sich auf einer Konferenz kennengelernt [vgl. Richter, Der junge Schiller, in: Ders. (Hrsg.), Plädoyer für eine neue Regierung, S. 88–95]. Auch anlässlich der Planung zu einer sozialistischen Wochenzeitung kontaktierte Richter Schiller 1947, traf ihn in den folgenden Jahren wiederholt zu Gesprächen – auch im Rahmen seines politisch-literarischen Salons – und lud ihn zu Tagungen der Gruppe 47 ein, von denen Schiller die Zusammenkünfte in Berlin 1962 und in der «Pulvermühle» 1967 besuchte.

35 Hans Josef Mundt (1914–2002) hatte die Bücher Hans Werner Richters, die ab 1948 im Kurt Desch Verlag erschienen waren, lektoriert und blieb auch nach der Trennung Richters vom Kurt Desch Verlag 1963 mit ihm befreundet. Außerdem nahm er in den Jahren 1948–1964 an den meisten Tagungen der Gruppe 47 teil.

36 So in Alfred Andersch, Zeilen schinden für die Gruppe, in: Kunst und Elend der Schmährede. Zum Streit um die Gruppe 47. Sonderheft *Sprache im technischen Zeitalter* 20 (1966), S. 294–297, hier S. 296.

37 Hans Josef Mundt.

38 Robert Neumann, Spezies. Gruppe 47 in Berlin, in: konkret 5 (1966), S. 34–39, hier S. 35: «Maßstab Null», S. 38: «feuchter Fleck», S. 34 f.: «Würstchen».

39 Friedrich Handt, Vom Elend der Metapher, in: Kunst und Elend der Schmährede. Zum Streit um die Gruppe 47. Sonderheft *Sprache im technischen Zeitalter* 20 (1966), S. 309–318, hier S. 318. Hinter dem Pseudonym Friedrich Handt verbarg sich Walter Höllerer, was Richter nicht bekannt war [vgl. Kämper-van den Boogaart, «Und einmal muß es gesagt werden ...», S. 117].

40 Roland H. Wiegenstein. Ein Brief [Offener Brief an Robert Neumann], in: Kunst und Elend der Schmährede. Zum Streit um die Gruppe 47. Sonderheft *Sprache im technischen Zeitalter* 20 (1966), S. 345–350, hier S. 346.

41 Der Schriftsteller Hermann Kesten (1900–1996) war 1933 aus Deutschland emigriert. Richter lud Kesten vermutlich während eines Treffens bei dem Verleger Kurt Desch zur Tagung der Gruppe 47 nach Inzigkofen ein. Allerdings erwähnt Richter weitere Einladungen zu den Tagungen auf Burg Berlepsch 1952 und im Jagdschloss Göhrde 1961 nicht.

42 Hans Sahl (1902–1993), Schriftsteller sowie Film- und Literaturkritiker, war wie Kesten 1933 emigriert und nahm nicht 1953, sondern im Frühling 1954 an der Tagung der Gruppe 47 auf Cap Circeo in Italien teil. Sahl und Richter standen seit Ende der vierziger Jahre miteinander in Kontakt.

43 Hans Magnus Enzensberger an Hans Werner Richter, 5. Oktober 1966, in: HWRA, Nr. 7144. Enzensberger (*1929) besuchte seit der Tagung der Gruppe 47 im Schloss Bebenhausen 1955 die Treffen regelmäßig.

44 Die Gruppe 47 war anlässlich der Tagung in Princeton von der ostdeutschen Presse heftig kritisiert worden. Die DDR-Behörden hatten Richter am 24. August 1966 die Einreise verboten [vgl. Marcel Reich-Ranicki, Westdeutsche Schriftsteller unerwünscht, in: Die Zeit, 2. September 1966, Nr. 36, S. 16].

45 Kostja [eigentlich Konstantin] Bogatyrjow (1925–1976), russischer Übersetzer, Philologe und Dissident, der Richter bei dessen Reisen in der Sowjetunion als Dolmetscher begleitete [vgl. dazu Richter, Verspäteter Brief]. Bogatyrjow hatte auch zu anderen

deutschen Intellektuellen engen Kontakt [vgl. Heinrich Böll, Nachruf auf einen unbedeutenden Menschen, in: *Frankfurter Allgemeine Zeitung*, 23. Juli 1976, Nr. 160, S. 25].

46 Richter hatte die russische Dichterin Anna Achmatowa (1889–1966) vom 4. bis zum 7. Dezember 1964 anlässlich der Verleihung des Prix Italia durch die Europäische Schriftstellergemeinschaft in Taormina getroffen und darüber einen Bericht verfasst [vgl. Richter, Euterpe von den Ufern der Neva]. Der russische Germanist und Schriftsteller Lew Kopelew las Achmatowa Richters Text kurz vor ihrem Tod am 5. März 1966 vor und informierte Richter über ihre Reaktion [vgl. Lew Kopelew an Hans Werner Richter, 5. März [1966], in: HWRA, Nr. 7223]. Allerdings zitierte Kopelew Achmatowa mit den Worten: «Eine glänzende Reportage. Das ist ja von einem Künstler gesehen! Das beste, was je über mich geschrieben wurde.»

47 Hans Magnus Enzensberger an Hans Werner Richter, 26. August 1966, in: Cofalla (Hrsg.), Briefe, S. 630f. Dort auch die folgenden Zitate.

48 Der Schriftsteller Erich Fried (1921–1988) nahm – auf Empfehlung von Elisabeth Herberg, Walter Jens und Ernst Schnabel – in den Jahren 1963 bis 1967 durchgängig an den Treffen der Gruppe 47 teil. Seine Änderungsvorschläge für die Tagungen hatte er Richter am 1. Juli 1966 in einem Brief unterbreitet [vgl. Erich Fried an Hans Werner Richter, 1. Juli 1966, in: Cofalla (Hrsg.), Briefe, S. 607–612]. Wie Fried beschwerten sich zahlreiche Tagungsteilnehmer der Gruppe 47 über die Beiträge und die damit einhergehende Professionalisierung der Kritik der sogenannten «Großkritiker», die sich selbst nicht oder nur selten mit eigenen Texten der Bewertung aussetzten. Unmut zog nicht nur Marcel Reich-Ranicki (*1920) auf sich, der erstmals in Großholzleute 1958 an einer Tagung der Gruppe 47 teilgenommen hatte und in den folgenden Jahren regelmäßig die Treffen besuchte, sondern etwa auch Hans Mayer (1907–2001). Dieser hatte 1959 – zu diesem Zeitpunkt lebte er noch in der DDR – erstmals eine Tagung der Gruppe 47 besucht und nach seiner Flucht in die Bundesrepublik 1963 häufig an den Zusammenkünften teilgenommen.

49 Alfred Andersch an Hans Werner Richter, 5. Oktober 1966, in: Cofalla (Hrsg.), Briefe, S. 634 f.

50 Vgl. Joachim Kaiser, Eine Entzauberung wird entzaubert, in: Ziermann (Hrsg.), Gruppe 47, S. 114–125.

51 Alfred Andersch an Hans Werner Richter, 5. Oktober 1966, in: Cofalla (Hrsg.), Briefe, S. 634 f.

52 Datum von Richter hs. korrigiert aus «14.2.».

53 Wolfgang Hildesheimer an Hans Werner Richter, o. D. [Herbst 1966], in: HWRA, Nr. 7474.

54 Vor der Verleihung des Georg-Büchner-Preises an Wolfgang Hildesheimer hatte die «aktion gezielte demokratie berlin-münchen-genf» – bei der es sich wohl eher um eine links orientierte Organisation handelte [vgl. Ulmer, Geschichte des Georg-Büchner-Preises, S. 202 f.] – vor dem Ausströmen von Senfgas während der Laudatio gewarnt. Der Protest richtete sich nach eigener Aussage «gegen die existenz einer art zentralredaktion der deutschen literatur, wie sie die ‹gruppe 47› darstellt». Das angedrohte Senfgasattentat wurde nicht ausgeführt [vgl. ebd.].

55 Wolfgang Hildesheimer, Amerys koketter Ruf nach einer Mafia, in: *Die Zeit*, 15. Juli 1966, Nr. 29, S. 17.

56 Wolfgang Hildesheimer an Hans Werner Richter, o. D. [Herbst 1966], in: HWRA, Nr. 7474.

57 Hildesheimer lebte seit 1957 in Poschiavo im südlichen Graubünden (Schweiz).

58 Robert Neumann, Protest, Protest. Ein Bericht über 29 Entrüstungen, in: konkret 9 (1966), S. 38–42.

59 Richard Hey, Der Partisan im Kaninchendschungel. Zu Robert Neumanns «Protest, Protest», in: Sprache im technischen Zeitalter 20 (1966), S. 292–294, hier S. 293. Richard Hey (1926–2004), Journalist, Dramaturg und Schriftsteller, gehörte selbst von 1955 bis 1966 zu den Teilnehmern an den Tagungen der Gruppe 47.

60 Anders als von Richter angegeben, hielt der CDU-Minister Gerhard Stoltenberg (1928–2001) die Rede im Bundestag nicht am 13. Oktober, sondern bereits einen Tag früher [vgl. 64. Sitzung, 12. Oktober 1966, in: Verhandlungen des Deutschen Bundestages. Stenographische Berichte, Bd. 62, Bonn 1966, S. 3087–3095, hier S. 3094].

61 Die Diskussion zwischen Gerhard Stoltenberg, Hans Werner Richter sowie dem von Richter hier nicht erwähnten Schriftsteller und Journalisten Rudolf Krämer-Badoni fand am 7. Dezember 1965 im Rahmen des 43. Gesprächs des Düsseldorfer Bildungsforums statt. Hintergrund waren Versuche der CDU, die nach dem Bundestagswahlkampf von 1965 angespannten Beziehungen zu den Intellektuellen zu verbessern [vgl. Zimmermann, Günter Grass unter den Deutschen, S. 186 f.].

62 Richard Hey, Der Partisan im Kaninchendschungel. Zu Robert Neumanns «Protest, Protest», in: Sprache im technischen Zeitalter 20 (1966), S. 292–294, hier S. 293.

63 Der Journalist Erich Kuby (1910–2005) wurde 1947 von der US-Besatzungsbehörde als Chefredakteur des Ruf (München) und somit als Nachfolger Richters eingesetzt. 1956/57 war er Vorsitzender des von Richter initiierten Clubs republikanischer Publizisten im Grünwalder Kreis [vgl. Geppert, Alternativen zum Adenauerstaat]. Außerdem war Kuby bei den Tagungen der Gruppe 47 auf Schloss Berlepsch, in Sigtuna und in Princeton als Spiegel-Reporter anwesend. Richter spielt hier auf die Bezeichnung Erich Kubys als «Bundesnonkonformist» an, die auf Friedrich Sieburg zurückgeht [vgl. Sieburg, Der Donnerkeil des Plauderers, S. 80].

64 Johannes Agnoli (1925–2003), ab 1962 Wissenschaftlicher Assistent am Otto-Suhr-Institut Berlin, führender Kopf der APO in den 1960er Jahren, 1972–1990 Professor am Institut für Grundlagen der Politik an der FU Berlin.

65 Gert Schäfer (*1941), 1963–1970 Wissenschaftlicher Mitarbeiter am Seminar für Wissenschaft von der Politik der Universität Frankfurt am Main, 1970–1975 Redakteur der Zeitschrift links.

66 Alois Rummel (*1922), der in den Jahren 1962 bis 1977 das Südwestfunk-Studio in Bonn leitete, fragte im Juni 1966 bei Richter an, ob dieser ihm für ein Interview im Rahmen einer Sendereihe mit dem Arbeitstitel «Aus der Werkstatt moderner Schriftsteller» im Auftrag des Auswärtigen Amtes für ein zwanzigminütiges Hörbild zur Verfügung stehe [vgl. Alois Rummel an Hans Werner Richter, 20. Juni 1966, in: HWRA, Nr. 7571]. Die genauen Daten des Interviews konnten nicht ermittelt werden.

67 Die Erklärung der Gruppe 47 zur Spiegel-Affäre ist abgedruckt in: Lettau (Hrsg.), Die Gruppe 47, S. 458 f. Vgl. zu den Reaktionen der Intellektuellen Liehr, Von der Aktion gegen den SPIEGEL, besonders S. 140–158; allgemein zum historischen Kontext Bösch, «Spiegel»-Affäre.

68 Der Schriftsteller und Literaturwissenschaftler Reinhard Lettau (1929–1996) gehörte ab 1962 zu dem Kreis der Gruppe 47, deren Tagungen er bis 1967 besuchte. Lettau stellte für Richter ein Handbuch über die Gruppe 47 zusammen [Lettau (Hrsg.), Die Gruppe 47]. Der Schriftsteller und Fernsehredakteur Günter Herburger (*1932) nahm in den Jahren 1964 bis 1972 an sämtlichen Tagungen der Gruppe 47 teil.

69 Gerhard Zwerenz, Erfahrungsbericht über den Umgang mit 3 großen Fischen. Anglerlatein, in: pardon 5 (1966), S. 62–64. Der Schriftsteller Gerhard Zwerenz (*1925) nahm im Oktober 1959, zwei Jahre nach seiner Übersiedelung aus der DDR in die Bundesrepublik, an der Tagung auf Schloss Elmau bei Mittenwald in Oberbayern teil.

70 Richter hat hier einem Gerücht Glauben geschenkt. Bei der Behörde des Bundesbeauftragten für die Unterlagen des Staatssicherheitsdienstes der ehemaligen Deutschen Demokratischen Republik (BStU) sind keine Hinweise auf eine IM-Tätigkeit von Zwerenz aktenkundig geworden, dafür aber ein Vermerk über einen gescheiterten Anwerbeversuch der Hauptverwaltung Aufklärung; siehe BStU BVfS Leipzig Leitung 02131/02, S. 123–124.

71 Richter nennt hier einige der bekannteren Kritiker der Gruppe 47 – Rudolf Krämer-Badoni (1913–1989), Friedrich Sieburg (1893–1964), Robert Neumann und Gerhard Zwerenz –, die sich publizistisch immer wieder mit scharfen Angriffen gegen die Gruppe 47 gewandt haben [siehe dazu die Erläuterungen im Nachwort]. Anders als es hier von Richter dargestellt wird, hatte er Rudolf Krämer-Badoni mehrfach zu den Gruppentreffen eingeladen, die dieser – nachdem sein Roman «Der arme Reinhold» auf der Tagung in Inzigkofen 1950 scharf kritisiert worden war – jedoch nicht mehr annahm.

72 Hajo Schedlich (*1925), Leiter des «Kleinen Fernsehspiels» des Zweiten Deutschen Fernsehens, war mit Richter befreundet. Sie standen zudem wegen Richters Fernsehsendungen in Kontakt.

73 Horst Mönnich, Einreisegenehmigung. Ein Deutscher fährt nach Deutschland, Hamburg 1967. Der Schriftsteller und Feuilletonredakteur Mönnich (*1918) nahm seit Herbst 1949 häufig an den Tagungen der Gruppe 47 teil.

74 Alexander Abusch (1902–1982) hatte in der DDR verschiedene Führungspositionen inne. Unter anderem war er 1957–1982 Mitglied im ZK der SED, 1961–1971 Stellvertreter des Vorsitzenden des Ministerrats und ab 1972 Vizepräsident des Kulturbundes. Für eine «Anregung zum Generalangriff» durch Abusch gibt es keinen Beleg.

75 Alexander Abusch, Der Sinn unserer Diskussion über Fragen der Kunst und Literatur, in: Neues Deutschland, 24. März 1966, Nr. 83, S. 4. Vgl. dazu auch das Nachwort.

76 Nach heutigem Kenntnisstand spielte die Gruppe 47 für die Staatssicherheit eine weitaus geringere Rolle als Richter vermutete [vgl. Braun, «Die Grundtendenz der ‹Gruppe 47› ist antifaschistisch und antiautoritär.»]. Die von Richter vermuteten Einflussnahmen aus Ost-Berlin lassen sich nicht belegen [siehe Nachwort].

77 Der Schriftsteller Manfred Bieler (1934–2002) lebte bis 1964 in der DDR, siedelte dann nach Prag über und emigrierte 1968 nach dem Einmarsch der Warschauer Truppen in die Tschechoslowakei in die Bundesrepublik. Richter hatte Bieler in den Jahren 1963 bis 1966 zu den Tagungen der Gruppe 47 eingeladen, die dieser aber wegen verweigerter Ausreisegenehmigungen nicht wahrnehmen konnte.

78 Den Schriftsteller und Liedermacher Wolf Biermann (*1936), der 1953 in die DDR übergesiedelt, dort aber wegen seiner kritischen Texte zunehmend Repressalien der

DDR-Behörden ausgesetzt war (1963 Ausschluss aus der SED, 1965 Auftritts-, Publikations- und Ausreiseverbot), bevor er 1976 aus der DDR ausgebürgert wurde, lud Richter zweimal zu Tagungen der Gruppe 47 ein. Biermann wurde aber weder die Ausreise nach Berlin 1965 noch die nach Princeton 1966 erlaubt. Richter hat gegen die Auftritts- und Publikationsverbote, die gegen Biermann und andere Intellektuelle verhängt worden waren, bei Walter Ulbricht brieflich protestiert [vgl. Hans Werner Richter an Walter Ulbricht, o. D., in: HWRA, Nr. 6327].

79 Der Schriftsteller Peter Hacks (1928–2003) war 1955 in die DDR übergesiedelt. An Tagungen der Gruppe 47 nahm er nicht teil.

80 Der Schriftsteller Günter Kunert (*1929) gehörte zu den in der Bundesrepublik bekannteren DDR-Oppositionellen. Er stand dem Regime seit Mitte der sechziger Jahre zunehmend kritisch gegenüber. 1965 nahm er an der Tagung der Gruppe 47 in Berlin teil und wurde 1966 von Richter nach Princeton eingeladen. Allerdings untersagten ihm die DDR-Behörden die Ausreise. Schon die Einladungen zu den Tagungen nach Saulgau 1963, nach Schweden 1964 sowie in die «Pulvermühle» 1967 hatte Kunert nicht wahrnehmen dürfen. 1979 übersiedelte er in die Bundesrepublik.

81 Gemeint ist Rolf Schneider.

82 Alfred Andersch, Zeilen schinden für die Gruppe, in: Kunst und Elend der Schmährede. Zum Streit um die Gruppe 47. Sonderheft *Sprache im technischen Zeitalter* 20 (1966), S. 294–297.

83 Wolfgang Hildesheimer an Hans Werner Richter, 31. Oktober 1966, in: Cofalla (Hrsg.), Briefe, S. 635 f. Cofalla hat das nicht angegebene Datum des Briefes selbst erschlossen. Ob diese Einordnung korrekt ist und damit der Tagebucheintrag Richters nachträglich falsch datiert wurde, kann nicht geklärt werden.

84 Kurt Heuser an Hans Werner Richter, 27. Oktober 1966, in: HWRA, Nr. 7779. Der Schriftsteller und Drehbuchautor Kurt Heuser (1903–1975) gehörte zu Richters Münchener Freundeskreis und nahm regelmäßig an verschiedenen Tagungen der Gruppe teil.

85 Walter Widmer, Der Ton macht die Musik, in: *Die Zeit*, 4. Dezember 1964, Nr. 49, S. 47 f. Widmer (1903–1965) hatte Richters Einladungen zu den Tagungen in Großholzleute 1958 und Aschaffenburg 1960 angenommen.

86 Schon einige Wochen zuvor hatte Richter in einem Brief Hans Magnus Enzensberger von Günter Kunerts schlechter Lage berichtet. Dem in der DDR lebenden Kunert sei der Nachdruck seiner Werke nicht erlaubt worden und er sowie viele seiner Kollegen würden keine Aufträge mehr erhalten [vgl. Hans Werner Richter an Hans Magnus Enzensberger, 24. August 1966, in: Cofalla (Hrsg.), Briefe, S. 629].

87 Richter überlegte zu diesem Zeitpunkt, auf Anregung von Hans Magnus Enzensberger, eine Tagung der Gruppe 47 in Prag abzuhalten.

88 Anna Grass (*1932), geb. Schwarz, 1954–1978 mit Günter Grass verheiratet, nahm an den Tagungen der Gruppe 47 im Jagdschloss Göhrde bei Lüneburg 1961 und in Princeton 1966 teil. Die Ehepaare Richter und Grass trafen sich auch des Öfteren privat.

89 Grass hatte am 20. Oktober 1966 an der Prager Universität und danach auf Einladung des ungarischen PEN-Clubs in Budapest Lesungen gehalten [vgl. Zimmermann, Günter Grass unter den Deutschen, S. 215].

90 Der Ost-Berliner Schriftstellerverband hatte für Christa Wolf (1929–2011), Stephan Hermlin und Hermann Kant (*1926) verkündet, diese würden aus Protest gegen Jens'

Fernsehspiel «Die rote Rosa» an einem Ost-West-Gespräch zum Thema «Schreiben in diesem Land», das Jens in Hamburg leiten sollte, nicht teilnehmen [vgl. N. N., Hamburg literarisch, in: *Frankfurter Allgemeine Zeitung*, 26. Oktober 1966, Nr. 249, S. 32].

91 André Gide (1869–1951), französischer Schriftsteller, 1947 Literaturnobelpreisträger, der in den zwanziger Jahren der kommunistischen Weltanschauung nahe stand. Von dieser distanzierte er sich 1936 nach einer Reise in die Sowjetunion.

92 Vorname im Original ausgeschrieben.

93 Schloss Dobříš gehörte bis zur Konfiszierung durch den tschechoslowakischen Staat 1945 zum Besitz der Familie Colloredo-Mansfeld. Seitdem diente es dem tschechoslowakischen Schriftstellerverband als Sitz. Nach der hier geschilderten Besichtigung entschied sich Richter, das Schloss als Tagungsort für die Gruppe 47 zu nutzen.

94 Vladimir Kafka (1937–1970), tschechischer Schriftsteller und Übersetzer des Romans «Die Blechtrommel», half Richter auf Vermittlung von Grass bei der Auswahl der tschechoslowakischen Schriftsteller für die Prager Tagung.

95 Marcella Bieler, geb. von und zu Matějovská, war seit 1966 mit dem Schriftsteller Manfred Bieler verheiratet.

96 Der Name konnte nicht entziffert werden.

97 Bei der hessischen Landtagswahl 1966 erreichte die NPD 7,9 % der abgegebenen Stimmen und zog mit acht Sitzen in den Landtag ein.

98 Es konnte nicht ermittelt werden, welche Person namens Krüger Richter hier meint. Wahrscheinlich handelt es sich dabei entweder um den Journalisten Hanspeter Krüger (*1937) vom Dritten Programm des *Sender Freies Berlin* oder um den Schriftsteller und Redakteur des *Südwestfunk Baden-Baden* Horst Krüger (1919–1999).

99 Klaus Wagenbach (*1930), Lektor und Verleger, hatte 1959 erstmals eine Tagung der Gruppe 47 besucht und nahm bis 1967 regelmäßig an ihnen teil. In seinem 1964 gegründeten Wagenbach Verlag verlegt er zahlreiche Werke Richters.

100 Tibor Déry (1894–1977), ungarischer Schriftsteller, 1956 führender Teilnehmer des ungarischen Aufstands, 1957 als Repräsentant des Petőfi-Kreises zu neun Jahren Haft verurteilt, 1961 begnadigt, 1963 Aufhebung des gegen ihn verhängten Publikationsverbotes.

101 Der ungarische Schriftsteller und Teilnehmer der Revolution von 1848, Sándor Petőfi, war der Namenspatron eines Kreises von Intellektuellen, der sich um den entmachteten Ministerpräsidenten Imre Nagy gebildet hatte. Diesem Kreis gehörte auch Tibor Déry an, der in der vorrevolutionären Phase des Ungarnaufstands 1956 eine bedeutende Rolle spielte [vgl. Szenessy, Tibor Déry]. Viele Schriftsteller der Gruppe 47 unterstützten die Forderungen des Petőfi-Kreises und setzten sich nach der Niederschlagung des Aufstands für die Freilassung von Tibor Déry und anderer ungarischer Intellektueller ein [vgl. Erklärung zur ungarischen Revolution, Wiederabdruck in: Lettau (Hrsg.), Die Gruppe 47, S. 450f., vgl. Richter, Der Petőfi-Kreis]. Grass gab damals gegenüber Déry eine Meinung wieder, die nicht seine eigene war.

102 A. R. [d. i. Andreas Graf Razumovsky], Die Gruppe 47 nach Prag?, in: *Frankfurter Allgemeine Zeitung*, 9. November 1966, S. 24.

103 Andreas Graf Razumovsky (1929–2002), ab 1956 als Journalist für die *Frankfurter Allgemeine Zeitung* und ab 1965 für diese als Auslandskorrespondent in Prag tätig. 1967 wurde er aus der Tschechoslowakei ausgewiesen.

104 Gemeint ist die Auseinandersetzung, die Richter mit Peter Weiss und Hans Magnus
Enzensberger während der Tagung in Princeton führte und die sich an deren Teilnahme an einer Protestkundgebung gegen den Vietnamkrieg entzündet hatte [siehe
dazu die Erläuterungen im Nachwort].

105 Das am 3. November 1966 erstmals eröffnete Frankfurter Forum für Literatur e. V. versammelte ca. 80 Schriftsteller, Kritiker und Übersetzer, die ähnlich wie bei den Tagungen der Gruppe 47 Texte vortrugen und diskutierten. Allerdings war das Frankfurter
Forum ein eingetragener Verein, der von verschiedenen literaturinteressierten Frankfurter Bürgern gegründet worden war, festen Statuten folgte und sich mehr als Markt
denn als Seminar verstand. Auch durften die vortragenden Schriftsteller anders als bei
den Tagungen der Gruppe 47 ihre Texte erläutern und verteidigen [vgl. Lothar Baier,
Literatur im Schaukasten. Die erste Tagung des Frankfurter Forums, in: *Die Zeit*, 11. November 1966, Nr. 46, S. 16; vgl. Karl Heinz Bohrer, Ein Forum für Literatur. Rückblick
auf einen Versuch, junge Schriftsteller zu sammeln, in: *Frankfurter Allgemeine Zeitung*,
9. November 1966, Nr. 261, S. 24].

106 Das Interview mit dem *Saarländischen Rundfunk* konnte nicht ermittelt werden.

107 Bei der Landtagswahl in Bayern am 20. November 1966 erreichte die NPD 7,4 % der
abgegebenen Stimmen und zog mit fünfzehn Sitzen in den Landtag ein.

108 Die FDP-Politikerin Hildegard Hamm-Brücher (*1921) kannte Richter seit 1946. Sie
hatte 1947 als Mitarbeiterin des *Rufs* (München) mit ihm zusammengearbeitet und
nahm an der Tagung der Gruppe 47 in Princeton 1966 teil. Da die FDP bei der Landtagswahl in Bayern nur 5,1 % der Stimmen erreichte und die Bedingung, in mindestens
einem Landkreis die 10 %-Hürde zu überspringen, nicht erfüllte, verpasste sie den Ein-
zug in den Landtag.

109 Der Schriftsteller und Rundfunkautor Ernst Schnabel (1913–1986) nahm ab der Tagung
der Gruppe 47 in Bad Dürkheim 1951 bis zur Tagung in der «Pulvermühle» 1967 regelmäßig an den Treffen der Gruppe 47 teil. Durch seine Tätigkeit als Intendant des NWDR
in den Jahren 1951–1955, durch Gründung des Dritten Hörfunkprogramms des *Norddeutschen Rundfunks* und des *Senders Freies Berlin* 1962 (zusammen mit Rolf Liebermann)
sowie seine Leitungsfunktion im Dritten Programm des SFB-*Fernsehens* 1965 bis 1970
machte er der Gruppe 47 eine mediale Plattform zugänglich [siehe dazu die Erläuterungen im Nachwort].

110 Der Frankfurter Schriftsteller und Herausgeber der *Streit-Zeit-Schrift* Horst Bingel (1933–
2008) war einer der Gründer und der Vorsitzende des Vereins Frankfurter Forum für
Literatur e. V.

111 Der Schriftsteller Günter Eich (1907–1972) hatte erstmals 1947 durch Vermittlung von
Horst Lange an der Tagung der Gruppe 47 in Herrlingen teilgenommen. 1950 erhielt er
den zum ersten Mal vergebenen Preis der Gruppe 47. 1953 heiratete er die Schriftstellerin Ilse Aichinger. Eich nahm bis zur Hörspieltagung in Ulm 1960 fast durchgängig an
den Gruppentreffen teil, war jedoch danach trotz wiederholter Einladungen Richters
nur bei dem Treffen der Gruppe 47 in der «Pulvermühle» 1967 anwesend.

112 Die österreichische Schriftstellerin Ilse Aichinger (*1921), die ab 1950 als Lektorin beim
S. Fischer Verlag arbeitete, besuchte von Mai 1951 bis 1962 regelmäßig die Tagungen
der Gruppe 47 und erhielt im Mai 1952 den Preis der Gruppe 47 für ihre «Spiegelgeschichte». 1953 heiratete sie den Schriftsteller Günter Eich. Ebenso wie Eich nahm sie

in den sechziger Jahren zahlreiche Einladungen Richters zu den Tagungen der Gruppe 47 nicht wahr und besuchte erst wieder die Tagungen in Saulgau 1977 und in Prag 1990.

113 Die österreichische Schriftstellerin Ingeborg Bachmann (1926–1973) hatte Richter während seiner Reise nach Wien 1952 kennengelernt [vgl. Richter, Im Etablissement, S. 11f.]. Bachmann besuchte 1952 erstmals auf Vermittlung von Milo Dor die Tagung der Gruppe 47 in Niendorf und erhielt 1953 den Preis der Gruppe 47 für ihre Gedichte aus «Die gestundete Zeit». Vgl. Richters Porträt über Ingeborg Bachmann: Richter, Radfahren im Grunewald, S. 45–62.

114 Alexander Kluge (*1932), Schriftsteller und Filmproduzent, nahm seit der Tagung in Berlin 1962 regelmäßig an den Gruppentreffen teil.

115 Der in der DDR lebende Lyriker und Lektor Johannes Bobrowski (1917–1965) nahm erstmals 1960 in Aschaffenburg an einer Tagung der Gruppe 47 teil. 1962 erhielt er bei der Zusammenkunft in Berlin 1962 für seine dort vorgetragenen Gedichte den Preis der Gruppe 47 zugesprochen. Bobrowski nahm auch an dem Treffen in Saulgau im folgenden Jahr sowie an der Tagung in Sigtuna 1964 teil, wobei ihm die DDR-Behörden im Vorfeld der Tagungen zahlreiche Schwierigkeiten bereiteten [vgl. Wieczorek, Johannes Bobrowski, S. 218].

116 Der Schriftsteller Siegfried Lenz (*1926) nahm seit der Tagung der Gruppe 47 in Niendorf 1952 bis 1967 regelmäßig an den Treffen teil.

117 Dieter Noll, in: Sonntag, 13. November 1966, Nr. 46, Sonderbeilage zur Jahreskonferenz des Schriftstellerverbands, S. 25. Dieter Noll (1927–2008), DDR-Schriftsteller, 1963–1966 stellvertretender Vorsitzender des Deutschen Schriftstellerverbandes der DDR.

118 N. N., Frankfurter Forum. Zweite Generation, in: Der Spiegel, 14. November 1966, Nr. 47, S. 159–160, hier S. 160.

119 Rudolf Augstein (1923–2002), Journalist, Herausgeber des Spiegels, nahm an den Tagungen der Gruppe 47 in Saulgau 1963, in Berlin 1965 und in der «Pulvermühle» 1967 teil.

120 Richter hatte den Leiter der Abteilung Politik beim Deutschlandfunk Johannes Gross (1932–1999), den Chefredakteur des Bayerischen Fernsehens Hans Heigert (1925–2007), den Politologen Ekkehart Krippendorff (*1934) und den Londoner Korrespondenten für den Westdeutschen- und den Norddeutschen Rundfunk Karl-Heinz Wocker (1928–1985) zu einer Hörfunksendung der von ihm geleiteten Reihe «Berlin 33, Hasensprung» eingeladen, die allesamt den Herausgeber des Spiegels, Rudolf Augstein, zur Deutschlandpolitik befragten und die am 23. November 1966 im Dritten Programm des SFB, NDR und RB gesendet wurde [vgl. den Abdruck des Interviews unter dem Titel «Fragen nach Deutschland», in: Der Spiegel, 9. Januar 1967, Nr. 3, S. 46–56].

121 Willy Brandt (1913–1992), 1957–1966 Regierender Bürgermeister von Berlin, 1966–1969 Außenminister und Vizekanzler in der Großen Koalition, 1969–1974 Bundeskanzler, hatte Richter bereits 1957 im Zusammenhang mit seiner Arbeit im Grünwalder Kreis kennengelernt. Brandt nahm an der Tagung der Gruppe 47 in Berlin 1962 teil. Er und Richter standen außerdem in brieflichem Kontakt miteinander.

122 Zu den Unterzeichnern des am 18. November 1966 an Willy Brandt gesandten Telegrammes gehörten u. a. Grass, Höllerer, Wiegenstein, Krippendorff, Lettau, Richter, Roehler und andere. Sie forderten wörtlich: «Eine Koalition mit der FDP ist möglich, sie ist geboten, schließen Sie sie ab.» [zitiert nach Cofalla (Hrsg.), Briefe, S. 639, Anm. 2].

123 Margareta Henriksson (*1937), schwedisches Fotomodell, 1962–1967 mit dem Kabaret-
tisten Wolfgang Neuss verheiratet.

124 Franz Schonauer (1920–1989), Literaturwissenschaftler, Publizist, Lektor des Luchterhand Verlags und des Claassen Verlags, besuchte die Tagungen der Gruppe 47 in Berlin
1962 und in Sigtuna 1964.

125 Franz Schonauer, Literatur in Berlin, in: *Du. Atlantis* 26 (1966), S. 903–904.

126 Diskussion zu dem Thema «Die Intellektuellen und Europa» im Rahmen des Seminars
«Ein offenes Europa?» in der Großen Aula der Universität München, 30. November
1966 [vgl. N. N., Schwerer Weg nach Europa, in: *Abendzeitung (München)*, 1. Dezember
1966, S. 7].

127 Der Schriftsteller Carl Amery [eigentlich Christian Anton Mayer] (1922–2005) lebte ab
1950 als freier Schriftsteller in München und engagierte sich in der Antiatombewegung. Seit der Tagung in Schloss Bebenhausen 1955 bis zur Zusammenkunft in Prag
1990 nahm er häufig an den Gruppentreffen teil. Richter nannte ihn manchmal Christian Mayer oder wie hier Christian Mayer-Amery.

128 Der polnische Schriftsteller Tadeusz Nowakowski (1918–1996), der während der
NS-Diktatur mehrfach in Konzentrationslagern inhaftiert war, lebte seit 1947 in Lon-
don, den USA und in der Bundesrepublik, war mit Richter befreundet und nahm in den
Jahren 1958–1966 häufig an den Tagungen der Gruppe 47 teil.

129 Am 1. Dezember 1966 wurde Kurt Georg Kiesinger (1904–1988) vom Bundestag zum
Kanzler einer Großen Koalition aus CDU und SPD gewählt.

130 Günter Grass an Willy Brandt, 26. November 1966, in: Grass, Werke, Bd. 11, S. 192;
Günter Grass an Willy Brandt, 28. November 1966, in: ebd., S. 193 f.; Günter Grass,
Offener Brief an Kurt Georg Kiesinger, 30. November 1966, in: ebd., S. 195 f. Grass
warnte darin vor der Bildung einer Großen Koalition und sprach sich wegen Kiesingers
NSDAP-Mitgliedschaft gegen dessen Wahl zum Bundeskanzler aus.

131 Der Wolter Verlag hatte Richter am 8. Juni 1966 in einem Brief über das Vorhaben in
Kenntnis gesetzt, die Polemiken um die Gruppe 47 in einem Band zusammentragen zu
wollen und um einen Beitrag Richters oder Höllerers gebeten. Richter lehnte jedoch in
einem Schreiben vom 17. Juni mit der Begründung ab, die Auswahl der Texte sei zu einseitig [vgl. Cofalla (Hrsg.), Briefe, S. 605, Anm. 4].

132 Robert Neumann an Roland H. Wiegenstein, November 1966, abgedruckt in: Zum
Thema: Kunst und Elend der Schimpfrede. Briefwechsel von Robert Neumann und
Roland H. Wiegenstein, in: *Sprache im Technischen Zeitalter* 21 (1967), S. 75–81, hier
S. 75–77.

133 Der Schriftsteller und Rundfunkregisseur Heinz von Cramer (1924–2009) nahm in
den Jahren 1958 bis 1966 regelmäßig an den Tagungen der Gruppe 47 teil. 1962 hatten
Richter und von Cramer geplant, einen gemeinsamen Film zu drehen, der aber nicht
realisiert wurde [vgl. Hans Werner Richter an Hans Josef Mundt, 13. August 1962, in:
Cofalla (Hrsg.), Briefe, S. 408 f., Anm. 6]. Von Cramer drehte 1966/1967 den Film «Das
war Urmuz. Dokumentation eines Falles von Poesie», der vom *Sender Freies Berlin* pro-
duziert wurde.

134 Robert Havemann (1910–1982), der als Mitglied der KPD während der NS-Diktatur zum
Tode verurteilt worden war und nach dem Ende des Zweiten Weltkrieges den Aufbau
der DDR unterstützt hatte, bis 1964 sogar als «Geheimer Informant» der Staatssicher-

heit geführt worden war, distanzierte sich seit 1956 zunehmend vom Kurs der SED [vgl. Florath, Das lange Jahr 1956]. 1964 wurde Havemann seiner Professur an der Humboldt-Universität Berlin enthoben und aus der SED ausgeschlossen.

135 Diese Sendung unter der Regie von Heinz von Cramer im *Deutschlandsender* konnte nicht ermittelt werden.

136 Herbert Wehner (1906–1990), 1966–1969 Bundesminister für gesamtdeutsche Fragen, 1969–1983 Vorsitzender der SPD-Bundestagsfraktion, traf Richter wiederholt, beispielsweise in den Bundestagswahlkämpfen 1961 und 1965, als viele Schriftsteller aus dem Umfeld der Gruppe 47 für die SPD warben [vgl. Walser (Hrsg.), Die Alternative; Richter (Hrsg.), Plädoyer für eine neue Regierung].

137 Antonie Richter (1918–2004), geb. Lesemann, Sport- und Gymnastiklehrerin, heiratete Richter am 2. Oktober 1942. Seit den ersten Tagungen der Gruppe 47 war sie als Mitorganisatorin und ab 1956 als Fotografin bei sämtlichen Treffen zugegen. Sie beteiligte sich an zahlreichen Fotofilmen, bei denen keine bewegten Bilder verwendet, sondern die Fotografien von Toni Richter abgefilmt wurden. Sie leitete in den 1970er Jahren einen Kinderponyhof in Norddeutschland, den ihr Mann und sie gekauft hatten.

138 Günter Grass hatte sich im Wahlkampf 1965 nicht nur im Wahlkontor deutscher Schriftsteller für die SPD engagiert, sondern war darüber hinaus durch die Republik gereist und hatte Wahlkampfreden gehalten [vgl. Münkel, Trommeln für die SPD, S. 197].

139 Der Journalist und Literaturkritiker Hellmuth Karasek (*1934) nahm an den Tagungen der Gruppe 47 in Berlin 1965, in Princeton 1966 und in der «Pulvermühle» 1967 sowie an mehreren Fernsehsendungen Richters teil.

140 Der griechische Lyriker Vagelis Tsakiridis (*1936) war, weil er keinen Wehrdienst für Griechenland leisten wollte, emigriert und kämpfte 1966 gegen seine Abschiebung aus der Bundesrepublik.

141 Roland H. Wiegenstein an Robert Neumann, Mitte Dezember 1966, abgedruckt in: Zum Thema: Kunst und Elend der Schimpfrede. Briefwechsel von Robert Neumann und Roland H. Wiegenstein, in: *Sprache im Technischen Zeitalter* 21 (1967), S. 75–81, hier S. 78–81.

142 Am 13. Dezember 1966, 80. Sitzung des Deutschen Bundestags, in: Verhandlungen des Deutschen Bundestages, 5. Wahlperiode, Stenographische Berichte, Bd. 63, S. 3656–3665.

143 Der schwedische Literaturwissenschaftler Göran Löfdahl (1936–2000), der 1964 die Tagung der Gruppe 47 in Sigtuna/Schweden mitorganisiert hatte, war von 1966 bis 1969 als Kulturattaché an der schwedischen Botschaft in der Bundesrepublik tätig.

144 Göran Löfdahl hatte am 28. Juli 1966 bei Richter angefragt, ob dieser ihm ein Interview für die Sendefolge «Zwanzig deutsche Nachkriegsjahre» im Schwedischen Rundfunk geben könne. Die Sendereihe sah vor, Interviews mit verschiedenen deutschen Schriftstellern zu führen [vgl. Göran Löfdahl an Hans Werner Richter, 28. Juli 1966, in: HWRA, Nr. 7513]. Die Interviews wurden gesammelt und als Sprachkursheft der Schwedischen Rundfunkuniversität veröffentlicht [Göran Löfdahl, Franz Stroh (Hrsg.), Zweimal Deutschland? Zur Literatur und Politik nach 1945, Stockholm 1966].

145 Jens hatte zu diesem Zeitpunkt den Lehrstuhl Klassische Philologie und Rhetorik an der Universität Tübingen inne. Siehe dazu auch Richter, Dein treuer Paladin, besonders S. 159.

146 Karl Schiller an Hans Werner Richter, 30. September 1966, in: HWRA, Nr. 7594.

147 Die Münchener Gruppe des Liberalen Studentenbundes Deutschlands hatte im vorangegangenen Bundestagswahlkampf zusammen mit dem Sozialdemokratischen Hoch-
schulbund die Wählerinitiativen von Günter Grass unterstützt [vgl. Thilo von Uslar,
Immer Ärger mit Studenten, in: *Die Zeit*, 11. März 1966, Nr. 11] und mit ihm auch im bayerischen Landtagswahlkampf bei einer Aktion gegen die NPD zusammengearbeitet
[vgl. Zimmermann, Günter Grass unter den Deutschen, S. 218]. Der Liberale Studentenbund Deutschlands war bis 1969 offizieller Hochschulverband der FDP, trat aber für
eine sozialliberale Koalition ein und engagierte sich im Rahmen der Außerparlamentarischen Opposition, weshalb es 1969 zum Bruch mit der FPD kam [vgl. Erhard u. a.
(Hrsg.), Einsatz für Freiheit und Demokratie].

148 Wolfgang Abendroth (1906–1985), 1945–1972 Professor für öffentliches Recht und
politische Wissenschaft in Marburg.

149 Die Bürgerrechtsorganisation Humanistische Union wurde 1961 auf Initiative von Ger-
hard Szczesny gegründet. Sie setzt sich u. a. für mehr Freiheits- und Bürgerrechte, die
Abschaffung des Verfassungsschutzes sowie für eine strikte Trennung von Staat und
Kirche ein.

150 Harry Ristock (1928–1992), Politiker (SPD), 1965–1971 Stadtrat und Leiter der Abteilung
Volksbildung im Bezirksamt Berlin-Charlottenburg, ab 1971 Senatsdirektor des Sena-
tors für Schulwesen, war ein überzeugter Gegner des Vietnamkrieges.

151 Hörfunksendung mit dem Titel «Die Große Koalition und die Opposition unter beson-
derer Berücksichtigung der politischen Zielsetzung der FDP», im Rahmen der Reihe
«Berlin 33, Hasensprung», Teilnehmer: Hans-Dietrich Genscher, Hans Friderichs,
Arnulf Baring, Kurt Sontheimer, Sebastian Haffner, Peter Härtling, ausgestrahlt am
17. Dezember 1966 im Dritten Programm des SFB, NDR und RB [vgl. die Abschrift der
Sendung in: HWRA, Nr. 10126].

152 Der Publizist und Historiker Sebastian Haffner (1907–1999) besuchte die Tagung der
Gruppe 47 im Hotel «Kleber-Post» in Saulgau 1963 und nahm an einigen von Richter
moderierten Fernsehsendungen teil.

153 Kurt Sontheimer (1928–2005), 1962–1969 Professor für Politikwissenschaft am Otto-
Suhr-Institut der Freien Universität Berlin, 1969–1993 Professor für Politische Wissenschaft am Geschwister-Scholl-Institut der Universität München.

154 Arnulf Baring (*1932), 1966–1968 Wissenschaftlicher Assistent am Otto-Suhr-Institut
der Freien Universität Berlin, seit 1969 Professor an der Freien Universität Berlin. Er
nahm an der Tagung der Gruppe 47 in Berlin 1972 teil und stand in engem privaten
Kontakt mit Hans Werner Richter.

155 Hans Dietrich Genscher (*1927), 1965–1969 Parlamentarischer Geschäftsführer der
FDP-Bundestagsfraktion, 1969–1974 Bundesminister des Inneren.

156 Hans Friderichs (*1931), 1964–1969 Bundesgeschäftsführer der FDP, 1972–1977 Bun-
deswirtschaftsminister.

157 Die FDP befand sich nach dem Ende der Koalition mit der CDU in einer Phase der per-
sonellen und inhaltlichen Neufindung, die zu einer Öffnung gegenüber der SPD und
1969 zu einer Koalition mit dieser führte. Vor allem auf dem Gebiet der Ost- und
Deutschlandpolitik wurden neue Wege beschritten [vgl. allgemein Baring, Macht-
wechsel].

158 Theo Pirker (1922–1995), seit 1972 Professor am Institut für Soziologie an der Freien Universität Berlin, hatte an der Tagung der Gruppe 47 in Niederpöcking am Starnberger See 1956 teilgenommen und sich in Richters Grünwalder Kreis und im Komitee gegen Atomrüstung engagiert.

159 Der Schriftsteller und Verleger Heinz Friedrich (1922–2004) hatte bereits an der ersten Tagung der Gruppe 47 in Bannwaldsee bei Füssen 1947 teilgenommen. Er besuchte die weiteren Gruppentreffen regelmäßig. Ab dem Jahr 1961 war er als geschäftsführender Gesellschafter des Deutschen Taschenbuch Verlags tätig.

1967

1 Richter hatte Carl Zuckmayer (1896–1977) 1950 zur Tagung der Gruppe 47 in Inzigkofen eingeladen, die dieser aber nicht besuchte.

2 Joseph Breitbach (1903–1980), Schriftsteller, Journalist, der reich geerbt hatte. Richter hatte ihm zur Tagung der Gruppe 47 in die «Pulvermühle» 1967 eine Einladung geschickt, die Breitbach aber nicht wahrnahm.

3 Die Zeitschrift *Kürbiskern* war im September 1965 von Christian Geissler, Friedrich Hitzer, Yaak Karsunke, Hannes Stütz und Manfred Vosz gegründet worden. Zu den Vorwürfen der Finanzierung durch die DDR siehe Nachwort [vgl. Magenau, Martin Walser, S. 225; vgl. auch Berbig, DDR-Literatur].

4 Friedrich Hitzer (1935–2007), Schriftsteller, 1965–1987 Mitherausgeber des *Kürbiskern*, zum damaligen Zeitpunkt im Umfeld der verbotenen KPD aktiv. Yaak Karsunke (*1934), Schauspieler, Schriftsteller, im Umfeld der APO tätig, 1965–1968 Mitherausgeber des *Kürbiskern*. Er nahm an den Tagungen der Gruppe 47 in Berlin 1965 und in der «Pulvermühle» 1967 teil.

5 Ernst Fischer, Kunst und Koexistenz. Beitrag zu einer modernen marxistischen Ästhetik, Reinbek bei Hamburg 1966. In diesem Buch hatte Ernst Fischer (1899–1972), der seit 1945 Mitglied des ZK der KPÖ war und 1969 aus der Partei ausgeschlossen wurde, das Feindbild der bürgerlichen Kultur als Erfindung kommunistischer Dogmatiker bezeichnet und auf die Vielfalt verschiedener, teilweise gegenläufiger Richtungen hingewiesen.

6 Joachim Kaiser, Waren die Musen diesmal emsig? Was boten die Künstler und die Künste im Jahre 1966?, in: *Süddeutsche Zeitung*, 31. Dezember 1966/ 1. Januar 1967, Nr. 313, S. 4.

7 Die Gruppe 61 war ein 1961 in Dortmund gegründeter Arbeitskreis von Schriftstellern, die sich mit Problemen der industriellen Arbeitswelt literarisch auseinandersetzten. Ihr gehörten beispielsweise die Schriftsteller Max von der Grün, Peter Paul Zahl (1944–2011) und Günter Wallraff an.

8 Theoriezeitschrift aus dem sozialdemokratischen Umfeld mit Verlagssitz in Bielefeld, heute nach der Fusion mit den *Frankfurter Heften* von der Friedrich-Ebert-Stiftung getragen.

9 Chefredakteur der Neuen Gesellschaft war der SPD-Bundestagsabgeordnete Ulrich Lohmar (1928–1991), Verantwortlicher Chefredakteur Wilhelm Ingensand.

10 Carl Zuckmayer war am 27. Dezember 1966 siebzig Jahre alt geworden.

11 Hörfunksendung zu dem Thema «Die NPD, die Große Koalition und die Wahlen in Schleswig-Holstein» in der Reihe «Berlin 33, Hasensprung» mit dem Politiker Joachim

[Jochen] Steffen (1922–1987), 1965–1975 Landesvorsitzender und 1966–1973 Fraktionsvorsitzender der SPD in Schleswig-Holstein sowie Günter Grass, Fritz J. Raddatz, Kurt Sontheimer und dem Politikwissenschaftler Thomas von der Vring (*1937), 1964–1970 stellvertretender Bundesvorsitzender der Jungsozialisten, ausgestrahlt am 25. Januar 1967 im Dritten Programm des SFB, NDR und RB. Abschrift der Sendung im HWRA, Nr. 10127.

12 Vom 19. bis zum 23. Januar 1967 veranstaltete die Evangelische Akademie Berlin in Zusammenarbeit mit dem sowjetischen Schriftstellerverband in Berlin eine Tagung zu dem Thema «Probleme des Realismus in der Lyrik». Richter war im Vorfeld der Tagung um Mitarbeit gebeten worden [vgl. Eva Kramm/Evangelische Akademie Berlin an Hans Werner Richter, 16. Juni 1966, in: HWRA, Nr. 7726].

13 Der russische Schriftsteller und Bürgerrechtler Alexander [Lew] Ginsburg (1936–2002) hatte an dem Treffen der Gruppe 47 im Hotel «Kleber-Post» in Saulgau 1963 teilgenommen.

14 Michail Kiatkin, sowjetischer Schriftsteller, Sekretär des Schriftstellerverbandes der UdSSR für deutschsprachige Westliteratur, der in dieser Funktion Richters Reisen in die Sowjetunion betreute.

15 Rimma Fëdorovna Kazakova (1932–2008) war eine sowjetische Schriftstellerin, die der Richtung der Tauwetter-Lyrik zugerechnet wird [vgl. Lauer, Geschichte der russischen Literatur, S. 786].

16 Den russischen Schriftsteller und Filmregisseur Jewgenij Jewtuschenko (*1933) hatte Richter schon während des internationalen Schriftstellerkongresses 1963 in Leningrad getroffen. Zwischen Jewtuschenko und den Schriftstellern der Gruppe 47 bestanden zahlreiche Verbindungen, so wurde zum Beispiel sein Werk von Peter Rühmkorf in die deutsche Sprache übersetzt. Den Moskauer Dichter Andrej Wosnesenskij (1933–2010) hatte Richter zur Tagung der Gruppe 47 in Saulgau 1963 eingeladen, an der dieser aber nicht teilnahm bzw. teilnehmen durfte [vgl. dazu Dieter E. Zimmer, Die Gruppe 47 in Saulgau, in: Die Zeit, 8. November 1963, Nr. 45, S. 17].

17 Richter hatte das am 31. März 1958 in München gegründete Komitee gegen Atomrüstung geleitet, das gegen die atomare Bewaffnung der Bundeswehr eintrat [vgl. etwa Runge, «Wir werden nicht Ruhe geben»].

18 Am 26. Januar 1967 durchsuchte die Politische Polizei die Räume des SDS-Landesverbandes Berlin und beschlagnahmte die Mitgliederkartei des SDS. Die Ermittlungen wurden angeordnet, nachdem einige Professoren der Freien Universität Berlin Strafanzeige gegen unbekannt gestellt hatten, weil sie auf einem Flugblatt als «professorale Fachidioten» bezeichnet worden waren und Mitglieder des SDS als Urheber vermuteten [vgl. N. N., Beschlagnahme-Aktion beim SDS, in: Der Tagesspiegel, 27. Januar 1967, Nr. 6501, S. 1 f.]. Die Demonstration, von der Richter hier berichtet, fand am 28. Januar 1967 auf dem Berliner Kurfürstendamm statt [vgl. V. D., Proteste – polizeilich genehmigt, in: Die Welt, 30. Januar 1967, Nr. 25, S. 3].

19 Hilde Domin (1909–2006), geb. Löwenstein, Schriftstellerin, Lyrikerin, die 1954 aus der Emigration in die Bundesrepublik zurückgekehrt war. Richter schickte Domin eine Einladung für das Treffen der Gruppe 47 in Berlin 1962, die diese aber nicht wahrnahm.

20 Peter Wapnewski (*1922), 1966–1969 Professor für germanistische Mediävistik an der

FU Berlin, danach in Karlsruhe, danach an der TU Berlin, besuchte die Tagungen der Gruppe 47 in der «Pulvermühle» 1967, in Berlin 1972 und in Saulgau 1977.

21 Gemeint ist die Erzählerin und Lyrikerin Elisabeth von Plessen (*1944). Sie veröffentlichte erstmals Ende der sechziger Jahre Gedichte und trug bei der Tagung der Gruppe 47 in der «Pulvermühle» 1967 vor.

22 Richter und Andersch hatten sich in den vergangenen Jahren wiederholt über die Ausrichtung der Gruppe 47 gestritten.

23 Alfred Andersch, Efraim, Zürich 1967.

24 Heinrich Böll an Hans Werner Richter, 2. Februar 1967, in: HWRA, Nr. 7393. Heinrich Böll litt damals an einer noch nicht diagnostizierten Diabetes und an einer Hepatitis.

25 Elisabeth von Plessen, die einem mecklenburgisch-holsteinischen Adelsgeschlecht entstammte und ihre adelige Herkunft sowie die damit verbundene Auseinandersetzung in ihrem Werk «Mitteilung an den Adel» literarisch verarbeitete.

26 Im Winter 1966/1967 fand in der Akademie der Künste in Berlin eine von Walter Höllerer organisierte Veranstaltungsreihe unter dem Titel «Ein Gedicht und sein Autor» statt, in deren Rahmen am 2. Februar 1967 der amerikanische Lyriker Lawrence Ferlinghetti (*1919), Gründer der City Lights Books und Hauptvertreter der damals neuen amerikanischen Beatlyrik, sowie der russische Autor Andrej Wosnessenskij eigene Gedichte vortrugen [vgl. Böttiger, Elefantenrunden, S. 157–159].

27 Den russischen Schriftsteller Lew Kopelew (1912–1997), der nach seiner 1945 erfolgten Verhaftung im Jahr 1956 rehabilitiert, 1968 wiederum aus der KPdSU ausgeschlossen und 1981 aus der Sowjetunion ausgebürgert wurde, hatte Richter 1963 während seiner Reise in die Sowjetunion getroffen und zur Tagung der Gruppe 47 nach Saulgau eingeladen [vgl. Hans Werner Richter an Johannes Bobrowski, 4. September 1963, in: Cofalla (Hrsg.), Briefe, S. 471 f.]. Kopelew wurde es nicht gestattet, an der Tagung teilzunehmen [vgl. ebd., Anm. 4]. 1964 trafen sich Richter und Kopelew in Berlin. An dem Treffen der Gruppe 47 in Prag 1990 nahm Kopelew teil.

28 Die russischen Schriftsteller Andrej Sinjawski (1925–1997) und Julij Daniel (1925–1988) waren am 8. September 1965 verhaftet worden und wurden 1966 von einem sowjetischen Gericht in einem Schauprozess zu sieben (Sinjawski), bzw. fünf (Daniel) Jahren Zwangsarbeit verurteilt. Da es im sowjetischen Strafgesetzbuch keinen Paragraphen gab, der das Versenden von Manuskripten und das Publizieren im Ausland verbot, berief sich die Anklage auf Art. 70. Dieser sah die Bestrafung von antisowjetischer Agitation vor, deren Ziel die Schwächung der Sowjetunion sei [vgl. Beyrau, Intelligenz und Dissenz, S. 183]. In der Urteilsbegründung hieß es, Daniel und Sinjawski hätten mit ihren im westlichen Ausland unter Pseudonym veröffentlichten antisowjetischen und verleumderischen Werken den Kampf der Imperialisten gegen die Sowjetunion unterstützt [vgl. N. N., So tief gefallen, in: Der Spiegel, 21. Februar 1966, Nr. 9, S. 100 f.].

29 Der Lyriker Heiner Bastian (*1942) übersetzte bei der Veranstaltung die Gedichte Ferlinghettis [vgl. Böttiger, Elefantenrunde, S. 157].

30 Der Schriftsteller und Grafiker Christoph Meckel (*1935) war mit Johannes Bobrowski und Klaus Wagenbach befreundet, in dessen neuem Verlag Klaus Wagenbach er als einer der ersten Autoren seine Erzählung «Tullipan» (Berlin 1965) veröffentlichte.

31 Hans Carl Artmann (1921–2000), österreichischer Schriftsteller. Einer Einladung Richters zur Tagung der Gruppe 47 in Schweden 1964 folgte Artmann nicht.

32 Der Schriftsteller Nicolas Born (1937–1979) trug auf den Tagungen der Gruppe 47 in Sigtuna 1964, Berlin 1965 und Berlin 1972 aus seinen Werken vor und nahm an der Tagung in der «Pulvermühle» 1967 teil.

33 Gemeint ist wohl die Belagerung Wiens durch osmanische Truppen unter dem Oberbefehl des Großwesirs Kara Mustafa 1683 und die Rettung der Stadt Wien durch den polnischen König Johann III. Sobieski. Grass verwechselt letzteren möglicherweise mit dem böhmischen König Ottokar II., der 1260 in der Schlacht bei Kressenbrunn die ungarischen Truppen schlug und zum Frieden von Wien zwang.

34 Alfred Andersch, Efraim, Zürich 1967. Die Lesung fand in der Akademie der Künste in Berlin statt.

35 Der Schriftsteller Wolfdietrich Schnurre (1920–1989) hatte an der Zeitschrift Der Ruf mitgearbeitet, gehörte bereits bei dem ersten Treffen der Gruppe 47 am Bannwaldsee zu den Teilnehmern und nahm bis 1977 häufig an den Zusammenkünften teil. Allerdings schwankte sein Verhältnis zur Gruppe 47 zwischen Nähe und Distanz. Schnurre war an zahlreichen Projekten Richters beteiligt.

36 Im Rahmen der Reihe «Berlin 33, Hasensprung» wurde am 15. Februar 1967 ein politisch-literarisches Hearing aufgenommen, das am 21. Februar 1967 im Dritten Programm des SFB, NDR und RB gesendet wurde und bei dem unter der Leitung Hans Werner Richters Franz Schonauer, Klaus Wagenbach, Arnulf Baring und Kai Hermann den CDU-Politiker und Manager Hans Dichgans (1907–1980) zu dessen deutschlandpolitischen Vorstellungen befragten.

37 Kai Hermann (*1938), ab 1963 politischer Redakteur der Zeit, ab 1966 als Zeit-Korrespondent in Berlin mit Zuständigkeit für die DDR, 1969–1971 Korrespondent des Spiegel, 1971 Chefredakteur der Zeitschrift twen, 1972–1979 Reporter des Stern.

38 Ernst Wiechert (1887–1950), Schriftsteller, zu dessen bürgerlichen Widerstandskreisen Richter 1934 in Berlin Kontakt aufzunehmen versuchte [vgl. Richter, Lebenslauf, 13. August 1946, S. 160].

39 Georg Büchmann (1822–1884), Philologe, der Redewendungen und Zitate sammelte und ordnete [Georg Büchmann, Geflügelte Worte. Der klassische Zitatenschatz, unveränderte Taschenbuchausgabe der 43., neu bearbeiteten und aktualisierten Ausgabe von Winfried Hofmann, Berlin 2007].

40 Paul Gerhard Schill (1925–2000), Politiker (SPD/SED), 1961–1986 Oberbürgermeister der Stadt Dresden.

41 Vgl. Hans Dichgans an Hans Werner Richter, 16. Februar 1967, in: IIWRA, Nr. 7703.

42 Carl Amery, 1966. Statt eines Jubiläumsaufsatzes, in: Ders., Fragen an Welt und Kirche. 12 Essays, Reinbek bei Hamburg 1967, S. 134–153.

43 Der Fraktionsvorsitzende der SPD im Bundestag Fritz Erler (1913–1967) starb am 22. Februar in Pforzheim. Die Trauerfeier fand am 28. Februar 1967 in der evangelischen Schlosskirche St. Michael in Pforzheim statt, beerdigt wurde Erler auf dem Hauptfriedhof.

44 Gustav Heinemann (1899–1976), 1966–1969 Bundesjustizminister, 1969–1974 Bundespräsident.

45 Horst Ehmke (*1927), ab 1963 ordentlicher Professor für öffentliches Recht in Freiburg,

1967–1969 Staatssekretär im Bundesministerium der Justiz, 1969 Bundesjustizminister, 1969–1972 Leiter des Bundeskanzleramtes, 1972–1974 Bundesminister für Forschung, Technologie, Post- und Fernmeldewesen. Richter kannte Ehmke vor allem durch seine Unterstützung für die SPD in den Bundestagswahlkämpfen 1961 und 1965.

46 Ziel der Notstandsgesetzgebung war die Aufrechterhaltung der Handlungsfähigkeit der Regierung bei einer den Staat gefährdenden Notlage, die bis dahin durch alliiertes Notstandsrecht gewährleistet worden war. Die Notstandsgesetzgebung löste eine intensiv geführte Debatte über die mit ihr verbundenen Gefahren für die Demokratie und zahlreiche Demonstrationen aus, die erst mit der Verabschiedung der Notstandsverfassung im Deutschen Bundestag am 30. Mai 1968 beendet wurden [vgl. Spernol, Notstand der Demokratie].

47 Eugen Gerstenmaier (1906–1986), 1949–1969 Mitglied des Deutschen Bundestags, 1954–1969 Bundestagspräsident. Gerstenmaier hatte 1956 an der Tagung des von Richter initiierten Grünwalder Kreises in Köln teilgenommen.

48 Alexander Möller (1903–1985), 1961–1976 Mitglied des Deutschen Bundestags, verschiedene Führungspositionen in der SPD, 1969–1971 Bundesfinanzminister.

49 Helmut Schmidt (*1918), 1967–1969 Vorsitzender der SPD-Bundestagsfraktion, 1969–1972 Bundesminister für Verteidigung, 1972 Bundesminister für Wirtschaft und Finanzen, 1972–1974 Bundesminister für Finanzen. Richter und Schmidt hatten sich bei Wahlkampfveranstaltungen für die SPD 1965 wiederholt getroffen.
Carlo Schmid (1896–1979), SPD-Politiker, 1953–1966 Professor für Politikwissenschaft in Frankfurt a. M., 1966–1969 Bundesminister für Angelegenheiten des Bundesrats und der Länder, 1969–1972 Vizepräsident des Deutschen Bundestags.

50 Fritz Erler hatte am 23. Februar 1965 in der Erdener Straße an einer Hörfunksendung Richters zum Thema «Opposition» teilgenommen, die im Rahmen von Richters Sendereihe «Berlin X-Allee» aufgenommen wurde. Weitere Gesprächsteilnehmer waren Erich Fried, Rudolf Augstein, Roland H. Wiegenstein und Alexander Kluge [vgl. einen abgedruckten Ausschnitt des Gesprächs N. N., Die SPD geht nicht mit Strauss, in: *Der Spiegel*, 3. März 1965, Nr. 10, S. 18].

51 Gemeint ist Hermann Kunst (1907–1999), 1956–1972 evangelischer Militärbischof der Bundeswehr, 1949–1977 Bevollmächtigter des Rates der Evangelischen Kirche in Deutschland am Sitz der Bundesregierung.

52 Der CSU-Politiker Franz Josef Strauß (1915–1988), 1966–1969 Bundesfinanzminister, hatte am 26. Mai 1964 an einer von Richter geleiteten Gesprächsrunde in der Reihe «Berlin X-Allee» teilgenommen, die im NDR/SFB gesendet wurde [vgl. dazu Berbig, Uwe Johnson, S. 61–74 sowie den Abdruck des Gespräches «Geht der Kalte Krieg zu Ende oder Lösen sich die Blöcke auf?» Salon-Gespräch mit Franz Josef Strauß, 26. Mai 1964. Diskussionsteilnehmer: Hans Werner Richter, Ernst Schnabel, Theo Pirker und Uwe Johnson, in: ebd., S. 75–102].

53 Gisela Anna Erler (*1946), Tochter von Fritz und Käthe Erler.

54 Otto Brenner (1907–1972), 1956–1972 Vorsitzender der IG Metall.

55 Georg Leber (*1920), SPD-Politiker, 1957–1983 Mitglied des Deutschen Bundestages, 1966–1972 Bundesminister für Verkehr, zusätzlich ab 1969 Bundesminister für das Post- und Fernmeldewesen, 1972–1978 Bundesverteidigungsminister.

56 Alfred Nau (1906–1983), 1946–1975 Schatzmeister der SPD.

57 Rainer Barzel (1924–2006), 1964–1973 Vorsitzender der CDU/CSU-Bundestagsfraktion, 1971–1973 CDU-Vorsitzender.

58 Ulrich de Maizière (1912–2006), General, 1966–1972 Generalinspekteur der Bundeswehr.

59 August Bebel (1840–1913), Mitbegründer der SPD und deren langjähriger Vorsitzender.

60 Gustav Noske (1868–1946), SPD-Politiker, 1919–1920 Reichswehrminister.

61 Willi Weigelt (1920–2002), SPD-Politiker, 1966–1985 Oberbürgermeister von Pforzheim.

62 Datum von Richter hs. korrigiert aus «22.5.» und irrtümlich in «22.2.» geändert. Es muss hier wohl «22.3.» heißen.

63 Hans Mayer hatte am 19. März Geburtstag, weshalb Richters Datierung des Tagebucheintrags auf Februar nicht korrekt sein kann.

64 Heinrich Maria Ledig-Rowohlt (1908–1992), der seit dem Tod seines Vaters Ernst Rowohlt Mehrheitsgesellschafter und alleiniger Leiter des Rowohlt Verlages war, nahm nicht nur an den Tagungen der Gruppe 47 in Berlin 1962, Saulgau 1963, Princeton 1966 und Saulgau 1977 teil, sondern verlegte auch Bücher zahlreicher Autoren der Gruppe 47.

65 Peter Rühmkorf (1929–2008), der 1958–1964 als Lektor im Rowohlt Verlag gearbeitet hatte und anschließend als freier Schriftsteller tätig war, nahm 1960 erstmals an einem Treffen der Gruppe 47 in Aschaffenburg teil. Bis zum Jahr 1967 besuchte er mit Ausnahme der Fernsehspieltagung in Sasbachwalden 1961 sämtliche Tagungen und war oft an dessen Projekten beteiligt, so zum Beispiel an dem von Richter herausgegebenen «Plädoyer für eine neue Regierung oder Keine Alternative».

66 Walter Jens, Fritz Raddatz (Hrsg.), Hans Mayer zum 60. Geburtstag. Eine Festschrift, Reinbek bei Hamburg 1967.

67 Joana Maria Gorvin (1922–1993), deutsche Schauspielerin, war zu diesem Zeitpunkt am Deutschen Schauspielhaus in Hamburg engagiert.

68 Jane Ledig-Rowohlt (†1994), geb. Scatcherd.

69 Genauere Angaben konnten nicht ermittelt werden.

70 Der Schriftsteller und spätere Feuilletonchef der Welt Christian Ferber [eigentlich Georg Seidel] (1919–1992) hatte 1951 in Bad Dürkheim erstmals an einer Tagung der Gruppe 47 teilgenommen und besuchte deren Zusammenkünfte in den folgenden Jahren bis 1967 regelmäßig.

71 Dies konnte nicht entziffert werden.

72 Ursula Seidel-Ferber (1917–2003), geb. Liederwald, Ehefrau Christian Ferbers.

73 Maria Alexandrowna Makarowa (1943–1992), Spezialistin für avantgardistische Literatur und Theorie der zwanziger und dreißiger Jahre, die Enzensberger 1967 heiratete.

74 Hans Magnus Enzensberger, Dossier I. Kronstadt 1921 oder die Dritte Revolution, in: Kursbuch 9 (1967), S. 7–33. In der russischen Stadt Kronstadt rebellierten vom 2. bis zum 18. März 1921 ca. 16 000 Matrosen und Soldaten gegen die Herrschaft der Bolschewiki und forderten Neuwahlen der Sowjets sowie die Abschaffung der Privilegien der Bolschewiki. Am 17./18. März 1921 wurde der Aufstand durch die Rote Armee niedergeschlagen.

75 Die Kulturrevolution 1965/66–1976 in China war eine ideologisch-propagandistische Kampagne Maos und seiner Anhänger («Rote Garden»), die mit einer breiten «Säuberungswelle» einherging.

76 Enzensbergers erste Ehefrau Dagrun (*1929), geb. Kristensen. Enzensberger war mit der Norwegerin von 1957 bis 1967 verheiratet. Sie gehörte zu den Gründungsmitgliedern der Kommune I.

77 Gemeint ist der jüngere Bruder Hans Magnus Enzensbergers, Ulrich (*1944).

78 Der Schriftsteller Uwe Johnson (1934–1984) hatte erstmals 1959 – kurz nach seiner Flucht aus der DDR – auf Anregung seines Verlegers Siegfried Unseld an einer Tagung der Gruppe 47 auf Schloss Elmau teilgenommen und war auch in den folgenden Jahren bei Zusammenkünften der Gruppe 47 dabei. In den Jahren 1966 bis 1968 lebte er in New York. Richter und Johnson verband ihre gemeinsame Herkunft aus Pommern.

79 Uwe Johnson hielt sich ab Mai 1966 in New York auf und arbeitete dort zunächst als Schulbuchlektor. Später erhielt er ein Stipendium der Rockefeller-Foundation, das ihm bis August 1968 den Aufenthalt in den USA ermöglichte [vgl. Barnert (Hrsg.), Uwe Johnson, S. 205].

80 Die erwähnten Wohnungen Johnsons in Berlin lagen in der Niedstraße 14 (kleine Atelierwohnung) sowie in der Stierstraße 3 (Hauptwohnung) in Berlin-Friedenau. Johnson hatte im Mai 1966 für die Dauer seines USA-Aufenthaltes seine Atelierwohnung Ulrich Enzensberger zur Verfügung gestellt, der dort mit seinen Freunden die Kommune I gründete. Im Januar 1967 überließ Johnson seine Hauptwohnung Dagrun Enzensberger nach deren Trennung von Hans Magnus Enzensberger. Die Kommunarden planten ein «Pudding-Attentat» auf den US-Vizepräsidenten Hubert Humphrey, der sich am 5./6. April 1967 in Berlin aufhielt. Allerdings wurden die Kommunarden am 5. April bei der Produktion weiterer Wurfgeschosse verhaftet.

81 Lyndon B. Johnson (1908–1973), 1963–1969 Präsident der USA.

82 John F. Franklin Jr. war vom 1. September 1964 bis zum 3. Juni 1967 Kommandant des amerikanischen Sektors von Berlin.

83 Konrad Adenauer, von 1949 bis 1963 erster Bundeskanzler der Bundesrepublik, starb am 19. April 1967.

84 Grass war am 1. April 1967 von einer Israelreise zurückgekehrt und setzte sich im Wahlkampf für die SPD ein. Gemeinsam mit seinem Schriftstellerkollegen Siegfried Lenz unternahm er vom 9. April bis zum 14. April 1967 eine Reise durch Schleswig-Holstein, um die SPD im Wahlkampf für die schleswig-holsteinische Landtagswahl zu unterstützen.

85 Eduard Reifferscheid (1899–1992), Verleger des Luchterhand Verlages, richtete ab 1954 im ursprünglich auf Recht- und Steuerthemen spezialisierten Luchterhand Verlag eine Literatursparte ein, in der zahlreiche Autoren der Gruppe 47 mit ihren Werken vertreten waren, u. a. Günter Grass mit seinem Roman «Die Blechtrommel». Reifferscheid nahm an dem Treffen der Gruppe 47 in der «Pulvermühle» 1967 teil.

86 Otto F. Walter (1928–1994), dem im Streit um die inhaltliche Ausrichtung des väterlichen Walter Verlags von den Mitaktionären gekündigt worden war, wechselte 1967 als Geschäftsführer zum Luchterhand Verlag [vgl. Reinhardt, Alfred Andersch, S. 422–427]. Walter hatte bereits in den Jahren zuvor an der Fernsehspieltagung der Gruppe 47 in Sasbachwalden 1961 sowie an den Treffen in Berlin 1962 und Saulgau 1963 teilgenommen.

87 Der Schriftsteller und Graphiker Günter Bruno Fuchs (1928–1977) hatte bei den Tagungen der Gruppe 47 in Berlin 1965 und Princeton 1966 vorgetragen. Richter vergleicht

ihn hier mit dem Schriftsteller Peter Hille (1854–1904), der enge Kontakte zum sozialistischen und anarchistischen Milieu hatte und unter Geldproblemen litt.

88 Das Handbuch der Gruppe 47, das Reinhard Lettau vorbereitete, sollte im von Eduard Reifferscheid geleiteten Luchterhand Verlag erscheinen. Die Arbeit an dem Buch wurde Ende September 1967 abgeschlossen. Es erschien noch im selben Jahr [Reinhard Lettau (Hrsg.), Die Gruppe 47. Bericht. Kritik. Polemik. Ein Handbuch, Neuwied, Berlin 1967].

89 Vorname im Original ausgeschrieben.

90 Hörfunksendung zu dem Thema «Notstandsgesetze» im Rahmen der Reihe «Berlin 33, Hasensprung» mit Horst Ehmke, Jürgen Seifert, Günter Grass, Ulrich Blank, Leo Bauer, ausgestrahlt vermutlich am 26. April 1967 im Dritten Programm des SFB, NDR und RB.

91 Jürgen Seifert (1928–2005), Politikwissenschaftler, 1966 Promotion über den Notstandsausschuss, Gegner der Notstandsgesetzgebung und Mitglied im Kuratorium Notstand der Demokratie, ab 1971 Professor für Politische Wissenschaft an der Universität Hannover.

92 Ulrich Blank, Journalist, ab 1967 beim WDR.

93 Leo Bauer (1912–1972) kannte Richter aus dem Berlin der Zwischenkriegszeit. Die beiden trafen sich im Pariser Exil wieder. Bauer ging 1949 nach Ost-Berlin, wurde als angeblicher Spion zum Tode verurteilt, zu 25 Jahren Sibirien begnadigt, 1955 nach Westdeutschland entlassen. Ab 1960 war er Mitarbeiter W. Brandts. Er nahm an der Tagung der Gruppe 47 in Princeton 1966 teil.

94 Eine große Gruppe von SPD-Bundestagsabgeordneten bestand darauf, dass in dem von Innenminister Paul Lücke im März 1967 vorgelegten Entwurf für die Notstandsgesetzgebung vor allem das Streikrecht erhalten bleiben sollte [vgl. Spernol, Notstand der Demokratie, S. 77].

95 Hierbei handelt es sich vermutlich um Christine Lappes, die laut einer Einladungsliste im Nachlass Richters auch an einer anderen Veranstaltung teilnahm [vgl. Einladungsliste für die Veranstaltung «Freiheit für Griechenland» am 9. Dezember 1967, in: HWRA, Nr. 8327].

96 Günter Grass, Nachruf auf einen Gegner, in: Ders., Werke, Bd. 11, S. 244–247, hier S. 246. Tatsächlich wurde Grass oft als Richters «Gruppen-Sohn» bezeichnet, worauf Richter durchaus stolz war, z. B. Hans Werner Richter an Walter Höllerer, 1. Dezember 1962, in: Cofalla (Hrsg.), Briefe, S. 430–432, hier S. 430.

97 Ernst Benda (1925–2009), Jurist und Politiker (CDU), 1967 Parlamentarischer Staatssekretär im Bundesinnenministerium, 1968/1969 Bundesinnenminister, 1971–1983 Präsident des Bundesverfassungsgerichts.

98 Hörfunksendung zu dem Thema «Notstandsgesetze/KPD-Verbot», Gesprächsleitung: Hans Werner Richter, mit Ernst Benda sowie Ulrich Blank, Manfred Rexin, Marianne Regensburger, Kurt Sontheimer, gesendet vermutlich am 24. Mai 1967 im Dritten Programm des SFB, NDR und RB. Abschrift des Gesprächs im HWRA, Nr. 10125.

99 Reinhard Lettau hielt am 19. April 1968 bei einer Kundgebung gegen den Vietnamkrieg vor Studenten in der Freien Universität Berlin eine Rede mit dem Titel «Von der Servilität der Presse» [abgedruckt in: Wagenbach u. a. (Hrsg.), Vaterland, Muttersprache, S. 245 f.].

100 Peter Weiss nahm an der Sitzung des 1966 gegründeten Vietnam War Crimes Tribunal teil, die vom 2. bis 10. Mai 1967 in Stockholm stattfand. Das Tribunal wird auch nach einem seiner Gründer, dem Philosophen und Literaturnobelpreisträger Bertrand Russell, Russell-Tribunal genannt. Es hatte das Ziel, die amerikanischen Kriegsverbrechen im Vietnamkrieg zu untersuchen und zu dokumentieren. Da das Tribunal eine rein moralische Instanz darstellte, die von keinem Staat oder einer Partei beauftragt worden war, verfügte es über keine Möglichkeiten, seine Beschlüsse durchzusetzen [vgl. Dwars, Und dennoch Hoffnung, S. 201].

101 Vgl. Kramer, Zusammenstoß in Princeton.

102 Vgl. die Beschreibung des Streites durch Peter Weiss, Eintrag vom 24. April 1966, in: Ders., Notizbücher 1960–1971, S. 491–492.

103 Alexandra Kluge (*1937), Ärztin, Schauspielerin, Schwester von Alexander Kluge. Diese Einschätzung beruht auf einer subjektiven Wahrnehmung Richters. Alexandra Kluge und Peter Weiß standen sich sehr nahe.

104 Der Journalist Dieter Ehlers leitete seit 1963 die Abteilung Kultur des TV-Senders SWF und verabredete mit Richter, regelmäßig in dessen Salon in der Erdener Straße Zusammenkünfte von Schriftstellern, Verlegern und Politikern zu filmen, bei denen aus unveröffentlichten Werken gelesen und darüber diskutiert werden sollte. Anders als bei den Treffen der Gruppe 47 sollten mit den eingeladenen Politikern auch Laien zu Wort kommen dürfen und Diskussionen über inhaltliche Grundsatzfragen erlaubt sein [vgl. Dieter Ehlers, Werner Feißt/Südwestfunk an Hans Werner Richter, 22. Juni 1967, in: HWRA, Nr. 8517].

105 Reinhard Lettau, Vorbemerkung, in: Ders. (Hrsg.), Die Gruppe 47, S. 7–17.

106 Die Schauspielerin und Galeristin Manja Bahlsen (*1925) war eine gute Freundin des Ehepaars Richter, in deren Haus in Bibione/Italien sie oft ihren Urlaub verbrachten.

107 Diese Personen konnten nicht ermittelt werden.

108 Richter plante nach dem Ausscheiden bei der Zeitschrift Der Ruf die Herausgabe einer neuen Zeitschrift namens Skorpion, die aber keine Lizenz der Besatzungsbehörde erhielt. Nach der verbreiteten Legende ging die Gruppe 47 aus dem gescheiterten Skorpion-Projekt hervor, tatsächlich hatte Richter die Idee zur Gruppe 47 schon vor der ersten Skorpion-Sitzung verkündet [vgl. Cofalla, Der «soziale Sinn», S. 54].

109 Hans-Geert Falkenberg (1919–2005), Lektor, Teilnehmer an den Tagungen der Gruppe 47 in Sigtuna 1964 und in der «Pulvermühle» 1967, 1965–1980 Chefredakteur der Hauptabteilung Bildung und Unterhaltung des WDR-Fernsehens, ab 1969 zusätzlich Leiter der Hauptabteilung Kultur und Unterhaltung sowie Programmkoordinator Westdeutsches Fernsehen.

110 Ulrich Gembardt (1919–1996), Journalist, ab 1962 Politikredakteur des WDR-Hörfunks sowie in führenden Positionen dort und im WDR-Fernsehen tätig.

111 Die von Böll und Richter besprochene Finanzierung des Preises der Gruppe 47 durch die ehemaligen Preisträger wurde bei der Tagung der «Pulvermühle» umgesetzt: Aichinger, Bichsel, Böll, Eich, Grass und Walser spendeten über 6 000,– DM, die Jürgen Becker erhielt. Der Plan, den Preis auch ohne die Abhaltung von Tagungen weiterhin zu verleihen, wurde nicht umgesetzt.

112 In einem späteren Porträt über Böll hat Richter die Begegnung anders geschildert: Danach habe Böll nicht selbst vorgeschlagen, den nächsten Preis der Gruppe 47 zu

finanzieren, sondern Richter habe ihn danach gefragt. Bölls Geständnis, er liebe Geld, habe die beiden anschließend näher gebracht: «[...] und wenn ich mich recht erinnere, umarmten wir uns zum Abschied, so vertraut waren wir durch seine Liebe zum Geld geworden.» [Richter, Liebst du das Geld auch so wie ich?, S. 67–69].

113 Heinrich Böll wurde 1966 von seinen Söhnen Raimund und René in die Sowjetunion begleitet [vgl. Böll. Werke, Bd. 16, S. 521], von denen aber keiner zu diesem Zeitpunkt vierzehn Jahre alt war (Raimund geb. 1947, René geb. 1948).

114 Enzensberger nahm am IV. Allunions-Schriftsteller-Kongress des sowjetischen Schriftstellerverbandes teil, der vom 22. bis zum 27. Mai 1967 stattfand [vgl. Hermann Pörzgen, Gedenken an Pasternak. Moskauer Schriftstellerkongreß eröffnet, in: *Frankfurter Allgemeine Zeitung*, 24. Mai 1967, Nr. 118, S. 24; ders., Demonstrierter Konformismus, in: ebd., 29. Mai 1967, Nr. 121, S. 22].

115 Gemeint ist Peredelkino.

116 Enzensberger hatte Maria Alexandrowna Makarowa bei seinen Reisen in die Sowjetunion kennengelernt und heiratete sie 1967. Zwei Jahre später trennten sie sich wieder. Sie war die Tochter der Schriftsteller Margarita Aliger und Alexander Fadejew, der von 1946 bis 1954 das Amt des Generalsekretärs und Vorsitzenden des Schriftstellerverbandes inne und sich am 13. Mai 1956 das Leben genommen hatte. Sein Selbstmord wurde «als ein Signal wahrgenommen, das den moralischen Bankrott eines Literatenlebens für Stalin und die Partei anzeigte» [Beyrau, Intelligenz und Dissenz, S. 94].

117 Richter spielt hier auf die Spannungen vor dem Sechs-Tage-Krieg an.

118 Hierbei handelt es sich um das Europapokalfinalspiel der Landesmeister, bei dem am 25. Mai 1967 Celtic Glasgow gegen Inter Mailand 2:1 gewann.

119 Richter hatte die Schriftstellerin Barbara König (1925–2011) zum ersten Mal 1950 zu der Tagung der Gruppe 47 nach Inzigkofen eingeladen, auf der sie ihre Kurzgeschichte «Wünsche» vortragen ließ. Auch in den folgenden Jahren erhielt König durchgehend Einladungen, nahm diese aber erst ab der Tagung in Aschaffenburg 1960 wieder wahr. An den darauffolgenden Tagungen nahm sie nahezu durchgängig teil. Über die Freundschaft zu Richter, der Barbara König und ihren späteren Mann häufig in Dießen am Ammersee besuchte, verfasste König ein Buch [König, Hans Werner Richter]. Richter hat ebenfalls über diese Freundschaft berichtet [Richter, Die Schlange, die eine Katze ist].

120 Stephanie Mayer.

121 Hans Mayer (*1927), der zweite Ehemann von Barbara König, war als Kohlenhändler in Dießen am Ammersee tätig.

122 Höllerer und die Fotografin Renate von Mangoldt (*1940) hatten am 30. Juni 1965 in der Wohnung Richters im S. Fischer-Haus ihre Hochzeit gefeiert und waren bis zu Walter Höllerers Tod miteinander verheiratet [vgl. Richters Beschreibung der Hochzeit in seinem Höllerer-Porträt Richter, Das Lachen der Oberpfalz, S. 154 f.].

123 Höllerer hatte 1966 den Fontanepreis erhalten, was einige Zeitungen scharf kritisierten [vgl. N. N., Fontane-Preis: Für Neugier, in: *Der Spiegel*, 28. März 1966, Nr. 14, S. 156]. Auch der von Richter hier zitierte Robert Neumann missbilligte die Verleihung des Preises an Höllerer [vgl. Robert Neumann, Spezies. Gruppe 47 in Berlin, in: *konkret* 12 (1966), S. 34–39].

124 Walter Höllerer gab seit 1954 zusammen mit Hans Bender (*1919) die Zeitschrift *Akzente* heraus. Tatsächlich beendete er seine Herausgeberschaft 1967. Als Gründe für seinen

Rücktritt wurden private Motive sowie die Konzentration auf seine Lehrtätigkeit und auf literarische Projekte angeführt [vgl. Krones, *Akzente*, S. 200].

125 Lettau hielt am 19. April 1967 in der Freien Universität Berlin eine Rede, auf die die West-Berliner Behörden am 22. Mai mit der Verkürzung von Lettaus ursprünglich bis zum 17. November 1967 geltenden Aufenthaltsgenehmigung – er hatte einen amerikanischen Pass – um vier Monate reagierten. In der Begründung des Polizeipräsidenten hieß es, Lettau habe die Studenten zum Widerstand gegen die Berliner Polizei aufgefordert. Dieser Beschluss wurde nach erregten Protesten am 29. Mai 1967 wieder zurückgenommen [vgl. Briegleb, 1968. Literatur in der antiautoritären Bewegung, S. 72–80].

126 Günter Grass, Die kommunizierende Mehrzahl. Rede vor dem Presseclub Bonn, 29. Mai 1967, in: Ders., Werke, Bd. 11, S. 252. Grass zitierte aus einem Artikel Richters [Hans Werner Richter, Die versäumte Evolution, in: *Der Ruf*, 15. Januar 1947, Nr. 11, S. 1].

127 Joseph *Victor* von *Scheffel*, Fahrende Leute. Exodus cantorum I, in: Joseph Victor von Scheffels sämtliche Werke, hrsg. von Johannes Franke, Bd. 3: Frau Aventiure, Leipzig o. J., S. 63–64.

128 Der Jurist und CSU-Politiker Reinhold Kreile (*1929) nahm an der Tagung der Gruppe 47 in Aschaffenburg 1960, an dem Treffen in Sigtuna 1964 und an der Tagung 1965 in Berlin teil. Kreile verteidigte Richter wiederholt als Rechtsanwalt.

129 Ehepaar Edith und Hans Josef Mundt. Edith Mundt besuchte die Treffen der Gruppe 47 in Inzigkofen 1950, Niendorf 1952, Großholzleute 1958 und im Jagdschloss Göhrde 1961.

130 Ehepaar Elsbeth und Kurt Heuser. Elsbeth Heuser war bei den Tagungen der Gruppe 47 in Großholzleute 1958 und Princeton 1966 zu Gast.

131 Richter bezieht sich auf die Reise des sowjetischen Ministerpräsidenten Alexej Nikolajewitsch Kossygin (1904–1980), der im Jahr zuvor den ägyptischen Staatspräsident Gamal Nasser (1918–1970) besucht und ihm neue Waffen versprochen hatte [vgl. N. N., Heißer Sommer, in: *Der Spiegel*, 29. Mai 1967, Nr. 23, S. 118–128].

132 Gemeint ist der sogenannte Sechs-Tage-Krieg im Juni 1967, in dem Israel den Angriffen seiner Nachbarn Ägypten, Jordanien und Syrien zuvorkam und einen deutlichen militärischen Erfolg errang.

133 Hier irrt sich Richter im Datum: Die Sammlung der Unterschriften unternahm er am Sonntag, den 4. Juni 1967 [vgl. auch Hans Werner Richter an Alfred Andersch, 13. Juni 1967, in: Cofalla (Hrsg.), Briefe, S. 646, Anm. 2]. Am 5. Juni 1967 begann bereits der Sechs-Tage-Krieg.

134 Jesco von Puttkamer (1919–1987) gehörte zu den Teilnehmern der Tagung der Gruppe 47 auf Schloss Elmau 1959. Richter und Puttkamer hatten zuvor im Grünwalder Kreis zusammengearbeitet. Puttkamer war von 1958 bis 1971 Chefredakteur des sozialdemokratischen *Vorwärts*. 1971 wurde er Botschafter in Israel.

135 Vgl. Israel-Aufruf, wiederabgedruckt in: Lettau (Hrsg.), Die Gruppe 47, S. 462 f.

136 Der Schriftsteller Wolfgang Koeppen (1906–1996) wurde von Richter in den Jahren 1954 und 1955 mehrmals zu den Tagungen der Gruppe 47 eingeladen, bestand aber darauf, generell keiner Gruppierung anzugehören.

137 Die anderen Unterzeichner waren Carl Amery, Alfred Andersch, Reinhard Baumgart,

Nicolas Born, Susanna Brenner, Hans Christoph Buch, Milo Dor, Kurt Heuser, Günter Herburger, Hans Josef Mundt, Horst Mönnich, Paul Schallück, Wolfdietrich Schnurre, Klaus Wagenbach, Wolfgang Weyrauch und Roland H. Wiegenstein.

138 Böll befand sich auf dem Weg nach Israel, als ihn in Rom der Rat des israelischen Botschafters erreichte, die Reise zu verschieben [vgl. die Kommentierung zu Bölls Text «Israel», in: Heinrich Böll, Werke, Bd. 15, S. 508–510].

139 Der Student Benno Ohnesorg wurde am 2. Juni 1967 während einer Demonstration gegen den persischen Schah von dem West-Berliner Polizisten Karl-Heinz Kurras erschossen. Richter gehörte neben zahlreichen Autoren der Gruppe 47 zu den ca. sechzig Schriftstellern, die sich mit einer «Erklärung zum Tod des Studenten Benno Ohnesorg» zu Wort meldeten. Darin machten sie die Kampagne der Springer-Presse und den Berliner Polizeipräsidenten Duensing für die Tat verantwortlich und forderten «den Rücktritt des Polizeipräsidenten Duensing; die Einsetzung eines parlamentarischen Untersuchungsausschusses; ein disziplinarisches Verfahren, das der Innensenator Büsch und der Regierende Bürgermeister Albertz gegen sich selbst einleiten» [Erklärung zum Tod des Studenten Benno Ohnesorg, 4. Juni 1967, in: Lettau (Hrsg.), Die Gruppe 47, S. 463–464].

140 Eva Tripp und ihr Ehemann Erich, von Beruf Psychiater, waren mit dem Ehepaar Richter befreundet.

141 Der Schriftsteller und Theaterkritiker Paul Schallück (1922–1976) nahm ab der Tagung in Niendorf im Jahr 1952, zu der Richter ihn auf Wunsch Heinrich Bölls eingeladen hatte, bis zur Tagung der Gruppe 47 in Berlin 1972 regelmäßig an den Treffen der Gruppe 47 teil. Seit 1971 war er als Chefredakteur der Zeitschrift Dokumente tätig.

142 Der SPD-Politiker Adolf Arndt (1904–1974) nahm an der Tagung der Gruppe 47 in Sigtuna teil. Sein Aufruf «Hilfe für Israel» ist u. a. in der Frankfurter Allgemeinen Zeitung abgedruckt worden [vgl. «Hilfe für Israel», in: Frankfurter Allgemeine Zeitung, 6. Juni 1967, Nr. 128, S. 5].

143 Der Resolutionstext ist leicht zusammengefasst abgedruckt in: Frankfurter Allgemeine Zeitung, 13. Juni 1967, Nr. 134, S. 2.

144 Diese Information stellte sich als falsch heraus. Die Algerier hatten zwar an den Kriegsvorbereitungen gegen Israel teilgenommen, griffen aber in das eigentliche Kriegsgeschehen nicht ein.

145 Vermutlich meint Richter die Erklärung der Deutsch-Israelischen Gesellschaft in Düsseldorf, wonach Grass angeboten habe, eine Gruppe junger Deutscher bei einem Freiwilligendienst in Israel zu begleiten [vgl. ma., Appell der «Gruppe 47», in: Frankfurter Allgemeine Zeitung, 8. Juni 1967, Nr. 130, S. 3].

146 Grass forderte die Studenten am 3. Juni 1967 bei einer Gedenkveranstaltung für Benno Ohnesorg auf, Ruhe zu bewahren, nicht die Praxis der Polizei zu übernehmen und «darauf zu achten, daß kleinere Grüppchen nicht auf den berechtigten Protestwellen ihr Süppchen mitkochen könnten» [N. N., Grass: Ruhe bewahren!, in: Berliner Morgenpost, 4. Juni 1967, Nr. 128, S. 12].

147 Richter meint mit der Zeitangabe vermutlich die binnen vier Tagen abgeschlossene Eroberung der Sinai-Halbinsel.

148 Diese konnte nicht ermittelt werden.

149 Den Graphiker Franz Wischnewski (*1920) kannte Richter bereits durch seine Tätigkeit

als Zeichner für den amerikanischen und den deutschen *Ruf* sowie für die Zeitschrift *Skorpion*. Seitdem verband beide eine Freundschaft. Wischnewski nahm bereits bei dem ersten Treffen der späteren Gruppe 47 in Bannwaldsee teil, besuchte aber danach nur noch die Tagungen in Herrlingen 1947, in Jugenheim an der Bergstraße 1948 und in Aschaffenburg 1960. Für Richters Buch «Deutschland, deine Pommern» fertigte er die Zeichnungen an.

150 Der Schriftsteller und Journalist Peter Hamm (*1937) trug auf den Tagungen der Gruppe 47 in Niederpöcking 1956 und in Sigtuna 1964 aus seinen Werken vor und nahm an der Hörspieltagung in Ulm 1960 teil.

151 Ulrich Sonnemann (1912–1993), Sozialphilosoph und Psychologe, beteiligte sich mit einem Beitrag an Richters Sammelband «Plädoyer für eine neue Regierung».

152 Amos Elon, In einem heimgesuchten Land. Reise eines israelischen Journalisten in beide deutsche Staaten, München 1966. Der israelische Schriftsteller Amos Elon (1926–2009), mit Unterbrechungen ab 1966 Journalist bei der Tageszeitung *Haaretz* und Kriegsberichterstatter im Sechs-Tage-Krieg, hatte die Einladung nach Israel in einem Brief an Richter vom 7. Mai 1967 ausgesprochen. Richter stimmte dem Plan eines deutsch-israelischen Schriftstellertreffens zu [vgl. Hans Werner Richter an Amos Elon, 13. Juni 1967, in: HWRA, Nr. 7419].

153 Albert Norden (1904–1982), 1958–1981 Mitglied des Politbüros des ZK der SED und dort Leiter der Agitationskommission. Vgl. Erklärung von Bürgern der DDR jüdischer Herkunft, in: *Neues Deutschland*, 9. Juni 1967, Nr. 156, S. 2.

154 Der von Richter zitierte Artikel der *National- und Soldatenzeitung* erschien nicht, wie von ihm behauptet, am 16. Juni, sondern bereits am 9. Juni 1967 [N. N., Der Schuldige heißt Israel, in: *National- und Soldaten-Zeitung*, 9. Juni 1967, Nr. 23, S. 1 und S. 3 f.].

155 Jürgen Habermas am 9. Juni 1967 nach der Beerdigung Benno Ohnesorgs während eines Kongresses des SDS [Habermas, Protestbewegung und Hochschulreform, S. 144].

156 Richter meint die für den 5. bis 9. Oktober 1967 geplante Tagung der Gruppe 47, die im Gasthof «Pulvermühle» in Waischenfeld bei Erlangen stattfinden sollte.

157 Der Schriftsteller Reinhard Baumgart (1929–2003), der 1955–1962 als Lektor des Piper Verlags in München und 1969–1974 bei der *Süddeutschen Zeitung* arbeitete, nahm von 1957 bis zum Treffen der Gruppe 47 in Saulgau 1977 nahezu durchgängig an den Zusammenkünften teil.

158 Walter Maria Guggenheimer (1903–1967), Lektor und Journalist, war am 16. Juni 1967 gestorben. Guggenheimer und Richter kannten sich schon durch die gemeinsame Tätigkeit bei der Zeitschrift *Der Ruf*. Guggenheimer hatte bereits an der ersten Tagung der Gruppe 47 in Bannwaldsee 1947 teilgenommen, besuchte in den folgenden Jahren jedoch lediglich die Treffen in Herrlingen 1947, in der Laufenmühle 1951 und in Saulgau 1963.

159 Samuel Bächli (1918–1993), 1965–1968 Leiter des Dritten Hörfunkprogramms des NDR.

160 Walter Maria Guggenheimer an Hans Werner Richter, 2. Januar 1967, in: HWRA, Nr. 7758 sowie Walter Maria Guggenheimer an Hans Werner Richter, 26. Januar 1967, in: ebd., Nr. 6664.

161 In Bannwaldsee bei Füssen (Allgäu) fand vom 6. bis 7. September 1947 im Haus der Schriftstellerin Ilse Schneider-Lengyel (1910–1972) das erste Treffen der Gruppe 47 statt.

162 Guggenheimer war wegen der rassischen Verfolgung durch die NS-Diktatur von seiner Firma (MAN) auf einen Außenposten nach Teheran versetzt worden, wo er sich während des Zweiten Weltkrieges den gaullistischen Truppen anschloss und gegen die deutschen Truppen in Nordafrika, Frankreich und Italien kämpfte.

163 Den Schriftsteller Walter Kolbenhoff (1908–1993) lernte Richter durch die Zusammenarbeit an der Kriegsgefangenenzeitschrift *Der Ruf* kennen. Kolbenhoff nahm am ersten Treffen der Gruppe 47 in Bannwaldsee teil, besuchte in der Folge die Tagungen der Gruppe häufig und trug mehrfach aus seinen Werken vor.

164 Friedrich Minssen (1909–1989), der als Journalist und in der Schulverwaltung arbeitete, gehörte wie Kolbenhoff zu dem engen Kreis, der die Anfänge der Gruppe 47 mitgestaltet hatte. Er hatte mit Richter bereits an der Zeitschrift *Der Ruf* zusammengearbeitet. Bis 1952 besuchte er die meisten Tagungen der Gruppe.

165 Nicolaus Sombart (1923–2008), Soziologe und Schriftsteller, hatte an der Zeitschrift *Der Ruf* mitgearbeitet und bereits bei der ersten Tagung der Gruppe 47 aus seinem Werk vorgetragen. Er gehörte bis zur Tagung in Bad Dürkheim 1951 zu dem engen Kreis der Gruppe. Nach 1952 blieb er wegen eines Streits mit dem Karikaturisten Henry Meyer-Brockmann (1912–1968) allen weiteren Tagungen der Gruppe 47 fern.

166 Peter Roehler (1934–2000), Bruder von Klaus Roehler.

167 Lettau hatte sich an einem zweitägigen Hungerstreik beteiligt, mit dem West-Berliner Studenten für die Freilassung des Kommunarden Fritz Teufel eintraten. Dieser saß seit den Protesten gegen den Besuch des Schahs von Persien und seiner Frau wegen Verdachts des Landfriedensbruchs in Untersuchungshaft [vgl. Briegleb, 1968. Literatur in der antiautoritären Bewegung, S. 76].

168 In seiner Rede vor der UN-Generalversammlung in New York am 19. Juni 1967 forderte Alexej Kossygin, 1964–1980 Ministerpräsident der Sowjetunion, eine entschiedene Verurteilung Israels als Aggressor, den Rückzug der israelischen Truppen aus «allen von ihnen besetzten arabischen Gebieten» sowie Schadensersatzzahlung an Ägypten, Syrien und Jordanien [vgl. N. N., Redeschlacht um den Frieden, in: *Die Zeit*, 23. Juni 1967, Nr. 25, S. 8].

169 Eugen Kogon (1903–1987), ab 1945 Herausgeber der *Frankfurter Hefte*, 1951–1968 Professor für wissenschaftliche Politik an der TH Darmstadt. Kogon kannte Guggenheimer vor allem durch dessen Mitarbeit an den *Frankfurter Heften*, die dieser mitgegründet hatte.

170 Diese Buchidee wurde nicht umgesetzt.

171 Ursula von Kardorff (1911–1988), die für die *Süddeutsche Zeitung* über die Nürnberger Prozesse berichtete und seit 1950 dort langjähriges Redaktionsmitglied war.

172 Horst Bienek (1930–1990), ab 1961 Lektor im Deutschen Taschenbuch Verlag und seit 1966 freier Schriftsteller, las auf der Tagung der Gruppe 47 in der «Pulvermühle» ein Kapitel aus seinem Werk «Die Zelle» vor. Auch an dem Treffen in Saulgau 1977 nahm Bienek teil.

173 Das Buch, das Richter hier mit dem Arbeitstitel «Onkel August» erwähnt, erschien 1971 unter dem Titel «Rose weiß, Rose rot».

174 Arnold Metzger (1892–1974) wirkte seit 1952 bis zu seinem Tod als Honorarprofessor für Philosophie an der Universität München.

175 Der Lyriker und Dramatiker Carl Werner (1919–1978) schrieb ein «Pestlied» [Carl Werner, Ist ein Unglück in der Stadt, Wiesbaden 1962].

176 Dem Schriftsteller und Kritiker Hans Egon Holthusen (1913–1997), ab 1968 Professur für Deutsche Literatur an der Northwestern University (Evanston/Illinois), war 1952 von Richter angeboten worden, an der Zeitschrift *Literatur* mitzuarbeiten [vgl. Hans Egon Holthusen an Hans Werner Richter, 19. März 1952, in: Cofalla (Hrsg.), Briefe, S. 135–136].

177 Den Regisseur und Schauspieler Hans Schweikart (1895–1975) kannte Richter vor allem durch das Komitee gegen Atomrüstung.

178 Urs Jenny (*1937), 1964–1969 Theater-, Film- und Literaturkritiker der *Süddeutschen Zeitung*, 1970–1972 Chefdramaturg des Bayerischen Staatsschauspiels München, 1972–1979 Chefdramaturg des Deutschen Schauspielhauses Hamburg.

179 Der Journalist und Schriftsteller Hans F. Nöhbauer (*1929) gehörte 1967 zu dem Teilnehmerkreis bei der Tagung der Gruppe 47 im Gasthof «Pulvermühle» und berichtete über das Treffen in der Münchener *Abendzeitung* [vgl. Hans F. Nöhbauer, Und draußen: ein Happening, in: *Abendzeitung (München)*, 9. Oktober 1967].

180 Mit Heinz Friedrich plante Richter eine Auswahl von Karikaturen über die Gruppe 47 herauszugeben, die der Zeichner Henry Meyer-Brockmann bereits 1962 veröffentlicht hatte [Meyer-Brockmann, Dichter und Richter]. Die Auswahl erschien unter dem Titel Henry Meyer-Brockmanns gesammelte Siebenundvierziger. Hundert Karikaturen literarischer Zeitgenossen, München 1967 und wurde an die Teilnehmer der Tagung in der «Pulvermühle» verteilt.

181 Hans Werner Richter, Karl Marx in Samarkand. Eine Reise an die Grenzen Chinas, Neuwied, Berlin 1967. Darin berichtet Richter von seiner Reise durch die Sowjetunion, die er 1965 gemeinsam mit seiner Frau Toni unternommen hatte.

182 Reinhard Lettau (Hrsg.), Die Gruppe 47. Bericht, Kritik. Polemik. Ein Handbuch, Neuwied, Berlin 1967.

183 Marcel Reich-Ranicki an Hans Werner Richter, 1. Juli 1967, in: Cofalla (Hrsg.), Briefe, S. 649–650.

184 Sendung «Dialog mit Heinrich Böll. Klaus Harpprecht porträtiert Personen unserer Zeit», ausgestrahlt am 6. Juli 1967 im ZDF [Auskunft Stiftung Deutsches Rundfunkarchiv Frankfurt am Main vom 3. Mai 2012].

185 Peter Bichsel an Hans Werner Richter, 21. Juli 1967, in: Cofalla (Hrsg.), Briefe, S. 652. Der Schweizer Schriftsteller und Lehrer Peter Bichsel (*1935) hatte 1964 erstmals bei einer Tagung der Gruppe 47 in Sigtuna aus seinem Werk vorgetragen.

186 Peter Bichsel, Die Jahreszeiten, Neuwied, Berlin 1967.

187 Walter Jens an Hans Werner Richter, o. D. [von Sabine Cofalla auf den 31. August 1967 datiert], in: Cofalla (Hrsg.), Briefe, S. 655–656, hier S. 655. Der Lyriker und Journalist Rolf Haufs (*1935) las bei den Treffen der Gruppe 47 in Berlin 1962, in Saulgau 1963 und in Princeton (USA) 1966 aus seinen Werken vor. An den Treffen in Berlin 1965 und in Waischenfeld («Pulvermühle») 1967 nahm er ebenfalls teil.

188 Der Philosoph Herbert Marcuse (1898–1979) übte mit seinen philosophischen Werken wie «Triebstruktur und Gesellschaft» eine große Wirkung auf die Studentenbewegung aus.

189 Walter Jens an Hans Werner Richter, o. D. [von Sabine Cofalla auf den 31. August 1967

datiert], in: Cofalla (Hrsg.), Briefe, S. 655–656, hier S. 655. «Chotiewitzen» ist eine Anspielung auf den Schriftsteller Peter O. Chotjewitz (1934–2010), der zweimal, in Berlin 1965 und in Princeton 1966, an Tagungen der Gruppe 47 teilgenommen hat.

190 Eich hatte seit 1958 keine Gruppentagung mehr besucht, Aichinger war seit der Tagung in Berlin 1962 bei keinem weiteren Treffen gewesen. Beide besuchten erst wieder die Tagung in der «Pulvermühle» 1967. Eich hatte 1965 ihr Fernbleiben damit begründet, die Generation, der sie sich innerhalb der Gruppe 47 zugehörig fühlten, sei nicht mehr vorhanden [vgl. Erich Fried an Hans Werner Richter, 12. Januar 1965, in: Cofalla (Hrsg.), Briefe, S. 547–549, hier S. 548].

191 Clemens Eich (1954–1998), Sohn von Günter Eich und Ilse Aichinger, Schriftsteller und Schauspieler.

192 Herbert von Karajan (1908–1989), österreichischer Dirigent, u. a. 1955–1989 Chefdirigent der Berliner Philharmoniker.

193 Hans Mayer an Hans Werner Richter, 10. Juli 1967, in: Cofalla (Hrsg.), Briefe, S. 650–651, hier S. 650.

194 Vermutlich hielt sich Richter in Bibione im Haus Manja Bahlsens auf.

195 Die Tagung der Gruppe 47 fand vom 5. bis zum 9. Oktober 1967 im Gasthof «Pulvermühle» in Waischenfeld bei Erlangen statt.

196 Ulrike Marie Meinhof, Platzt die Gruppe 47?, in: konkret 10 (1967), S. 1–2.

197 Christian Gneuss (*1924), seit 1956 in verschiedenen Leitungspositionen beim NDR tätig, war für die von Richter geleitete Sendereihe «Berlin 33, Hasensprung» verantwortlich und dessen Ansprechpartner [vgl. Hans Werner Richter an Christian Gneuss, 14. Juni 1971, in: HWRA, Nr. 8648].

198 Heinrich Vormweg, Die Ära Richter – 20 Jahre Gruppe 47, Hörfunksendung, ausgestrahlt am 28. August 1968 im WDR [Auskunft Stiftung Deutsches Rundfunkarchiv Frankfurt am Main vom 3. Mai 2012]. Der Literaturkritiker und Journalist Heinrich Vormweg (1928–2004) unterhielt zahlreiche Kontakte zu Schriftstellern der Gruppe 47, besonders zu Heinrich Böll.

199 Die Gruppe verfasste ein «Springer»-Manifest, worin sich die Schriftsteller verpflichteten, nicht mehr für die Zeitungen des Springer-Konzerns zu schreiben [Gegen das Monopol von Axel Springer, Wiederabdruck in: Wagenbach, u. a. (Hrsg.), Vaterland, Muttersprache, S. 251].

200 Maria Alexandrowna (Mascha) Enzensberger.

201 Ingeborg Bachmann an Hans Werner Richter, 30. September 1967, in: HWRA, Nr. 10102. Richter gibt den Brief Bachmanns zwar sinngemäß korrekt, aber in einer komprimierten Form wieder.

202 Siegfried Unseld (1924–2002), Verleger, ab 1959 Geschäftsführer und Teilhaber des Suhrkamp Verlags, nahm ab der Tagung der Gruppe 47 in Mainz 1953 bis zur Tagung in Saulgau 1977 an verschiedenen Gruppentreffen teil.

203 Die österreichische Erzählerin und Übersetzerin Barbara Frischmuth (*1941) war nur bei dieser Tagung der Gruppe 47 zugegen, bei der sie ihre Geschichte «Meine Großmutter und ich» vorlas [Barbara Frischmuth, Meine Großmutter und ich, in: Akzente. Zeitschrift für Literatur 15 (1968), S. 23–28].

204 Bei der Wahl des Preisträgers der Gruppe 47 erhielt Tsakiridis 30 Stimmen für seinen Vortrag aus seinen Gedichten, während Jürgen Becker die Abstimmung im zweiten

Wahlgang mit 69 Stimmen für sich entscheiden konnte. Er erhielt den Preis in Höhe von 6 000,– DM für seine Prosaarbeit «Ränder» [Jürgen Becker, Ränder, Frankfurt am Main 1968]. Tsakiridis, dem die griechischen Behörden wegen Wehrdienstverweigerung den Pass entzogen hatten und dem die deutschen Behörden die deutsche Staatsangehörigkeit verweigerten, erhielt nach einem spontanen Spendenaufruf Richters von verschiedenen anwesenden Verlegern einen Scheck in Höhe von 6 500,– DM.

205 Siegfried Lenz, Deutschstunde, Hamburg 1968, S. 20–37. Siegfried Lenz las das zweite Kapitel «Das Malverbot».

206 Der Schriftsteller Wolfgang Bächler (1925–2007) war bei der ersten Tagung der Gruppe 47 in Bannwaldsee 1947 der jüngste Teilnehmer. Von 1956 bis 1966 lebte er in Frankreich. Nach seinem Umzug nach München 1967 arbeitete er in Verlagen und der Presse, übersetzte und nahm verschiedene Film- und Fernsehrollen an. Bächler besuchte vor allem in der Anfangszeit zahlreiche Gruppentagungen. 1967 las er mehrere Gedichte vor, u. a. die Gedichte «Von Hafen zu Hafen», «Der Steuermann von Saint-Saturnin» sowie «Die Tür des Glücks» [Wolfgang Bächler, Stadtbesetzung, Frankfurt am Main 1979, S. 123, S. 100 und S. 124].

207 Richter zitiert hier nur sinngemäß und irrt sich mit dem Namen des Autors. Tatsächlich hat Caspar von Schrenck-Notzing den Artikel geschrieben. Wörtlich heißt es dort: «Die Gruppe 47 ist vor allem das politische Instrument eines politischen Kopfes namens Hans Werner Richter. Richter hat eine bemerkenswerte Erfindung auf dem Gebiet des Managements gemacht, indem er auf jedweden organisatorischen Apparat verzichtete.» [Caspar von Schrenck-Notzing, Gruppe 47. Formierte Literatur als politisches Instrument, in: Bayernkurier, 2. September 1967, Nr. 35, S. 9].

208 Günter Grass engagierte sich zwar wiederholt für die SPD in Wahlkämpfen, kandidierte aber nicht für einen Sitz im Deutschen Bundestag.

209 Welche Gedichte die Schriftstellerin Renate Rasp (*1935) auf der Tagung in der «Pulvermühle» vorlas, ist umstritten [vgl. Nickel, Hans Werner Richter, S. 401].

210 Der Schriftsteller Jürgen Becker (*1932), der ab 1959 als Redakteur des Westdeutschen Rundfunks in Köln und anschließend als Lektor des Rowohlt Verlages arbeitete, hatte im November 1960 erstmals an einer Tagung der Gruppe 47 in Aschaffenburg teilgenommen.

211 Lars Gustafsson, Bakunins Reise, Berlin 1968, hier S. 11 und S. 14. Der schwedische Schriftsteller und Literaturkritiker Lars Gustafsson (*1936) hatte bereits an der Tagung der Gruppe 47 in Sigtuna 1964 teilgenommen.

212 Bei der Veranstaltung handelt es sich um eine Sendung zu dem Thema «Die Gruppe 47 und die exilierte griechische Literatur», die für das Dritte Programm des SWF am 9. Dezember 1967 aufgenommen wurde. Gesprochen wurde über die seit 1967 herrschende Militärdiktatur in Griechenland [vgl. Dieter Ehlers /III. SWF-Programm, Die Gruppe 47 und die exilierte griechische Literatur, Drehplan, in: HWRA, Nr. 203].

213 Der Schriftsteller Tankred Dorst (*1925) nahm auch an der Tagung der Gruppe 47 in Waischenfeld («Pulvermühle») 1967 teil.

214 Der griechische Schriftsteller Vassilis Vassilikos (*1933) war durch seinen Roman «Z» bekannt geworden, den Vagelis Tsakiridis in die deutsche Sprache übersetzt hatte [Vassilis Vassilikos, Z, Berlin 1968]. Ebenso wie sein Kollege Titos Patrikios (*1928) wurde er von der griechischen Militär-Junta als «gefährlicher Kommunist» verfolgt, weshalb beide im Exil lebten.

1968

1 Der Schweizer Schriftsteller Friedrich Dürrenmatt (1921–1990) hatte zweimal Richters Einladungen zu Tagungen der Gruppe 47 (Schloss Bebenhausen 1955 und Hörspieltagung in Ulm 1960) wegen Terminschwierigkeiten abgelehnt und ebenso wie Max Frisch nie an einer Tagung der Gruppe teilgenommen.

2 Lotti Dürrenmatt (1919–1983), geb. Geissler, die seit 1946 mit Friedrich Dürrenmatt verheiratet war.

3 Dürrenmatt las aus seinem Stück «König Johann» [Friedrich Dürrenmatt, König Johann. Nach Shakespeare, Zürich 1968]. Die Lesung Dürrenmatts fand am 1. Februar 1968 in der Akademie der Künste Berlin statt [vgl. dazu Dieter Hildebrandt, Dramatisches aus Berlin, in: *Frankfurter Allgemeine Zeitung*, 12. Februar 1968, Nr. 36, S. 18].

4 Wolfgang Lefèvre (*1941), Studium der Philosophie, SDS-Mitglied, 1965 AStA-Vorsitzender an der FU Berlin.

5 Bernd Rabehl (*1938), Soziologe, 1961 aus der DDR in die Bundesrepublik geflüchtet, Mitglied im SDS und Vertrauter Rudi Dutschkes.

6 August Thalheimer (1884–1948) und Heinrich Brandler (1881–1967), bis Mitte der zwanziger Jahre führende Politiker der KPD, im Zuge der fortschreitenden Stalinisierung der Partei 1928 bzw. 1929 als vermeintliche «Rechtsabweichler» ausgeschlossen.
Leo Trotzki (1879–1940), führender kommunistischer Theoretiker und neben Lenin zentrale Figur bei der Errichtung der bolschewistischen Herrschaft. Nach der Niederlage im Machtkampf gegen Stalin verfemt, 1927 aus der Partei ausgeschlossen, zwei Jahre später aus der Sowjetunion ausgewiesen, 1940 im Exil in Mexiko ermordet. Seine vermeintlichen und tatsächlichen Anhänger wurden als «Trotzkisten» verfolgt.

7 Die schwedische Bildhauerin, Bühnenbildnerin und Autorin Gunilla Palmstierna-Weiss (*1928) lebte seit 1952 mit Peter Weiss zusammen und war seit 1964 mit ihm verheiratet. Sie nahm an den Tagungen in Berlin 1965 und Princeton 1966 teil.

8 Das Theaterstück «Viet Nam Diskurs», in dem Weiss die Rolle der USA im Vietnamkrieg anprangerte, wurde am 20. März 1968 unter der Regie des Intendanten Harry Buckwitz im Frankfurter Schauspielhaus uraufgeführt. Unter den im Publikum anwesenden Studenten stieß das Stück auf Ablehnung: Nach Ende der Aufführung stürmten sie die Bühne, animierten zu Ho-Ho-Ho-Chi-Minh-Rufen und schwenkten Fahnen, da es sich ihrer Meinung nach um ein Alibi-Stück für eine Gesellschaft handele, die sich nicht ändern wolle.

9 Peter Weiss war 1935 aus Deutschland emigriert und lebte seit 1939 in Schweden.

10 Der tschechoslowakische Literaturwissenschaftler und Diplomat Eduard Goldstücker (1913–2000), berühmter Kafka-Forscher, ab 1968 Präsident des tschechoslowakischen Schriftstellerverbandes und 1966–1969 Prorektor der Karls-Universität Prag, gehörte zu den Befürwortern eines reformorientierten Kurses und siedelte nach dem Scheitern des «Prager Frühlings» nach Großbritannien über. 1990 nahm er an der Tagung der Gruppe 47 in Prag teil.

11 Sendung zu dem Thema «Deutsch-tschechische Literaturbeziehungen» im Rahmen der Reihe «Open End», Gesprächsleitung: Hans Werner Richter, Teilnehmer: Eduard Goldstücker, Hansjakob Stehle, Ulrich Gembardt, Arnulf Baring, ausgestrahlt am 11. April 1968 im Dritten Programm des SFB, NDR und RB.

12 Hansjakob Stehle (*1927), ab 1964 Mitarbeiter der *Zeit* sowie Korrespondent für diverse Rundfunkanstalten. Stehle gilt wegen seiner diversen Bücher über Polen als Wegbereiter für Willy Brandts Ostpolitik [vgl. Christian Schmidt-Häuer, Der Unbeirrbare, in: *Die Zeit*, 26. Juli 2007, Nr. 31, S. 5].

13 Die Schriftstellerin Helga Maria Novak (*1935) lebte ursprünglich in der DDR, flüchtete jedoch 1961 nach Island. 1966 wurde ihr die DDR-Staatsbürgerschaft aberkannt. Richter lud sie dreimal zu Tagungen der Gruppe 47 ein (Princeton 1966, «Pulvermühle» 1967, Prag 1990), bei denen sie jeweils aus ihren Werken vorlas.

14 Gemeint ist das Attentat auf Rudi Dutschke am 11. April 1968, bei dem dieser von Josef Bachmann, einem Hilfsarbeiter aus München, angeschossen wurde. Dutschke überlebte schwer verletzt, starb aber 1979 an den Spätfolgen. Als Reaktion auf das Attentat brachen in West-Berlin, aber auch in anderen Universitätsstädten Studentenunruhen aus, die den *Springer*-Konzern aufgrund von dessen vorheriger Berichterstattung über Dutschke und den SDS für den Anschlag verantwortlich machten. Da das Attentat auf Rudi Dutschke bereits am 11. April stattfand, muss Richter schon bei den vorangegangenen Tagebucheinträgen vom 22. und 25. April darüber informiert gewesen sein und berichtet an dieser Stelle rückblickend darüber.

15 Golo Mann, Als ob er neue Wege sucht, in: *Der Spiegel*, 3. Juni 1968, Nr. 23, S. 112–114. Möglicherweise erklärt sich die Datumsdiskrepanz aus Richters Kenntnis des Artikelvorabdrucks, der am 1. Juni erschien. Andernfalls hätte Richter sich bei der Datierung seines Tagebucheintrags geirrt.

16 Im Rahmen der Sendereihe «Open End» trafen sich der Schriftsteller Jürgen Becker, der ehemalige Berliner Kultursenator Adolf Arndt sowie Walter Höllerer zu einem Gespräch mit Eduard Goldstücker und diskutierten mit ihm über das Thema «Freie Literatur in der sozialistischen Gesellschaft», ausgestrahlt am 18. April 1968 im Dritten Programm des SFB, NDR und RB.

17 Bei den Protesten der Studenten nach dem Attentat auf Rudi Dutschke, den sogenannten «Osterunruhen», starben in München der Student Rüdiger Schreck und der AP-Fotograf Klaus Frings [vgl. beispielsweise die Artikel N. N., Erstes Todesopfer der Unruhen, in: *Hamburger Abendblatt*, 17. April 1968, Nr. 90, S. 1; ma., Trauerfeier für Rüdiger Schreck, in: *Frankfurter Allgemeine Zeitung*, 24. April 1968, Nr. 96, S. 4].

18 Der Altgermanist Peter Wapnewski, der seit dem Jahr 1966 einen Lehrstuhl an der Freien Universität Berlin inne hatte, wechselte 1969 an die Universität Karlsruhe.

19 Hans Georg Steltzer (1913–1987), ab 1962 Mitglied der SPD, 1964–1968 Botschafter der Bundesrepublik Deutschland in Ghana, 1968–1970 Leiter der Auslandsabteilung des Bundespresseamtes, 1970–1972 Leiter der Kulturabteilung des Auswärtigen Amtes.

20 Franz Barsig (1924–1988), Mitglied der SPD, ab März 1968 Nachfolger des SFB-Intendanten Walter Steigner und damit zuständig für Richters literarisch-politischen Salon.

21 Vgl. die schriftliche Kündigung des Mietvertrages zum 31. Dezember 1968, die Franz Barsig mit Sparmaßnahmen des SFB begründete [Franz Barsig an Hans Werner Richter, 11. Juni 1968, in: HWRA, Nr. 8258]. In einem Schreiben an Walter Höllerer bedauerte Barsig die Kündigung, Schuld seien die hohen Zusatzkosten für das «Projekt Erdener Straße», die für das Jahr 1967 71 418,65 DM einschließlich der Miete betragen hätten. Sein Versuch, andere Institutionen an den Kosten zu beteiligen, sei ergebnislos verlaufen [vgl. Franz Barsig an Walter Höllerer, 11. Juni 1968, in: HWRA, Nr. 8258].

22 Die Datierung des Eintrages ist offenbar falsch, da das Attentat, bei dem Robert Kennedy (1925–1968) schwer verletzt wurde, erst in der Nacht vom 4. auf den 5. Juni während einer Wahlkampfveranstaltung in Los Angeles verübt wurde. Kennedy, der sich um die Präsidentschaftskandidatur der Demokratischen Partei beworben hatte, erlag seinen Verletzungen am 6. Juni.

23 Das Attentat auf Rudi Dutschke wurde am 11. April 1968, der Anschlag auf Martin Luther King am 4. April 1968 verübt. Martin Luther King erlag seinen Verletzungen sofort, Dutschke starb 1979 an den Spätfolgen.

24 Ausgelöst durch die Schließung der Universität Paris-Nanterre und die polizeiliche Räumung der Universität Paris-Sorbonne kam es vor allem im Quartier Latin zu Straßenschlachten zwischen der Polizei und protestierenden Studenten, die mit zahlreichen Verletzten und Massenverhaftungen einhergingen. Die anschließenden Massenproteste, die sich rasch auf ganz Frankreich ausweiteten und zu zahlreichen betrieblichen Streiks führten, dauerten den ganzen Mai über an [vgl. Ross, May '68].

25 Bei der vom Aktionskomitee Demokratie im Notstand am 28. Mai 1968 im Frankfurter Sendesaal des *Hessischen Rundfunks* veranstalteten Diskussion, die live von der ARD übertragen wurde, analysierten und kritisierten 22 Intellektuelle – unter ihnen Theodor W. Adorno, Ernst Bloch, Heinrich Böll, Hans Magnus Enzensberger und Walter Jens – die Notstandsgesetzgebung. Die Fernsehübertragung wurde abgebrochen, als SDS-Aktivisten Rudolf Augsteins Redebeitrag mit Unmutsäußerungen störten [vgl. Kraushaar, Achtundsechzig, S. 170; Spernol, Notstand, S. 86]. Hans Magnus Enzensberger stellte sich auf die Seite der Studenten, die als «Avantgarde im Kampf gegen die Notstandsgesetze» absichtlich von der Veranstaltung ferngehalten worden seien. «Offenbar», so meinte er, «soll hier ein Unterschied gemacht werden zwischen dem sogenannten Druck der Straße und dem Protest, der sich im Sperrsitz ein gutes Gewissen macht» [N. N., Es geht so dunkel und trickreich zu. Analyse und Kritik der Notstandsgesetze, in: *Der Spiegel*, 10. Juni 1968, Nr. 24, S. 30–34, hier S. 33].

26 So Jürgen Habermas (*1929), Philosoph und Theoretiker der Frankfurter Schule, Anfang Juni 1968 auf dem Schüler- und Studentenkongress in der Frankfurter Mensa, der zwar Enzensberger nicht namentlich nannte, aber deutlich erkennen ließ, dass er ihn meinte [vgl. Lau, Hans Magnus Enzensberger, S. 251f.].

27 Günter Grass, Die angelesene Revolution. Rede auf einer Veranstaltung des Sozialdemokratischen Hochschulbundes in Bochum, Juni 1968, in: Ders., Werke, Bd. 11, S. 338–352.

28 Bei der Wahl zur Nationalversammlung im Juni 1968 erreichten die Gaullisten mit 354 von insgesamt 487 Mandaten eine deutliche Mehrheit.

29 Leonhard Reinisch (1924–2001), Redakteur des *Bayerischen Rundfunks*, ab 1965 Korrespondent in Prag, kannte Richter spätestens seit 1960, als sie gemeinsam eine Protestpetition gegen die Verhaftung von Wolfgang Harich und Walter Janka geplant hatten [vgl. Hans Werner Richter an Gerhard Zwerenz, 16. Dezember 1960, in: Cofalla (Hrsg.), Briefe, S. 332]. Reinisch schrieb außerdem später das Vorwort zu Richters Buch «Briefe an einen jungen Sozialisten».

30 Hans Werner und Toni Richter waren am 6. und 7. Juni 1968 in Prag, um die für 3. bis 6. Oktober 1968 geplante Gruppentagung vorzubereiten. Goldstücker erhielt in dieser Phase Morddrohungen von entmachteten Stalinisten. In einem anonymen offenen Brief wurde Goldstücker beispielsweise als Agent des Westens bezeichnet, der den

Strick verdient habe [vgl. Andreas Graf Razumovsky, «Und wenn es einen dritten Weltkrieg gäbe», in: *Frankfurter Allgemeine Zeitung*, 20. Juli 1968, Nr. 166, S. 3]. Nach seiner Rückkehr aus Prag bereitete Richter dennoch zusammen mit Goldstücker die Tagung der Gruppe 47 in Prag weiter vor. Nach der Niederschlagung der Reformbewegung emigrierte Goldstücker nach Großbritannien.

31 Anna Grass.

32 N. N., Kulturelle Nachrichten. Die Gruppe 47, in: *Frankfurter Allgemeine Zeitung*, 29. Juni 1968, Nr. 148, S. 2; N. N., Kulturnotizen, in: *Die Welt*, 29. Juni 1968, Nr. 149, S. 9.

33 Klaus Piper (1911–2000), der 1953 den Piper Verlag von seinem Vater übernommen hatte, nahm seit der Tagung in Schloss Bebenhausen 1955 mehrfach an Treffen der Gruppe 47 teil und verlegte Werke ihrer Autoren.

34 Eberhard Lämmert (*1924), 1962–1970 Professor für Deutsche Philologie an der Freien Universität Berlin, 1970–1976 in Heidelberg, stand in den sechziger Jahren als Linksliberaler den Forderungen der protestierenden Studenten offen gegenüber.

35 Fernsehsendung zu dem Thema «Literatur und Germanistik» (über die Umbenennung des Germanistischen Instituts der FU durch Studenten in Rosa Luxemburg-Institut) im Rahmen der Reihe «Open End», Gesprächsleitung: Hans Werner Richter, Teilnehmer: Peter Wapnewski, Eberhard Lämmert, Reinhard Baumgart, Victor Lange, Fernsehsendung, ausgestrahlt am 27. Juni 1968 im Dritten Programm des SFB, NDR und RB.

36 Der Amerikaner Charles H. Jordan, Vizepräsident des American Jewish Joint Distribution Committee, wurde am 20. August 1967 in Prag tot aus der Moldau geborgen. Zwar hieß es offiziell, dass es sich um einen Unfall gehandelt habe, aber in der Presse wurde früh spekuliert, ob Jordan als Spion für den amerikanischen Geheimdienst gearbeitet habe und deshalb von dem tschechoslowakischen oder einem arabischen Geheimdienst umgebracht worden sei [vgl. N. N., Jordan angeblich ermordet, in: *Frankfurter Allgemeine Zeitung*, 5. September 1967, Nr. 205, S. 4; N. N., Licht im Fall Jordan? Eine tschechische Emigrantenzeitung spricht von Ermordung, in: *Frankfurter Allgemeine Zeitung*, 13. März 1968, Nr. 62, S. 7].

37 Rektor der Technischen Universität Berlin wurde letztlich der Physiker Hans Wever (*1922).

38 Mira Avrech (*1925), geb. Herzberg, Kolumnistin der Zeitung *Jediot Acharonot*, die 1967 erstmals nach ihrer Emigration 1934 Deutschland besuchte.

39 In diesem später unter dem Namen «Rose weiß, Rose rot» publizierten Roman setzte sich der 1930 in die KPD eingetretene und 1932 aus der Partei ausgeschlossene Richter mit seinen Erlebnissen am Ende der Weimarer Republik und zu Beginn der nationalsozialistischen Herrschaft literarisch auseinander [siehe dazu die weiteren Erläuterungen im Nachwort].

40 Den Journalisten und Schriftsteller Klaus Stephan (1927–2002) lud Richter wiederholt zu Tagungen der Gruppe 47 ein: Bei den Treffen in Niederpöcking 1956 und 1957 las Stephan aus seinen Werken vor, an der Veranstaltung auf Schloss Elmau 1959 nahm er nur teil. Richter und Stephan hatten im Grünwalder Kreis zusammengearbeitet.

41 Fritz J. Raddatz an Hans Werner Richter, 16. Juli 1968, in: Cofalla (Hrsg.), Briefe, S. 673–674.

42 Daniel Cohn-Bendit (*1945), Aktivist der Studentenbewegung/APO in der Bundesrepublik und in Frankreich.

43 Hans Werner Richter an Fritz J. Raddatz, 10. Juli 1968, in: Cofalla (Hrsg.), Briefe, S. 671–673, hier S. 671.

44 Fritz J. Raddatz an Hans Werner Richter, 16. Juli 1968, in: ebd., S. 673–674, hier S. 673.

45 Wolfgang Hildesheimer an Hans Werner Richter, o. D. [1968], in: HWRA, Nr. 8137.

46 Die sowjetische Führung beobachtete Dubčeks Reformkurs äußerst kritisch und warnte in einem Brief an die Führung der KPČ davor, die «führende Rolle der Partei zu zerstören, das sozialistische System zu untergraben und die Tschechoslowakei gegen die anderen sozialistischen Staaten zu stellen» [zitiert nach Segert, Prager Frühling, S. 20 f.].

47 Babette Gross (1898–1990), geb. Thüring, langjährige Lebensgefährtin des kommunistischen Politikers und Publizisten Willi Münzenberg, über den sie eine Biographie verfasste.

48 Datum von Richter hs. korrigiert aus «27.7.».

49 Der Philosoph Ernst Bloch (1885–1977), der 1961 von der DDR in die Bundesrepublik flüchtete, nahm lediglich an der Tagung der Gruppe 47 in Saulgau 1963 teil.

50 Peter Weiss und Gunilla Palmstierna-Weiss an Hans Werner Richter, 20. Juli 1968, in: HWRA, Nr. 8311.

51 Helmut Heißenbüttel an Hans Werner Richter, 24. Juli 1968, in: HWRA, Nr. 8129. Der Schriftsteller Helmut Heißenbüttel (1921–1996), der von 1959 bis 1981 die Redaktion «Radio-Essay» des SDR in Stuttgart leitete, nahm ab der Tagung in Berlin im Frühjahr 1955 bis 1977 fast durchgängig an den Tagungen der Gruppe 47 teil. Trotz seiner intensiven Beteiligung blieb Heißenbüttel aufgrund seiner experimentellen Schreibweise innerhalb der Gruppe umstritten [vgl. Nickel, Hans Werner Richter, S. 157].

52 Enzensberger hatte sich im Kursbuch für politische Aktionen ausgesprochen. Sogar «zweideutige, blinde, ja unsinnige Aktionen» der Studenten hätten Signalcharakter [Hans Magnus Enzensberger, Berliner Gemeinplätze, in: Kursbuch 11 (1968), S. 151–168, hier S. 164 f.]. In der Bundesrepublik herrsche ein neuer Faschismus, dessen Ziel es sei, die Massen in Schach zu halten. Lediglich SDS habe «Ansätze zu einer politischen Theorie entwickelt, die im Gegensatz zum herrschenden ‹Gedankengut›, vom Godesberger Programm bis zu den üblichen Regierungserklärungen, frei von wahnhaften Zügen» sei [Hans Magnus Enzensberger, Berliner Gemeinplätze II, in: Kursbuch 13 (1968), S. 190–197, hier S. 191 und 196].

53 Göran Löfdahl.

54 Henric L. Wuermeling, Politik, Poeten, Proteste. Beobachtungen in einem Monat, gesendet am 29. Juli 1968 in der ARD.

55 Vgl. etwa: ab, Politik, Poeten und Proteste, in: Süddeutsche Zeitung, 31. Juli 1968. Tatsächlich war das Urteil keineswegs einhellig negativ, vgl. zum Beispiel E. J., Zeitkritik? Tagebuch des Fernsehers, in: Frankfurter Allgemeine Zeitung, 1. August 1968, Nr. 176, S. 2.

56 Der Schriftsteller Max von der Grün (1926–2005) wurde 1972 zum öffentlichen Teil der Tagung der Gruppe 47 in Berlin eingeladen, war aber bei keinem anderen Treffen zugegen. Von der Grün gehörte zur Gruppe 61, die mit den Gewerkschaften zusammenarbeitete.

57 In mehreren Briefen gab Richter als Abreisedatum den 15. August an [vgl. Hans Werner Richter an Fritz J. Raddatz, 10. Juli 1968, in: Cofalla (Hrsg.), Briefe, S. 671 f.; Hans Werner Richter an Stephan Hermlin, 3. Juli 1968, in: HWRA, Nr. 7465].

58 Datum von Richter hs. korrigiert aus «10.11.».

59 In der Nacht zum 21. August 1968 besetzten Truppen von fünf Warschauer-Pakt-Staaten (UdSSR, Bulgarien, Polen, Ungarn, DDR) die Tschechoslowakei. Ziel des Einmarsches war die Absetzung der Reformer und die Wiederherstellung der sowjetischen Vormacht [vgl. dazu Pauer, Prag 1968].

60 Die Tagung der Gruppe 47, die für den Zeitraum vom 3. bis zum 6. Oktober 1968 auf Schloss Dobříš bei Prag stattfinden sollte, wurde von Richter wegen des Einmarsches der Warschauer Pakt-Truppen abgesagt und konnte erst 1990 nachgeholt werden. Richter behauptete in der Folge, er habe die Tagungen der Gruppe 47 aus Solidarität mit der tschechoslowakischen Reformbewegung so lange ausgesetzt, bis die Tagung in Prag wieder möglich sei. Tatsächlich hat er jedoch nach anderen Tagungsorten gesucht, vgl. dazu die Tagebucheinträge vom 20. und 29. Januar sowie 5. Februar 1969 [so schon Cofalla, Der «soziale Sinn», S. 54, Anm. 17].

61 Richter nahm an einer Zusammenkunft von Autoren aus der Tschechoslowakei, der Schweiz und der Bundesrepublik Deutschland teil, die am 2. und 3. November 1968 in Rüschlikon in der Schweiz stattfand und sich mit der zeitgenössischen tschechischen und slowakischen Literatur beschäftigte [vgl. Hans Schwab-Felisch, Ein Anfang gesetzt: in Rüschlikon, in: *Frankfurter Allgemeine Zeitung*, 8. November 1968, Nr. 261, S. 32; N. N., Literaturkolloquium. Zwischen Tschechen, Slowaken und Deutschen, in: *Frankfurter Allgemeine Zeitung*, 5. November 1968, Nr. 258, S. 24; Jörg Steiner, Wovon sollen wir reden?, in: *Die Zeit*, 8. November 1968, Nr. 45, S. 16].

62 Walter Hinck (*1922), 1964–1987 Professor für Neuere deutsche Sprache und Literatur an der Universität Köln, beschäftigte sich in den fünfziger und sechziger Jahren vor allem mit zeitgenössischer Literatur.

63 Den Schweizer Schriftsteller Max Frisch (1911–1991) lud Richter zwei Mal zu Tagungen der Gruppe 47 ein, allerdings nahm Frisch diese nicht wahr. Artur Nickel mutmaßt, Frisch sei nicht zu den Treffen gekommen, da er damals mit Ingeborg Bachmann zusammenlebte und diese seine Teilnahme nicht gewünscht habe. Sie habe die Tagungen als ihre Domäne angesehen und große Scheu gehabt, dass «Menschen, denen sie nahestand, einander begegneten» [Nickel, Hans Werner Richter, S. 131].

64 Anna Richter (1874–1954), geb. Knuth, Mutter von Hans Werner Richter, verheiratet mit Richard.

65 Hans Werner Richter wurde am 12. November 1908 als fünftes von sieben Kindern in Neu-Sallenthin – heute ein Teil Bansins – auf der Ostsee-Insel Usedom geboren. Sein Geburtshaus (An den Krebsseen 13) ist nicht erhalten. Aufgewachsen ist Richter in Bansin in der Seestraße 68. Seine Kindheitserlebnisse hat Richter in seinen Romanen «Spuren im Sand» und «Blinder Alarm» literarisch verarbeitet.

66 Der Verleger Carl Hanser (1901–1985) nahm an den Tagungen in Saulgau 1963 und Sigtuna 1964 teil.

67 Walter Mannzen (1905–1972), Jurist, Journalist und Literaturkritiker, kannte Richter bereits aus der gemeinsamen amerikanischen Kriegsgefangenschaft. Er hatte bei der Kriegsgefangenenzeitschrift *Der Ruf*, für die auch Richter schrieb, als Chefredakteur gearbeitet und war 1946 mit Richter aus der amerikanischen Kriegsgefangenschaft zurückgekehrt. Bis 1947 arbeitete Mannzen an der deutschen Zeitschrift *Der Ruf* mit und nahm seit der Tagung der Gruppe 47 in Herrlingen im November 1947 regelmäßig an den Gruppentreffen teil. Gemeinsam mit Richter stellte er im Jahr 1962 einen Alma-

nach der Gruppe 47 zusammen [Richter (Hrsg.), in Zusammenarbeit mit Walter Mannzen, Almanach der Gruppe 47].

68 Die Bekanntschaft Richters mit dem Politikwissenschaftler Karl-Heinz Freidank (*1911) datiert vermutlich auf die dreißiger Jahre, lässt sich aber spätestens für das Jahr 1947 nachweisen: Richter hatte Freidank als Autor für eine sozialistische Schriftenreihe vorgesehen, die im Gebrüder Weiss Verlag erscheinen sollte [vgl. Hans Werner Richter an Karl Heinz Freidank, 19. August 1947, in: HWRA, Nr. 1565].

69 Der Schriftsteller und Journalist Milo Dor (1923–2005) nahm seit der Tagung in Bad Dürkheim 1951, bei der er aus seinem Roman «Tote auf Urlaub» vortrug und in einer Stichwahl um den Preis der Gruppe 47 knapp Heinrich Böll unterlag, regelmäßig an den Treffen der Gruppe teil. Kennengelernt hatten sich Richter und Dor in München 1949 durch Erich Kästner und Walter Kolbenhoff.

70 Wilm Böhm, der gemeinsam mit Richter in amerikanischer Kriegsgefangenschaft gewesen war, nahm an der Tagung der Gruppe 47 auf Schloss Elmau 1959 teil.

71 Herbert Seggelke (1905–1990), Filmregisseur.

72 Herbert Seggelke an Hans Werner Richter, 14. November 1968, in: HWRA, Nr. 9907.

73 Jiři Mucha (1915–1991), tschechischer Schriftsteller. Mucha, Schwab-Felisch und Richter hatten sich bereits bei einer Tagung in der Schweiz wenige Tage zuvor getroffen.

74 Der Schriftsteller Hans Schwab-Felisch (1918–1989) nahm seit der Tagung in Schloss Bebenhausen im Oktober 1955 regelmäßig an den Tagungen der Gruppe 47 teil. Als Redakteur bei verschiedenen Zeitungen (*Tagesspiegel, Neue Zeitung, Frankfurter Allgemeine Zeitung*), als Lektor des Suhrkamp Verlages von 1955 bis 1956 und als Leiter des Feuilletons der *Frankfurter Allgemeinen Zeitung* 1956–1961 beschäftigte sich Schwab-Felisch mit den Werken der Schriftsteller aus dem Umfeld der Gruppe 47. In seiner Funktion als Studioleiter Kultur des WDR in Düsseldorf ab 1961 stand er mit Richter wegen diverser Sendungen in Kontakt.

75 Gemeint sind Helmuth von Moltke (1800–1891) und die Schlacht von Königgrätz 1866.

76 Günter Grass veröffentlichte seine Bücher seit 1956 im Luchterhand Verlag. Seit Mitte der achtziger Jahre erscheinen seine Bücher im Steidl Verlag, der 1993 die Weltrechte an seinen Werken übernommen hat.

77 Datum von Richter hs. korrigiert aus «26.11.».

78 Richter wohnte im November 1968 dem Stapellauf des Kühlschiffes «Brunswick» der Fa. Willy Bruns & Co. bei [vgl. Baumgart, Damals, S. 224 f.].

79 Willy Bruns, Reeder der Fa. Willy Bruns & Co. und Vater von Baumgarts Ehefrau Hildegard.

80 Ernst Augustin (*1927), Arzt und Schriftsteller, nahm an den Tagungen der Gruppe 47 in Princeton 1966 und in der «Pulvermühle» 1967 teil.

81 Zu Gast waren außerdem der Zeichner Reiner Zimnik (*1930), Vicco von Bülow («Loriot», 1923–2011) und der Kunstkritiker Laszlo Glozer (*1936).

82 Fried unterstützte die Proteste der Studenten u. a. in seinen 1968 veröffentlichten Gedichtbänden «Befreiung von der Flucht. Gedichte und Gegengedichte» und «Zeitfragen». Seine Gedichte waren bei den protestierenden Studenten sehr beliebt und wurden zahlreich nachgedruckt.

83 Peter Weiss und Gunilla Palmstierna-Weiss an Hans Werner Richter, 12. November 1968, in: HWRA, Nr. 10091.

84 Walter Boehlich (1921–2006), der seit 1957 Cheflektor des Suhrkamp Verlags war, lektorierte zahlreiche Werke von Autoren der Gruppe 47. Nachdem er und seine Lektoratskollegen 1968 mit der Forderung, der Verleger des Suhrkamp Verlages Siegfried Unseld solle ihnen Verlegerkompetenzen abtreten, gescheitert waren, schied Boehlich aus dem Suhrkamp Verlag aus [vgl. Kröger, Walter Boehlich vs. Siegfried Unseld, v.a. S. 248]. Zu den Spannungen zwischen Boehlich und Unseld hatte im Vorfeld Boehlichs im *Kursbuch* veröffentlichter Kursbogen «Autodafé» beigetragen, auf den Richter hier anspielt [Walter Boehlich, Kursbogen. Autodafé, in: *Kursbuch* 15 (1968)].

85 Der Komponist und Dirigent Hans Werner Henze (*1926) besuchte 1953 die beiden Tagungen der Gruppe 47 in Niendorf und Mainz.

86 Ernst Schnabel, Das Floß der Medusa. Text zum Oratorium von Hans Werner Henze. Zum Untergang einer Uraufführung. Postscriptum, München 1969. Henzes Oper «Das Floß der Medusa» sollte am 9. Dezember 1968 in Hamburg uraufgeführt werden. Wegen Demonstrationen des SDS und einer von den Studenten über dem Dirigentenpult angebrachten roten Fahne, die Henze nicht abhängen lassen wollte, wurde die Aufführung noch vor Beginn durch einen Polizeieinsatz abgebrochen, bei dem auch Schnabel verhaftet wurde. Nach der gescheiterten Veranstaltung diskutierte die Presse darüber, ob Henze die Störung selbst bei den SDS-Studenten in Auftrag gegeben habe, was Schnabel jedoch verneinte [vgl. N. N., Affären/Henze. Sie bleibt, in: *Der Spiegel*, 16. Dezember 1968, Nr. 51, S. 152–153; Ernst Schnabel, Zum Fall Medusa, in: *Süddeutsche Zeitung*, 21./22. Dezember 1968, Nr. 306, S. 63].

87 Dietrich Fischer-Dieskau (1925–2012) sang in dem Oratorium Henzes die Solistenrolle des Jean-Charles.

88 Charles Regnier (1914–2001) übernahm in Henzes Oratorium die Sprecherrolle des Toten-Fährmanns Charon.

89 Peter Weiss, Die Verfolgung und Ermordung Jean Paul Marats, dargestellt durch die Schauspieltruppe des Hospizes zu Charenton unter Anleitung des Herrn de Sade, Frankfurt am Main 1964.

90 Die «Volle Pulle» war eine Gaststätte in Berlin, die sich im Besitz von Achim Zellermeier befand und von Karl («Karlchen») Rosenzweig geleitet wurde. Richter und Weiss entwickelten mit letzterem die Idee zu dem Stück «Marat» [vgl. Richter, Marats Trommel].

91 Aus der aus dem Gespräch hervorgegangenen Idee entstand Peter Weiss' Theaterstück «Trotzki im Exil».

92 Karl Markus Michel, Ein Kranz für die Literatur. Fünf Variationen über eine These, in: *Kursbuch* 15 (1968), S. 169–186, hier S. 177.

93 Rudolf Augstein, Apropos Henze, in: *Der Spiegel*, 16. Dezember 1969, Nr. 51, S. 154.

94 Das Gedicht erreichte Richter per Telegramm und ist in seinem Nachlass erhalten [Heinrich Maria Ledig-Rowohlt an Hans Werner Richter, 13. November 1968, in: HWRA, Nr. 10025]. Richter zitiert das Gedicht wörtlich und hat lediglich die Zeile «Aber zu Verständnis zu erweichen» in «Zu Verständnis Sie erweichen» geändert.

95 Der Kritiker Joachim Kaiser, der am 18. Dezember 1928 geboren wurde.

96 Michael Kehlmann (1927–2005), österreichischer Regisseur und Schauspieler, der 1956 für den *Hessischen Rundfunk* Richters umstrittenes Feature «Pipapo» über die Fernseh-

branche zu einer Sendung mit dem Titel «Sind die Weichen falsch gestellt?» umgearbeitet hatte.

97 Ernst Schnabel, Zum Fall der Medusa, in: *Süddeutsche Zeitung*, 21./22. Dezember 1968, Nr. 306, S. 63.

98 Gemeint ist die erste bemannte Mondumkreisung der Apollo 8, die am 21. Dezember 1968 startete. Richter irrt sich hier bei der Datierung.

99 Gerhard und Manja Bahlsen, mit denen das Ehepaar Richter eng befreundet war.

100 Ota Šik (1919–2004), tschechischer Wirtschaftswissenschaftler, 1962–1969 Mitglied des ZK der KPČ, Befürworter eines «dritten Weges», 1968 in der Regierung des Reformers Oldrich Černik einer von fünf stellvertretenden Ministerpräsidenten, nach dem Einmarsch der Warschauer Pakt-Truppen Exil in der Schweiz. Richter plante, Šik nach der abgesagten Tagung in Prag zu einer Solidaritätskundgebung für die tschechoslowakischen Reformer in die Schweiz einzuladen [vgl. Hans Werner Richter an Peter Bichsel, 10. September 1968, in: Cofalla (Hrsg.), Briefe, S. 685].

101 Am 21. Januar 1969 fragte Richter bei Grass an, ob er an diesem Projekt mitarbeiten wolle [Hans Werner Richter an Günter Grass, 21. Januar 1969, in: HWRA, Nr. 8117]. Das Projekt wurde nicht realisiert.

102 Martin Walser an Hans Werner Richter, o. D., [29. Dezember 1969], in: Cofalla (Hrsg.), Briefe, S. 693.

1969

1 Vermutlich Otto Franz von Steinhart (1911–1998), der sich später an einer Gratulationskassette zu Hans Werner Richters 65. Geburtstag beteiligte [vgl. HWRA, Nr. 493].

2 Carl Amery plante, mit der Stadtbibliothek München ein Archiv der Gruppe 47 anzulegen, das «alles enthalten» solle, «was in diesen zwanzig Jahren in der Gruppe 47 geschehen ist, vorgelesene Manuskripte, die Bücher, die Filme, die Tonbänder usw.». Es solle allen Studenten und sonstigen Interessierten offen stehen [Hans Werner Richter an Günter Grass, 21. Januar 1969, in: HWRA, Nr. 8117].

3 Der Prager Student Jan Palach (1948–1969) zündete sich aus Protest gegen die Niederschlagung der tschechoslowakischen Reformbewegung und zur Erinnerung an deren Ziele am 17. Januar 1969 in Prag selbst an. Er erlag seinen Verletzungen am 19. Januar. Richard M. Nixons (1913–1994) Amtseinführung als 37. Präsident der Vereinigten Staaten fand hingegen erst am 20. Januar 1969 statt.

4 Der Vorschlag zu einer Tagung in Jugoslawien ging von dem serbischen Schriftsteller Miodrag Vukić (*1926) aus, der als Lektor für Slavistik und Übersetzer für serbokroatische Poesie ins Deutsche tätig war. Richter stand dem Plan zunächst positiv gegenüber, da er darin nach der abgesagten Tagung in Prag einen Ausweg sah, doch noch ein Treffen mit den tschechoslowakischen Schriftstellern abhalten zu können [vgl. Hans Werner Richter an Milo Dor, 21. Januar 1969, in: Cofalla (Hrsg.), Briefe, S. 695 sowie Anm. 7]. Letztlich entschied er sich aber auf Rat Milo Dors gegen eine Veranstaltung in Jugoslawien [vgl. ebd., Anm. 8].

5 Hans Bender war 1969 Gastdozent an der University of Texas in Austin.

6 Ulrich K. Preuß (*1939), 1966–1969 (mit Unterbrechungen) Jura-Referendar in Berlin, 1965–1971 (mit Unterbrechungen) Wissenschaftlicher Mitarbeiter des Instituts für Bil-

dungsforschung in Berlin, zu dem hier erwähnten Zeitpunkt nicht mehr aktives Mitglied des SDS, ab 1971 Professor für öffentliches Recht in Bremen sowie Rechtsanwalt. Ein Gesprächspartner namens Schilling konnte nicht ermittelt werden. Stattdessen wird in den Sendeprotokollen Jörg Huffschmid als Teilnehmer aufgeführt.

7 Ulrich Klug (1913–1993), seit 1960 Strafrechtsprofessor in Köln, 1971–1974 Staatssekretär im Justizministerium des Landes Nordrhein-Westfalen.

8 Sendung zu dem Thema «Der Frankfurter Kaufhausprozess und die Frage der Verantwortung», Diskussionsleitung: Hans Werner Richter, Teilnehmer: Ulrich Klug, Theo Pirker, Jörg Huffschmid, Ulrich K. Preuß, Klaus Roehler, gesendet am 27. März 1969 im Dritten Programm des SFB, NDR und RB. Hintergrund waren die Frankfurter Kaufhausbrände, die Thorwald Proll und Horst Söhnlein sowie die späteren RAF-Gründer Gudrun Ensslin und Andreas Baader am 2. April 1968 gelegt hatten [vgl. Aust, Der Baader-Meinhof-Komplex, S. 90–97]. Der Prozess begann am 14. Oktober 1968 und endete am 31. Oktober 1968 mit je drei Jahren Haft für die Angeklagten [vgl. ebd., S. 107 und S. 113].

9 Die spätere RAF-Terroristin Gudrun Ensslin (1940–1977) kannte Richter durch ihre Mitarbeit im Wahlkontor deutscher Schriftsteller. Das Wahlkontor hatten Günter Grass, Klaus Wagenbach und Hans Werner Richter initiiert, um die SPD mit Wahlreden und Wahlslogans zu unterstützen [vgl. Roehler, Nitsche (Hrsg.), Das Wahlkontor].

10 Enzensberger hatte aus Protest gegen den von den USA geführten Vietnamkrieg Mitte Februar 1968 sein Stipendium der Universität Wesleyan zurückgegeben und war nach Kuba übergesiedelt [vgl. Lau, Hans Magnus Enzensberger, S. 252–265].

11 Margot Hielscher (*1919), Schauspielerin, Sängerin.

12 Theodor Fontane an Georg Friedländer, 9. Mai 1892, in: Fontane, Briefe an Georg Friedländer, S. 240–242, hier S. 241.

13 Walser setzte sich für die Aktion demokratischer Fortschritt (ADF) ein, die dazu aufrief, bei der Bundestagswahl im September 1969 dem «konservativ-reaktionären Machtkartell» eine demokratische, linke Alternative entgegen zu setzen [vgl. Magenau, Martin Walser, S. 271].

14 Am 19. Dezember 1968 war ein Brandanschlag auf das Rektoratsgebäude der Freien Universität Berlin verübt worden [vgl. N. N., Brandanschlag auf Rektoratsgebäude, in: Hamburger Abendblatt, 19. Dezember 1968, Nr. 296, S. 1].

15 Milo Dor an Hans Werner Richter, 26. Januar 1969, in: HWRA, Nr. 8627.

16 Österreich war neben Jugoslawien als möglicher Ersatztagungsort nach der ausgefallenen Tagung in Prag im Gespräch. Jedoch schrieb Richter am 21. Januar 1969 an Milo Dor, dass er von Österreich Abstand genommen habe. Er habe zum einen keine rechte Lust mehr, zum anderen «entwickelt sich in mir eine immer stärker werdende Abneigung gegen meine intellektuellen Freunde. [...] Das tägliche Revolutionsgequatsche geht mir entsetzlich auf die Nerven.» [Hans Werner Richter an Milo Dor, 21. Januar 1969, in: Cofalla (Hrsg.), Briefe, S. 694].

17 Günter Grass erhielt 1969 den Theodor-Heuss-Preis für seine politische Auseinandersetzung mit radikalen Gruppen. Weitere Preisträger waren Hans Heigert und Hans Wolfgang Rubin.

18 Griechischer Begriff für einen Bühnenschuh mit dicker Sohle, durch den die Schauspieler im antiken Trauerspiel größer wirken sollten.

19 Hildegard Hamm-Brücher, Zur Begründung der Auswahl der diesjährigen Preisträger,

in: Stiftung-Theodor-Heuss-Preis (Hrsg.), Theodor-Heuss-Preis 1969. Konflikte –
Ende oder Anfang der Demokratie, o. O. 1969, S. 4–13, hier S. 9.

20 Es konnte kein internationaler Schriftstellerkongress für Prag im Jahr 1969 ermittelt
werden. Günter Grass besuchte allerdings im Oktober 1969 den internationalen
Schriftstellerkongress in Belgrad und hielt dort eine Rede [vgl. Günter Grass, Literatur
und Revolution oder des Idyllikers schnaubendes Steckenpferd. Rede auf dem Schriftstellerkongreß in Belgrad, in: Ders., Werke, Bd. 11, S. 539–545].

21 Günter Grass, Davor, in: Ders., Werke, Bd. 2, S. 431–499. Die Uraufführung des Theater-
stückes fand im Schiller-Theater Berlin unter der Regie von Hans Lietzau statt und wurde
von der Presse negativ bewertet [vgl. Arnold (Hrsg.), Blech getrommelt, S. 66–74].

22 Gerhard Bahlsen, (1905–1975), Kaufmann, Verleger, Schriftsteller, Gast bei der Tagung
der Gruppe 47 in Sigtuna 1964, mit Manja Bahlsen verheiratet.

23 Richters Buch «Blinder Alarm. Geschichten aus Bansin» erschien 1970 im Suhrkamp
Verlag, nachdem Richter sein Manuskript auch dem Hoffmann & Campe Verlag angeboten hatte. Da der Suhrkamp Verlag schneller eine Zusage geschickt hatte, entschied
sich Richter für diesen [vgl. Hans Werner Richter an Albrecht Knaus, 28. April 1969, in:
HWRA, Nr. 8664]. Albrecht Knaus (1913–2007), der als Lektor und Verlagsleiter bei verschiedenen großen Verlagen tätig war und 1978 den Albrecht Knaus Verlag gründete,
arbeitete zu dem hier erwähnten Zeitpunkt als Verlagsleiter bei Hoffmann & Campe.
Knaus nahm an den Tagungen der Gruppe 47 in Inzigkofen 1950, Bad Dürkheim 1951
und Sigtuna 1964 teil. Richter schrieb zeitgleich zu seinen «Geschichten aus Bansin»
an seinem Buch «Deutschland, Deine Pommern», das er Knaus, bzw. dem Hoffmann
& Campe Verlag versprochen hatte und das ebenso wie «Rose weiß, Rose rot» dort
erscheinen sollte.

24 Die polnische Schriftstellerin und Journalistin Wanda Bronska-Pampuch (1911–1972)
lebte nach Ende des Zweiten Weltkrieges zunächst in der SBZ/DDR. 1950 flüchtete sie
in die Bundesrepublik und arbeitete in München – zeitweise unter dem Pseudonym
Alfred Buchmeister – als Journalistin und Übersetzerin.

25 Alois Melichar (1896–1976), österreichischer Komponist, Dirigent.

26 Die Rote Garde war die Jugendorganisation der Kommunistischen Partei Deutsch-
lands/Marxisten-Leninisten.

27 Enzensberger nahm zum ersten Mal 1955 – nicht, wie Richter hier fälschlich schreibt
1956 – in Bebenhausen an einer Tagung der Gruppe 47 teil und trug dort vor. Enzensberger arbeitete auch nicht als Sekretär für Andersch, sondern war als dessen Redakti-
onsassistent beim Süddeutschen Rundfunk angestellt [vgl. Lau, Hans Magnus Enzensberger, S. 40–42].

28 Der Schriftstellerkongress, den Richter und Enzensberger als Zwei-Mann-Delegation
der Bundesrepublik in Leningrad besuchten, fand nicht 1962, wie Richter hier behauptet, sondern vom 4. bis 8. August 1963 statt. Organisiert wurde der Kongress von der
Europäischen Schriftstellergemeinschaft (COMES) und dem Sowjetischen Schriftstellerverband. Debattiert wurde über das Thema «Probleme des zeitgenössischen Romans».
Richter hat seine Eindrücke von dieser Reise mit Hans Magnus Enzensberger mehrfach geschildert [vgl. Hans Werner Richter, In Chruschtschows Badehose. Meine Reise
nach Russland mit Hans Magnus Enzensberger, in: Ders. (Hrsg.), Im Etablissement
der Schmetterlinge, S. 99–120; ders., Der Weg der kleinen Schritte].

29 Ossip Kurt Flechtheim (1909–1998), 1961–1974 Professor für Politikwissenschaft am Otto-Suhr-Institut Berlin, 1967 zusammen mit Wolfgang Neuss und Hans Magnus Enzensberger Mitgründer des Republikanischen Clubs e. V.

30 Der Student der Politikwissenschaften Niels Kadritzke (*1943), 1964–1966 Vorsitzender des AStA an der FU Berlin und Vorsitzender des SPD-nahen Sozialdemokratischen Hochschulbundes, gehörte zu den Initiatoren der anti-autoritären Studentenbewegung. Von 1970 bis 1976 arbeitete er als Wissenschaftlicher Assistent am Otto-Suhr-Institut der FU.

31 Jitka Bodláková (*1923), tschechische Literaturkritikerin, Journalistin, Übersetzerin, hatte an der Tagung der Gruppe 47 in der «Pulvermühle» 1967 teilgenommen und stand mit Richter in Briefkontakt.

32 Alexej Kusák (*1929), Schriftsteller und Chefredakteur der tschechoslowakischen Zeitschrift *Der Student*.

33 Der tschechische Kirchenreformer Jan Hus (ca. 1369–1415), zeitweise Rektor der Prager Universität, war im Jahr 1411 wegen seiner Lehren vom Papst exkommuniziert und 1415 auf Beschluss des Konstanzer Konzils als Ketzer verbrannt worden. Hus gilt als Märtyrer und Nationalheiliger der Tschechen.

34 An den Grenzflüssen Ussuri und Amur an der Nordostgrenze Chinas fanden ab dem 2. März 1969 schwere Gefechte zwischen Truppen der Sowjetunion und der Volksrepublik China statt. Vordergründig ging es bei der Auseinandersetzung um den Besitz der Insel Damanski (chin. Tschen-pao) im Ussuri. Tatsächlich stritten beide Staaten um die ideologische Vormachtstellung unter den kommunistischen Staaten und um das rohstoffreiche Ussuri-Gebiet. Die Auseinandersetzungen eskalierten derart, dass auch der Einsatz von Atombomben nicht mehr ausgeschlossen wurde. Nach einer ersten Einigung über Schifffahrtsrechte 1970 wurde der Konflikt erst 1994 durch einen Grenzvertrag beigelegt [vgl. Stöver, Der Kalte Krieg, S. 351 f.].

35 Wahrscheinlich Jörg Huffschmid (1940–2009), der u. a. zu der ökonomischen Macht des *Springer*-Konzerns publiziert hatte und in der APO aktiv war.

36 Fernsehsendung zu dem Thema «Maximalismus und Minimalismus», Gesprächsleitung: Hans Werner Richter, Teilnehmer: Niels Kadritzke, Theo Pirker, Rolf Rendtorff, Oskar Negt, Carl Amery, ausgestrahlt am 17. April 1969 im Dritten Programm des SFB, NDR und RB. Zweite Fernsehsendung zu dem Thema «Maximalismus und Minimalismus II», Gesprächsleitung: Hans Werner Richter, Teilnehmer: Niels Kadritzke, Theo Pirker, Rolf Rendtorff, Oskar Negt, Carl Amery, ausgestrahlt am 15. Mai 1969 im Dritten Programm des SFB, NDR und RB.

37 Der Schriftsteller Günther Weisenborn war am 26. März 1969 gestorben. Die Trauerfeier fand am 2. April 1969 in Berlin-Wilmersdorf statt. Weisenborn (1902–1969) war dreimal von Richter zu Tagungen der Gruppe 47 eingeladen worden, von denen er diejenigen in Inzigkofen 1950 und in Berlin 1955 besuchte.

38 Ernst Busch (1900–1980), Schauspieler, Sänger, rezitierte bei der Trauerfeier für Weisenborn aus dessen Balladen.

39 Dieter Kurt Hildebrandt (*1932), der 1961–1968 als Kulturkorrespondent für die *Frankfurter Allgemeine Zeitung* aus West-Berlin berichtete, 1968–1969 Theaterkritiker bei *Publik* und 1969–1971 Lektor des Suhrkamp Verlages war.

40 Oskar Negt (*1934), Sozialwissenschaftler, Publizist, Mitglied des SDS und APO-Akti-

vist, ab 1964 Wissenschaftlicher Assistent am Philosophischen Seminar der Universität Frankfurt, 1971–2002 Professor für Soziologie an der TU Hannover.

41 Unseld empfahl Richter, die Texte «Graf Mongs» und «Strisewitz» herauszunehmen und lobte die Anlage der Texte in ihrer Gesamtheit [vgl. Siegfried Unseld an Hans Werner Richter, 18. April 1969, in: HWRA, Nr. 8690]. Die Geschichten erschienen 1970 im Suhrkamp Verlag [Hans Werner Richter, Blinder Alarm. Geschichten aus Bansin, Frankfurt am Main 1970].

42 Meine Familie auf Usedom. Ein Porträt von Hans Werner Richter, Regie Bernd Schauer, gesendet am 22. Mai 1969 im SFB.

43 Das Theaterstück «Toller» von Tankred Dorst war unter der Regie von Peter Palitzsch am 9. November 1968 am Württembergischen Staatstheater Stuttgart uraufgeführt worden. Das Berliner Theatertreffen, das vom 10. bis zum 22. Mai 1969 stattfand, wurde mit dieser Inszenierung eröffnet.

44 Peter Schneider (*1940), Schriftsteller, engagierte sich in der APO.

45 Peter Weiss, Trotzki im Exil, Frankfurt am Main 1970.

46 Neben Hans Werner Richters Buch «Blinder Alarm» erschien 1970 im Suhrkamp Verlag Peter Handke, Die Angst des Tormanns beim Elfmeter, Frankfurt am Main 1970.

47 Das Lektorat übernahm dann aber Dieter Hildebrandt.

48 Andersch hatte wiederholt versucht, Autor des Suhrkamp Verlages zu werden, was Siegfried Unseld aber ablehnte [vgl. Reinhardt, Alfred Andersch, S. 399].

49 Hans Werner Richter, Blinder Alarm, in: Der Monat 239 (1968), S. 95–101. Unseld hatte Richter auf diese Veröffentlichung bei Richters 60. Geburtstagsfeier angesprochen und gefragt, ob diese sowie weitere Geschichten nicht in der Edition Suhrkamp erscheinen könnten [vgl. Hans Werner Richter an Albrecht Knaus, 27. Januar 1969, in: HWRA, Nr. 8664].

50 Joachim Kaiser, Wie einst die Gruppe 47. 7. literarisches Werkstattgespräch in Lohr am Main, in: Die Zeit, 16. Mai 1969, Nr. 20, S. 14.

51 Richter besuchte im Rahmen des Berliner Theatertreffens neben Dorsts «Toller» Peter Handkes «Kaspar» in einer Inszenierung des Theaters am Turm (Frankfurt am Main) unter der Regie von Claus Peymann, Heiner Müllers «Philoktet» unter der Regie von Hans Lietzau, sowie Friedrich Schillers «Die Räuber», ebenfalls von Hans Lietzau ursprünglich für das Münchner Residenztheater inszeniert [vgl. N. N., Berliner Theatertreffen, in: Frankfurter Allgemeine Zeitung, 24. März 1969, Nr. 70, S. 10].

52 Peter Palitzsch (1918–2004), 1966–1971 Direktor des Schauspiels Stuttgart.

53 Peter Stein (*1937), 1964–1968 Regie- und Dramaturgieassistent an den Münchner Kammerspielen, 1970–1985 künstlerischer Leiter der Schaubühne in Berlin.

54 Hansgünther Heyme (*1935), 1964–1968 Hausregisseur der Schauspiele des Hessischen Staatstheaters, 1968–1975 Mitglied des Schauspieldirektoriums Köln, danach dort alleiniger Schauspieldirektor.

55 Sendung zu dem Thema «Der derzeitige westdeutsche Theaterbetrieb» im Rahmen der Reihe «Open End», Gesprächsleitung: Hans Werner Richter, Teilnehmer: Peter Palitzsch, Roland H. Wiegenstein, Hansgünther Heyme, Hellmuth Karasek, Peter Stein, Ernest Borneman, aufgezeichnet am 12. Mai 1969, gesendet am 19. Juni 1969 im Dritten Programm des SFB, NDR und RB.

56 Vermutlich fand die Veranstaltung in München statt. Richter berichtete Günter Grass:

«ich hatte einen Zusammenstoß mit den Studenten (über die Gruppe 47) und habe mich so sehr darüber geärgert, daß ich aufs Land gefahren bin. Die Gruppe 47 als Instrument der ‹Herrschenden›, das hat mir dann doch gereicht. Einem hätte ich beinahe welche geklebt. Aus anfänglicher halber Sympathie und halber Antipathie ist nun strikte Antipathie geworden.» [Hans Werner Richter an Günter Grass, 6. Juni 1969, in: HWRA, Nr. 8652].

57 Richter besuchte zusammen mit Kurt Heuser den Verleger Gottfried Bermann Fischer, der in Camaiore in der Toskana seinen Ruhestand verbrachte und mit dem Richter seine Sendereihe «Das S. Fischer-Haus» besprechen wollte [vgl. Hans Werner Richter an Walter Höllerer, 6. Juni 1969, in: HWRA, Nr. 8657; vgl. Kurt Heuser an Gottfried Bermann Fischer, 18. März 1969, in: ebd., Nr. 8600].

58 Das Raumschiff Apollo 11 war am 16. Juli 1969 zu einem Flug zum Mond gestartet. Mit der Mondlandefähre «Eagle» erreichten die Astronauten Neil Armstrong und Buzz Aldrin am 20. Juli den Mond, den Neil Armstrong am 21. Juli 1969 als erster Mensch betrat.

59 Nachdem sich bereits seit März 1969 chinesische und sowjetische Truppen Gefechte am Fluss Ussuri lieferten, weitete sich der Konflikt zwischen beiden Staaten im August 1969 aus. Ab dem 13. August 1969 kam es auch im Grenzgebiet zwischen Sinkiang und Kasachstan zu Auseinandersetzungen und Truppenaufmärschen [vgl. Banken, Die sowjetisch-chinesischen Beziehungen, S. 163 f.].

60 Friedrich Dürrenmatt, Die vier Verführungen des Menschen durch den Himmel, in: Ders., Werkausgabe in dreißig Bänden, Bd. 27: Philosophie und Naturwissenschaft. Essays, Gedichte und Reden, Zürich 1980, S. 26–32, hier S. 31.

61 N. N., Schriftsteller Grass. Sowas durchmachen, in: Der Spiegel, 11. August 1969, Nr. 33, S. 86–100, hier S. 100.

62 Zeitspiegel. Worte der Woche, in: Die Zeit, 25. Juli 1969, Nr. 30, S. 2.

63 Hans Werner Richter, Schnollo-Kohlen und andere Gedichte zur Verlobung von Barbara König, o. D., in: HWRA, Nr. 8798.

64 Gustav W. Heinemann, Einen neuen Anfang setzen. Ansprache zum 30. Jahrestag des Kriegsbeginns über alle Rundfunk- und Fernsehsender der ARD und des ZDF, 1. September 1969, in: Ders., Allen Bürgern verpflichtet. Reden des Bundespräsidenten 1969–1974 (Reden und Schriften, Bd. 1), Frankfurt am Main 1975, S. 88–91.

65 Jérôme Vaillant, Der Ruf. Unabhängige Blätter der jungen Generation (1945–1949). Eine Zeitschrift zwischen Illusion und Anpassung, München 1978. Die Französin, die mit Vaillant zusammen Richter besuchte, war Marie-Simone Rollin und schrieb eine Doktorarbeit über die Gruppe 47 (1947–1967) [vgl. Marie-Simone Rollin an Hans Werner Richter, 1. Oktober 1969, in: HWRA, Nr. 8508; Jérôme Vaillant an Hans Werner Richter, 6. Juni 1969, in: HWRA, Nr. 9136; Jérôme Vaillant an Hans Werner Richter, 10. Januar 1970, in: ebd., Nr. 8548]. Rollins Dissertation scheint nicht gedruckt worden zu sein.

66 Hans Werner Richter, Deutschland, deine Pommern. Wahrheiten, Lügen und schlitzohriges Gerede, Hamburg 1970.

67 Bei der Bundestagswahl am 28. September 1969 erhielt die Union aus CDU und CSU 46,1 % (250 Sitze), die SPD 42,7 % (237 Sitze) und die FDP 5,8 % (31 Sitze) der abgegebenen Stimmen. SPD und FDP bildeten in der Folge eine Koalition und stellten mit Willy Brandt als Kanzler die Regierung.

68 Richter gratulierte Willy Brandt wenig später zu der gewonnenen Wahl und bedankte
    sich für das ihn beglückende und neue Gefühl, «im Einklang mit der ‹Macht› zu sein»
    [Hans Werner Richter an Willy Brandt, 23. Oktober 1969, in: HWRA, Nr. 8049].

69 Gemeint ist die Verlegerin Brigitte Bermann Fischer (1905–1991), Ehefrau von Gottfried
    Bermann Fischer (seit 1926) und Tochter von Samuel Fischer, die 1950 an der Tagung
    der Gruppe 47 in Inzigkofen teilgenommen hatte und an der Stiftung des René-Schi-
    ckele-Preises beteiligt war.

70 Der britisch-deutsche Journalist und Schriftsteller Peter de Mendelssohn (1908–1982),
    der 1950–1970 als Korrespondent für den *Bayerischen Rundfunk* in London tätig war,
    hatte ein Buch mit dem Titel «S. Fischer und sein Verlag» geschrieben und war deshalb
    bei der Feier zu Ehren Samuel Fischers eingeladen.

71 Zu Ehren des Verlegers Samuel Fischer (1859–1934) produzierte das Dritte Programm
    des SFB mit Hans Werner Richter als Gastgeber eine Fernsehsendung zu dem Thema
    «Samuel Fischer und die Verleger heute», die am 6. Oktober aufgezeichnet und am
    30. Oktober 1969 im Dritten Programm des SFB, NDR und RB gesendet wurde. Teilneh-
    mer waren Günter Grass, Gottfried und Brigitte Bermann Fischer, Peter de Mendels-
    sohn, Gisela Fischer-Braun, Kurt Heuser und Manfred Hausmann.

72 Der Schriftsteller Manfred Hausmann (1898–1986) war von Gottfried Bermann Fischer,
    der ihn bereits 1929 an den S. Fischer Verlag gebunden hatte, intensiv gefördert wor-
    den. Hausmann betätigte sich ab 1967 als Pastor (in der Form eines «Ältestenpredi-
    gers») in einer evangelischen Kirche in Bremen.

73 Der Schriftsteller und Journalist Peter Härtling (*1933) war von 1967 bis 1973 Cheflektor
    und Geschäftsführer des S. Fischer Verlags und nahm an den Tagungen der Gruppe 47
    in Berlin 1965 sowie in der «Pulvermühle» 1967 teil.

74 Werner Stein (1913–1993), SPD, 1964–1975 Berliner Senator für Wissenschaft und
    Kunst.

75 Die Schriftstellerin Gabriele Wohmann (*1932) nahm ab der Tagung in Aschaffenburg
    1960 bis zur Tagung in Berlin 1972 regelmäßig an den Treffen der Gruppe 47 teil.

76 Der Verband der Schriftsteller Berlin sowie die Deutsche Akademie der darstellenden
    Künste Frankfurt hatten im Oktober 1969 zu einer Gedenkstunde für Günther Weisen-
    born eingeladen [vgl. Dremmer, Spurensuche, S. 148].

77 Andreas Papandreou (1919–1996), griechischer Politiker, der in der von seinem Vater
    geleiteten Regierung zunächst verschiedene Ministerämter inne gehabt hatte, wurde
    nach dem Putsch des Militärs vom 21. April 1967 verhaftet. Nach seiner Freilassung im
    Dezember 1967 ging er in die Emigration, von wo aus er sich intensiv gegen die griechi-
    sche Diktatur engagierte.

78 Fernsehsendung zu dem Thema «Griechenland-Diskussion», im Rahmen der Reihe
    «Open End», Gesprächsleitung: Hans Werner Richter, Teilnehmer: Günter Grass, Ans-
    gar Skriver, Kurt Sontheimer, Arnulf Baring, Andreas Papandreou, ausgestrahlt am
    23. Oktober 1969 im Dritten Programm des SFB, NDR und RB.

79 In der Tschechoslowakei kam es anlässlich des ersten Jahrestages der Invasion vom
    19. bis zum 21. August 1969 zu erneuten Protesten, die blutig niedergeschlagen wur-
    den. Per Gesetz wurde bis zum Jahresende der Kriegszustand verfügt. Hunderttau-
    sende Parteimitglieder wurden aus der KPČ ausgeschlossen, viele von ihnen erhielten
    zusätzlich Berufsverbot. Im Oktober 1969 musste Alexander Dubček seinen einfluss-

losen Posten als Bundesparlamentspräsident aufgeben und wurde als Botschafter in die Türkei entsandt.

80 Auftakt der Sendereihe «Große Tage?» mit dem Thema «Der 1. September und 3. September 1939. Erinnerungen an den Beginn des Zweiten Weltkrieges», Teilnehmer unter der Gesprächsleitung von Hans Werner Richter: Ilse Aichinger, Hans Josef Mundt, Tadeusz Nowakowski, Jens Rehn, Peter Wapnewski, aufgenommen am 20. Oktober 1969, gesendet am 29. Januar 1970 im Dritten Programm des SFB, NDR und RB.

81 Die Tagung der Gruppe 47, bei der die Ilse Aichinger den Preis der Gruppe für ihre «Spiegelgeschichte» erhielt, fand vom 23. bis zum 25. Mai 1952 im Erholungsheim des *Nordwestdeutschen Rundfunks* in Niendorf statt [Ilse Aichinger, Spiegelgeschichte, in: Richter (Hrsg.), Almanach der Gruppe 47, S. 156–162].

82 George Sand (1804–1876), französische Schriftstellerin.

83 «Literarisches Colloquium – So sehen wir den Mann», Arbeitstitel «Der Mann in der Literatur der Frau», Teilnehmer an der Gesprächsrunde, die von Hans Werner Richter am 22. Oktober 1969 in der Erdener Straße moderiert wurde, waren Renate Rasp, Gabriele Wohmann, Helga M. Novak und Barbara König, aufgenommen am 22. Oktober 1969, gesendet am 11. März 1970 im ZDF. Die Idee zur Sendung stammte von Barbara König [vgl. Hans Werner Richter an Renate Rasp, 16. Juli 1969, in: HWRA, Nr. 8729].

84 Bettina von Arnim (1785–1859), Schriftstellerin.

85 Kurt Sontheimer, der seit 1962 einen Lehrstuhl für Politische Wissenschaft am Otto-Suhr-Institut in Berlin inne hatte, folgte 1969 einem Ruf an das Geschwister-Scholl-Institut der Universität München. Klaus Roehler war am 25.Oktober 1969 vierzig Jahre alt geworden.

86 Datum von Richter hs. korrigiert aus «3.11.».

87 Mario Rainer Lepsius (*1928), 1963–1981 Professor für Soziologie an der Wirtschaftshochschule Mannheim.

88 Fernsehsendung mit dem Thema «Walther Rathenau» im Rahmen der Reihe «Berliner Werkstatt: Das S. Fischerhaus im Grunewald», Leitung: Hans Werner Richter, Teilnehmer: Mario Rainer Lepsius, Ulrich Klug, Dieter Hiss, Brigitte Bermann Fischer, Peter de Mendelssohn, gesendet am 11. Dezember 1969 im Dritten Programm des SFB, NDR und RB. Mit dem jungen Mann aus dem Wirtschaftsministerium meint Richter Dieter Hiss (*1930), 1957–1967 Mitarbeiter und später Abteilungsleiter im Deutschen Institut für Wirtschaftsforschung, 1967 Wechsel in das Bundesministerium für Wirtschaft, dort zunächst bis 1972 Unterabteilungsleiter.

89 Heinrich Böll las am 1. November 1969 in der Evangelischen Akademie Berlin-Brandenburg in Ost-Berlin [vgl. Hansen, Begegnungen, S. 109–112].

90 Richter irrt sich sowohl im Datum als auch bei dem Namen des Veranstaltungsortes: Die Tagung, auf der es zum politischen Streit zwischen Günter Eich und Peter Huchel (1903–1981) kam, fand vom 15. bis zum 17. Oktober 1954 auf Burg Rothenfels am Main statt. Huchel verteidigte trotz seiner Differenzen mit der SED die DDR [vgl. Jäger, Die Gruppe 47 und die DDR, S. 28]. Richter hatte den in der DDR lebenden Huchel vermutlich bei den Gesamtdeutschen Kulturgesprächen, die 1951 in Starnberg stattfanden, kennen gelernt.

91 Die russischen Intellektuellen, zu deren prominentesten Vertretern Alexander Issajewitsch Solschenizyn (1918–2008) gehörte, litten unter dem verschlechterten kultur-

politischen Klima in der Sowjetunion. Solschenizyn hatte die Jahre 1945–1953 in sowjetischen Arbeitslagern verbringen müssen, wurde anschließend bis 1956 verbannt und 1957 rehabilitiert. Nachdem zwischen 1962 und 1966 einige seiner Werke in der Sowjetunion erscheinen konnten, wurden in den folgenden Jahren seine großen Romane wie «Krebsstation» oder «Archipel Gulag» in der Sowjetunion nicht mehr gedruckt. 1969 wurde Solschenizyn aus dem sowjetischen Schriftstellerverband ausgeschlossen. Die Verleihung des Nobelpreises für Literatur 1970 änderte nichts an den repressiven Maßnahmen gegen ihn, die 1974 in seiner Ausweisung gipfelten. Richter kannte Solschenizyn durch seine Reisen in die Sowjetunion und hatte diesen 1963 zu der Tagung der Gruppe 47 in Saulgau eingeladen.

92 Die Schauspielerin und Sängerin Eva-Maria Hagen (*1934).

93 Hans Werner Richter, Rede am Grab, in: Johannes Bobrowski, Nachbarschaft. Neun Gedichte. Drei Erzählungen. Zwei Interviews. Zwei Grabreden. Zwei Schallplatten. Lebensdaten, Berlin 1967, S. 44–45. Bobrowski war am 2. September 1965 im Alter von 48 Jahren gestorben. Die Beerdigung fand am 7. September 1965 auf dem Friedhof Berlin-Friedrichshagen statt.

94 Willi Richter (1898–1971), in Bansin lebender Bruder Hans Werner Richters.

95 Richter hatte den Schriftsteller Fritz Rudolf Fries (*1935) zur Tagung der Gruppe 47 nach Princeton eingeladen. Die DDR-Behörden erlaubten aber weder ihm noch den anderen eingeladenen ostdeutschen Schriftstellern die Ausreise. 1996 wurde bekannt, dass Fries eine Verpflichtungserklärung als inoffizieller Mitarbeiter der Staatssicherheit unterschrieben hatte [vgl. dazu Walther, Sicherungsbereich Literatur, S. 539–550].

96 Marianne Kunert (*1927), geb. Todten, seit 1952 mit Günter Kunert verheiratet, sowie Anna Fries (*1942), Tanzpädagogin, 1960–1981 mit Fritz Rudolf Fries verheiratet.

97 François Villon (1431–1463), französischer Dichter.

98 Manja Bahlsen.

99 Fernsehsendung zu dem Thema «Der 8. Mai 1945» im Rahmen der Reihe «Große Tage?», Gesprächsleitung: Hans Werner Richter, Teilnehmer: Milo Dor, Barbara König, Theo Pirker, Klaus Roehler und Wolfdietrich Schnurre, ausgestrahlt am 12. März 1970 im Dritten Programm des SFB, NDR und RB.

100 Grass reiste nach seinem Besuch des internationalen Schriftstellerkongresses in Belgrad auf Einladung der jeweiligen Schriftstellerverbände weiter nach Bukarest und Budapest und kehrte Mitte November von seiner zehntägigen Reise zurück [vgl. Zimmermann, Günter Grass unter den Deutschen, S. 293 f.; dpa, Grass über seine Balkanreise, in: *Frankfurter Allgemeine Zeitung*, 17. November 1969, Nr. 267, S. 28]. Grass und Pirker unterschied vor allem ihre Haltung zur SPD: Während Grass sich intensiv für die Partei in Wahlkämpfen engagierte, kritisierte Pirker den SPD-Kurs seit Verabschiedung des Godesberger Programms [vgl. Pirker, Die SPD nach Hitler].

101 Hier datiert Richter seinen Eintrag falsch: Reinhold Kreile wurde am 1. Dezember 1929 geboren und hatte somit erst einen Tag später Geburtstag. Kreile wurde 1969 Mitglied des Deutschen Bundestages für die CSU und blieb dies mit einer kurzen Unterbrechung (Januar 1987-Juni 1988) bis 1990.

102 Der Schriftsteller Carl Sternheim (1878–1942) war vor allem für seine im expressionistischen Stil geschriebenen Satiren bekannt, in denen er das Spießbürgerliche der Wilhelminischen Gesellschaft darstellte.

103 Die Übersetzerin Susanna Brenner-Rademacher (1899–1980), Witwe des Schriftstellers Hans Georg Brenner, wurde am 21. November 1899 geboren.

104 Der Schriftsteller und Übersetzer Hans Georg Brenner (1903–1961) beteiligte sich 1947 an den Vorbereitungen für die letztlich nicht erschienene Zeitschrift *Skorpion*. Auf ihn ging der Name der Gruppe 47 zurück, den er in Anlehnung an die spanische «Gruppe 98» vorgeschlagen hatte. Diese hatte nach dem verlorenen Krieg Spaniens gegen die USA 1898 eine Erneuerung der Literatur und der Gesellschaft angestrebt. Brenner wirkte auch in Richters Grünwalder Kreis mit und war Redakteur der Zeitschrift *Literatur*.

105 Die Tagung in Altenbeuren im September 1948 war bereits die vierte Zusammenkunft der Gruppe 47.

106 Fernsehsendung zu dem Thema «Fontane und die Gesellschaftskritik», Gesprächsleitung: Hans Werner Richter, Teilnehmer: Peter Demetz, Hans Mayer, Pierre-Paul Sagave, Walter Höllerer, ausgestrahlt am 30. Dezember 1969 im ZDF.

107 Willy Brandt an Hans Werner Richter, o. D. [Vordruck Oktober 1969], in: HWRA, Nr. 8613.

108 Hans Werner Richter an Willy Brandt, 23. Oktober 1969, in: Cofalla (Hrsg.), Briefe, S. 697.

109 Peter Demetz (*1922), 1962–1991 Professor für Germanistik und Vergleichende Literaturwissenschaft in Yale.

110 Pierre-Paul Sagave (1913–2006), von 1964 bis zu seiner Emeritierung 1981 Professor an der Universität Paris-Nanterre, Experte für die Literatur Theodor Fontanes und Thomas Manns.

111 Fernsehsendung zu dem Thema «Literatur als Kollektivprodukt» im Rahmen der Reihe «Literarisches Colloquium», Gesprächsleitung: Walther Schmieding, Teilnehmer: Hans Werner Richter, Ernst Schnabel, Hans Mayer, Fritz J. Raddatz, Joachim Krausse, ausgestrahlt am 19. Februar 1970 im ZDF.

112 Joachim Krausse (*1943), 1962–1970 Studium der Philosophie, Literaturwissenschaft, Kunstgeschichte und Publizistik u. a. an der FU Berlin, ab 1970 Lehrtätigkeit in Kommunikationswissenschaft, Architektur und Design. An der Fernsehdiskussion nahm er als Vertreter der Projektgruppe Edition Voltaire teil. Anders als Richter hier behauptet, war Krausse nicht an der studentischen Protestaktion gegen die Tagung der Gruppe 47 in der «Pulvermühle» 1967 beteiligt [schriftliche Auskunft von Joachim Krausse vom 15. Mai 2012].

113 Walther Schmieding (1928–1980), Journalist, 1963–1969 Leiter der Abteilung Literatur und Kunst des ZDF, entwickelte das ZDF-Kulturmagazin, 1969–1973 Intendant der Berliner Festwochen.

114 Fernsehsendung zu dem Thema «Der Wechsel in Bonn und die Intellektuellen» im Rahmen der Reihe «Literarisches Colloquium», Gesprächsleitung: Hans Werner Richter, Teilnehmer: Horst Krüger, Günter Grass, Klaus Roehler, Fritz J. Raddatz, ausgestrahlt am 7. Mai 1970 im ZDF.

115 Anspielung auf drei Krisenherde: die Militärdiktatur in Griechenland, den Bürgerkrieg in Nigeria, bei dem sich ein Landesteil zur unabhängigen Republik Biafra erklärt hatte, sowie auf den von den USA geführten Vietnamkrieg.

116 Richter gab Horst Thiemer vom *Deutschlandfunk* für eine «Kultur-Report»-Sendung zu dem Thema «Wird es in den 70er Jahren noch eine Gruppe 47 geben?» ein Interview, das am 6. Januar 1970 im *Deutschlandfunk* gesendet wurde.

1970

1 Alfred Döblin, Berlin Alexanderplatz. Die Geschichte vom Franz Bieberkopf, Berlin 1929.

2 Alexander Solschenizyn war im November 1969 aus dem sowjetischen Schriftsteller-verband ausgeschlossen worden. Obwohl Böll gegenüber Richter seine Beteiligung verneinte, wird er als Unterzeichner eines Protestbriefes von sechzehn europäischen Intellektuellen aufgeführt [vgl. Brief des International PEN an den Ersten Sekretär des Schriftstellerverbandes der Sowjetunion, Konstantin Fedin, vom 3. Dezember 1969, abgedruckt in: Nielsen-Stokkeby (Hrsg.), Der Fall Solschenizyn, S. 152]. In einem Brief an Richter argumentierte Böll, er habe die PEN-Erklärung nicht unterzeichnet «wegen der Boycott-Drohung, die ich für sinnlos halte, weil die Burschen ja ohnehin drucken, was ihnen passt.» [Heinrich Böll an Hans Werner Richter, 23. Dezember 1969, in: HWRA, Nr. 8609].

3 Erika von Hornstein (1913–2005), verheiratete Bausch, Schriftstellerin, Malerin, Filme-macherin.

4 Fernsehsendung zu dem Thema «Der 30. Januar 1933» im Rahmen der Reihe «Große Tage?», Gesprächsleitung: Hans Werner Richter, Teilnehmer: Heinrich Böll, Erika von Hornstein, Hermann Kesten, Wolfgang Koeppen, Hans Mayer, aufgenommen am 19. Ja-nuar 1970, ausgestrahlt am 9. April 1970 im Dritten Programm des SFB, NDR und RB.

5 Peter Weiss' Theaterstück «Trotzki im Exil» wurde am 20. Januar 1970 in Düsseldorf unter der Regie von Harry Buckwitz uraufgeführt und erschien zeitgleich als Buchaus-gabe [Peter Weiss, Trotzki im Exil, Frankfurt am Main 1970]. Während die General-probe wegen Störungen des Publikums abgebrochen werden musste, verlief die Ur-aufführung ohne größere Zwischenfälle [vgl. Gerlach, Die Bedeutung des Suhrkamp Verlags, S. 202–211].

6 Karl Rosenzweig (1921–1986).

7 Wolfgang Ignée, Weiss im Exil. Düsseldorf: «Trotzki» im neuen Schauspielhaus, in: Christ und Welt, 23. Januar 1970, Nr. 4, S. 10; Peter Iden, Trotzkis letztes Band, in: Frank-furter Rundschau, 22. Januar 1970, Nr. 18, S. 8; Marcel Reich-Ranicki, Trotzki im Theater-Exil. Das neue Stück von Peter Weiss zerredet die Revolution, in: Die Zeit, 30. Januar 1970, Nr. 5, S. 12.

8 Ivan Nagel, Information über einen Autor und Kommunisten. «Trotzki im Exil» von Peter Weiss in Düsseldorf uraufgeführt, in: Süddeutsche Zeitung, 22. Januar 1970, Nr. 19, S. 25. Offensichtlich hat Richter hier erneut seinen Tagebucheintrag falsch datiert, da er die Zeitung des folgenden Tages noch nicht kennen konnte.

9 Den schwedischen Germanisten Gustav Korlén (*1915), seit 1952 Ordinarius für Ger-manistik an der Stockholmer Universität und Herausgeber der Zeitschrift Moderna Språk, lernte Richter 1962 in Berlin kennen. Auf Richters Einladung hin nahm Korlén an der Tagung der Gruppe 47 in Saulgau 1963 teil und organisierte für das folgende Jahr die Tagung in Sigtuna mit.

10 Walter Jens erhielt am 17. Dezember 1969 die Ehrendoktorwürde der Universität Stock-holm.

11 Die Rede ist wiederabgedruckt unter dem Titel Walter Jens, Deutsche Literatur nach 1945, in: Ders., Statt einer Literaturgeschichte, S. 365–385, hier S. 371.

12 Wolfram Schütte, Gruppenneurose. Hans Werner Richter denkt wieder an die Gruppe 47, in: *Frankfurter Rundschau*, 20. Januar 1970, Nr. 16, S. 13. Zurückhaltender äußerte sich die *Frankfurter Allgemeine Zeitung* zu Richters Interview [vgl. Horst Thiemer, Wird die Gruppe 47 renoviert? Hans Werner Richter will zurück zu den Anfängen, in: *Frankfurter Allgemeine Zeitung*, 14. Januar 1970, Nr. 11, S. 32].

13 Richter fügt mehrere Aussagen Jens' zusammen. Dieser hatte vorgetragen: «Ausgeschlossen von politischer Teilhabe [...] begannen die Autoren zu resignieren. Die Gründung der Gruppe 47 ist der Ausdruck solcher Resignation: Schriftsteller mauserten sich zu Literaten.» [Walter Jens, Deutsche Literatur nach 1945, in: Ders., Statt einer Literaturgeschichte, S. 365–385, hier S. 371]. An anderer Stelle konstatierte Jens, um 1950 habe eine neue Phase der Nachkriegsliteratur begonnen, «die Schreibweise verlor ihre Provinzialität, und die deutschsprachige Literatur – weltbürgerlich und regionalistisch, aber nicht national [...] wurde Teil der one-world-literature» [ebd., S. 373].

14 Willy Brandt an Hans Werner Richter, 20. Januar 1970, in: Cofalla (Hrsg.), Briefe, S. 700–701, hier S. 700.

15 Richter fragte, ob tatsächlich geplant sei, 45 % der Anteile an der Studio Hamburg Atelierbetriebsgesellschaft mbH an die Axel Springer AG zu verkaufen. Er sehe darin eine Manipulation der Öffentlichkeit. Die 28 Unterzeichner des Offenen Briefes würden darin eine Zerstörung der Meinungsfreiheit in der Bundesrepublik voraussehen [Hans Werner Richter an Gerhard Schröder, 30. Januar 1970, in: HWRA, Nr. 8767].

16 Der tschechische Maler Jan Kotík (1916–2002) und seine Ehefrau, die Journalistin Ruth Kotíková (1928–2006), die 1970 in die Bundesrepublik geflüchtet waren.

17 Jungk war seit 1948 verheiratet.

18 «Orlog» ist ein aus dem Niederländischen stammender, veralteter Ausdruck für «Krieg».

19 Im Rahmen der Reihe «Open End» wurde am 9. Februar 1970 eine Sendung über den russischen Schriftsteller Alexander Solschenizyn aufgenommen, die am 19. Februar 1970 im Dritten Programm des SFB, NDR und RB ausgestrahlt wurde. Teilnehmer unter der Gesprächsleitung Hans Werner Richters waren die polnische Schriftstellerin Wanda Bronska-Pampuch, die in Russland geborene Schriftstellerin und Expertin für russische Literatur Helen von Ssachno (1920–2003), der Schriftsteller und Lektor Horst Bienek sowie der Journalist Roland H. Wiegenstein.

20 Alexander T. Twardowski (1910–1971) war von 1950 bis 1954 und dann wieder ab 1958 Chefredakteur der Zeitschrift *Nowy Mir* (Neue Welt). Unter seiner Leitung setzte sich die Zeitschrift in den sechziger Jahren kritisch mit der Stalin-Zeit auseinander und druckte Alexander Solschenizyns Erzählung «Ein Tag im Leben des Iwan Denissowitsch». Ab 1967 geriet Twardowski wegen des kritischen Kurses der *Nowy Mir* zunehmend unter Rechtfertigungsdruck und wurde 1970 zum Rücktritt gedrängt [vgl. Beyrau, Intelligenz und Dissenz, S. 191–208]. Über seinen Rücktritt produzierte Richter später im Rahmen der Reihe «Open End» eine Sendung, an der Horst Bienek, Helen von Ssachno, Wanda Bronska-Pampuch und Roland H. Wiegenstein teilnahmen und die im Dritten Programm von NDR, RB und SFB am 14. Mai 1970 ausgestrahlt wurde.

21 Egon Bahr (*1922), 1966–1969 Ministerialdirektor im Auswärtigen Amt sowie Sonderbotschafter und Leiter des Planungsstabs des Auswärtigen Amts, 1969–1972 Staatssekretär im Bundeskanzleramt, 1972–1974 Bundesminister für besondere Aufgaben,

Architekt der Ostverträge. Richter stand spätestens seit seiner Unterstützung für die SPD 1961 mit Bahr in Kontakt.

22 Egon Bahr führte seit dem 28. Januar 1970 in Moskau erste Gespräche mit dem sowjetischen Außenminister Andrej Gromyko (1909–1989) und dem Ministerpräsidenten Alexej Kossygin über einen Gewaltverzichtsvertrag zwischen der Sowjetunion und der Bundesrepublik.

23 Am 10. Februar 1970 versuchten drei arabische Terroristen am Flughafen München-Riem, ein Flugzeug der israelischen Fluggesellschaft El Al zu entführen. Auf den Flughafenbus, der die Passagiere zu der Maschine bringen sollte, verübten sie ein Bombenattentat, bei dem ein Passagier getötet und zahlreiche weitere verletzt wurden [vgl. N. N., El Al-Maschine sollte entführt werden, in: *Frankfurter Allgemeine Zeitung*, 16. Februar 1970, Nr. 39, S. 7]. Am 13. Februar starben bei einem Brandanschlag auf das Altersheim der Israelitischen Kultusgemeinde sieben Bewohner.

24 Der französische Philosoph Roger Garaudy (1913–2012), führendes Mitglied des Zentralkomitees der Kommunistischen Partei Frankreichs, wurde nach seiner Kritik an dem Einmarsch der Warschauer Pakt-Staaten in die Tschechoslowakei und seiner Forderung nach mehr innerparteilicher Demokratie [vgl. Garaudy, Die große Wende] aus der Partei ausgeschlossen.

25 1970 im Vorwort zu Antonin Jaroslav Liehms Buch «Gespräche an der Moldau. Über humanen Sozialismus», wiederabgedruckt in Jean Paul Sartre, Der Sozialismus, der aus der Kälte kam, in: Traugott König (Hrsg.), Sartre Lesebuch. Den Menschen erfinden, Reinbek bei Hamburg 1992, S. 191–225, hier S. 224 f.

26 Richter und Sartre besuchten den Schriftstellerkongress, der 1963 in Leningrad stattfand.

27 Fernsehsendung zu dem Thema «Alfred Döblin», dritter Teil der Reihe «Das S. Fischerhaus im Grunewald», ausgestrahlt am 5. März 1970 im Dritten Programm des SFB, NDR und RB, Teilnehmer unter der Leitung von Hans Werner Richter: Peter de Mendelssohn, Günter Grass, Gisela Fischer-Braun, Eberhart Lämmert, Helga M. Novak.

28 Fernsehsendung zu dem Thema «Alfred Kerr», vierter Teil der Reihe «Das S. Fischerhaus im Grunewald», ausgestrahlt am 2. April 1970 im Dritten Programm des SFB, NDR und RB. Teilnehmer unter der Leitung Hans Werner Richters: Peter de Mendelssohn, Gisela Fischer-Braun, Richard Friedenthal, Joachim Kaiser, Friedrich Luft, Günther Rühle, Peter Wapnewski.

29 Ehepaar Arnulf und Heidi Baring.

30 Am 19. März 1970 fand in Erfurt das erste deutsch-deutsche Gipfeltreffen zwischen Bundeskanzler Willy Brandt und DDR-Ministerpräsident Willi Stoph statt. Damit bereiste erstmals ein Bundeskanzler offiziell die DDR. Zwar führte das Treffen kaum zu konkreten Ergebnissen, blieb aber vor allem wegen der spontanen Jubelrufe vieler DDR-Bürger für Willy Brandt vor dem Hotel «Erfurter Hof» in Erinnerung und stand für den Beginn des «Tauwetter[s] in den deutsch-deutschen Beziehungen» [Schönfelder, Erices, Willy Brandt in Erfurt, S. 275].

31 Hans F. Nöhbauer, Schlitzohriges Mannsbild. Hans Werner Richters «Blinder Alarm» neu bei Suhrkamp, in: *Abendzeitung (München)*, 13. März 1970, Nr. 60/61, S. 12. Nöhbauer bezeichnet darin Richters Buch als «ein Meisterstückchen […]. Ein harmloses, ein schönes und – ein wehmütiges Buch».

32 Tatsächlich ist Richters Buch in zahlreichen überregionalen und vielen regionalen Presseerzeugnissen mit unterschiedlichem Tenor besprochen worden. Kritisch über Richters Buch «Blinder Alarm» äußerten sich zum Beispiel der *Spiegel* [vgl. N. N., Vater Richter, in: *Der Spiegel*, 16. März 1970, Nr. 12, S. 204] und die *Bremer Nachrichten* [Rainer Mammen, Ein lebendiges Denkmal, in: *Bremer Nachrichten*, 18. Juli 1970, Nr. 168]. Positiv hingegen urteilten *Die Welt* [vgl. Christian Ferber, Bansin in Pommern, in: *Die Welt*, 16. April 1970, Nr. 8, S. 22] und die *Zeit* [vgl. Martin Gregor-Dellin, Pommerland ist abgebrannt. Hans Werner Richters Bansiner Geschichten, in: *Die Zeit*, 3. April 1970, Nr. 14, S. 31].

33 So zum Beispiel Heinrich Vormweg, Rot ist richtig, aber Ordnung muß sein. Der Vater der Gruppe 47 erzählt von seinem Vater, in: *Süddeutsche Zeitung*, 19. März 1970, Nr. 67, Literatur-Beilage Buch und Zeit, S. 5, der Richters Geschichte aber gerade aufgrund des einfachen Schreibstils eine große Glaubwürdigkeit zuschreibt.

34 Wolfgang Koeppen hatte Siegfried Unseld über seine Lektüre von Richters «Blinder Alarm» geschrieben, er habe «lange Zeit kein Buch mit so viel Freude und Anteilnahme verschlungen. Weil die Geschichten schön, weil sie wahr sind» [Wolfgang Koeppen an Siegfried Unseld, 4. Februar 1970, in: HWRA, Nr. 8690].

35 Lew Ginsburg warf Peter Weiss in der *Literaturnaja Gazeta* vor, er habe mit seinem Theaterstück «Trotzki im Exil» aus «Verachtung schriftstellerischer wie menschlicher Ethik» ein antisowjetisches Stück geschrieben [Lew Ginsburg, «Selbstdarstellung» und Selbstentlarvung des Peter Weiss, Wiederabdruck in: Volker Canaris (Hrsg.), Über Peter Weiss, Frankfurt am Main 1970, S. 136–140, hier S. 139]. Weiss reagierte darauf mit einem offenen Brief an Ginsburg [vgl. ebd., S. 141–150]. Ginsburgs Attacke war kein Einzelfall: Weiss wurde in osteuropäischen Ländern zur «Unperson» erklärt und von der Ost-Berliner Akademie der Künste von deren 20-Jahrfeier wieder ausgeladen [vgl. Gerlach, Die Bedeutung des Suhrkamp-Verlags, S. 210 f.].

36 Konstantin Petrowitsch Bogatyrjow.

37 Günter Grass reiste im April 1970 in die USA und gab dort Interviews zu der kurz zuvor erschienenen Übersetzung seines Romans «örtlich betäubt». Das Buch wurde positiv besprochen, das Magazin *Time* setzte die Rezension gar auf die Titelseite [vgl. Zimmermann, Günter Grass unter den Deutschen, S. 299]. Böll hielt sich ab der zweiten Märzhälfte 1970 für zwei Wochen in der Sowjetunion auf, um vor allem die Bühneninszenierung seines Romans «Ansichten eines Clowns» im Mossowjet-Theater in Moskau zu besuchen. Während seiner Reise wurde er mit zahlreichen Empfängen geehrt [vgl. Hermann Pörzgen, Böll in Moskau, in: *Frankfurter Allgemeine Zeitung*, 3. April 1970, Nr. 77, S. 32].

38 Siegfried Lenz nahm an einer von Richter konzipierten und geleiteten Fernsehsendung zum Thema «Der 22. Juni 1941 (Einmarsch der deutschen Truppen in die Sowjetunion)» teil, die in der Reihe «Große Tage?» von den Sendern SFB, NDR und RB aufgenommen und am 4. Juni 1970 von diesen ausgestrahlt wurde. Weitere Teilnehmer dieser Gesprächsrunde waren Alfred Berndt, Wanda Bronska-Pampuch, Zbigniew Herbert, Helmut Heißenbüttel und Walter Höllerer.

39 Siegfried Lenz, Deutschstunde, Hamburg 1968. Richter irrt sich hier mit der Auflagenhöhe. Die bei Hoffmann und Campe erschienene Hardcoverausgabe erreichte 1970 mit der 10. Auflage nicht 500 000, sondern 220 000 Exemplare.

40 Wolf Wondratschek (*1943), seit 1967 freier Schriftsteller und Kritiker, 1971–1972 Gastdozent für Poetik an der Universität Warwick (UK).

41 Günter Wallraff (*1942), 1966 Journalist bei der *Hamburger Morgenpost* und bei *Pardon*, ab 1968 bei *konkret*, anschließend freier Schriftsteller in Köln, bekannt v. a. für seine Industriereportagen. Wallraff gehörte zu der Dortmunder Gruppe 61.

42 Der Schriftsteller Rudolf Hagelstange (1912–1984) nahm an der Tagung der Gruppe 47 in Berlin 1955 teil.

43 Frank Benseler (*1929), seit 1967 Cheflektor des Luchterhand Verlags, 1972 Berufung zum Professor für Soziologie an der Universität Paderborn.

44 Sendung zu dem Thema «Bonn 1970 und die Schriftsteller» im Rahmen der Reihe «Literarisches Colloquium», Gesprächsleitung: Walther Schmieding, Teilnehmer: Günter Grass, Rudolf Hagelstange, Martin Walser, Wolf Wondratschek, Peter Wapnewski, Frank Benseler, ausgestrahlt am 7. Mai 1970 im ZDF.

45 Der französische Publizist und Schriftsteller Louis Clappier (†1956) half in der Nachkriegszeit in seiner Funktion als Kulturoffizier der französischen Militärregierung der Gruppe 47 bei der Beschaffung von Militärfahrscheinen. Später arbeitete er als Chefredakteur der Zeitschrift *Allemagne d'aujourd'hui* und gab die Zeitschrift *Documents* heraus. Clappier war ein Bekannter Richters und nahm an den Tagungen der Gruppe 47 in Marktbreit 1949, Bad Dürkheim 1951 und Niendorf 1952 teil. 1956 verübte er Selbstmord.

46 Celans Leichnam wurde am 1. Mai 1970 aus der Seine geborgen. Zum Tenor der zahlreichen Nachrufe vgl. Werner Weber, Du sei wie du. Zum Tode von Paul Celan, in: *Die Zeit*, 15. Mai 1970, Nr. 20, S. 17; Ha., Der Dichter, in: *Frankfurter Allgemeine Zeitung*, 11. Mai 1970, Nr. 107, S. 24; N. N., Gestorben: Paul Celan, in: *Der Spiegel*, 11. Mai 1970, Nr. 20, S. 238.

47 Hans Werner Richter, Milo Dor an Paul Celan, Beilage eines Briefes von Ingeborg Bachmann an Paul Celan, 9. Mai 1952, abgedruckt in: Bertrand Badiou, u. a. (Hrsg.), Herzzeit, S. 49.

48 Celan las dort seine Gedichte «Todesfuge», «In Ägypten», «Zähle die Mandeln» und «Ein Lied in der Wüste». Damit erreichte er zwar insgesamt einen literarischen Durchbruch. Über die Aufnahme bei der Tagung selbst gehen die Meinungen aber auseinander. Richter selbst berichtete rückblickend von einer positiven Aufnahme der Gedichte Celans [vgl. Hans Werner Richter, Wie entstand und was war die Gruppe 47, in: Neunzig (Hrsg.), Hans Werner Richter, S. 27–110, hier S. 70 f.]. Heinz Ludwig Arnold hingegen bemerkte, die Gruppe habe vor Celans Texten versagt [vgl. Arnold, «... dann kann hier jemand nicht mehr kritisieren!», in: Schutte (Hrsg.), Dichter und Richter, S. 80–93, hier S. 84].

49 Siehe dazu Badiou, u. a. (Hrsg.), Herzzeit.

50 Obwohl Richter Celan mehrere Einladungen zu Tagungen der Gruppe 47 schickte (für die Jahre 1952, 1959, 1960 und 1962), nahm dieser an keinem weiteren Gruppentreffen mehr teil. Trotzdem brach der Kontakt nicht ab [vgl. Hans Werner Richter an Paul Celan, 16. Januar 1965, in: Cofalla (Hrsg.), Briefe, S. 560, Anm. 1; Paul Celan an Hans Werner Richter, 26. Januar 1965, in: Cofalla (Hrsg.), Briefe, S. 560].

51 Richter besuchte im Rahmen des 7. Berliner Theatertreffens, das vom 9. bis zum 21. Mai 1970 stattfand, die Aufführung des Stückes «Change» von Wolfgang Bauer in

einer Inszenierung des Volkstheaters Wien [vgl. AP, Die zehn Treffer, in: *Frankfurter Allgemeine Zeitung*, 2. April 1970, Nr. 76, S. 2].

52 Am 14. Mai 1970 wurde Andreas Baader von der Gefängnisleitung erlaubt, zu Recherchezwecken für ein gemeinsam mit der Journalistin Ulrike Meinhof (1934–1976) geplantes Buchprojekt das Institut für Soziale Fragen in Berlin-Dahlem zu besuchen. Dort wurde Baader mit Waffengewalt befreit, wobei ein Institutsangestellter schwer verletzt wurde. Ulrike Meinhof flüchtete ebenfalls und lebte fortan als Terroristin im Untergrund [vgl. Aust, Der Baader-Meinhof-Komplex, S. 168].

53 Ensslin war an der gewaltsamen Befreiung Baaders beteiligt [vgl. Aust, Der Baader-Meinhof-Komplex, S. 26].

54 Hans Werner Richter leitete Ende der fünfziger Jahre das Münchner Komitee gegen Atomrüstung, das sich gegen die atomare Bewaffnung der Bundeswehr richtete. An der Organisation des Europäischen Kongresses gegen Atomrüstung, der am 17. und 18. Januar 1959 in London stattfand, war er maßgeblich beteiligt. Auch Ulrike Meinhof engagierte sich als Initiatorin und Sprecherin eines studentischen Arbeitskreises gegen die Atomrüstung.

55 Im Rahmen der Reihe «Große Tage?» nahmen die Schriftstellerin Charlotte Beradt (1901–1986), die 1939 nach Großbritannien emigriert war und die Tagung der Gruppe 47 in Princeton 1966 besucht hatte, die Verlegerin und Schriftstellerin Renate Gerhardt (*1926), Kurt Heuser, Paul Schallück und Roland H. Wiegenstein unter der Leitung von Hans Werner Richter an einer Fernsehsendung zu dem Thema «Der 8. und 9. November 1938» (Reichspogromnacht) teil. Sie wurde vom Dritten Programm des SFB, NDR und RB am 22. Mai 1970 aufgenommen und am 1. April 1971 ausgestrahlt.

56 Raddatz leitete von 1970 bis 1971 das *Spiegel*-Institut für Projektstudien, das vom *Spiegel*-Verlag gegründet und finanziert wurde. Es nahm Untersuchungen über gesellschaftspolitische Entwicklungen vor und wurde nach Raddatz' Ausscheiden wieder eingestellt [vgl. N. N., Hausmitteilung, in: *Der Spiegel*, 7. Juni 1971, Nr. 24, S. 3].

57 Peter Handke war durch Vermittlung des Verlegers Siegfried Unseld von Richter zur Tagung der Gruppe 47 nach Princeton 1966 eingeladen worden.

58 Kuby hatte den Auftritt Handkes, der bei der Tagung in Princeton den Schriftstellern «eine Art Beschreibungsimpotenz» vorgeworfen hatte, in einem Artikel positiv bewertet [vgl. Erich Kuby, Ach ja, da liest ja einer, in: *Der Spiegel*, 2. Mai 1966, Nr. 19, S. 154–165].

59 Silvia Hildesheimer (*1917), geb. Dillmann, Malerin, Ehefrau von Wolfgang Hildesheimer, bei deren Eheschließung 1952 Richter Trauzeuge gewesen war, nahm an den Tagungen der Gruppe 47 in Ulm 1960, im Jagdschloss Göhrde 1961 und in Saulgau 1977 teil.

60 Mit «Bierbichler» meint Richter das Gasthaus «Zum Fischmeister» in Ambach am Starnberger See, das die Familie Bierbichler betreibt.

61 Max Frisch, Stiller, Frankfurt am Main 1954.

62 James Joyce (1882–1941), irischer Schriftsteller.

63 Ähnlich äußerte sich Hildesheimer auch in einem Brief an Alfred Andersch: Arno Schmidt (1914–1979) habe Joyce nicht verstanden und überhaupt bezweifle er, ob Schmidt über ausreichend englische Sprachkenntnisse verfüge [vgl. Wolfgang Hildesheimer an Alfred Andersch, Anfang 1970, in: Hildesheimer, Pleyer (Hrsg.), Wolfgang Hildesheimer, S. 165–168]. Auch Richter stand Arno Schmidt nicht nahe und bekannte

in einem Brief an Martin Walser, dass er «selbst hundertmal kein Arno Schmitt-Anhänger» sei [Hans Werner Richter an Martin Walser, 19. Januar 1956, in: Cofalla (Hrsg.), Briefe, S. 208, Anm. 4].

64 Bernd Schauer (*1940), der für den *Sender Freies Berlin* als freier Journalist tätig war, arbeitete eng mit Richter zusammen. Richter lobte Schauer gegenüber Siegfried Lenz mit den Worten: «Du kannst Dich auf Bernd Schauer, der ja mein Regisseur in allen Fernsehsendungen ist, voll verlassen. Er ist hochsensibel und hat den siebenten oder achten Fotosinn.» [Hans Werner Richter an Siegfried Lenz, 18. Januar 1971, in: HWRA, Nr. 8462]. Der Film, den Schauer (Regie) und Antonie Richter (Fotografie) nach einer Idee Hans Werner Richters drehten, wurde im Rahmen der Reihe «Open End» unter dem Titel «Schriftsteller in ihren Straßen. Hans Werner Richter: Die ‹Rembrandtstraße›» 1971 im SFB gesendet. Der Fotofilm stellte die Münchener Rembrandtstraße vor, in der Richter lebte. Schauer und Toni Richter produzierten weitere Teile für diese Reihe.

65 Hildegard Baumgart (*1929), geb. Bruns, Übersetzerin, Schriftstellerin und Ehefrau von Reinhard Baumgart.

66 Mit dem Journalisten Claus Hardt führte Richter schon 1949/1950 als Vorbereitung für sein 1951 veröffentlichtes Buch «Sie fielen aus Gottes Hand» Umfragen im Flüchtlingslager Hersbruck bei Nürnberg durch. Hardt nahm außerdem an der Tagung der Gruppe 47 in Inzigkofen 1950 teil.

67 Willy Brandt unterschrieb am 12. August 1970 den sogenannten Moskauer Vertrag, mit dem sich die Bundesrepublik Deutschland und die Sowjetunion verpflichteten, den internationalen Frieden zu erhalten, den Entspannungsprozess zu fördern, die territoriale Integrität aller Staaten in Europa zu akzeptieren, auf jegliche Gebietsansprüche zu verzichten, auf Gewalt und Androhung derselben zu verzichten sowie die Oder-Neiße-Grenze faktisch anzuerkennen.

68 Datum von Richter hs. korrigiert aus «12.10.».

69 Richter fuhr am 15. September 1970 zu einer Urlaubsreise nach Kreta.

70 In den folgenden Jahren hat Richter seine Erlebnisse in der DDR des Öfteren in Briefen an Grass geschildert, die dieser an Willy Brandt weiterleitete oder die Richter direkt an Brandt richtete [vgl. Cofalla (Hrsg.), Briefe, S. 700].

71 Datum hs. von Richter korrigiert aus «14.10.».

72 Organisator des Oktoberfestes der Münchener Wählergesellschaft, das Richter besuchte, war Claus Hardt.

73 Fernsehsendung zu dem Thema «Jakob Wassermann. Die Geschichte von der Vergänglichkeit der Werke eines Bestsellerautors», fünfter Teil der Reihe «Das S. Fischerhaus im Grunewald», Leitung: Hans Werner Richter, Teilnehmer: Günter Grass, Walter Höllerer, Hermann Kesten, Hellmuth Karasek, Fritz J. Raddatz, Peter de Mendelssohn, Gisela Fischer-Braun, aufgenommen am 5. Oktober 1970, ausgestrahlt am 7. Januar 1971 im Dritten Programm des SFB, NDR und RB.

74 Raddatz hat diesen Satz in der Sendung nur sinngemäß geäußert, das Wort «germanisch» verwendete er nicht, vgl. die Aufnahme der Sendung im HWRA, Nr. 33.6167.

75 Alexander Solschenizyn erhielt 1970 den Nobelpreis für Literatur, reiste aber nicht selbst zur Preisverleihung nach Stockholm, da er befürchtete, das Sowjetregime würde ihm die Rückkehr in sein Heimatland verweigern.

76 Horst Mahler (*1936), Rechtsanwalt, Aktivist der APO, RAF-Terrorist.

77 Gemeint sind die Rote Armee Fraktion und insbesondere Ulrike Meinhof und Gudrun Ensslin.

78 Hermann Peter Piwitt (*1935), der 1967 als Lektor für den Rowohlt Verlag, 1968 als Mitarbeiter bei der Zeitschrift konkret und ab 1969 als freier Schriftsteller arbeitete, nahm erstmals 1964 in Sigtuna an einer Tagung der Gruppe 47 teil. Er besuchte auch die Tagungen in Berlin 1965 und in Princeton 1966.

79 Der Schriftsteller und Verlagslektor Hans Christoph Buch (*1944) nahm an den Treffen der Gruppe 47 in den Jahren 1963 bis 1966 sowie an der Prager Tagung 1990 teil.

80 Bernward Vesper (1938–1971) schrieb im Wahlkontor deutscher Schriftsteller, bei dem sich auch Richter engagierte, 1965 Reden für Willy Brandt und Karl Schiller und war damals Lebensgefährte von Gudrun Ensslin. Vesper erhielt von Richter Einladungen zu Tagungen der Gruppe 47, so für die Tagung in Berlin 1965, und stand zeitweilig in Briefkontakt mit Richter [vgl. zum Beispiel Gudrun Ensslin und Bernward Vesper an Hans Werner Richter, 19. Dezember 1965, in: HWRA, Nr. 6585].

81 Günther Schulz (*1946), in Hermannstadt geborener Dichter, 1970 Übersiedelung in die Bundesrepublik.

82 Diese Person konnte nicht ermittelt werden.

83 Günter Grass hat mit Anna Grass vier Kinder: Franz (*1957), Raoul (*1957), Laura (*1961), Bruno (*1965).

84 Am 9. Oktober 1970 waren die FDP-Abgeordneten Erich Mende, Heinz Starke und Siegfried Zoglmann zur Fraktion der CDU/CSU übergewechselt, weshalb die Koalition aus SPD und FDP nur noch eine Bundestagsmehrheit von 251 zu 245 Stimmen besaß.

85 Uwe Bremer (*1940), Maler, Graphiker, Mitbegründer der Werkstatt Rixdorfer Drucke.

86 Richter las am 25. Oktober 1970 in Lübeck für die Buchhandlung Gustav Weiland aus seinem Buch «Blinder Alarm». Die Lesereise, die Richter auch in Buchhandlungen in Heide, Eutin und Elmshorn führte, hatte der Suhrkamp Verlag organisiert, bei dem Richters Buch erschienen war [vgl. Gisela Mörler/Suhrkamp Verlag an Hans Werner Richter, 2. Oktober 1970, in: HWRA, Nr. 8516].

87 Richter las in der Buchhandlung Spaethe in Moers aus seinem Buch «Blinder Alarm». Die Veranstaltung war Teil der vom Suhrkamp Verlag organisierten Lesereise [vgl. Gisela Mörler/Suhrkamp Verlag an Hans Werner Richter, 15. Oktober 1970, in: HWRA, Nr. 8522].

88 Walter Warlimont (1894–1976), General, hatte während der NS-Diktatur führende Positionen im Oberkommando der Wehrmacht inne und war zuletzt von 1939 bis 1944 Stellvertreter des Chefs des Wehrmachtführungsstabs im OKW, Alfred Jodl. Im Rahmen der Nürnberger Kriegsverbrecherprozesse wurde Warlimont zu lebenslanger Haft verurteilt, kam aber bereits 1954 wieder frei.

89 Wilhelm Keitel (1882–1946), Generalfeldmarschall, Chef des Oberkommandos der Wehrmacht, in den Nürnberger Kriegsverbrecherprozessen zum Tode verurteilt und hingerichtet.

90 Fernsehsendung zu dem Thema «Der 6. Juni 1944 (einsetzende Invasion der alliierten Truppen in der Normandie)» im Rahmen der Reihe «Große Tage?», Gesprächsleitung: Hans Werner Richter, Teilnehmer: Christian Ferber, Peter de Mendelssohn, Paul

Schallück, Peter Wapnewski, Walter Warlimont, ausgestrahlt am 15. April 1971 im Dritten Programm des SFB, NDR und RB.

91 An der Fernsehsendung zu dem Thema «Hermann Hesse und die Renaissance seiner Werke in den USA», die als sechster Teil der Reihe «Das S. Fischerhaus im Grunewald» am 21. Januar 1971 vom Dritten Programm des SFB, NDR und RB ausgestrahlt wurde, nahmen teil: Siegfried Unseld, Verleger der Werke Hesses, die Kritiker Hans Mayer und Fritz J. Raddatz, Steven Tree, damals 19-jähriger Student in Zürich und Hesseverehrer, Tobias Braun, Schüler aus der Schweiz, sowie Tilman Jens (*1954), Sohn von Walter und Inge Jens.

92 Datum von Richter hs. korrigiert aus «14.12.».

93 Seit 1970 erschienen mehrere Bücher Richters im Verlag Hoffmann & Campe, so zum Beispiel «Deutschland, deine Pommern» und «Rose weiß, Rose rot».

94 Richter las in der Buchhandlung Scheller in Heide.

95 Am 18. Januar 1971 teilte Richter Lenz mit, dass er den Vertrag mit dem Verlag Hoffmann & Campe nun unterschrieben habe. «Ohne Dich, Siegfried, und ohne Deinen Rat, wäre ich diesen Weg vielleicht nicht gegangen. Also habe ich mich zu bedanken. Was ich hiermit tue.» [Hans Werner Richter an Siegfried Lenz, 18. Januar 1971, in: HWRA, Nr. 8462].

96 Gemeint ist der Verband deutscher Schriftsteller e. V., der sich am 8. Juni 1969 gegründet hatte und dessen erster Kongress am 20. November 1970 eröffnet werden sollte.

97 Fernsehsendung zu dem Thema «Zur Situation der Intellektuellen in der ČSSR», Gesprächsleitung: Hans Werner Richter, Teilnehmer: Roland H. Wiegenstein, Vilém Fuchs (1923–1990), Ludvík Veselý (*1920), Günter Grass, ausgestrahlt am 26. November 1970 im Dritten Programm des SFB, NDR und RB.

98 Fernsehsendung zu dem Thema «Der 30. Juni 1934 («Röhmputsch»)» im Rahmen der Reihe «Große Tage?», Gesprächsleitung: Hans Werner Richter, Teilnehmer: der Journalist des SFB Alfred Berndt, der Leiter des NDR-Nachwuchsstudios Axel Eggebrecht (1899–1991), Sebastian Haffner, die Schriftstellerin Marianne Langewiesche (1908–1979) und der Schriftsteller Robert Wolfgang Schnell (1916–1986), ausgestrahlt am 18. März 1971 im Dritten Programm des SFB, NDR und RB.

99 Fernsehsendung zu dem Thema «20. Juli 1944» im Rahmen der Reihe «Große Tage?», Gesprächsleitung: Hans Werner Richter, Teilnehmer: Inge Aicher-Scholl, Heinrich Böll, Friedrich Georgi, Joachim Kaiser, Horst Krüger, Ben Witter, ausgestrahlt am 23. April 1971 im Dritten Programm des SFB, NDR und RB.

100 Vom 20. bis zum 23. November 1970 fand in Stuttgart der erste Schriftstellerkongress des Verbands deutscher Schriftsteller unter dem Motto «Einigkeit der Einzelgänger – Schriftsteller in der Arbeitswelt» statt. Vgl. die Dokumentation von Lattmann (Hrsg.), Einigkeit der Einzelgänger.

101 Richter hat sich vermutlich nicht nur an Walsers inhaltlichen Forderungen, sondern auch an dessen Satz gestoßen, wonach «alles Gruppe-47-Hafte endgültig anachronistisch ist! Hans Werner Richter durfte sich rühmen, ohne Organisatorisches auszukommen. Von Dieter Lattmann und seinen Nachfolgern erwarten wir Organisation.» [Martin Walser, IG Kultur?, in: Lattmann (Hrsg.), Einigkeit der Einzelgänger, S. 33–41, hier S. 33].

102 Willy Brandt, Braucht die Politik den Schriftsteller? Aus der Rede des Bundeskanzlers

Brandt auf der Tagung des Verbandes deutscher Schriftsteller, 21. November 1970, in: Ders., Berliner Ausgabe, Bd. 7, S. 240–243.

103 Dieter E. Zimmer, Randfiguren der holzverarbeitenden Industrie. Zum Schriftstellerkongreß in Stuttgart, in: Die Zeit, 27. November 1970, Nr. 48, S. 25 f.

104 Böll setzte sich mehrfach für Solschenizyn ein, so schmuggelte er zum Beispiel Manuskripte für ihn aus der Sowjetunion heraus. Persönlich getroffen haben sich Böll und Solschenizyn erst 1972 [vgl. Orlowa, Kopelew, Wir lebten in Moskau, S. 215]. Nach der Ausweisung Solschenizyns aus der Sowjetunion 1974 fand dieser zunächst bei Böll Unterkunft.

105 In dem am 7. Dezember 1970 unterzeichneten sogenannten Warschauer Vertrag stellten die Bundesrepublik Deutschland und die Volksrepublik Polen die Unverletzlichkeit der Oder-Neiße-Linie als westliche Staatsgrenze Polens fest und erklärten, auf Gewalt sowie auf die Androhung derselben zu verzichten. Dies kam einer faktischen Anerkennung der polnischen Grenzen gleich. Grass berichtete schriftlich über seine Eindrücke der Reise [vgl. Günter Grass, Politisches Tagebuch. Betroffen sein, in: Ders., Werke, Bd. 11, S. 623–625].

106 Richter und Inge Aicher-Scholl (1917–1998), Schwester von Hans und Sophie Scholl sowie Tochter des Ulmer Oberbürgermeisters Robert Scholl, lernten sich 1947 im Verlauf der Tagung der Gruppe 47 in Herrlingen bei Ulm kennen, zu der Richter sie eingeladen hatte. Aus dieser Begegnung ergab sich in den folgenden Jahren eine enge Zusammenarbeit. So hielt Richter an der von Inge Aicher-Scholl gegründeten Ulmer Volkshochschule ab 1949 Vorträge über Themen der deutschen Literaturgeschichte, und Aicher-Scholl nahm an weiteren Tagungen der Gruppe 47 teil [vgl. Cofalla (Hrsg.), Briefe, S. 98, Anm. 4; S. 101].

107 Der Schriftsteller Ben Witter (1920–1993) hatte in den Jahren 1948 bis 1953 als Chefreporter bei der Zeitung Die Welt gearbeitet. Nach deren Übernahme durch die Axel Springer AG wechselte Witter auf Wunsch des Intendanten Ernst Schnabel zum NDR. Bekannt wurde Witter vor allem durch seine biographischen Zeit-Feuilletons «Spaziergänge mit Prominenten», die 1969 und 1982 auch in Buchform veröffentlicht wurden.

108 Friedrich Georgi (1917–1998), Major a. D., in der Nachkriegszeit Verleger, wurde am 20. Juli 1944 von seinem Schwiegervater Friedrich Olbricht in die Attentatspläne auf Adolf Hitler und die Beweggründe der Gruppe um Stauffenberg eingeweiht. Georgi gelang mit belastendem Material, das ihm Olbricht ausgehändigt hatte, die Flucht aus dem bereits von Hitlergetreuen umstellten Bendlerblock. Anschließend verfasste er einen Bericht über das letzte Gespräch mit seinem Schwiegervater [Georgi, «Wir haben das Letzte gewagt...»].

109 Sendung zu dem Thema «Der 20. Juli 1944», Gesprächsleitung: Hans Werner Richter, Teilnehmer: Inge Aicher-Scholl, Heinrich Böll, Friedrich Georgi, Joachim Kaiser, Horst Krüger, Ben Witter, ausgestrahlt am 23. April 1971 im Dritten Programm des SFB, NDR und RB.

110 John Jay McCloy (1895–1989), Vertreter der USA in der Alliierten Hohen Kommission.

111 Richter und Inge Aicher-Scholl sowie deren Ehemann Otl Aicher hatten zusammen die Gründung einer Hochschule für Politik und Kultur geplant, an der Richter Rektor werden und die politisch-publizistische Abteilung leiten sollte. Letztlich gründeten sie jedoch 1953 die Ulmer Hochschule für Gestaltung, der eine veränderte Konzeption zu-

grunde lag [vgl. Nickel, Hans Werner Richter, S. 107 f.]. Ausschlaggebend dafür, dass Richter als Leiter für die Abteilung Politische Bildung nicht zum Zuge kam, war die Ablehnung seines Konzepts durch den ebenfalls an den Planungen beteiligten Schweizer Architekten Max Bill. Diese führte im Herbst 1950 zum Bruch zwischen Richter und der Ulmer Planungskommission [vgl. Spitz, Die politische Gestaltung, S. 80].

112 Die Ulmer Hochschule für Gestaltung musste Ende des Jahres 1968 ihren Lehrbetrieb einstellen.

1971

1 Überraschend hohe Preissteigerungen von 13 bis 30 % für Konsumgüter lösten vor allem in den Küstenstädten Stettin und Danzig vom 14. bis zum 22. Dezember 1970 Proteste aus, die Polen an den Rand eines Bürgerkriegs führten und von Polizei und Militär mit Gewalt niedergeschlagen wurden. Dabei gab es zahlreiche Tote [vgl. Borodziej, Geschichte Polens, S. 317 f.].

2 Władysław Gomułka (1905–1982) wurde am 19. Dezember 1970 in seiner Funktion als Erster Sekretär des ZK der Polnischen Vereinigten Arbeiterpartei von Edward Gierek (1913–2001) abgelöst und schied zugleich aus dem Politbüro aus.

3 Carl Amery, Die Kapitulation oder Deutscher Katholizismus heute, Reinbek bei Hamburg 1963.

4 Carl Amery, Das Ende der Vorsehung. Die gnadenlosen Folgen des Christentums, Reinbek bei Hamburg 1972.

5 Willy Brandt trug am 28. Januar 1971 im Bundestag einen Bericht zur Lage der Nation vor, in dem er seine Ostpolitik erläuterte [Willy Brandt, Bericht der Bundesregierung zur Lage der Nation 1971, 28. Januar 1971, in: Verhandlungen des Deutschen Bundestages, 6. Wahlperiode. Stenographische Berichte, Bd. 74: Von der 72. Sitzung am 14. Oktober 1970 bis zur 94. Sitzung am 29. Januar 1971, Bonn 1970/1971, 93. Sitzung, S. 5043–5051]. Leo Bauer hatte sich in seiner Funktion als Mitarbeiter für besondere Aufgaben der SPD-Führung im Vorfeld der Rede in den USA darum bemüht, mögliche Irritationen wegen der Neuen Ostpolitik auszuräumen [vgl. Brandt, u. a., Karrieren eines Außenseiters, S. 252].

6 Ernst Bloch brachte 1970 einen Sammelband «Politische Messungen, Pestzeit, Vormärz» mit bereits früher veröffentlichten Aufsätzen heraus, der in die Kritik geriet. In einem Artikel in der *Frankfurter Rundschau* vom 12. Dezember 1970 listete der Germanist Hans-Albert Walter nachträglich von Bloch geänderte Textstellen auf. Zwei Aufsätze, in denen Bloch sich positiv über die Moskauer Prozesse geäußert hatte, fehlten ganz. Andere waren so überarbeitet worden, dass Blochs damalige zustimmende Haltung gegenüber dem Kurs der Sowjetunion nun als eine distanzierte erschienen [vgl. Zudeick, Der Hintern des Teufels, S. 296 f.].

7 Karola Bloch (1905–1994), geb. Piotrkowska, die seit 1934 mit Ernst Bloch verheiratet war.

8 Bloch kehrte nach dem Bau der Mauer 1961 von einer Westreise nicht in die DDR zurück und blieb in der Bundesrepublik.

9 Lew Kopelew an Hans Werner Richter, o. D. [Dezember 1970 oder Januar 1971], in: HWRA, Nr. 9024.

10 Richters Bruder Otto (1915–1980), der anfangs zu den Befürwortern des Aufbaus der SBZ/DDR gehört hatte, war später aus Furcht vor Repressalien nach Schweden geflüchtet und lebte dort mit seiner Ehefrau Friedel in Malmö.

11 Offiziell wurde die Zahl der Toten mit 45 angegeben, sie war aber deutlich höher. Mehr als tausend Personen wurden verletzt [vgl. Borodziej, Geschichte Polens, S. 318].

12 Otto Richter an Hans Werner Richter, 4. Januar 1971, in: HWRA, Nr. 8891.

13 Gerhard Szczesny (1918–2002), Kritiker, Philosoph, Literaturwissenschaftler, nahm seit dem Treffen der Gruppe 47 in Utting am Ammersee 1949 regelmäßig an den Tagungen teil.

14 Yaak Karsunke hatte an den Tagungen der Gruppe 47 in Berlin 1965 und in der «Pulvermühle» 1967 teilgenommen. Außerdem hatte er bei der Sendung zu dem Thema «Literatur und Politik», die von Hans Werner Richter moderiert und am 18. Januar 1968 vom Dritten Programm des SFB, NDR und RB ausgestrahlt wurde, mitdiskutiert.

15 Leszek Kołakowski (1927–2009), 1958–1968 Professor für Philosophie an der Universität Warschau, 1966 Ausschluss aus der polnischen KP, 1968 Lehrverbot, 1968 Gastdozent in Montreal, 1969 Professor an der Universität Berkeley, 1970 Ruf an die Universität Frankfurt, den er nach dem Vorwurf einiger Studenten, es mangele ihm an marxistischer Linientreue, ablehnte, seit 1970 Professor in Oxford.

16 Andrzej Wirth (*1927), polnischer Philosoph und Journalist, hatte enge Kontakte zu Schriftstellern der Gruppe 47, übersetzte gemeinsam mit Marcel Reich-Ranicki zahlreiche deutschsprachige Werke ins Polnische und nahm seit 1958 bis zur Tagung in Princeton 1966 regelmäßig an den Treffen der Gruppe 47 teil. 1960 besuchte ihn Richter bei seiner Reise nach Polen. 1966 ging Wirth als Gastprofessor in die USA und beschloss nach den Märzunruhen in Polen, nicht dorthin zurückzukehren.

17 Szczesny verließ 1961 aus Protest den *Bayerischen Rundfunk*, bei dem er das «Nachtstudio» geleitet hatte. Denn auf Anordnung des Intendanten Christian Wallenreiter war der Radioessay «Katholizismus in einem katholischen Land» von Leszek Kołakowski wegen vermeintlich kommunistischer Propaganda abgesetzt worden [vgl. Korsukéwitz, Der Fall Szczesny].

18 Roman Karst (1911–1988), Professor für Literaturwissenschaft in Warschau und nach der Emigration in New York.

19 Aleksander Ford (1908–1980), polnischer Filmregisseur jüdischer Herkunft, 1955–1968 Lehrtätigkeit an der staatlichen Film- und Theaterakademie in Łódź, 1968 nach seiner Entlassung und aufgrund antizionistischer Angriffe Emigration nach Israel.

20 Hans Schwab-Felisch an Hans Werner Richter, 5. Januar 1971, in: HWRA, Nr. 8276.

21 Gustav W. Heinemann, Ansprache zum 100. Jahrestag der Gründung des Deutschen Reiches über alle Rundfunk- und Fernsehanstalten, 17. Januar 1971, in: Ders., Allen Bürgern verpflichtet. Reden des Bundespräsidenten 1969–1974 (Reden und Schriften, Bd. 1), Frankfurt am Main 1975, S. 45–51.

22 Hans Dieter Jaene (1924–2004), arbeitete nach seinem Ausscheiden aus dem *Spiegel* 1966 als freier Journalist, 1968–1971 Geschäftsführender Gesellschafter des Verlags der Berliner *Liberalen Zeitung* und zugleich 1969–1971 Mitglied der «Kontraste»-Redaktion des SFB, ab 1972 Redakteur des Berliner ZDF-Studios.

23 Manfred Rexin (*1935), in den sechziger Jahren als freier Journalist und in der Sozialis-

tischen Jugend Deutschlands – Die Falken aktiv, ab 1970 Mitglied der Berliner ZDF-Re-
daktion.

24 Vermutlich handelt es sich um eine Sendung des ZDF aus der Reihe «Literarisches Colloquium». Genaueres konnte nicht ermittelt werden.

25 Wiltrud Mannfeld, Journalistin des ZDF, 1975–1977 Moderatorin der Sendung «Aspekte» im ZDF.

26 Wolfgang Ramsbott (1934–1991), 1964–1982 Leiter der Filmabteilung des Literarischen
Colloquiums Berlin.

27 Vorname im Original ausgeschrieben.

28 Bauer war ein alter Freund Richters, den dieser später mit der Figur des Leo Gesch in
«Ein Julitag» porträtiert hat [Richter, Ein Julitag]. Bauer hatte sich ebenso wie Richter
in Berlin für die Sozialistische Arbeiterpartei engagiert, bevor er 1932 in die KPD eintrat. Beide emigrierten nach Paris und trafen sich dort wieder. Leo Bauer starb im September 1972.

29 Günter Grass, Rede an die Sozialdemokratische Bundestagsfraktion, 23. März 1971, in:
Ders., Werke, Bd. 11, S. 650–658.

30 Seit der Rückkehr Uwe Johnsons von seinem USA-Aufenthalt 1968 war es zwischen
Grass und Johnson immer wieder zu Spannungen gekommen, die sich vor allem an
dem politischen Engagement von Günter Grass entzündeten [vgl. Günter Grass an
Helen Wolff, 17. Juli 1969, in: Barnert (Hrsg.), Uwe Johnson, S. 191]. Nachdem die Verbindung zwischen beiden in den siebziger Jahren nahezu vollständig abgerissen war,
nahm Johnson den Briefkontakt 1982 wieder auf [vgl. ebd., S. 221].

31 Fernsehsendung zu dem Thema «Anschluss Österreichs» im Rahmen der Reihe
«Große Tage?», Gesprächsleitung: Hans Werner Richter, Teilnehmer: Reinhard Federmann, Geno Hartlaub, Eugen Kogon, Georg Kreisler, Franz Tumler, ausgestrahlt am
25. März 1971 im Dritten Programm des SFB, NDR und RB.

32 Eugen Kogon war bereits 1936 und 1937 bei Reisen nach Deutschland wegen seiner
Unterstützung deutscher Emigranten in Österreich und seines Kampfes gegen die
nationalsozialistische Diktatur von der Gestapo verhaftet worden. Nach dem Einmarsch der deutschen Truppen in Österreich wurde Kogon noch am selben Tag bei
einem Fluchtversuch in die Tschechoslowakei verhaftet und später in das Konzentra-
tionslager Buchenwald gebracht. Die Umstände seiner Verhaftung hat Kogon auch
schriftlich festgehalten [vgl. Kogon, «Dieses merkwürdige, wichtige Leben», S. 43 f.].

33 Den österreichischen Schriftsteller und Übersetzer Reinhard Federmann (1923–1976)
hatte Milo Dor erstmals im Mai 1951 zur Tagung der Gruppe 47 nach Bad Dürkheim
mitgebracht. Auch in den folgenden Jahren bis 1961 nahm Federmann an Tagungen der
Gruppe 47 teil.

34 Geno [eigentlich Genoveva] Hartlaub (1915–2007), Schriftstellerin, Lektorin, 1962–
1975 Redakteurin beim Deutschen Allgemeinen Sonntagsblatt.

35 Georg Kreisler (1922–2011), österreichischer Kabarettist und Komponist.

36 Der österreichische Schriftsteller Franz Tumler (1912–1998) nahm an der Tagung der
Gruppe 47 in Berlin 1955 teil und trug bei dem Treffen in Berlin 1962 vor.

37 Den Grünwalder Kreis, einen Zusammenschluss von Politikern und Intellektuellen,
hatte Richter 1956 anlässlich des Aufbaus der Bundeswehr und aus Sorge vor einer
Zunahme restaurativer Tendenzen gegründet [vgl. Geppert, Kreuzwegqual]. Der Kreis

traf sich bis 1958 regelmäßig zu Tagungen in verschiedenen Großstädten, so auch 1957 in West-Berlin, wo Willy Brandt die Eröffnungsrede hielt.

38 Wolfgang Neuss (1923–1989), Mitglied der Berliner Kabarettgruppe Stachelschweine, erhielt durch Vermittlung von Grass 1962 eine Einladung Richters zu der Tagung der Gruppe 47 in Berlin. Neuss' Bitte um eine weitere Einladung zur Tagung 1963 lehnte Richter ab, da er sich bei der Abfassung der Spiegel-Resolution über dessen – nach Richters Auffassung – unangebrachte Einmischung geärgert hatte [vgl. Wolfgang Neuss an Hans Werner Richter, 12. September 1963, in: HWRA, Nr. 5715; Hans Werner Richter an Wolfgang Neuss, 18. September 1963, in: Cofalla (Hrsg.), Briefe, S. 479 f.].

39 In der DDR war es infolge eines kalten Winters und der überalterten Produktionsstruktur in der Wirtschaft, die einen erhöhten Energiebedarf zur Folge hatte, zu Engpässen in der Stromversorgung gekommen.

40 Die «Roten Zellen» waren universitäre Gruppierungen, meist auf Fakultätsebene, die sich sowohl um konkrete studentische Anliegen kümmerten, als auch allgemeine politische Forderungen an die Universitätsleitung stellten. Sie waren weniger radikal als die sogenannten K-Gruppen. Bei der hier erwähnten Aktion hatten die «Roten Zellen» zu einem politischen Massenstreik an der Freien Universität Berlin aufgerufen, um gegen die Entscheidung des Berliner Senats zu protestieren, der drei umstrittene Lehrveranstaltungen des «Sozialistischen Studienprogramms der Roten Zelle Germanistik» wegen Verfassungsfeindlichkeit verboten hatte [vgl. Rt., «Politischer Massenstreik» an der Freien Universität, in: Frankfurter Allgemeine Zeitung, 2. Februar 1971, Nr. 27, S. 1].

41 Ivo Frenzel (*1924), ab 1963 Verlagsleiter und Geschäftsführer des Verlags Rütten & Löning in München, als Journalist für diverse Zeitungen und Zeitschriften tätig, 1968–1979 Redakteur des WDR-Fernsehens und dort am Aufbau eines Dritten Fernsehprogramms beteiligt. Frenzel hatte die Tagung der Gruppe 47 in Princeton 1966 besucht.

42 Hierbei handelt es sich vermutlich um eine Sendung, deren genaue Angaben nicht ermittelt werden konnten.

43 Tatsächlich erhielt Pirker 1972 eine Professur für Empirie und Statistik am Institut für Soziologie der Freien Universität Berlin.

44 Der chilenische Schriftsteller Gaston Salvatore (*1941), der 1965–1969 in Berlin Soziologie studierte, sich mit Hans Magnus Enzensberger anfreundete und als Weggefährte Rudi Dutschkes zu den Anführern der Studentenbewegung gehörte, trug auf der Tagung der Gruppe 47 in Berlin 1972 aus seinem Werk vor.

45 Salvador Allende Gossens (1908–1973), 1970–1973 sozialistischer chilenischer Staatspräsident, Onkel von Gaston Salvatore.

46 Gaston Salvatore, Der langwierige Weg in die Wohnung der Natascha Ungeheuer. Gedichte, Neuwied u. a. 1971. Die Worte «verliebt» und «Liebespaar» sind hier im übertragenen Sinne gemeint.

47 Den SPD-Politiker Hans-Jochen Vogel (*1926) lernte Richter 1955 kennen [vgl. Hans-Jochen Vogel, Hans Werner Richter]. Vogel war seit 1960 Oberbürgermeister von München. Am 18. Februar 1971 erklärte er, wegen der dogmatischen Ideologisierung der Münchener SPD und dem damit drohenden Zerfall der Partei in Einzelgruppen werde er auf eine erneute Kandidatur als Oberbürgermeister verzichten [vgl. Vogel, Die Amtskette, S. 213–247, besonders S. 228].

48 Vermutlich handelt es sich hierbei um eine Sendung des SFB, genauere Angaben konnten nicht ermittelt werden.

49 Goldstücker lebte nach der Niederschlagung des «Prager Frühlings» in der Emigration in Großbritannien. Die von Richter hier wiedergegebene Aussage Goldstückers findet sich auch in einem Interview mit dem *Spiegel* [vgl. Klaus Reinhardt, Fritjof Meyer, «In Russland droht eine Explosion». *Spiegel*-Gespräch mit Professor Eduard Goldstücker über sozialistische Demokratie, in: *Der Spiegel*, 8. März 1971, Nr. 11, S. 124–138].

50 Rudi Dutschke hatte sich nach dem auf ihn verübten Attentat zur Genesung ins Ausland zurückgezogen und lebte seit April 1969 in Großbritannien. Nach seiner Ausweisung zog er am 21. Februar 1971 nach Dänemark [vgl. Chaussy, Die drei Leben, S. 300–307].

51 Horst Mahler saß seit Oktober 1970 in Untersuchungshaft. Ihm wurde die Beteiligung an der Baader-Befreiung, die Mitwirkung an Banküberfällen sowie die Mitgliedschaft in einer kriminellen Vereinigung vorgeworfen.

52 Fernsehsendung zu dem Thema «Der 17. Juni 1953» in der Reihe «Große Tage», Gesprächsleitung: Hans Werner Richter, Teilnehmer: Hans Mayer, Martin Gregor-Dellin, Uwe Johnson, Fritz J. Raddatz, Heinz Brandt, ausgestrahlt am 17. Juni 1971 im Dritten Programm des SFB, NDR und RB.

53 Martin Gregor-Dellin (1926–1988), Schriftsteller, der 1958 aus der DDR geflüchtet war.

54 Heinz Brandt (1909–1986), Politiker, Journalist, Gewerkschaftsfunktionär.

55 Hans Mayer, Ehemann von Barbara König.

56 Barbara Scriba-Sethe (*1939), Lektorin des Hoffmann und Campe Verlages, die Richters Roman «Rose weiß, Rose rot» betreute.

57 Paul Sethe (1901–1967), 1949–1955 Herausgeber der *Frankfurter Allgemeinen Zeitung*, 1955–1960 und 1962–1965 Leitartikler und politischer Ressortchef der *Welt*, Tätigkeit bei *Zeit* und *Stern*.

58 Fritz J. Raddatz an Hans Werner Richter, 3. April 1971, in: HWRA, Nr. 8331. Raddatz hatte ursprünglich den Plan verfolgt, gemeinsam mit Rudolf Augstein die Zeitschrift *Monat* zu kaufen und sie zu einer literarischen Zeitschrift umzuwandeln. Augstein sollte als Herausgeber, Raddatz als Chefredakteur fungieren. Nachdem Augstein sich von dem Projekt zurückgezogen hatte, versuchte Raddatz, die Zeitschrift in Zusammenarbeit mit Richter und weiteren Autoren zu realisieren. In dem hier erwähnten Brief holte Raddatz Richters Meinung zu diesem Projekt ein. Dieser war begeistert, sorgte sich aber um die Kosten, an denen das Projekt letztlich auch scheiterte [vgl. Hans Werner Richter an Fritz Raddatz, 7. April 1971, in: HWRA, Nr. 8332].

59 Jürgen Kolbe (1940–2008) war Lektor des Hanser Verlags.

60 Hierbei handelt es sich um eine Sendung, deren genaue Angaben nicht ermittelt werden konnten.

61 Felix Rexhausen (*1932), Volkswirt und Redakteur.

62 Bernhard Ücker (*1921), ab 1946 Parlamentarischer Kommentator des *Bayerischen Rundfunks*, ab 1970 dort Abteilungsleiter.

63 Rolf Michaelis (*1933), 1964–1968 Leiter der Literaturredaktion der *Frankfurter Allgemeinen Zeitung*, 1968–1973 deren Kulturkorrespondent in Berlin. Er war Richter 1967 von Otto F. Walter vom Luchterhand Verlag mit der Begründung empfohlen worden, für das Gefüge der Gruppe 47 seien neue Kritikerstimmen wichtig [vgl. Cofalla (Hrsg.), Briefe, S. 654].

64 Fernsehsendung zu dem Thema «Das Ende der Belletristik» im Rahmen der Reihe «Open End», Gesprächsleitung: Hans Werner Richter, Teilnehmer: Hans Josef Mundt, Uwe Johnson, Jürgen Kolbe, Rolf Michaelis, ausgestrahlt am 5. April 1971 im Dritten Programm des SFB, NDR und RB.

65 Philipp von Bismarck (1913–2006), Industrieller, Politiker, 1969–1979 Mitglied des Deutschen Bundestages für die CDU. Bismarck hatte ab Juni 1941 am Russlandfeldzug teilgenommen und sich später dem Widerstandskreis um Henning von Tresckow angeschlossen.

66 Fernsehsendung zu dem Thema «Der 2. Februar 1943 (Stalingrad)» im Rahmen der Reihe «Große Tage?» Gesprächsleitung: Hans Werner Richter, Teilnehmer: Philipp von Bismarck, Wanda Bronska-Pampuch, Kurt von Burkersroda, Volkmar von der Decken, Valerian Lebedew, Hans Scholz, gesendet am 13. Mai 1971 im Dritten Programm des SFB, NDR und RB.
Hans Scholz (1911–1988), 1963–1976 Feuilletonleiter des *Tagesspiegels* und damals bekannter Autor des Buches «Am grünen Strand der Spree. So gut wie ein Roman».

67 Bereits zwei Tage später, am 5. Mai 1971, teilte Raddatz Richter das wahrscheinliche Ende des Projektes mit. Ein Gespräch mit dem Verleger Siegfried Unseld sei negativ verlaufen, da Unseld nur geringe finanzielle Mittel bereitstellen wolle [vgl. Fritz J. Raddatz an Hans Werner Richter, 5. Mai [1971], in: HWRA, Nr. 8237].

68 Gisela Fischer-Braun (*1929), Tochter von Brigitte und Gottfried Bermann Fischer.

69 Eine Fernsehsendung zu Thomas Mann produzierte Richter dennoch im Rahmen der Reihe «Berliner Werkstatt: Das S. Fischerhaus im Grunewald», die am 3. Mai 1971 aufgenommen, am 1. Juli 1971 im Dritten Programm des SFB, NDR und RB ausgestrahlt wurde und mit der diese Sendereihe abgeschlossen wurde. Teilnehmer an den zwei verschiedenen Diskussionsrunden der Sendung waren Peter Wapnewski, Jürgen Becker, Uwe Johnson, der Schriftsteller Walter Kempowski (1929–2007), der an der kleinen Tagung der Gruppe 47 in Berlin 1972 teilnahm, Fritz J. Raddatz, Günter Grass und Reinhard Baumgart.

70 Richter und Mayer blieben in Kontakt. Mayer hielt sogar eine Rede zu Richters 75. Geburtstag [Hans Mayer, Mein Zeitgenosse Hans Werner Richter, abgedruckt als Nachwort zur Neuauflage von Richter, Ein Julitag, S. 179–187].

71 Mit diesem Treffen ist die Gesprächsrunde anlässlich der Aufzeichnung der Thomas Mann-Sendung und das anschließende Abendessen gemeint.

72 Elisabeth Johnson (*1935), geb. Schmidt, Indologin, seit 1962 mit Uwe Johnson verheiratet, nahm an der Tagung der Gruppe 47 in Berlin 1962 teil.

73 Der Schriftsteller Dieter Lattmann (*1926), der an den Tagungen der Gruppe 47 auf Schloss Elmau im Odenwald 1951, in Aschaffenburg 1960 und in Sigtuna 1964 teilgenommen hatte, war seit 1969 Vorsitzender des Verbandes Deutscher Schriftsteller. In dieser Funktion setzte er sich auf dem ersten Schriftstellerkongress in Stuttgart für die gewerkschaftliche Organisation der Autoren ein.

74 Datum von Richter hs. korrigiert aus «10.7.».

75 Victor de Kowa (1904–1973), Schauspieler.

76 Fernsehsendung zu dem Thema «Der 18. Februar 1943 (Sportpalast-Rede)» im Rahmen der Reihe «Große Tage?», Gesprächsleitung: Hans Werner Richter, Teilnehmer: der Schauspieler Rudolf Fernau (1898–1985), der Journalist Hellmut Jaesrich (1908–1989),

Ursula von Kardorff, Victor de Kowa, Ladislaus Somogyi, ausgestrahlt am 20. Mai 1971 im Dritten Programm des SFB, NDR und BR.

77 Ivan Nagel (1931–2012) wurde 1971 zum Intendanten des Deutschen Schauspielhauses Hamburg berufen, das er sodann von 1972 bis 1979 leitete.

78 Hörfunksendung zu dem Thema «Die Problematik der Mitbestimmung im kulturellen Bereich» im Rahmen der Reihe «Berlin 33, Hasensprung», am 14. Mai 1971 vom SFB aufgezeichnet, Gesprächsleitung: Hans Werner Richter. Teilnehmer neben Ivan Nagel waren die Journalistin Carola Stern (1925–2006), Walther Schmieding und Arnulf Baring, gesendet im Dritten Programm des SFB, NDR und BR.

79 Sendung zu dem Thema «Tarzans Rückkehr auf den Büchermarkt», Diskussionsleitung: Walther Schmieding, Teilnehmer: Arnulf Baring, Jürgen Kolbe, Herbert Feuerstein (*1937), 1969–1971 Leiter des Verlags Bärmeier & Nikel («Bibliothek Tarzan»), Karl Riha (*1935), Literaturwissenschaftler, sowie Hans Werner Richter, ausgestrahlt am 28. Juli 1971 im ZDF. Das Verlagshaus Bärmeier & Nikel beanstandete nach der Aufzeichnung der Sendung, die Gesprächsführung sei gegenüber ihrem Vertreter nicht fair gewesen. Nach einer Überprüfung durch den Justitiar des ZDF wurde die Sendung gleichwohl ausgestrahlt [vgl. Peter Gerlach an Hans Werner Richter, 26. Juli 1971, in: HWRA, Nr. 8792].

80 Vom 19. bis zum 24. Mai 1971 fand auf Einladung des Literarischen Colloquiums Berlin eine Tagung über «Deutsche Außenkulturpolitik» statt, an der u. a. Vertreter der Goethe-Institute und des Auswärtigen Amtes teilnahmen [vgl. Höllerer u. a. (Hrsg.), Autoren im Haus, S. 229].

81 Fernsehsendung «Gerhart Hauptmann», siebter Teil der Reihe «Berliner Werkstatt: Das S. Fischerhaus im Grunewald», aufgenommen am 24. Mai 1971, ausgestrahlt am 24. Juni 1971 im Dritten Programm des SFB, NDR und RB, Teilnehmer unter der Leitung Hans Werner Richters: Wolf-Rüdiger Albrecht, Vertreter von Felix Bloch Erben, Ernst Wendt (1937–1986), Theaterregisseur und Dramaturg, Rolf Michaelis, Theaterkritiker und Autor eines Buches über Gerhart Hauptmann, Karl Riha, Marcel Reich-Ranicki und Boleslaw Barlog (1906–1999), 1963–1972 Generalintendant der Staatlichen Schauspielbühnen Berlin.

82 Richter besuchte im Rahmen des Berliner Theatertreffens, das vom 15. bis zum 26. Mai 1971 stattfand, die Eröffnungsveranstaltung, bei der Anton Tschechows «Kirschgarten» in einer Inszenierung des Residenztheaters München unter der Regie von Rudolf Noelte gespielt wurde. Außerdem sah er die Aufführung von Peter Handkes «Ritt über den Bodensee» in einer Inszenierung der Schaubühne am Halleschen Ufer unter der Regie von Claus Peymann und Wolfgang Wiens sowie Bertolt Brechts «Leben Eduards des Zweiten von England» in einer Inszenierung der Münchner Kammerspiele unter der Regie von Hans Hollmann, das auf der Vorlage des englischen Schriftstellers Christopher Marlowe (1564–1593) basierte.

83 Der Schauspieler Dieter Laser (*1942) beschuldigte im Namen des Schauspieler-Kollektivs bei einer Aufführung in der Berliner Schaubühne den im Publikum sitzenden Günter Grass, er habe «in der Manier eines bezahlten Mietlings» der Münchener SPD den Schriftsteller Heinar Kipphardt «in übelster Weise verleumdet» [G. G., Wir bitten um Fair Play, in: Der Tagesspiegel, 2. Juni 1971, Nr. 7816, S. 4]. Grass hatte zuvor ein nicht veröffentlichtes Presseheft zu einer Theateraufführung des Wolf Biermann-Stückes

«Der Dra-Dra», das Kipphardt als Chefdramaturg der Münchner Kammerspiele presserechtlich verantwortete, scharf kritisiert. In dem Heft sollten 24 Fotos von Personen aus Politik und Wirtschaft – unter ihnen Hans-Jochen Vogel – abgebildet werden, um das kapitalistische Machtsystem der Bundesrepublik und dessen Träger zu entlarven. Grass beschuldigte Kipphardt der Hexenjagd und der Verfälschung des Stückes. Obwohl das Programmheft nicht veröffentlicht wurde, wurde Kipphardts Vertrag nicht verlängert, was zu zahlreichen Protesten führte [vgl. die ausführliche Darstellung des Vorgangs bei Zimmermann, Günter Grass unter den Deutschen, S. 311–318].

84 Günter Herburger, Überlebensgroß Herr Grass. Porträt eines Kollegen, in: *Die Zeit*, 4. Juni 1971, Nr. 23, S. 13. Das Datum des *Zeit*-Artikels belegt eine erneute Fehldatierung Richters.

85 Günter Grass hielt im Rahmen des Dürerjahres der Stadt Nürnberg eine Rede über einen Kupferstich des Malers [Günter Grass, Vom Stillstand im Fortschritt. Variationen zu Albrecht Dürers Kupferstich «Melencolia I». Rede zum Dürerjahr in Nürnberg, in: Ders., Werke, Bd. 11, S. 676–697].

86 Günter Grass und Siegfried Lenz begleiteten im Dezember 1970 die Delegation des Bundeskanzlers Willy Brandt nach Warschau, die den sogenannten Warschauer Vertrag aushandelte.

87 Richter gibt hier den Vornamen falsch wieder. Gemeint ist Joachim [genannt Jochen] Steffen, SPD-Kandidat für das Ministerpräsidentenamt in Schleswig-Holstein, für den sich Grass gemeinsam mit Siegfried Lenz im Wahlkampf einsetzte.

88 Grass hatte dem Bundesminister für wirtschaftliche Zusammenarbeit, Erhard Eppler, vorgeschlagen, in Tansania mit Hilfe von Entwicklungshilfegeldern eine «Mustersiedlung» aufzubauen [vgl. Zimmermann, Günter Grass unter den Deutschen, S. 310].

89 Günter Grass an Hans Werner Richter, 1. Juni 1971, in: HWRA, Nr. 8651. Grass berichtete, dass er sich bei einem Besuch der Theateraufführung «Peer Gynt» in der Berliner Schaubühne gegen die «totalitäre Praxis: Aburteilung in der Öffentlichkeit» gewehrt habe. Anna und er hätten die Theateraufführung bis zum Schluss angesehen, «doch das, was ich in der Schaubühne am Hallischen Ufer erlebt habe, verbreitete, weil es terroristisch konzipiert ist, Angst. [...] Du weißt, wie schwer es fällt, als Diffamierter in eigener Sache zu argumentieren. Doch weil sich demnächst jeder ähnlichem Terror ausgesetzt sehen wird, der es wagt, rechtsradikale Methoden linksradikaler Terroristen zu kritisieren, bitte ich Dich um Hilfe.»

90 Manuskript zur Sendung, in: HWRA, Nr. 9114.

91 Hans Werner Richters Bruder Willi Richter war am 18. Juni 1971 an Krebs gestorben. Die Beerdigung fand am 24. Juni 1971 in Bansin statt [schriftliche Auskunft Martin Bartels vom 22. Februar 2012].

92 Hans Werner Richters Brüder Ernst (1899–1986), Max (1904–1986) und Otto.

93 Richters Buch «Rose weiß, Rose rot» erschien 1971 im Hoffmann und Campe Verlag, weil Richter hoffte, sein Buch werde dort größere Beachtung und eine bessere Vermarktung als bei anderen Verlagen erfahren. Nach Veröffentlichung des Buches äußerte er gegenüber der zuständigen Lektorin Barbara Scriba-Sethe seinen Unmut, dass im Klappentext seines Buches das Werk eines anderen Autors angezeigt werde, keine Leseexemplare verschickt worden seien, es in den Übersichten zu literarischen Neuerscheinungen in Zeitungen oder Zeitschriften nicht erwähnt werde und das Buch

bei Testanfragen in Berliner Buchhandlungen völlig unbekannt gewesen sei [vgl. Hans Werner Richter an Barbara Scriba-Sethe/Hoffmann und Campe Verlag, 13. September 1971, in: HWRA, Nr. 8664].

94 Sabine Cofalla, die Herausgeberin der Briefe Richters, kommt zu dem Schluss, dass Richters Buch «Rose weiß, Rose rot» in der Öffentlichkeit keine besondere Beachtung erfahren habe [vgl. Cofalla, Der «soziale Sinn», S. 46]. Eine Sammlung der Rezensionen im Nachlass Richters [vgl. Pressemappe zu «Rose weiß, Rose rot», in: HWRA, Nr. 347, Mappe 17] bestätigt diese Einschätzung, obwohl Richters Buch durchaus – wenn auch nicht immer positiv – besprochen wurde [vgl. zum Beispiel N. N., Wundern über Teddy, in: Der Spiegel, 27. September 1971, Nr. 40, S. 174 f.].

95 Dieser Brief konnte im Nachlass Richters nicht nachgewiesen werden.

96 Hans Werner Richter an Günter Grass, 7. August 1971, in: HWRA, Nr. 8977. Richter schildert in diesem Brief seine Niedergeschlagenheit angesichts der Zustände in der DDR.

97 Willy Brandt an Hans Werner Richter, 28. September 1971, in: HWRA, Nr. 8933.

98 Elmar Altvater (*1938), 1971–2006 Professor für Politische Ökonomie an der FU Berlin.

99 Günther Doeker (*1933), Rechtswissenschaftler, 1972–1995 Professor für Politische Wissenschaft an der FU Berlin.

100 Fernsehsendung zu dem Thema «Das sogenannte Gute» (über ein Buch von Gerhard Szczesny) im Rahmen der Reihe «Open End», Gesprächsleitung: Hans Werner Richter, Teilnehmer: Gerhard Szczesny, Günther Doeker, Herbert Kundler (1926–2004), der in verschiedenen Führungspositionen des RIAS tätig war, Elmar Altvater, ausgestrahlt am 18. Oktober 1971 im Dritten Programm des SFB, NDR und RB.

101 Gerhard Szczesny, Das sogenannte Gute. Vom Unvermögen der Ideologen, Reinbek bei Hamburg 1971.

102 Datum von Richter hs. korrigiert aus unleserlicher Angabe.

103 Richter besuchte auf Einladung des Hoffmann und Campe Verlages einen Frühschoppen, der anlässlich der Frankfurter Buchmesse stattfand.

104 Datum von Richter hs. korrigiert aus «20.11.».

105 Günter Grass hat am 16. Oktober Geburtstag.

106 Fernsehsendung zu dem Thema «Ödön von Horváth – schutzlos?» im Rahmen der Reihe «Literarisches Colloquium», Gesprächsleitung: Hans Werner Richter, Teilnehmer: Reinhart Hoffmeister (*1923), Leiter der Sendung «Aspekte», Dieter Hildebrandt und Walter Huder (1921–2002), Herausgeber der Werke Horváths, Hellmuth Karasek sowie Peter Palitzsch, ausgestrahlt am 8. Dezember 1971 im ZDF.

107 Pierre Bertaux (1907–1986), französischer Germanist, 1965–1981 Professor an der Universität Paris-Sorbonne, 1968 Gründer und Direktor des Instituts d'allemand d'Asnières an der Universität Paris, Experte für das Werk Friedrich Hölderlins.

108 Manès Sperber (1905–1984), Schriftsteller.

109 François Bondy (1915–2003), Schweizer Schriftsteller und Journalist.

110 Fernsehsendung zu dem Thema «Der 22. Juni 1940 (Kapitulation Frankreichs)» im Rahmen der Reihe «Große Tage?», Gesprächsleitung: Hans Werner Richter, Teilnehmer: Pierre Bertaux, François Bondy, Erich Kuby, Hans Josef Mundt, Marcel Reich-Ranicki, Manès Sperber, ausgestrahlt am 31. Januar 1972 im Dritten Programm des SFB, NDR und RB.

111 Umarshankar Joshi (1911–1988), indischer Schriftsteller, Mitglied im indischen Oberhaus.

112 Richter war am 3. November 1971 nach Kiel gereist und hatte am 100. Autorenabend der Kieler Buchhandlung Cordes teilgenommen [vgl. Eckart Cordes an Hans Werner Richter, 6. November 1971, in: HWRA, Nr. 8050].

113 Eckart Cordes (*1933), 1967–2000 Inhaber der Buchhandlung Cordes in Kiel, Organisator von zahlreichen Lesungen.

114 Ob sich diese Begebenheit so abgespielt hat, wie Richter sie hier schildert, ist nicht gesichert.

115 Zwar urteilten zahlreiche Rezensenten, der Stil Richters in «Rose weiß, Rose rot» sei konventionell, konservativ [vgl. Rezension zu Hans Werner Richter, Rose weiß, Rose rot, in: *Die Welt der Bücher*, Freiburg, Nr. 7, 1971] oder auch hölzern [vgl. Gerhard Illgner, Ein dummer August siegt, in: *Westdeutsche Allgemeine*, 2. Oktober 1971, Nr. 228, Bunte Blätter, S. 2], würdigten aber die «Warnung vor radikalen wie vor apolitischen Schädlingen der Demokratie» [ebd.].

116 Willy Brandt an Hans Werner Richter, 28. September 1971, in: HWRA, Nr. 8933. Richter antwortete Brandt erst am 31. Dezember 1971 [vgl. Hans Werner Richter an Willy Brandt, 31. Dezember 1971, in: ebd., Nr. 8934].

117 Am 20. Oktober 1971 hatte das norwegische Preiskomitee Willy Brandt den Friedensnobelpreis für seine Versöhnungspolitik gegenüber den osteuropäischen Staaten zuerkannt, den dieser am 10. Dezember 1971 entgegennahm. Richter gratulierte Brandt doch noch zum Nobelpreis [vgl. Willy Brandt an Hans Werner Richter, 25. Januar 1972, in: HWRA, Nr. 8369].

118 Da die Koalition aus SPD und FDP 1972 im Bundestag keine Mehrheit mehr besaß, stellte Bundeskanzler Willy Brandt die Vertrauensfrage in der Absicht, diese zu verlieren und nach Neuwahlen eine stabile politische Mehrheit zu erlangen. Die vorgezogene Bundestagswahl fand am 19. November 1972 statt. Dabei erreichte die SPD 242, die CDU 186, die CSU 48 und die FDP 42 Sitze im Bundestag.

119 Franz Josef Strauß an Hans Werner Richter, 3. November 1971, in: HWRA, Nr. 9279.

120 Der Schriftsteller und Germanist Herbert Heckmann (1930–1999) war 1967 nach einem Auslandsaufenthalt als Gastdozent an der Northwestern University in Evanston (Illinois) nach Deutschland zurückgekehrt und arbeitete als freier Schriftsteller sowie für den *Hessischen Rundfunk*. 1963–1979 war er Mitherausgeber der *Neuen Rundschau*. Auf Vorschlag Klaus Wagenbachs hatte Richter Heckmann zur Tagung der Gruppe 47 in Aschaffenburg 1960 eingeladen.

121 Fernsehsendung zu dem Thema «Der 20. Juni 1948 (Währungsreform)» im Rahmen der Reihe «Große Tage?», Gesprächsleitung: Hans Werner Richter, Teilnehmer: Reinhard Baumgart, Peter Härtling, Herbert Heckmann, der Journalist Josef Müller-Marein (1907–1981), Gabriele Wohmann, ausgestrahlt am 7. Februar 1972 im Dritten Programm des SFB, NDR und RB.

122 Während der «Woche der deutschen Kultur» in Israel wurde am 9. November 1971 eine Lesung von Günter Grass in der Universität Jerusalem von Vertretern der rechtsextremen Betar-Bewegung massiv gestört, die eine deutsche Kulturwoche in Israel und zumal eine Lesung an einem 9. November, dem Tag der Reichspogromnacht des Jahres 1938, ablehnten [vgl. Zimmermann, Günter Grass unter den Deutschen, S. 320 f.;

Moshe Tavor, Demonstranten gegen Grass, in: *Frankfurter Allgemeine Zeitung*, 11. November 1971, Nr. 262, S. 24].

123 Leo Bauer war Ende 1952 von einem sowjetischen Militärtribunal zum Tode verurteilt worden. Das Urteil wurde später in 25 Jahre Arbeitslager umgewandelt. Im Oktober 1955 durfte Bauer aus Sibirien in die Bundesrepublik ausreisen [vgl. Brandt, u. a., Karrieren eines Außenseiters, S. 192–212].

124 Der außerordentliche Parteitag der SPD fand vom 18. bis 20. November 1971 in Bonn statt.

125 Leo Bauer starb am 18. September 1972.

1972

1 Mit dem Politik- und Verwaltungswissenschaftler Thomas Ellwein (1927–1998) hatte Richter bereits im Grünwalder Kreis zusammengearbeitet. Ellwein hielt die Laudatio für Richter bei der Verleihung des mit 20 000,- DM dotierten DGB-Kulturpreises, den dieser am 17. Mai 1972 zu gleichen Teilen mit der Büchergilde Gutenberg erhielt. Richter habe, so hieß es in der Begründung, mit seinem politischen und sozialen Engagement dazu beigetragen, dass die moderne deutsche Literatur in einem lebendigen Spannungsverhältnis zur gesellschaftlichen Entwicklung stehe [vgl. DGB-Kulturpreis an Büchergilde und H. W. Richter, in: *Frankfurter Allgemeine Zeitung*, 18. Mai 1972, Nr. 114, S. 28; DGB-Kulturpreis 1972, in: *Die Quelle. Funktionärszeitschrift des Deutschen Gewerkschaftsbundes* 23 (1972), S. 330 f.].

2 Angriffe in der Zeitschrift *konkret* lassen sich für diesen Zeitraum nicht nachweisen. Gemeint sind wohl zwei Artikel in der Zeitschrift *Kürbiskern* [vgl. Friedrich Hitzer, Literatur heute, in: *Kürbiskern* 1 (1972), S. 54–68; Friedrich Hitzer, Oskar Neumann, Conrad Schuhler, Gespräch mit Kurt Bachmann, in: ebd., S. 123–135], über die sich Richter in einem Brief an Günter Grass verärgert zeigte [vgl. Hans Werner Richter an Günter Grass, 28. Dezember 1971, in: HWRA, Nr. 8964]. Dass der Angriff von der SED gesteuert wurde, konnte nicht nachgewiesen werden.

3 Walter Grohmann, den Richter schon aus der Vorkriegszeit kannte [vgl. Hans Werner Richter, Tagebucheintrag, 30. Juli 1929, in: HWRA, Nr. 174], war bis 1971 in Chile als Verleger und Druckereibesitzer tätig. Danach zog er nach Mallorca, um dort eine Pension zu eröffnen. Hans Werner und Toni Richter, die Grohmann in Palma traf, hatte er vorgeschlagen, in diese Pension zu investieren [vgl. Walter Grohmann an Hans Werner und Toni Richter, 6. August 1971, in: HWRA, Nr. 8979].

4 Das Ehepaar Richter verbrachte insgesamt 14 Urlaubstage auf den Balearen [vgl. Hans Werner Richter an Walter Grohmann, 28. November 1971, in: HWRA, Nr. 8832]. Die Reise nach Formentera diente auch geschäftlichen Zwecken: Richters planten, dort ein Grundstück zu kaufen, das sich im Besitz ihrer Freundin Manja Bahlsen befand [vgl. Hans Werner Richter an Walter Grohmann, 10. August 1971, in: HWRA, Nr. 8978].

5 Heinrich Böll, Will Ulrike Gnade oder freies Geleit?, in: *Der Spiegel*, 10. Januar 1972, Nr. 3, S. 54–57.

6 Vgl. zu dem Verlauf der Debatte die Dokumentation von Grützbach (Hrsg.), Heinrich Böll.

7 Thilo Koch (1920–2006), Journalist, Schriftsteller, Fernsehautor, 1970–1976 General-sekretär des PEN-Zentrums der Bundesrepublik.

8 Lew Kopelew wurde 1968 aus der KPdSU ausgeschlossen und verlor seine Stelle als Wissenschaftlicher Mitarbeiter am Moskauer Institut für Kunstgeschichte. Der Schrift-stellerverband rügte ihn, schloss ihn aber erst 1977 endgültig aus. Alexander Solsche-nizyn war bereits im November 1969 aus dem Schriftstellerverband ausgeschlossen worden.

9 Jesco von Puttkamer war von 1971 bis 1974 Botschafter der Bundesrepublik Deutsch-land in Israel.

10 Annemarie Böll (1910–2004), geb. Čech, Übersetzerin, Lehrerin, seit 1942 mit Heinrich Böll verheiratet.

11 Heinrich Böll traf gemeinsam mit seiner Frau Annemarie am 15. Februar 1972 in der Sowjetunion ein und reiste von dort am 14. März 1972 wieder ab [vgl. Orlowa, Kopelew, Wir lebten in Moskau, S. 213–219].

12 Heinrich Böll war von 1970 bis 1972 Präsident des PEN-Zentrums der Bundesrepublik Deutschland und hatte von 1971 bis 1974 das Amt des Präsidenten des Internationalen PEN-Clubs inne.

13 Vgl. Hanuschek, Geschichte des bundesdeutschen PEN-Zentrums, v. a. S. 273–276.

14 Die polnische Schriftstellerin und Journalistin Wanda Bronska-Pampuch war am 8. Fe-bruar 1972 gestorben.

15 Paula Husemann-Brüsshaver (*1911), geb. Richter, jüngere Schwester Hans Werner Richters.

16 Richter flog am 18. Februar 1972 zu einer Lesereise nach England, die von verschiede-nen Goethe-Instituten organisiert worden war. Dort streikten seit dem 9. Januar 1972 die Bergarbeiter für mehr Lohn, was zu Stromausfällen in großem Umfang führte [vgl. Brüggemeier, Geschichte Großbritanniens, S. 264 f.].

17 Brieflich teilte Richter Koch mit, er sei froh, dass dieser für die PEN-Präsidentschaft kandidiere. Er selbst habe schon vorher Heinrich Böll seine Gründe für seinen Ver-zicht mitgeteilt [vgl. Hans Werner Richter an Thilo Koch, 24. März 1972, in: HWRA, Nr. 9014].

18 Sendung zu dem Thema «Was heißt in Zukunft ‹deutsch›?» im Rahmen der Reihe «Literarisches Colloquium», Gesprächsleitung: Walther Schmieding, Teilnehmer: Gus-tav Korlén, Johannes Gross, Sebastian Haffner, der Schriftsteller und Politiker Wilhelm W. Schütz (1911–2002) sowie der Schriftsteller Hartmut Lange (*1937), aufgezeichnet am 6. März 1972, ausgestrahlt am 28. Mai 1972 im ZDF.

19 Gustav Korlén an Hans Werner Richter, 7. Februar 1972, in: HWRA, Nr. 8452.

20 Hartmut Lange, Trotzki in Coyoacan, Frankfurt am Main 1971. Hartmut Lange las bei der Tagung der Gruppe 47 in Berlin 1972, hatte aber keine der früheren Tagungen besucht.

21 Ein Durchschlag des Briefes an Heinrich Böll ist im Nachlass Richters nicht erhalten. Bölls Nachlass lagerte im eingestürzten Historischen Archiv der Stadt Köln und ist – sofern erhalten – noch nicht wieder einsehbar.

22 Norbert Gansel (*1940), Jurist, 1968–1995 Mitglied im Parteirat der SPD, 1969–1970 stellvertretender Bundesvorsitzender der Jungsozialisten, 1971–1973 Mitglied des SPD-Landesvorstandes Schleswig-Holstein.

23 Bauer besuchte vom 6. bis zum 17. März 1972 als Beobachter der SPD den Kongress der KPI und fuhr anschließend nach Berlin [vgl. Leo Bauer an Hans Werner Richter, 3. Februar 1972, in: HWRA, Nr. 7674].

24 Während seiner Reise durch die Sowjetunion traf Böll erstmals mit Alexander Solschenizyn zusammen. Raissa Orlowa und Lew Kopelew berichten über Bölls Klage, alle setzten auf ihn die verschiedenartigsten Hoffnungen, die er nicht erfüllen könne [vgl. Orlowa, Kopelew, Wir lebten in Moskau, S. 217; dort auch weitere Hintergründe zu der Reise, S. 213–219].

25 Kostja Bogatyrjow.

26 Hermann Kesten gewann die Wahl zum Präsidenten des PEN-Zentrums Bundesrepublik Deutschland gegen Thilo Koch mit 63 zu 32 Stimmen. Koch, der schon unter der Präsidentschaft Bölls das Amt des Generalsekretärs inne hatte, wurde in seiner bisherigen Position bestätigt.

27 Richter hatte den schwedischen Verleger und Schriftsteller Thomas von Vegesack (1929–1998), der auch als Redakteur im Feuilleton des Stockholm Tidningen arbeitete, 1962 zusammen mit Gustav Korlén in West-Berlin kennen gelernt. An der Tagung der Gruppe 47 in Saulgau 1963 nahm Vegesack auf Richters Einladung hin teil und war im Jahr darauf Mitorganisator der Tagung der Gruppe 47 in Sigtuna.

28 Gunilla Palmstierna-Weiss.

29 Richter hatte damals im Rahmen einer Vortragsreise, die ihn vom 26. März bis zum 11./12. April 1963 durch Skandinavien führte, auf Einladung der bundesrepublikanischen Botschaft in Stockholm die Gruppe 47 vorgestellt. Der Vortrag, den er vor der Schwedisch-Deutschen-Gesellschaft hielt und der auf positive Resonanz stieß, ist abgedruckt: Hans Werner Richter, Gruppe 47, in: Moderna språk 58 (1964), S. 331–344, vgl. auch Benzinger, Die Tagung der «Gruppe 47» in Schweden, S. 41 und S. 44f.

30 Richters Bruder Otto und dessen Ehefrau Friedel, eine frühere Freundin Richters, die beide in Malmö lebten.

31 Die kleine Tagung der Gruppe 47 fand vom 29. April bis zum 1. Mai 1972 in der ehemaligen Villa von Samuel Fischer, Erdener Straße 8 in Berlin statt. Richter hatte rund vierzig Schriftsteller eingeladen, die im Gegensatz zu den vorherigen Tagungen im Anschluss an ihre Lesung mitdiskutieren durften. Das Treffen unterschied sich von den früheren Zusammenkünften auch darin, dass nur wenige Kritiker von Richter hinzugebeten worden waren, während Verleger und die Öffentlichkeit vollständig ausgeschlossen wurden. Ein Studio-Empfang der «Berliner Werkstatt», der aufgezeichnet wurde, fand am 30. April 1972 statt und wurde vermutlich am 1. Mai 1972 im Dritten Programm des SFB, NDR und RB gesendet.

32 Gaston Salvatore las eine Szene aus seinem Drama «Büchners Tod» [Gaston Salvatore, Büchners Tod, Frankfurt am Main 1972].

33 Den Ponyhof in Norddeich kauften sich Hans Werner und Toni Richter 1972 vor allem, um einen Zusatzertrag für ihre Rente zu erlangen. Die Leitung des Hofes übernahm Toni Richter, vor Ort kümmerten sich Knut Husemann (*1938), Sohn von Richters Schwester Paula, sowie dessen damalige Ehefrau Beatrice (*1942), geb. Hensel, um die Anlage. 1980 verpachteten Richters ihn an den Verein «Kinderfarm Ponyhof am Deich», um ihn schließlich 1986 zu verkaufen. Richter hat seine Erlebnisse in Norddeich in seine Bücher «Kinderfarm Ponyhof» und «Bärbel Hoppsala» einfließen lassen.

34 Die Schriftstellerin und Journalistin Ingrid Bachér (*1930) nahm seit dem Treffen in Großholzleute 1958 regelmäßig an den Tagungen der Gruppe 47 teil.

35 Heinz-Dietrich Ortlieb (1910–2001), Professor für Wirtschaftswissenschaft, kannte Hans Werner Richter seit 1929. Ortlieb hatte an der Zeitschrift *Der Ruf* mitgearbeitet.

36 Grass engagierte sich – wie bereits in früheren Jahren – im Bundestagswahlkampf für die SPD.

37 Die XX. Olympischen Sommerspiele, die bis zum 11. September 1972 in München stattfanden, wurden am 26. August eröffnet. Am 5. September nahm die palästinensische Terrororganisation «Schwarzer September» elf israelische Sportler als Geisel, von denen zwei direkt bei der Geiselnahme ermordet wurden. Alle anderen Geiseln, ein Polizist und fünf der Geiselnehmer kamen bei einem gescheiterten Befreiungsversuch ums Leben.

Hans Werner Richter als Tagebuchschreiber.

1 Richter, Warum ich kein Tagebuch schreibe, S. 108.

2 Richter, Im Etablissement der Schmetterlinge, S. 264.

3 Sie liegt mittlerweile in großen Auszügen ediert vor; vgl. Cofalla (Hrsg.), Briefe.

4 Tagebuch/Notizbuch über die Reise durch die Sowjetunion, in: HWRA, Nr. 177; Tagebuch Mai 1929-April 1930, in: ebd., Nr. 174; Tagebuch, 25. Juli 1930-Ende 1933, in: ebd., Nr. 8; vgl. Richter, Karl Marx in Samarkand.

5 So wird z. B. die Ermordung Robert Kennedys im Tagebucheintrag vom 3. Juni 1968 erwähnt, obwohl das Attentat in der Nacht vom 4. auf den 5. Juni stattfand und Kennedy erst am 6. Juni seinen Verletzungen erlag.

6 Richter, Warum ich kein Tagebuch schreibe, S. 99–100, Zitat S. 100.

7 Ebd., S. 101–104, Zitat S. 102.

8 Ebd., S. 105.

9 Ebd., S. 107.

10 Ebd., S. 109.

11 Die Bezeichnung «linker Konservativer» geht auf einen Aufsatz zu Richters 75. Geburtstag von Hans Schwab-Felisch in der Zeitschrift *Merkur* zurück [Hans Schwab-Felisch, Ein linker Konservativer. Hans Werner Richter wird 75, in: *Merkur* 7 (1983), S. 852–859]. Richter nannte sich in einem Brief an Raddatz vom 10. Juli 1968 selbst einmal einen «reaktionären Reformisten» [Hans Werner Richter an Fritz J. Raddatz, 10. Juli 1968, in: Cofalla (Hrsg.), Briefe, S. 671].

12 Cofalla, Der «soziale Sinn».

13 Richter hat seine Kindheit und Jugend auf Usedom später mehrfach literarisch verarbeitet, siehe Richter, Spuren im Sand; ders., Blinder Alarm; ders., Reisen durch meine Zeit.

14 Vgl. Embacher, Hans Werner Richter, S. 13–14.

15 Vgl. Wehdeking, Der Nullpunkt.

16 Böll, Bekenntnis zur Trümmerliteratur (1952), in: ders., Werke, Bd. 6, S. 58–62, hier S. 58; vgl. auch Zimmermann, Die Gruppe 47, S. 62.

17 Baring, «Nachruf auf meine Freunde», S. 28.

18 Auch diese Zeit hat Richter später in einem Roman verarbeitet; siehe Richter, Rose weiß, Rose rot.

19 Richter, Ein Julitag. Ob Richter Deutschland bereits 1933 oder erst 1934 verließ, darüber hat er später unterschiedliche Angaben gemacht. In einem undatierten Lebenslauf, den er vermutlich im Juli 1938 seinem Aufnahmegesuch in die Reichsschrifttumskammer beilegte, datiert er die Ausreise auf 1934 [vgl. Cofalla, Der «soziale Sinn», S. 20, Anm. 19]. In allen Berichten nach 1945 gab er 1933 an.

20 Vgl. Gallus, «Der Ruf».

21 Zitiert nach Cofalla, Der «soziale Sinn», S. 97.

22 Richter, Die Geschlagenen.

23 Urkunde überreicht am 29. Februar 1952, in: HWRA, Nr. 513; Richter, Sie fielen aus Gottes Hand.

24 Vgl. Hans Werner Richter an Louis Clappier, 19. Januar 1956, in: Cofalla (Hrsg.), Briefe, S. 209; Richter, Du sollst nicht töten.

25 Richter, Linus Fleck.

26 Zitiert in: Zimmermann, Wahnsinn des Jahrhunderts, S. 115.

27 Vgl. die entsprechenden Beiträge in: Gansel, Nell (Hrsg.), «Es sind alles Geschichten aus meinem Leben».

28 Vgl. Geppert, Alternativen zum Adenauerstaat.

29 Richter, Menschen in freundlicher Umgebung.

30 Walser (Hrsg.), Die Alternative.

31 Richter (Hrsg.), Die Mauer.

32 Richter (Hrsg.), Bestandsaufnahme.

33 Delius, Roehler (Hrsg.), Das Wahlkontor.

34 Richter (Hrsg.), Plädoyer für eine neue Regierung.

35 Richter, Blinder Alarm; ders., Rose weiß, Rose rot; ders., Deutschland, deine Pommern.

36 Mrożek, Hans Werner Richter, S. 226.

37 Reich-Ranicki, Mein Leben, S. 406.

38 Zitiert nach Gilcher-Holtey, Die APO, S. 21.

39 Zitiert nach Arnold, Die Gruppe 47, S. 124.

40 Peter Weiss an Hans Werner Richter, 28. November 1965, in: Cofalla (Hrsg.), Briefe, S. 579.

41 Siehe Weiss, Notizbücher 1960–1971, S. 491–492; ders., Notizbücher 1971–1980, S. 734; vgl. auch Kramer, Zusammenstoß in Princeton.

42 Briegleb, Mißachtung und Tabu.

43 Zimmermann, «Innere Emigration», S. 60.

44 Peukert, Die Genesis der ‹Endlösung›, S. 119.

45 Vgl. hierzu und zum Folgenden Arnold, Die Gruppe 47, S. 234–245.

46 Siehe etwa Friedrich Sieburg, Kriechende Literatur, in: Die Zeit, 14. August 1952, Nr. 33, S. 3.; ders., Literarischer Unfug, in: Die Gegenwart 7 (1952), S. 594–596; Rudolf Krämer-Badoni, Das Doppelgesicht der «Gruppe 47». Sie wurde, was sie werden wollte, in: Rheinischer Merkur, 8. Februar 1963, Nr. 6, S. 3; Hans Habe, Clique as Clique can. Ein Beitrag zur Soziologie des Literaturbetriebes, in: Die Zeit, 26. Oktober 1962, Nr. 43, S. 23–24.

47 Hans Erich Nossack, Literarische Prostitution, in: konkret 6 (1966), S. 30f.

48 Robert Neumann, Spezies in Berlin. Gruppe 47 in Berlin, in: konkret 5 (1966), S. 34–39.

49 Richter beansprucht hier freilich im Rückblick eine Konsequenz für sich, die seine tatsächliche Einladungspraxis nicht immer rechtfertigte. So lud er beispielsweise Hermann Kesten häufiger zu Tagungen und vor allem auch zu Fernsehsendungen ein als
er in seinem Tagebuch selbst behauptet.

50 Hans Werner Richter an Fritz J. Raddatz, 3. August 1966, in: Cofalla (Hrsg.), Briefe,
S. 622–626, hier S. 622–623. Aus dem Brief stammen auch die anderen Zitate in diesem
Absatz.

51 Ebd., S. 623.

52 Hans Werner Richter an Ilse Schneider-Lengyel, 21. April 1948, in: Braese (Hrsg.), Bestandsaufnahme, S. 82–85, hier S. 82–83.

53 Verheyen, Diskussionslust.

54 Dies., Eifrige Diskutanten, S. 114.

55 Ebd., S. 115.

56 Vgl. ebd., S. 111–121.

57 Vgl. zum Folgenden Geppert, Hans Werner Richter, die Gruppe 47 und ‹1968›.

58 Für Walsers damalige Sicht der Dinge siehe Walser, Leben und Schreiben.

59 Siehe Der Spiegel, 10. Juni 1968, Nr. 24, S. 57–59.

60 Eine kluge Analyse des Verfalls der Gruppe 47 findet man bei Arnold, Die Gruppe 47.
Ein kritischer Grundriß, S. 251–285.

61 Vgl. Arnold, Gruppe 47, S. 218; Cofalla (Hrsg.), Briefe, S. 133.

62 Hans Werner Richter an Fritz J. Raddatz, 7. April 1971, in: HWRA, Nr. 8332.

63 Zu meinen methodischen Vorbehalten siehe Geppert, A Clash of Generations?, S. 165
und 173.

64 Vgl. Herbert, Drei politische Generationen.

65 Dahrendorf, Versuchungen der Unfreiheit, Zitate auf S. 9, 100.

66 Vgl. Wildt, Generation des Unbedingten. Zur «Schattengeneration von 1933» siehe
Geppert, A Clash of Generations.

67 Vgl. etwa Payk, Balanceakt zwischen den Zeiten; Bavaj, Young, Old, and In-Between,
S. 186–192.

68 Vgl. Kraushaar, Achtundsechzig.

69 Sabine Cofalla, Zu dieser Ausgabe, in: dies. (Hrsg.), Briefe, S. 715.

70 Vgl. Berbig, Uwe Johnson.

71 Ernst Schnabel an Hans Werner Richter, 23. September 1963, in: HWRA, Nr. 5768;
Hans Werner Richter an Walter Höllerer, 6. Juni 1969, in: ebd., Nr. 8657.

72 Hans Werner Richter an Hermann Cramer, 26. November 1965, in: HWRA,
Nr. 6553.

73 Vgl. von Hodenberg, Konsens und Krise, S. 284–285.

74 Zum Teil abgedruckt in: Sternberger, Gesammelte Schriften, Bd. 10.

75 Zur Bedeutung der meist spät am Abend platzierten kulturellen Wortprogramme in
den späten 1940er und 1950er Jahren vgl. Boll, Nachtprogramm.

76 Zit. nach Hodenberg, Konsens und Krise, S. 285.

77 Vgl. für die Zeit bis 1959 Ullrich, Der Weimar-Komplex.

78 Vgl. Geppert, Hans Werner Richter, die Gruppe 47 und die «Stunde Null», S. 204.

79 Hans Werner Richter an Fritz Arnold, 16. November 1962, in: Cofalla (Hrsg.), Briefe,
S. 428.

80 Alfred Andersch an Hans Werner Richter, 20. Januar 1963, in: Cofalla (Hrsg.), Briefe, S. 444.

81 Vgl. hierzu und zum Folgenden Geppert, Hans Werner Richter, die Gruppe 47 und ‹1968›.

82 Hans Werner an Willi Richter, 25. April 1968, in: Cofalla (Hrsg.), Briefe, S. 668–669.

83 Vgl. hierzu und zum Folgenden Geppert, Von der Staatsskepsis zum parteipolitischen Engagement.

84 Morat, Intellektuelle in Deutschland, S. 599.

85 Siehe Bavaj, Von links gegen Weimar, S. 410–448.

86 Siehe Hans Werner Richter an Willy Brandt, 23. August 1961, in: Cofalla (Hrsg.), Briefe, S. 349; ders. an Ingeborg Bachmann, 24. September 1961, in: ebd., S. 359.

87 Abgedruckt in: Richter, Die Mauer, S. 120.

88 Braun, «Die Grundtendenz der ‹Gruppe 47› ist antifaschistisch und antiautoritär», S. 209.

89 Siehe BStU Rostock AIM 1460/61 P (Personalakte) und A (Arbeitsvorgang); allgemein dazu Geppert, Alternativen zum Adenauerstaat.

90 In den Beständen des BStU findet sich keine IM-Akte von Zwerenz, dafür aber zahlreiche Spitzelberichte über ihn; vgl. etwa BStU BVfS Leipzig Leitung 02 131/02, S. 123–124.

91 Vgl. Gallus, Zeitschriftenporträt: konkret, S. 235.

92 Vgl. Berbig, DDR-Literatur.

93 Vgl. dazu allgemein Agthe, «Was aber können wir tun?».

94 Ernst Nolte an Hans Werner Richter, 19. Februar 1957, teilweise abgedruckt in: Cofalla (Hrsg.), Briefe, S. 246, Anm. 3.

95 Richter, Nachwort, in: ders., Die Mauer, S. 184.

96 Hans Werner Richter an Jochen Wilke, 17. Juni 1962, in: Cofalla (Hrsg.), Briefe, S. 402–403.

97 Zitiert nach Braun, «Die Grundtendenz der ‹Gruppe 47› ist antifaschistisch und antiautoritär», S. 204.

98 Zu den Anfängen von Brandts Ostpolitik vgl. Schmidt, Kalter Krieg; ders., Die Wurzeln der Entspannung.

99 Kleßmann, 1968 in Ost und West, S. 18.

100 Hans Werner Richter, Die Wandlung des Sozialismus – und die junge Generation, in: Der Ruf 6 (1946), in: Neunzig (Hrsg.), Ruf, S. 134–139.

101 Hans Werner an Willi Richter, 25. April 1968, in: Cofalla (Hrsg.), Briefe, S. 668.

102 Vgl. Zimmermann, Prag und Berlin.

103 Arnulf Baring, Man möchte nach Punsch rufen!, in: Der Tagesspiegel, 5. September 1997, Nr. 16092, S. 25.

104 Richter, Briefe an einen jungen Sozialisten.

105 Richter, Die Flucht nach Abanon; ders., Die Stunde der falschen Triumphe; ders., Ein Julitag.

106 Richter, Im Establissement der Schmetterlinge; ders., Reisen durch meine Zeit.

107 Vgl. Mrożek, Hans Werner Richter.

108 Vgl. etwa Hellmuth Karasek, Herbergsvater der Dichter, in: Der Spiegel, 29. März 1993, Nr. 13, S. 257–258.

109 Raddatz, Tagebücher, S. 40, 207 und 346.

110 Ebd., S. 718.

111 Jarausch (Hrsg.), Das Ende der Zuversicht?; Maier, Fortschrittsoptimismus oder Kulturpessimismus?

112 Kießling, Die undeutschen Deutschen, S. 416–417.

113 Zimmermann, Die Gruppe 47, S. 69.

Quellen- und Literaturverzeichnis

Nachlass Hans Werner Richters, in: Hans Werner Richter-Archiv, Akademie der Künste Berlin [abgekürzt mit HWRA].

Agthe, Kai, «Was aber können wir tun?». Hans Werner Richters Forderung einer «aktiven Ostpolitik», in: Carsten Gansel, Werner Nell (Hrsg.), «Es sind alles Geschichten aus meinem Leben». Hans Werner Richter als Erzähler und Zeitzeuge, Netzwerker und Autor, Berlin 2011, S. 173–186.

Amery, Carl, Die Kapitulation oder Deutscher Katholizismus heute, Reinbek bei Hamburg 1963.

Ders., Das Ende der Vorsehung. Die gnadenlosen Folgen des Christentums, Reinbek bei Hamburg 1972.

Ders., 1966. Statt eines Jubiläumsaufsatzes, in: Ders., Fragen an Welt und Kirche. 12 Essays, Reinbek bei Hamburg 1967, S. 134–153.

Andersch, Alfred, Efraim, Zürich 1967.

Arnold, Heinz Ludwig, «… dann kann hier jemand nicht mehr kritisieren!». Kritik in der Gruppe 47 – Unsystematischer Versuch einer Annäherung, in: Jürgen Schutte (Hrsg.) mit Elisabeth Unger und Irmtraud Gemballa, Dichter und Richter. Die Gruppe 47 und die deutsche Nachkriegsliteratur, Berlin 1988, S. 80–93.

Ders. (Hrsg.), Blech getrommelt. Günter Grass in der Kritik, Göttingen 1997.

Ders., Die Gruppe 47, Reinbek bei Hamburg 2004.

Ders. (Hrsg.), Die Gruppe 47. Ein kritischer Grundriß, 3. gründlich überarbeitete Auflage, München 2004.

Aust, Stefan, Der Baader-Meinhof-Komplex, Neuausgabe, Hamburg 2008.

Bächler, Wolfgang, Stadtbesetzung, Frankfurt am Main 1979.

Badiou, Bertrand, u. a. (Hrsg.), Herzzeit. Ingeborg Bachmann – Paul Celan. Der Briefwechsel. Mit den Briefwechseln zwischen Paul Celan und Max Frisch sowie zwischen Ingeborg Bachmann und Gisèle Celan-Lestrange, Frankfurt am Main 2009.

Banken, Roland, Die sowjetisch-chinesischen Beziehungen von 1949–1969 im Rahmen der weltweiten Interdependenz. Entstehung, Wandel und Verfall des Bündnisses zwischen beiden kommunistischen Mächten, Münster 2005.

Baring, Arnulf, Machtwechsel. Die Ära Brandt Scheel, Stuttgart 1982.

Ders., «Nachruf auf meine Freunde». Hans Werner Richter über seine Gruppe 47, in: Norbert Honsza, Hans-Gert Roloff (Hrsg.), Daß eine Nation die ander verstehen möge. Festschrift für Marian Szyrocki, Amsterdam 1988, S. 21–33.

Barnert, Arno (Hrsg.), Uwe Johnson, Anna Grass, Günter Grass. Der Briefwechsel, Frankfurt am Main 2007.

Baumgart, Reinhard, Damals. Ein Leben in Deutschland 1929–2003, München 2003.

Bavaj, Riccardo, Von links gegen Weimar. Linkes antiparlamentarisches Denken in der Weimarer Republik, Bonn 2005.

Ders., Young, Old, and In-Between. Liberal Scholars and «Generation Building» at the Time of West Germany's Student Revolt, in: Anna von der Goltz (Hrsg.), ‹Talkin' 'bout my generation›. Conflicts of Generation Building and Europe's ‹1968›, Göttingen 2011, S. 175–192.

Becker, Jürgen, Ränder, Frankfurt am Main 1968.

Benzinger, Fredrik, Die Tagung der «Gruppe 47» in Schweden 1964 und ihre Folgen. Ein Kapitel deutsch-schwedischer Kultur- und Literaturbeziehungen, Stockholm 1983.

Berbig, Roland, Uwe Johnson in Hans Werner Richters «Politisch-literarischem Salon». Das «Salon-Gespräch mit Franz Josef Strauß, 26. Mai 1964», in: Ders. gemeinsam mit Thomas Herold, Gesine Treptow und Thomas Wild (Hrsg.), Uwe Johnson. Befreundungen. Gespräche, Dokumente, Essays, Berlin 2002, S. 61–74.

Ders., DDR-Literatur: im Osten entstanden, im Westen gedruckt. Gespräch mit Yaak Karsunke am 15. Juli 2003 in Berlin, in: Ders. (Hrsg.), Stille Post. Inoffizielle Schriftstellerkontakte zwischen West und Ost. Von Christa Wolf über Günter Grass bis Wolf Biermann, Berlin 2005, S. 188–203.

Beyrau, Dietrich, Intelligenz und Dissenz. Die russischen Bildungsschichten in der Sowjetunion 1917–1985, Göttingen 1993.

Bichsel, Peter, Die Jahreszeiten, Neuwied, Berlin 1967.

Bienek, Horst, Die Zelle. Roman, München 1968.

Böll, Heinrich, Werke. Kölner Ausgabe, Bd. 6: 1952–1953, hrsg. von Árpád Bernáth in Zusammenarbeit mit Annamária Gyurácz, Köln 2007.

Ders., Werke. Kölner Ausgabe, Bd. 15: 1966–1968, hrsg. von Werner Jung in Zusammenarbeit mit Sarah Troost, Köln 2005.

Ders., Werke, Kölner Ausgabe, Bd. 16: 1969–1971, hrsg. von Árpád Bernáth, James H. Reid, Köln 2008.

Bösch, Frank, «Spiegel»-Affäre, in: Stiftung Haus der Geschichte der Bundesrepublik Deutschland (Hrsg.), Skandale in Deutschland nach 1945, Bielefeld, Leipzig 2007, S. 58–67.

Böttiger, Helmut (Hrsg.) unter Mitarbeit von Lutz Dittrich, Elefantenrunden. Walter Höllerer und die Erfindung des Literaturbetriebs. Ausstellungsbuch, Berlin 2005.

Boll, Monika, Nachtprogramm. Intellektuelle Gründungsdebatten in der frühen Bundesrepublik, Münster 2004.

Borodziej, Włodimierz, Geschichte Polens im 20. Jahrhundert, München 2010.

Brandt, Peter, u. a., Karrieren eines Außenseiters. Leo Bauer zwischen Kommunismus und Sozialdemokratie 1912 bis 1972, Berlin, Bonn 1983.

Brandt, Willy, Berliner Ausgabe, Bd. 7: Mehr Demokratie wagen. Innen- und Gesellschaftspolitik 1966–1974, bearb. von Wolther von Kieseritzky, Bonn 2001.

Braun, Matthias, «Die Grundtendenz der ‹Gruppe 47› ist antifaschistisch und antiautoritär». Hans Werner Richter und die «Gruppe 47» im Visier der Stasi, in: Carsten Gansel, Werner Nell (Hrsg.), «Es sind alles Geschichten aus meinem Leben». Hans Werner Richter als Erzähler und Zeitzeuge, Netzwerker und Autor, Berlin 2011, S. 197–210.

Briegleb, Klaus, 1968. Literatur in der antiautoritären Bewegung, Frankfurt am Main 1993.

Ders., Mißachtung und Tabu. Eine Streitschrift zur Frage: «Wie antisemitisch war die Gruppe 47?», Berlin, Wien 2003.

Brüggemeier, Franz-Josef, Geschichte Großbritanniens im 20. Jahrhundert, München 2010.

Büchmann, Georg, Geflügelte Worte. Der klassische Zitatenschatz, unveränderte Taschenbuchausgabe der 43., neu bearbeiteten und aktualisierten Ausgabe von Winfried Hofmann, Berlin 2007.

Canaris, Volker (Hrsg.), Über Peter Weiss, Frankfurt am Main 1970.

Chaussy, Ulrich, Die drei Leben des Rudi Dutschke. Eine Biographie, Darmstadt, Neuwied 1983.

Cofalla, Sabine (Hrsg.), Hans Werner Richter. Briefe, München, Wien 1997.

Dies., Der «soziale Sinn» Hans Werner Richters. Zur Korrespondenz des Leiters der Gruppe 47, 2. überarbeitete Auflage, Berlin 1998.

Dahrendorf, Ralf, Versuchungen der Unfreiheit. Die Intellektuellen in Zeiten der Prüfung, München 2006.

Delius, Friedrich Christian, Roehler, Klaus (Hrsg.), Das Wahlkontor deutscher Schriftsteller in Berlin 1965. Versuch einer Parteinahme, Berlin 1990.

Döblin, Alfred, Berlin Alexanderplatz. Die Geschichte vom Franz Bieberkopf, Berlin 1929.

Dremmer, Manfred, Spurensuche. Der antifaschistische Schriftsteller Günther Weisenborn, Leverkusen 2004.

Dürrenmatt, Friedrich, König Johann. Nach Shakespeare, Zürich 1968.

Ders., Werkausgabe in dreißig Bänden, Bd. 27: Philosophie und Naturwissenschaft. Essays, Gedichte und Reden, Zürich 1980.

Dwars, Fietje, Und dennoch Hoffnung. Peter Weiss. Eine Biographie, Berlin 2007.

Elon, Amos, In einem heimgesuchten Land. Reise eines israelischen Journalisten in beide deutsche Staaten, München 1966.

Embacher, Erich, Hans Werner Richter. Zum literarischen Werk und zum politisch-publizistischen Wirken eines engagierten deutschen Schriftstellers, Frankfurt am Main u. a. 1985.

Erhard, Volker, u. a. (Hrsg.), Einsatz für Freiheit und Demokratie. Beiträge zur Geschichte des Liberalen Studentenbundes Deutschlands (LSD), Jena, Quedlinburg 2001.

Fischer, Ernst, Kunst und Koexistenz. Beitrag zu einer modernen marxistischen Ästhetik, Reinbek bei Hamburg 1966.

Florath, Bernd, Das lange Jahr 1956. Die Wandlungen des Robert Havemann, in: Roger Engelmann, u. a. (Hrsg.), Kommunismus in der Krise. Die Entstalinisierung 1956 und die Folgen, Göttingen 2008, S. 391–406.

Fontane, Theodor, Briefe an Georg Friedländer, aufgrund der Edition von Kurt Schreinert und der Handschriften neu herausgegeben von Walter Hettche, Frankfurt am Main, Leipzig 1994.

Frischmuth, Barbara, Meine Großmutter und ich, in: Akzente. Zeitschrift für Literatur 15 (1968), S. 23–28.

Gallus, Alexander, Zeitschriftenporträt: konkret, in: Jahrbuch Extremismus und Demokratie 13 (2001), S. 227–249.

Ders., «Der Ruf» – Stimme für ein anderes Deutschland, in: Aus Politik und Zeitgeschichte 25 (2007), S. 32–38.

Gansel, Carsten, Nell, Werner (Hrsg.), «Es sind alles Geschichten aus meinem Leben». Hans Werner Richter als Erzähler und Zeitzeuge, Netzwerker und Autor, Berlin 2011.

Garaudy, Roger, Die große Wende des Sozialismus, Wien u. a. 1970.

Georgi, Friedrich, «Wir haben das Letzte gewagt …». General Olbricht und die Verschwörung gegen Hitler. Der Bericht eines Mitverschworenen, Freiburg im Breisgau u. a. 1990.

Geppert, Dominik, Von der Staatsskepsis zum parteipolitischen Engagement. Hans Werner

Richter, die Gruppe 47 und die deutsche Politik, in: Ders., Jens Hacke (Hrsg.), Streit um den Staat. Intellektuelle Debatten in der Bundesrepublik, 1960–1980, Göttingen 2008, S. 46–68.

Ders., Hans Werner Richter, die Gruppe 47 und ‹1968›, in: Franz-Werner Kersting, u. a. (Hrsg.), Die zweite Gründung der Bundesrepublik. Generationswechsel und intellektuelle Wortergreifungen 1955–1975, Stuttgart 2009, S. 175–187.

Ders., «Kreuzwegqual zwischen Politik und Literatur». Der Umbruch Ende der 1950er Jahre als Zäsur in der Geschichte der Gruppe 47, in: Alexander Gallus, Werner Müller (Hrsg.), Sonde 1957. Ein Jahr als symbolische Zäsur für Wandlungsprozesse im geteilten Deutschland, Berlin 2010, S. 343–362.

Ders., A Clash of Generations? Gruppe 47 and ‹1968›, in: Anna von der Goltz (Hrsg.), ‹Talkin' 'bout my generation›. Conflicts of Generation Building and Europe's ‹1968›, Göttingen 2011, S. 163–174.

Ders., Alternativen zum Adenauerstaat. Der Grünwalder Kreis und der Gründungskonsens der Bundesrepublik, in: Michael Hochgeschwender (Hrsg.), Epoche im Widerspruch. Ideelle und kulturelle Umbrüche der Adenauerzeit, Bonn 2011, S. 141–152.

Ders., Hans Werner Richter, die Gruppe 47 und die «Stunde Null», in: Alexander Gallus, Axel Schildt (Hrsg.), Rückblickend in die Zukunft. Politische Öffentlichkeit und intellektuelle Positionen in Deutschland um 1950 und um 1930, Göttingen 2011, S. 203–220.

Gerlach, Rainer, Die Bedeutung des Suhrkamp Verlags für das Werk von Peter Weiss, St. Ingbert 2005.

Gilcher-Holtey, Ingrid, Die APO und der Zerfall der Gruppe 47, in: Aus Politik und Zeitgeschichte 25 (2007), S. 19–24.

Grass, Günter, Werke, Göttinger Ausgabe, Bd. 2: Theaterspiele, hrsg. von Dieter Stolz, Göttingen 2007.

Ders., Werke. Göttinger Ausgabe, Bd. 11: Essays und Reden 1955–1979, Göttingen 2007.

Grützbach, Frank (Hrsg.), Heinrich Böll: Freies Geleit für Ulrike Meinhof. Ein Artikel und seine Folgen, Köln 1972.

Gustafsson, Lars, Bakunins Reise, Berlin 1968.

Habermas, Jürgen, Protestbewegung und Hochschulreform, Frankfurt am Main 1969.

Hamm-Brücher, Hildegard, Zur Begründung der Auswahl der diesjährigen Preisträger, in: Stiftung Theodor-Heuss-Preis (Hrsg.), Theodor-Heuss-Preis 1969. Konflikte – Ende oder Anfang der Demokratie, o. O. 1969, S. 4–13.

Handke, Peter, Die Angst des Tormanns beim Elfmeter, Frankfurt am Main 1970.

Hansen, Stefan, Begegnungen unter dem Dach der Kirche. Literaturtagungen in der Evangelischen Akademie Berlin-Brandenburg, in: Roland Berbig (Hrsg.), Stille Post. Inoffizielle Schriftstellerkontakte zwischen West und Ost. Von Christa Wolf über Günter Grass bis Wolf Biermann, Berlin 2005, S. 100–115.

Hanuschek, Sven, Geschichte des bundesdeutschen PEN-Zentrums von 1951 bis 1990, Tübingen 2004.

Heidelberger-Leonard, Irene, Zur Dramaturgie einer Abwesenheit – Alfred Andersch und die Gruppe 47, in: Stephan Braese (Hrsg.), Bestandsaufnahme. Studien zur Gruppe 47, Berlin 1999, S. 87–101.

Heinemann, Gustav W., Allen Bürgern verpflichtet. Reden des Bundespräsidenten 1969–1974 (Reden und Schriften, Bd. 1), Frankfurt am Main 1975.

Herbert, Ulrich, Drei politische Generationen im 20. Jahrhundert, in: Jürgen Reulecke, Elisabeth Müller-Luckner (Hrsg.), Generationalität und Lebensgeschichte im 20. Jahrhundert, München 2003, S. 95–114.

Hildesheimer, Silvia, Pleyer, Dietmar (Hrsg.), Wolfgang Hildesheimer. Briefe, Frankfurt am Main 1999.

Hodenberg, Christina von, Konsens und Krise. Eine Geschichte der westdeutschen Medienöffentlichkeit 1945–1973, Göttingen 2006.

Höllerer, Walter (Hrsg.), Kunst und Elend der Schmährede. Zum Streit um die Gruppe 47, in: *Sprache im technischen Zeitalter* 20 (1966), Sonderheft.

Ders., u. a. (Hrsg.), Autoren im Haus. Zwanzig Jahre Literarisches Colloquium Berlin, Berlin 1982.

Jäger, Manfred, Die Gruppe 47 und die DDR, in: *Aus Politik und Zeitgeschichte* 25 (2007), S. 25–31.

Jarausch, Konrad H. (Hrsg.), Das Ende der Zuversicht? Die siebziger Jahre als Geschichte, Göttingen 2008.

Jens, Walter, Statt einer Literaturgeschichte. Dichtung im zwanzigsten Jahrhundert, 4. Auflage, Düsseldorf 2004.

Ders., Raddatz, Fritz (Hrsg.), Hans Mayer zum 60. Geburtstag. Eine Festschrift, Reinbek bei Hamburg 1967.

Kämper-van den Boogaart, Michael, «Und einmal muß es gesagt werden». Der Autor und Germanist Walter Höllerer im Dienste der Gruppe 47. Ein Vorfall aus dem Jahr 1966, in: *Zeitschrift für Germanistik* 17 (2007), S. 108–127.

Kießling, Friedrich, Die undeutschen Deutschen. Eine ideengeschichtliche Archäologie der alten Bundesrepublik 1945–1972, Paderborn u. a. 2012.

Kleßmann, Christoph, 1968 in Ost und West. Historisierung einer umstrittenen Zäsur, in: *Osteuropa* 58 (2008), S. 17–30.

König, Barbara, Hans Werner Richter. Notizen einer Freundschaft, München u. a. 1997.

König, Traugott (Hrsg.), Sartre Lesebuch. Den Menschen erfinden, Reinbek bei Hamburg 1992.

Kogon, Eugen, «Dieses merkwürdige, wichtige Leben». Begegnungen, Weinheim, Berlin 1997.

Korsukéwitz, Sabine, Der Fall Szczesny. Zum Verhältnis von Kreativität und Kontrolle im öffentlich-rechtlichen Rundfunksystem, Berlin 1979.

Kramer, Sven, Zusammenstoß in Princeton. Peter Weiss und die Gruppe 47, in: Stephan Braese (Hrsg.), Bestandsaufnahme. Studien zur Gruppe 47, Berlin 1999, S. 155–174.

Kraushaar, Wolfgang, Achtundsechzig. Eine Bilanz, Berlin 2008.

Kröger, Claus, Walter Boehlich vs. Siegfried Unseld? Der «Aufstand der Lektoren» im Suhrkamp Verlag, in: Helmut Peitsch, Helen Thein (Hrsg.), Walter Boehlich. Kritiker, Berlin 2011, S. 229–249.

Krones, Susanne, *Akzente* im Carl Hanser Verlag. Geschichte, Programm und Funktionswandel einer literarischen Zeitschrift 1954–2003, Göttingen 2009.

Lange, Hartmut, Trotzki in Coyoacan, Frankfurt am Main 1971.

Lattmann, Dieter (Hrsg.), Einigkeit der Einzelgänger. Dokumentation des ersten Schriftstellerkongresses des Verbandes deutscher Schriftsteller (VS), München 1971.

Lau, Jörg, Hans Magnus Enzensberger. Ein öffentliches Leben, 2. Auflage, Berlin 1999.

Lauer, Reinhard, Geschichte der russischen Literatur. Von 1700 bis zur Gegenwart, München 2000.

Lenz, Siegfried, Deutschstunde, Hamburg 1968.

Lettau, Reinhard (Hrsg.), Die Gruppe 47. Bericht, Kritik, Polemik. Ein Handbuch, Neuwied, Berlin 1967.

Löfdahl, Göran, Stroh, Franz (Hrsg.), Zweimal Deutschland? Zur Literatur und Politik nach 1945, Stockholm 1966.

Liehr, Dorothee, Von der Aktion gegen den SPIEGEL zur SPIEGEL-Affäre. Zur gesellschaftspolitischen Rolle der Intellektuellen, Frankfurt am Main 2002.

Magenau, Jörg, Martin Walser. Eine Biographie, Reinbek bei Hamburg 2005.

Maier, Hans, Fortschrittsoptimismus oder Kulturpessimismus?, in: Vierteljahrshefte für Zeitgeschichte 56 (2008), S. 1–17.

Mayer, Hans, Mein Zeitgenosse Hans Werner Richter, abgedruckt als Nachwort zur Neuauflage von Hans Werner Richter, Ein Julitag, Berlin 2007, S. 179–187.

Meckel, Christoph, Tullipan. Erzählung, Berlin 1965.

Mendelssohn, Peter de, S. Fischer und sein Verlag, Frankfurt am Main 1970.

Meyer-Brockmann, Henry, Dichter und Richter. Die Gruppe 47 und ihre Gäste, München 1962.

Ders., Henry Meyer-Brockmanns gesammelte Siebenundvierziger. Hundert Karikaturen literarischer Zeitgenossen, München 1967.

Mönnich, Horst, Einreisegenehmigung. Ein Deutscher fährt nach Deutschland, Hamburg 1967.

Morat, Daniel, Intellektuelle in Deutschland. Neue Literatur zur intellectual history des 20. Jahrhunderts, in: Archiv für Sozialgeschichte 41 (2001), S. 593–607.

Mrożek, Stefan, Hans Werner Richter. Zum Prosawerk eines verkannten Schriftstellers, Frankfurt am Main u. a. 2005.

Münkel, Daniela, Trommeln für die SPD. Die Sozialdemokratische Wählerinitiative (SWI), in: Kai Schlüter (Hrsg.), Günter Grass auf Tour für Willy Brandt. Die legendäre Wahlkampfreise 1969, Berlin 2011, S. 190–223.

Neunzig, Hans A. (Hrsg.), Der Ruf. Unabhängige Blätter für die junge Generation. Eine Auswahl, München, Mannheim 1976.

Ders., Hans Werner Richter und die Gruppe 47, Berlin, Wien 1981.

Nickel, Artur, Hans Werner Richter – Ziehvater der Gruppe 47. Eine Analyse im Spiegel ausgewählter Zeitungs- und Zeitschriftenartikel, Stuttgart 1994.

Nielsen-Stokkeby, Bernd (Hrsg.), Der Fall Solschenizyn. Briefe, Dokumente, Protokolle, Frankfurt am Main 1970.

Orlowa, Raissa, Kopelew, Lew, Wir lebten in Moskau, München, Hamburg 1987.

Pauer, Jan, Prag 1968: Der Einmarsch des Warschauer Paktes. Hintergründe – Planung – Durchführung, Bremen 1995.

Payk, Marcus, Balanceakt zwischen den Zeiten. Anmerkungen zur Generation der «Fünfundvierziger», in: Indes 1 (2011), S. 24–30.

Peukert, Detlev J. K., Die Genesis der ‹Endlösung› aus dem Geist der Wissenschaft, in: Ders., Max Webers Diagnose der Moderne, Göttingen 1989.

Pirker, Theo, Die SPD nach Hitler. Die Geschichte der Sozialdemokratischen Partei Deutschlands 1954–1964, München 1965.

Plessen, Elisabeth von, Mitteilung an den Adel, Zürich, Köln 1976.

Dies., Kohlhaas, Zürich, Köln 1979.

Pütz, Peter, Peter Handkes «Elfenbeinturm», in: Justus Fetscher, u. a. (Hrsg.), Die Gruppe 47 in der Geschichte der Bundesrepublik, Würzburg 1991, S. 166–176.

Raddatz, Fritz J., Tagebücher 1982–2001, Reinbek bei Hamburg 2010.

Reich-Ranicki, Marcel, Mein Leben, München 2001.

Reinhardt, Stephan, Alfred Andersch. Eine Biographie, Zürich 1990.

Richter, Hans Werner, Die Geschlagenen, München 1949 [2. Auflage der Neuausgabe, München 1985].

Ders., Sie fielen aus Gottes Hand, München 1951 [Neuausgabe, München 1988].

Ders., Spuren im Sand. Roman einer Jugend, München, Wien, Basel 1953 [Neuausgabe, Göttingen 2004].

Ders., Du sollst nicht töten, München u. a. 1955 [Neuausgabe, Frankfurt am Main u. a. 1980].

Ders., Der Petöfi-Kreis. Die ungarischen Schriftsteller und die Revolution in der sozialistischen Gesellschaft, in: Die Kultur 73 (1956), S. 4–5.

Ders., Linus Fleck oder Der Verlust der Würde, München 1959 [Neuausgabe unter dem Titel «Linus Fleck. Ein satirischer Roman», Frankfurt am Main 1980].

Ders. (Hrsg.), Die Mauer oder Der 13. August, Reinbek bei Hamburg 1961 [4. Auflage, Reinbek bei Hamburg 1963].

Ders. (Hrsg.), Bestandsaufnahme. Eine deutsche Bilanz 1962. 36 Beiträge deutscher Wissenschaftler, Schriftsteller und Publizisten, München u. a. 1962.

Ders. (Hrsg.) in Zusammenarbeit mit Walter Mannzen, Almanach der Gruppe 47. 1947–1962, Reinbek bei Hamburg 1962 [3. Auflage, Reinbek bei Hamburg 1964].

Ders., Der Weg der kleinen Schritte. Über einen europäischen Schriftstellerkongreß in der Sowjetunion, in: Neue Rundschau 74 (1963), S. 600–612.

Ders., Gruppe 47, in: Moderna språk 58 (1964), S. 331–344.

Ders., Euterpe von den Ufern der Neva oder Die Ehrung Anna Achmatowas in Taormina. Bericht, Berlin 1965.

Ders., Menschen in freundlicher Umgebung. 6 Satiren, Berlin 1965 [3. Auflage, Berlin 1981].

Ders. (Hrsg.), Plädoyer für eine neue Regierung oder Keine Alternative, Reinbek bei Hamburg 1965.

Ders., Warum ich kein Tagebuch schreibe, in: Uwe Schultz (Hrsg.), Das Tagebuch und der moderne Autor, München 1965, S. 95–109.

Ders., Karl Marx in Samarkand. Eine Reise an die Grenzen Chinas, Neuwied, Berlin 1967 [Neuauflage unter dem Titel «Durchs rote Turkestan. Eine Reise von Taschkent bis Samarkand», Frankfurt am Main 1990].

Ders., Rede am Grab, in: Johannes Bobrowski, Nachbarschaft. Neun Gedichte. Drei Erzählungen. Zwei Interviews. Zwei Grabreden. Zwei Schallplatten, Lebensdaten, Berlin 1967, S. 44–45.

Ders., Blinder Alarm, in: Der Monat 239 (1968), S. 95–101.

Ders., Blinder Alarm. Geschichten aus Bansin, Frankfurt am Main 1970 [Neuausgabe unter dem Titel «Geschichten aus Bansin», Berlin 2008].

Ders., Deutschland, deine Pommern. Wahrheiten, Lügen und schlitzohriges Gerede, Hamburg 1970 [4., leicht gekürzte Ausgabe, Rostock 2008].

Ders., Rose weiß, Rose rot, Hamburg 1971 [Neuausgabe, Darmstadt, Neuwied 1981].

Ders., Briefe an einen jungen Sozialisten, Hamburg 1974 [Neuausgabe unter dem Titel «Erfahrungen mit Utopien. Briefe an einen jungen Sozialisten», München 1990].

Ders., Kinderfarm Ponyhof. Von Gletta, Berci, Garina, Cecil, von Pferden, Hunden, Eseln, von Minna, der Katze, und Felix, dem Bernhardiner, und von allen anderen, München 1976 [2. Auflage der Taschenbuchausgabe, München 1980].

Ders., Bärbel Hoppsala. Neue Abenteuer auf der Kinderfarm Ponyhof, München 1979 [Neuausgabe, München 1982].

Ders., Wie entstand und was war die Gruppe 47, in: Hans A. Neunzig (Hrsg.), Hans Werner Richter und die Gruppe 47, München 2007, Nachdruck der Originalausgabe München 1979, S. 41–180.

Ders., Die Flucht nach Abanon, München 1980 [Neuausgabe, München 1982].

Ders., Die Stunde der falschen Triumphe, München 1981 [Neuausgabe, Berlin 2010].

Ders., Verspäteter Brief an einen Freund, in: Wolfgang Kasack, Jefim Etkind, Lew Kopelew (Hrsg.), Ein Leben nach dem Todesurteil. Mit Pasternak, Rilke und Kästner. Freundesgabe für Konstantin Bogatyrjow, Bornheim 1982, S. 125–132.

Ders., Ein Julitag, München 1982 [2. Auflage der Neuausgabe, Berlin 2007].

Ders., Im Etablissement der Schmetterlinge. Einundzwanzig Porträts aus der Gruppe 47, München, Wien 1986 [Neuausgabe, Berlin 2004].

Ders., Im Etablissement der Schmetterlinge. Ilse Aichinger, in: Ders. (Hrsg.), Im Etablissement der Schmetterlinge, S. 7–19.

Ders., Einmal durch eine belebte Gasse gehen und nicht erkannt werden. Alfred Andersch, in: Ders. (Hrsg.), Im Etablissement der Schmetterlinge, S. 29–43.

Ders., Radfahren im Grunewald: Ingeborg Bachmann, in: Ders. (Hrsg.), Im Etablissement der Schmetterlinge, S. 44–62.

Ders., Liebst du das Geld auch so wie ich? Heinrich Böll, in: Ders. (Hrsg.), Im Etablissement der Schmetterlinge, S. 63–79.

Ders., In Chruschtschows Badehose. Meine Reise nach Russland mit Hans Magnus Enzensberger, in: Ders. (Hrsg.), Im Etablissement der Schmetterlinge, S. 99–120.

Ders., Das Lachen der Oberpfalz. Walter Höllerer, in: Ders. (Hrsg.), Im Etablissement der Schmetterlinge, S. 149–159.

Ders., Dein treuer Paladin. Walter Jens, in: Ders. (Hrsg.), Im Etablissement der Schmetterlinge, S. 151–161.

Ders., Die Schlange, die eine Katze ist. Barbara König, in: Ders. (Hrsg.), Im Etablissement der Schmetterlinge, S. 193–206.

Ders., O Martin. Ein streitbarer, wenn nicht streitsüchtiger Alemanne, in: Ders. (Hrsg.), Im Etablissement der Schmetterlinge, S. 231–241.

Ders., Marats Trommel. Peter Weiss, in: Ders. (Hrsg.), Im Etablissement der Schmetterlinge, S. 259–274.

Ders., Lebenslauf, 13. August 1946, in: Jürgen Schutte (Hrsg.) mit Elisabeth Unger und Irmtraud Gemballa, Dichter und Richter. Die Gruppe 47 und die deutsche Nachkriegsliteratur, Berlin 1988, S. 159 f.

Ders., Reisen durch meine Zeit, München 1989 [Neuausgabe, München 1994].

Ders., Reisen durch meine Zeit. Lebensgeschichten, München, Wien 1989 [Neuausgabe, München 1994].

Roehler, Klaus, Nitsche, Rainer (Hrsg.), Das Wahlkontor deutscher Schriftsteller in Berlin 1965. Versuch einer Parteinahme, Berlin 1990.

Ross, Kristin, May '68 and its Afterlives, Chicago, London 2002.

Runge, Erika, «Wir werden nicht Ruhe geben, solange der Atomtod unser Volk bedroht». Zur

Bewegung gegen Atomrüstung Ende der fünfziger Jahre, in: Jürgen Schutte (Hrsg.) mit
Elisabeth Unger und Irmtraud Gemballa, Dichter und Richter. Die Gruppe 47 und die
deutsche Nachkriegsliteratur, Berlin 1988, S. 42–47.

Salvatore, Gaston, Der langwierige Weg in die Wohnung der Natascha Ungeheuer. Gedichte, Neuwied u. a. 1971.

Ders., Büchners Tod, Frankfurt am Main 1972.

Scheffel, Joseph Victor von, Fahrende Leute. Exodus cantorum I, in: Joseph Victor von Scheffels sämtliche Werke, Bd. 3: Frau Aventiure, hrsg. von Johannes Franke, Leipzig o. J.,
S. 63–64.

Schmidt, Wolfgang, Kalter Krieg, Koexistenz und kleine Schritte. Willy Brandt und die
Deutschlandpolitik 1948–63, Wiesbaden 2001.

Ders., Die Wurzeln der Entspannung. Der konzeptionelle Ursprung der Ost- und Deutschlandpolitik Willy Brandts in den fünfziger Jahren, in: Vierteljahrshefte für Zeitgeschichte 51
(2003), S. 521–563.

Schnabel, Ernst, Das Floß der Medusa. Text zum Oratorium von Hans Werner Henze. Zum
Untergang einer Uraufführung. Postscriptum, München 1969.

Schönfelder, Jan, Erices, Rainer, Willy Brandt in Erfurt. Das erste deutsch-deutsche Gipfeltreffen 1970, Berlin 2010.

Scholz, Hans, Am grünen Strand der Spree. So gut wie ein Roman, Hamburg 1955.

Schutte, Jürgen (Hrsg.) mit Elisabeth Unger und Irmtraud Gemballa, Dichter und Richter.
Die Gruppe 47 und die deutsche Nachkriegsliteratur, Berlin 1988.

Segert, Dieter, Prager Frühling. Gespräche über eine europäische Erfahrung, Wien 2008.

Sieburg, Friedrich, Der Donnerkeil des Plauderers, in: Ders., Verloren ist kein Wort. Dispu-
tationen mit fortgeschrittenen Lesern, Stuttgart 1966, S. 79–83.

Spernol, Boris, Notstand der Demokratie. Der Protest gegen die Notstandsgesetze und die
Frage der NS-Vergangenheit, Essen 2008.

Spitz, René Michael, Die politische Gestaltung der Hochschule für Gestaltung Ulm (1953–
1968). Ein Beispiel für Bildungs- und Kulturpolitik in der Bundesrepublik Deutschland,
Köln 1997.

Sternberger, Dolf, Gesammelte Schriften, Bd. 10., hrsg. von Peter Haungs, Frankfurt am
Main 1990.

Stöver, Bernd, Der Kalte Krieg 1947–1991. Geschichte eines radikalen Zeitalters, München
2007.

Szczesny, Gerhard, Das sogenannte Gute. Vom Unvermögen der Ideologen, Reinbek bei
Hamburg 1971.

Szenessy, Mario, Tibor Déry, Stuttgart u. a. 1970.

Ullrich, Sebastian, Der Weimar-Komplex. Das Scheitern der ersten deutschen Demokratie
und die politische Kultur der frühen Bundesrepublik, Göttingen 2009.

Ulmer, Judith S., Geschichte des Georg-Büchner-Preises. Soziologie eines Rituals, Berlin
2006.

Vaillant, Jérôme, Der Ruf. Unabhängige Blätter der jungen Generation (1945–1949). Eine
Zeitschrift zwischen Illusion und Anpassung, München 1978.

Vassilikos, Vassilis, Z, Berlin 1968.

Verheyen, Nina, Eifrige Diskutanten. Die Stilisierung des ‹freien› Meinungsaustauschs zu
einer demokratischen Kulturtechnik in der westdeutschen Gesellschaft der fünfziger

Jahre, in: Daniel Fulda u. a. (Hrsg.), Demokratie im Schatten der Gewalt. Geschichten des Privaten im Deutschen Nachkrieg, Göttingen 2010, S. 99–121.

Dies., Diskussionslust. Eine Kulturgeschichte des «besseren Arguments» in Westdeutschland, Göttingen 2010.

Vogel, Hans-Jochen, Die Amtskette. Meine 12 Münchner Jahre. Ein Erlebnisbericht, München 1972.

Ders., Hans Werner Richter und der Grünwalder Kreis, in: Jürgen Schutte (Hrsg.) mit Elisabeth Unger und Irmtraud Gemballa, Dichter und Richter. Die Gruppe 47 und die deutsche Nachkriegsliteratur, Berlin 1988, S. 38 f.

Wagenbach, Klaus, u. a. (Hrsg.), Vaterland, Muttersprache. Deutsche Schriftsteller und ihr Staat seit 1945. Offene Briefe, Reden, Aufsätze, Gedichte, Manifeste, Polemiken, Berlin 2004.

Walser, Martin, Beschreibung einer Form. Versuch über die epische Dichtung Franz Kafkas, Tübingen 1951.

Ders. (Hrsg.), Die Alternative oder Brauchen wir eine neue Regierung?, Reinbek bei Hamburg 1961.

Ders., Das Einhorn, Frankfurt am Main 1966.

Ders., Werke in zwölf Bänden, Bd. 11: Ansichten, Einsichten. Aufsätze zur Zeitgeschichte, hrsg. von Helmuth Kiesel, Frankfurt am Main 1997.

Ders., Leben und Schreiben. Tagebücher 1963–1973, Reinbek bei Hamburg 2009.

Walther, Joachim, Sicherungsbereich Literatur. Schriftsteller und Staatssicherheit in der Deutschen Demokratischen Republik, Berlin 1996.

Wehdeking, Volker Christian, Der Nullpunkt. Über die Konstituierung der deutschen Nachkriegsliteratur (1945–1948) in den amerikanischen Kriegsgefangenenlagern, Stuttgart 1971.

Weiss, Peter, Die Verfolgung und Ermordung Jean Paul Marats, dargestellt durch die Schauspieltruppe des Hospizes zu Charenton unter Anleitung des Herrn de Sade, Frankfurt am Main 1964.

Ders., Trotzki im Exil, Frankfurt am Main 1970.

Ders., Notizbücher 1971–1980, 1. Band, Frankfurt am Main 1981.

Ders., Notizbücher 1960–1971, 2. Band, Frankfurt am Main 1982.

Werner, Carl, Ist ein Unglück in der Stadt, Wiesbaden 1962.

Wieczorek, John, Johannes Bobrowski und die Gruppe 47, in: Stuart Parkes, John J. White (Hrsg.), The Gruppe 47 fifty years in a re-appraisal of its literary and political significance, Amsterdam 1999, S. 213–227.

Wildt, Michael, Generation des Unbedingten. Das Führungskorps des Reichssicherheitshauptamtes, Hamburg 2002.

Ziermann, Horst (Hrsg.), Gruppe 47. Die Polemik um die deutsche Gegenwartsliteratur. Eine Dokumentation, Frankfurt am Main 1966.

Zimmermann, Hans Dieter, Wahnsinn des Jahrhunderts. Die Verantwortung der Schriftsteller in der Politik, Stuttgart u. a. 1992.

Ders., Prag und Berlin: die Rebellion 1968, in: Ders., Literaturbetrieb Ost/West. Die Spaltung der deutschen Literatur von 1948 bis 1998, Stuttgart u. a. 2000, S. 79–91.

Ders., Die Gruppe 47: 1947 und später, in: Ders., Literaturbetrieb Ost/West. Die Spaltung der deutschen Literatur von 1948 bis 1998, Stuttgart 2000, S. 57–70.

Ders., «Er hat das Bild der deutschen Literatur verändert». Erfahrungen eines Zeitzeugen mit Hans Werner Richter und der Gruppe 47. In: Carsten Gansel/Werner Nell (Hrsg.), «Es sind alles Geschichten aus meinem Leben». Hans Werner Richter als Erzähler und Zeitzeuge, Netzwerker und Autor. Berlin 2011, S. 253–267.

Ders., «Innere Emigration». Ein historischer Begriff und seine Problematik, in: Frank-Lothar Kroll, Rüdiger von Voss (Hrsg.), Schriftsteller und Widerstand. Facetten und Probleme der «Inneren Emigration», Göttingen 2012, S. 45–61.

Zimmermann, Harro, Günter Grass unter den Deutschen. Chronik eines Verhältnisses, Göttingen 2006.

Zudeick, Peter, Der Hintern des Teufels. Ernst Bloch – Leben und Werk, Moos, Baden-Baden 1985.

Bildnachweis

Übersicht über die Sendungen Hans Werner Richters

- «Berlin, X-Allee. Jour fixe des Dritten Programms im literarisch-politischen Salon Hans Werner Richters», Hörfunksendungen, im Dritten Programm des SFB, NDR und RB.
- «Jour fixe. Berlin 33, Hasensprung. Das politisch-literarische Hearing bei Hans Werner Richter», Hörfunksendungen, im Dritten Programm des SFB, NDR und RB.
- «Open End. Berlin 33, Hasensprung. Das politisch-literarische Hearing bei Hans Werner Richter», Hörfunk- und Fernsehsendungen, im Dritten Programm des SFB, NDR und RB, bei allen hier aufgeführten Ausstrahlungen handelt es sich um Fernsehsendungen.
- «Berliner Werkstatt: Das S. Fischerhaus im Grunewald», Fernsehsendungen, im Dritten Programm des SFB, NDR und RB.
- «Berliner Werkstatt: Große Tage? Erinnerungen an Daten unserer jüngsten Geschichte», Fernsehsendungen, im Dritten Programm des SFB, NDR und RB.
- «Literarisches Colloquium», Fernsehsendungen, im ZDF.

1964

28.1.: Berlin, X-Allee, Thema «Die Politik und die Intelligenz», Gesprächsleitung: Hans Werner Richter, Teilnehmer: Gerd Bucerius, Günter Grass, Alfred Andersch, Uwe Johnson, Walter Höllerer.

25.2.: Berlin, X-Allee, Thema «Berliner Kulturpolitik», Gesprächsleitung: Hans Werner Richter, Teilnehmer: Adolf Arndt, Walter Höllerer, Günter Grass, Heinz von Cramer, Peter Weiss.

17.3.: Berlin, X-Allee, Thema «Diskussion mit Schriftstellern aus der DDR über deutsche Literatur hüben und drüben», Gesprächsleitung: Hans Werner Richter, Teilnehmer: Hermann Kant, Max Walter Schulz, Paul Wiens, Heinz von Cramer, Günter Grass, Uwe Johnson, an diesem Tag aufgenommen.

26.5.: Berlin, X-Allee, Thema «Ostpolitik und Westintegration», Gesprächsleitung: Hans Werner Richter, Teilnehmer: Franz Josef Strauß, Uwe Johnson, Ernst Schnabel, Theodor Pirker.

24.11.: Jour fixe, Thema «Deutsche Kulturpolitik im Ausland», Gesprächsleitung: Hans Werner Richter, Teilnehmer: Hans Mayer, Walter Höllerer, Gustav Korlén, Dieter Sattler, Berthold Martin, Günter Grass.

o.D.: Jour fixe, Thema «Opposition in der Bundesrepublik», Gesprächsleitung: Hans Werner Richter, Teilnehmer: Willy Brandt, Uwe Johnson, Günter Grass, Wolfdietrich Schnurre.

1965

1.2.: Jour fixe, Thema «Paris-Rede von Augstein» (über seine in Paris im Dez. 1964 aufgestellten Thesen), Gesprächsleitung: Hans Werner Richter, Teilnehmer: Rudolf Augstein, François Bondy, Günter Grass, Carl Amery, Eberhard Schütz, Uwe Johnson.

1.2.: Jour fixe, Thema «Gespräch über Nichts und Anderes» (Über die klassischen Missverständnisse der Nachkriegsdemokratien unter besonderem Bezug auf Frankreich und Deutschland), Gesprächsleitung: Hans Werner Richter, Teilnehmer: Rudolf Augstein, Carl Amery, François Bondy, Günter Grass, Eberhard Schütz, Uwe Johnson, Peter Härtling, Egon Bahr.

23.2.: Berlin, X-Allee, Thema «Opposition», Gesprächsleitung: Hans Werner Richter, Teilnehmer: Fritz Erler, Erich Fried, Rudolf Augstein, Roland H. Wiegenstein, Alexander Kluge, an diesem Tag aufgenommen.

15.3.: Jour fixe, Thema «Schwierigkeiten beim Versuch, Unmenschliches zu beschreiben (Das Dritte Reich als Stoff für Literatur)», Gesprächsleitung: Hans Werner Richter, Teilnehmer: Dieter Wellershoff, Roland H. Wiegenstein, Erich Fried, Ernst Schnabel.

27.4.: Jour fixe, Thema «Über die Verjährung und das deutsch-israelische Verhältnis», Gesprächsleitung: Hans Werner Richter, Teilnehmer: Amos Elon, Adolf Arndt, Erich Fried, Peter Bender, vermutlich an diesem Tag gesendet.

25.5.: Jour fixe, Thema «Die Emigration und wir», Gesprächsleitung: Hans Werner Richter, Teilnehmer: Erich Fried, Walter Jens, Michael Hamburger, Hans Mayer, Roland H. Wiegenstein, aufgenommen am 22.5.

26.10.: Jour fixe, Thema «Über Reiseerlebnisse in der Sowjetunion», Gesprächsleitung: Hans Werner Richter, Teilnehmer: Heinrich Böll, Hans Josef Mundt, Gerhard Schoenberner, ausgestrahlt vermutlich an diesem Tag.

30. 11.: Jour fixe, Thema «Denkschrift der EKD», Gesprächsleitung: Hans Werner Richter, Teilnehmer: Dietrich Goldschmidt, Günter Grass, Herbert Hupka, Karl Silex, Andrzej Wirth, Konrad Swinarski, vermutlich an diesem Tag ausgestrahlt.

10.12.: Jour fixe, Thema «Opposition oder Alternative (über die Rolle der SPD-Opposition in der Regierung Ludwig Erhard unter besonderer Berücksichtigung außenpolitischer Probleme)», Gesprächsleitung: Hans Werner Richter, Teilnehmer: Helmut Schmidt, Karl Schiller, Günter Grass, Reinhard Lettau, Hans Magnus Enzensberger.

1966

25.1.: Jour fixe, Thema «Die Entwicklung der kommunistischen Reformbewegungen in West- und Ost-Europa (Euro-Kommunismus) unter besonderer Berücksichtigung der Ideen Robert Havemanns», Gesprächsleitung: Hans Werner Richter, Teilnehmer: Leo Bauer, Peter Christian Ludz, Erich Fried, Theo Pirker, Klaus Wagenbach.

22.2.: Jour fixe, Thema «Der Schlager heute», Gesprächsleitung: Hans Werner Richter, Teilnehmer: Carl-Ulrich Blecher, Roland H. Wiegenstein, Walter Höllerer, Peter Rühmkorf, Klaus Werker.

29.3.: Jour fixe, Thema «Über den Katechismus zur deutschen Frage», Gesprächsleitung: Hans Werner Richter, Teilnehmer: Egon Bahr, Peter Bender, Hans Magnus Enzensberger, Ulrich Sonnemann, Kurt Sontheimer.

26.4.: Jour fixe, Thema «Kulturzentrum Berlin», Gesprächsleitung: Hans Werner Richter, Teilnehmer: Hellmut Jaesrich, Friedrich Luft, Werner Düttmann, Harald Ingensand, Erich Klausener, Walter Höllerer, ausgestrahlt vermutlich an diesem Tag.

26.10.: Jour fixe, Thema «Deutsche und europäische Politik», Gesprächsleitung: Hans Werner Richter, Teilnehmer: Karl Theodor von und zu Guttenberg, Fritz J. Raddatz, Johannes Agnoli, Gert Schäfer und Roland H. Wiegenstein, aufgenommen am 20.10., ausgestrahlt vermutlich am 26.10.

23.11.: Jour fixe, Thema «Rudolf Augstein wird zur Deutschlandpolitik gefragt», Gesprächsleitung: Hans Werner Richter, Teilnehmer: Rudolf Augstein, Johannes Gross, Hans Heigert, Ekkehart Krippendorff, Karl-Heinz Wocker.

17.12.: Jour fixe, Thema «Die Große Koalition und die Opposition unter besonderer Berücksichtigung der politischen Zielsetzung der FDP», Gesprächsleitung: Hans Werner Richter, Teilnehmer: Hans-Dietrich Genscher, Hans Friderichs, Arnulf Baring, Kurt Sontheimer, Sebastian Haffner, Peter Härtling.

1967

25.1.: Jour fixe, Thema «Die NPD, die Große Koalition und die Wahlen in Schleswig-Holstein», Gesprächsleitung: Hans Werner Richter, Teilnehmer: Joachim Steffen, Günter Grass, Fritz J. Raddatz, Kurt Sontheimer, Thomas von der Vring.

21.2.: Jour fixe, Politisch-literarisches Hearing bei Hans Werner Richter mit Hans Dichgans über dessen deutschlandpolitische Vorstellungen, weitere Teilnehmer: Franz Schonauer, Klaus Wagenbach, Arnulf Baring, Kai Hermann, aufgenommen am 15.2.

22.3.: Jour fixe, Thema «Die Rolle der Opposition», Gesprächsleitung: Hans Werner Richter, Teilnehmer: William Borm, Kurt Sontheimer, Peter Bender, Arnulf Baring, ausgestrahlt vermutlich an diesem Tag.

26.4.: Jour fixe, Thema «Notstandsgesetze», Gesprächsleitung: Hans Werner Richter, Teilnehmer: Horst Ehmke, Jürgen Seifert, Günter Grass, Ulrich Blank, Leo Bauer, ausgestrahlt vermutlich an diesem Tag.

24.5.: Jour fixe, Thema «Notstandsgesetze/KPD-Verbot», Gesprächsleitung: Hans Werner Richter, Teilnehmer: Ernst Benda, Ulrich Blank, Manfred Rexin, Marianne Regensburger, Kurt Sontheimer, ausgestrahlt vermutlich an diesem Tag.

19.10.: Open End, Thema «Griechenland, die politischen Verhältnisse (Gespräche mit griechischen Emigranten über die Militärdiktatur in Griechenland)», Gesprächsleitung: Hans Werner Richter, Teilnehmer: Carl Amery, Christos Joachimides, Dimitrios Marakas, Tadeusz Nowakowski, Titos Patrikios.

16.11.: Open End, Thema «Theater, über das Verhältnis von Autor und Regisseur am Beispiel der Erfahrungen von Max Frisch», Gesprächsleitung: Hans Werner Richter, Teilnehmer: Max Frisch, Fritz J. Raddatz, Hellmuth Karasek, Rolf Liebermann.

9.12.: Thema «Die Gruppe 47 und die exilierte griechische Literatur», Vortragende neben einer Reihe von Mitdiskutierenden: Lila Maraka, Vassilis Vassilikos, Titos Patrikios, aufgenommen für das Dritte Programm des SWF.

14.12.: Open End, Thema «Literatur und Grundthemen, wieweit zeitbezogen?», Gesprächsleitung: Hans Werner Richter, Teilnehmer: Siegfried Lenz, Hellmuth Karasek, Fritz J. Raddatz, Marcel Reich-Ranicki.

1968

18.1.: Open End, Thema «Literatur und Politik», Gesprächsleitung: Hans Werner Richter, Teilnehmer: Hellmuth Karasek, Yaak Karsunke, Marcel Reich-Ranicki, Klaus Wagenbach.

15.2.: Open End, Thema «Literatur, Fiction und Non-Fiction» (am Beispiel von Truman Capotes Roman «Kaltblütig»), Gesprächsleitung: Hans Werner Richter, Teilnehmer: Walter Höllerer, Reinhard Baumgart, Fritz J. Raddatz, Ernst Schnabel.

21.3.: Open End, Thema «Über das Selbstverständliche» (Fragen zu Günter Grass' politischem Engagement und dem politischen Engagement von Schriftstellern generell), Gesprächsleitung: Hans Werner Richter, Teilnehmer: Günter Grass, Hans Mayer, Niels Kadritzke, Johannes Gross.

11.4.: Open End, Thema «Deutsch-tschechische Literaturbeziehungen», Gesprächsleitung:

Hans Werner Richter, Teilnehmer: Eduard Goldstücker, Hansjakob Stehle, Ulrich Gembardt, Arnulf Baring.

18.4.: Open End, Thema «Freie Literatur in der sozialistischen Gesellschaft», Gesprächsleitung: Hans Werner Richter, Teilnehmer: Eduard Goldstücker, Jürgen Becker, Adolf Arndt, Walter Höllerer.

16.5.: Open End, Thema «Stalin, Herakles» (Diskussion über Hartmut Langes Theaterstück), Gesprächsleitung: Hans Werner Richter, Teilnehmer: Hartmut Lange, Johannes Agnoli, Peter Bender, Hellmuth Karasek.

27.6.: Open End, Thema «Literatur und Germanistik» (über die Umbenennung des Germanistischen Instituts der FU durch Studenten in Rosa Luxemburg-Institut), Gesprächsleitung: Hans Werner Richter, Teilnehmer: Peter Wapnewski, Eberhard Lämmert, Reinhard Baumgart, Victor Lange.

24.10.: Open End, Thema «Zukunft in der Literatur», Gesprächsleitung: Hans Werner Richter, Teilnehmer: Marcel Reich-Ranicki, Eberhard Lämmert, Reinhard Baumgart, Günter Grass.

12.12.: Open End, Thema «Die Dritten Programme der ARD», Gesprächsleitung: Hans Werner Richter, Teilnehmer: Günter Herburger, Gerhard Szczesny, Hans-Geert Falkenberg, Adolf Frisé.

1969

o.D.: Thema «Selbstverbrennungen», Gesprächsleitung: Hans Werner Richter, Teilnehmer: Ossip Kurt Flechtheim, Niels Kadritzke, Jitka Bodláková, Alexej Kusák.

27.3.: Open End, Thema «Der Frankfurter Kaufhausprozess und die Frage der Verantwortung», Gesprächsleitung: Hans Werner Richter, Teilnehmer: Ulrich Klug, Theo Pirker, Jörg Huffschmid, Ulrich K. Preuß, Klaus Roehler.

17.4.: Open End, Thema «Maximalismus und Minimalismus», Gesprächsleitung: Hans Werner Richter, Teilnehmer: Niels Kadritzke, Theo Pirker, Rolf Rendtorff, Oskar Negt, Carl Amery.

15.5.: Open End, Thema «Maximalismus und Minimalismus II», Gesprächsleitung: Hans Werner Richter, Teilnehmer: Niels Kadritzke, Theo Pirker, Rolf Rendtorff, Oskar Negt, Carl Amery.

19.6.: Open End, Thema «Der derzeitige westdeutsche Theaterbetrieb», Gesprächsleitung: Hans Werner Richter, Teilnehmer: Peter Palitzsch, Roland H. Wiegenstein, Hansgünther Heyme, Hellmuth Karasek, Peter Stein, Ernest Borneman, aufgezeichnet am 12.5.

Juli: Literarisches Colloquium, Thema «Kulturleben in Polen», Gesprächsleitung: Hans Werner Richter, Teilnehmer: Roman Karst, Zbigniew Herbert, Tadeusz Nowakowski, Günter Grass, ausgestrahlt vermutlich im Juli.

3.9.: Literarisches Colloquium, Thema «Zur Situation des Berliner Kulturlebens», Gesprächsleitung: Hans Werner Richter, Teilnehmer: Walther Schmieding, Michael Haerdter, Peter Wapnewski, Ulrich Schamoni.

23.10.: Open End, Thema «Griechenland-Diskussion», Gesprächsleitung: Hans Werner Richter, Teilnehmer: Günter Grass, Ansgar Skriver, Kurt Sontheimer, Arnulf Baring, Andreas Papandreou.

30.10.: S. Fischer-Haus I, Thema «Samuel Fischer», Gesprächsleitung: Hans Werner Richter, Teilnehmer: Gottfried und Brigitte Bermann Fischer, Peter de Mendelssohn, Gisela Fischer-Braun, Kurt Heuser, Manfred Hausmann, Günter Grass, aufgenommen am 6.10.

11.12.: S. Fischer-Haus II, Thema «Walther Rathenau», Gesprächsleitung: Hans Werner Richter, Teilnehmer: Mario Rainer Lepsius, Ulrich Klug, Dieter Hiss, Brigitte Bermann Fischer, Peter de Mendelssohn.

30.12.: Literarisches Colloquium, Thema «Fontane und die Gesellschaftskritik», Gesprächsleitung: Hans Werner Richter, Teilnehmer: Peter Demetz, Hans Mayer, Pierre-Paul Sagave, Walter Höllerer.

1970

29.1.: Große Tage I, Thema «Der 1. und 3. September 1939 (Erinnerungen an den Beginn des Zweiten Weltkrieges)», Gesprächsleitung: Hans Werner Richter, Teilnehmer: Ilse Aichinger, Hans Josef Mundt, Tadeusz Nowakowski, Jens Rehn, Peter Wapnewski, aufgenommen am 20.10.1969.

19.2.: Open End, Thema «Alexander Solschenizyn», Teilnehmer unter der Leitung Hans Werner Richters: Wanda Bronska-Pampuch, Helen von Ssachno, Horst Bienek, Roland H. Wiegenstein, aufgenommen am 9.2.

19.2.: Literarisches Colloquium, Thema «Literatur als Kollektivprodukt», Gesprächsleitung: Walther Schmieding, Teilnehmer: Hans Mayer, Ernst Schnabel, Fritz J. Raddatz, Joachim Krausse, Hans Werner Richter.

5.3.: S. Fischer-Haus III, Thema «Alfred Döblin», Teilnehmer unter der Leitung von Hans Werner Richter: Peter de Mendelssohn, Günter Grass, Gisela Fischer-Braun, Eberhart Lämmert, Helga M. Novak.

11.3.: Literarisches Colloquium, Thema «So sehen wir den Mann», Gesprächsleitung: Hans Werner Richter, Teilnehmer: Renate Rasp, Gabriele Wohmann, Helga M. Novak und Barbara König.

12.3.: Große Tage II, Thema «Der 8. Mai 1945», Gesprächsleitung: Hans Werner Richter, Teilnehmer: Milo Dor, Barbara König, Theo Pirker, Klaus Roehler, Wolfdietrich Schnurre.

2.4.: S. Fischer-Haus IV, Thema «Alfred Kerr», Teilnehmer unter der Leitung Hans Werner Richters: Peter de Mendelssohn, Gisela Fischer-Braun, Richard Friedenthal, Joachim Kaiser, Friedrich Luft, Günther Rühle, Peter Wapnewski.

9.4.: Große Tage III, Thema «Der 30. Januar 1933», Gesprächsleitung: Hans Werner Richter, Teilnehmer: Heinrich Böll, Erika von Hornstein, Hermann Kesten, Wolfgang Koeppen, Hans Mayer, aufgenommen am 19.1.

7.5.: Literarisches Colloquium, Thema «Der Wechsel in Bonn und die Intellektuellen», Gesprächsleitung: Hans Werner Richter, Teilnehmer: Horst Krüger, Günter Grass, Klaus Roehler, Fritz J. Raddatz.

7.5.: Literarisches Colloquium, Thema «Bonn 1970 und die Schriftsteller», Gesprächsleitung: Walther Schmieding, Teilnehmer: Günter Grass, Rudolf Hagelstange, Martin Walser, Wolf Wondratschek, Peter Wapnewski, Frank Benseler.

14.5.: Open End, Thema «Der 'Fall Twardowski'», Gesprächsleitung: Hans Werner Richter, Teilnehmer: Wanda Bronska-Pampuch, Roland H. Wiegenstein, Helen von Ssachno, Horst Bienek.

17.5.: Große Tage IV, Thema «Der 27. und 28. Februar 1933 (Reichstagsbrand)», Gesprächsleitung: Hans Werner Richter, Teilnehmer: Albrecht Goes, Rudolf Hagelstange, Marie Luise Kaschnitz, Hans Schwab-Felisch.

4.6.: Große Tage V, Thema «Der 22. Juni 1941 (Beginn des Russland-Feldzuges)», Gesprächsleitung: Hans Werner Richter, Teilnehmer: Alfred Berndt, Wanda Bronska-Pampuch, Helmut Heißenbüttel, Zbigniew Herbert, Walter Höllerer, Siegfried Lenz.

29.7.: Literarisches Colloquium, Thema «Geschäft mit den Tabus (Pornographie – Literatur – Gesellschaft)», Gesprächsleitung: Hans Werner Richter, Teilnehmer: Horst Krüger, Heinz Friedrich, Renate Gerhardt, Maurice Girodias, Jörg Schröder.

2.10.: Thema «Wer managt den Literaturbetrieb heute?», Gesprächsleitung: Hans Werner Richter, Teilnehmer: Martin Walser, Klaus Stiller, Fritz J. Raddatz, Jürgen Kolbe, Heinz Ludwig Arnold, Fernsehsendung, ausgestrahlt im Dritten Programm des SFB, NDR und BR (Streitgespräch als Unterbrechung eines Films von Bernd Schauer über die Gruppe 47).

26.11.: Open End, Thema «Zur Situation der Intellektuellen in der ČSSR», Gesprächsleitung: Hans Werner Richter, Teilnehmer: Roland H. Wiegenstein, Vilém Fuchs, Ludvík Veselý, Günter Grass.

1971

o.D.: Thema «Mitbestimmung an den Universitäten», Teilnehmer unter der Gesprächsleitung Hans Werner Richters: Arnulf Baring, Wolf-Dieter Narr, Peter Wapnewski, Uwe Wesel, Heinrich Winkler, Anfang 1971 aufgezeichnet vom Dritten Programm, Abteilung Politik des WDR.

7.1.: S. Fischer-Haus V, Thema «Jakob Wassermann. Die Geschichte von der Vergänglichkeit der Werke eines Bestsellerautors», Teilnehmer unter der Leitung von Hans Werner Richter: Günter Grass, Walter Höllerer, Hermann Kesten, Hellmuth Karasek, Fritz J. Raddatz, Peter de Mendelssohn, Gisela Fischer-Braun, aufgenommen am 5.10.1970.

21.1.: S. Fischer-Haus VI, Thema «Hermann Hesse und die Renaissance seiner Werke in den USA», Teilnehmer unter der Leitung von Hans Werner Richter: Siegfried Unseld, Hans Mayer, Fritz J. Raddatz, Steven Tree, Tobias Braun, Tilman Jens.

14.2.: Große Tage, Thema «Der 4. November 1956 (Aufstand in Ungarn)», Gesprächsleitung: Hans Werner Richter, Teilnehmer: Horst Bienek, Milo Dor, Julius Hay, György Sebestyén, Ladislaus Somogyi.

18.3.: Große Tage, Thema «Der 30. Juni 1934 (‹Röhmputsch›)», Gesprächsleitung: Hans Werner Richter, Teilnehmer: Alfred Berndt, Axel Eggebrecht, Sebastian Haffner, Marianne Langewiesche, Robert Wolfgang Schnell.

25.3.: Große Tage, Thema «Anschluss Österreichs», Gesprächsleitung: Hans Werner Richter, Teilnehmer: Reinhard Federmann, Geno Hartlaub, Eugen Kogon, Georg Kreisler, Franz Tumler.

1.4.: Große Tage, Thema «Der 8. und 9. November 1938», Gesprächsleitung: Hans Werner Richter, Teilnehmer: Charlotte Beradt, Renate Gerhardt, Kurt Heuser, Paul Schallück, Roland H. Wiegenstein, aufgenommen am 22.5.1970.

5.4.: Open End, Thema «Das Ende der Belletristik», Gesprächsleitung: Hans Werner Richter, Teilnehmer: Hans Josef Mundt, Uwe Johnson, Jürgen Kolbe, Rolf Michaelis.

15.4.: Große Tage, Thema «Der 6. Juni 1944 (Invasion der alliierten Truppen in der Normandie)», Gesprächsleitung: Hans Werner Richter, Teilnehmer: Christian Ferber, Peter de Mendelssohn, Paul Schallück, Peter Wapnewski, Walter Warlimont.

23.4.: Große Tage, Thema «Der 20. Juli 1944», Gesprächsleitung: Hans Werner Richter, Teilnehmer: Inge Aicher-Scholl, Heinrich Böll, Friedrich Georgi, Joachim Kaiser, Horst Krüger, Ben Witter.

13.5.: Große Tage, Thema «Der 2. Februar 1943 (Stalingrad)», Gesprächsleitung: Hans Werner Richter, Teilnehmer: Philipp von Bismarck, Wanda Bronska-Pampuch, Kurt von Burkersroda, Volkmar von der Decken, Valerian Lebedew, Hans Scholz.

14.5.: Jour fixe, Thema «Die Problematik der Mitbestimmung im kulturellen Bereich», Gesprächsleitung: Hans Werner Richter, Teilnehmer: Ivan Nagel, Carola Stern, Walther Schmieding und Arnulf Baring.

20.5.: Große Tage, Thema «Der 18. Februar 1943 (Sportpalast-Rede)», Gesprächsleitung: Hans Werner Richter, Teilnehmer: Rudolf Fernau, Hellmut Jaesrich, Ursula von Kardorff, Victor de Kowa, Ladislaus Somogyi.

17.6.: Große Tage, Thema «Der 17. Juni 1953», Gesprächsleitung: Hans Werner Richter, Teilnehmer: Heinz Brandt, Martin Gregor-Dellin, Uwe Johnson, Hans Mayer, Fritz J. Raddatz.

24.6.: S. Fischer-Haus VII, Thema «Gerhart Hauptmann», Teilnehmer unter der Leitung von Hans Werner Richter: Wolf-Rüdiger Albrecht, Ernst Wendt, Rolf Michaelis, Karl Riha, Marcel Reich-Ranicki, Boleslaw Barlog, aufgenommen am 24.5.

1.7.: S. Fischer-Haus VIII, Thema «Thomas Mann», Schlussteil der Reihe «Berliner Werkstatt: Das S. Fischerhaus im Grunewald», Teilnehmer unter der Leitung von Hans Werner Richter: Peter Wapnewski, Jürgen Becker, Uwe Johnson, Walter Kempowski, Fritz J. Raddatz, Günter Grass und Reinhard Baumgart, aufgenommen am 3.5.

28.7.: Literarisches Colloquium, Thema «Tarzans Rückkehr auf den Büchermarkt», Diskussionsleitung: Walther Schmieding, Teilnehmer: Arnulf Baring, Jürgen Kolbe, Herbert Feuerstein, Karl Riha, Hans Werner Richter.

18.10.: Open End, Thema «Das sogenannte Gute» (über ein Buch von Gerhard Szczesny), Gesprächsleitung: Hans Werner Richter, Teilnehmer: Gerhard Szczesny, Günther Doeker, Herbert Kundler, Elmar Altvater.

o.D.: Jour fixe, Thema «Mitbestimmung in Fernsehen und Rundfunk», Gesprächsleitung: Hans Werner Richter, Teilnehmer: Alfred Berndt, Peter König, Manfred Kötterheinrich, Leonhard Reinisch, Roland H. Wiegenstein.

8.12.: Literarisches Colloquium, Thema «Ödön von Horváth – schutzlos?», Gesprächsleitung Hans Werner Richter, Teilnehmer: Reinhart Hoffmeister, Dieter Hildebrandt, Walter Huder, Hellmuth Karasek, Peter Palitzsch.

1972

10.1.: Open End, Thema «Vision Europa», Gesprächsleitung: Hans Werner Richter, Teilnehmer: Walter Hallstein (anlässlich seines 70. Geburtstages), Kurt Sontheimer, Hans Schwab-Felisch, Arnulf Baring, Jean-Paul Picaper.

31.1.: Große Tage, Thema «Der 22. Juni 1940 (Kapitulation Frankreichs)», Gesprächsleitung: Hans Werner Richter, Teilnehmer: Pierre Bertaux, François Bondy, Erich Kuby, Hans Josef Mundt, Marcel Reich-Ranicki, Manès Sperber.

7.2.: Große Tage, Thema «Der 20. Juni 1948 (Währungsreform)», Gesprächsleitung: Hans Werner Richter, Teilnehmer: Reinhard Baumgart, Peter Härtling, Herbert Heckmann, Josef Müller-Marein, Gabriele Wohmann.

13.3.: Große Tage, Thema «Der 13. August 1961 (Bau der Mauer)», Gesprächsleitung: Hans Werner Richter, Teilnehmer: Thilo Koch, Heinz Ritter, Wolfdietrich Schnurre, Carola Stern, Matthias Walden.

20.3.: Große Tage, Thema «22.–26. Oktober 1962 (Kuba-Krise und Spiegelaffäre)», Gesprächsleitung: Hans Werner Richter, Teilnehmer: Leo Bauer, Leo Brawand, Willy Kressmann, Heilwig von der Mehden, Peter Pechel, Klaus Wagenbach.

27.3.: Große Tage, Thema «Der 21. August 1967 (Überfall auf Prag)», Gesprächsleitung: Hans Werner Richter, Teilnehmer: Gerlach Fiedler, Günter Grass, Josef Jedlička, Tomáš Kosta, Lothar Loewe.

1.5.: Thema «Deutsche Schriftsteller und der 1. Mai», Einladung des SFB zu einer Studioparty am 30. April im Studio des SFB am Theodor-Heuss-Platz in Berlin-Charlottenburg, zuvor Diskussion u. a. mit Arnulf Baring, Günter Grass, Max von der Grün, Dieter Lattmann und Peter Weiss, Redaktion: Alfred Berndt, aufgenommen am 30.4., gesendet vermutlich am 1.5. im Dritten Programm des SFB, NDR und RB zum Beginn der kleinen Tagung der Gruppe 47.

15.5.: Literarisches Colloquium, Thema «Literatur in politischem Auftrag?», Gesprächsleitung: Hans Werner Richter, Teilnehmer: Günter Wallraff, Uwe Johnson, Joachim Kaiser, Helmut Lethen, Jean-Paul Picaper.

28.5.: Literarisches Colloquium, Thema «Was heißt in Zukunft ‹deutsch›?», Gesprächsleitung: Walther Schmieding, Teilnehmer: Gustav Korlén, Johannes Gross, Sebastian Haffner, Wilhelm W. Schütz, Hartmut Lange, aufgezeichnet am 6.3.

19.6.: Open End, Thema «Stiefkind Dritte Fernsehprogramme?», Gesprächsleitung: Hans Werner Richter, Teilnehmer: Sibylle Wirsing, Franz Duelk, Werner Höfer, Hans Blum, Friedrich W. Hymmen, Karl Tetzner, Hannes Bressler, Alfred Berndt.

2.10.: «Die Gruppe 47, 1947–1972», Regie: Bernd Schauer, anschließende Diskussionsrunde geleitet von Hans Werner Richter, Teilnehmer: Martin Walser, Jürgen Kolbe, Fritz J. Raddatz, gesendet im Dritten Programm des SFB, NDR und RB.

13.10.: Open End, Thema «Die Prozesse in der ČSSR», Gesprächsleitung: Hans Werner Richter, Teilnehmer: Arnulf Baring, Franz Peter Künzel, Jiří Pelikán, Sláva Volný.

27.12.: Literarisches Colloquium, Thema «Sind Tagebücher zeitgemäß?», Gesprächsleitung: Hans Werner Richter, Teilnehmer: Walther Schmieding, Theo Pirker, Hans Weigel, Walter Höllerer.

1973

15.1.: Open End, Thema «Die Ausbeutung des Planeten Erde» (über ein Buch von Carl Amery und über Umweltzerstörung), Gesprächsleitung: Hans Werner Richter, Teilnehmer: Carl Amery, Heinz Zahrnt, Thomas von Randow, Marietta Peitz.

17.1.: Literarisches Colloquium, Thema «Ein Dutzend Modewörter», Gesprächsleitung: Hans Werner Richter, Teilnehmer: Walter Höllerer, Theo Pirker, Walther Schmieding, Hans Weigel.

29.1.: Jour fixe, Thema «Die marxistisch-leninistische Theorie und die moderne Industriegesellschaft» (über Ota Šiks Buch «Der dritte Weg»), Gesprächsleitung: Hans Werner Richter, ausgestrahlt im WDR und NDR.

26.2.: Open End, Thema «Die polnische Literatur und die Bundesrepublik», Gesprächsleitung: Hans Werner Richter, Teilnehmer: Jürgen Kolbe, Witold Wirpsza, Tadeusz Nowakowski, Christa Vogel.

2.4.: Die Große Rolle, Thema «Hamlet, die Traumrolle», Gesprächsleitung: Hans Werner Richter, Teilnehmer: Michael Degen, Rudolf Fernau, Bernhard Minetti, Peter Roggisch, Maximilian Schell, Thomas Holtzmann, Will Quadflieg, Fernsehsendung, ausgestrahlt im SFB.

23.4.: Die Große Rolle, Thema «Jud Süß, die Alptraumrolle», Gesprächsleitung: Hans Werner Richter, Teilnehmer: Paul Dahlke, René Deltgen, Rudolf Fernau, Helmut Käutner, Hans Söhnker, Ferdinand Anton, Malte Jäger, Fritz Rasp, Kristina Söderbaum, Wolfgang Schleif, Olga Tschechowa, Fernsehsendung, ausgestrahlt im SFB.

30.4.: Open End, Thema «Grobianismus in der deutschen Sprache», Gesprächsleitung: Hans Werner Richter, Teilnehmer: Hellmuth Karasek, Marcel Reich-Ranicki, Theo Pirker, Werner Betz.

28.5.: Jour fixe, Thema «Gespräch über das Buch von Dee Brown ‹Begrabt mein Herz an der Biegung des Flusses›», Gesprächsleitung: Hans Werner Richter, ausgestrahlt im WDR und NDR.

14.6.: Literarisches Colloquium, Thema «Gemeinplätze in der Politik. Rolle der Sprache in unserer Demokratie», Gesprächsleitung: Hans Werner Richter, Teilnehmer: Werner Betz, Klaus Harpprecht, Hermann Höcherl, Theo Pirker.

2.7.: Große Rolle, Thema «Die entwertete Rolle: Der Schauspieler heute», Gesprächsleitung: Hans Werner Richter, Teilnehmer: Thomas Stroux, Stefan Wigger, Friedrich Luft, Hellmuth Karasek, Marcel Reich-Ranicki, Maria Becker, Hansjörg Felmy, Otto Sander, Fernsehsendung, ausgestrahlt im SFB.

15.10.: Open End, Thema «Hitlerboom» (über den durch Joachim Fests Biographie über Hitler ausgelösten «Hitlerboom»), Gesprächsleitung: Hans Werner Richter, Teilnehmer: Sebastian Haffner, Marcel Reich-Ranicki, Richard Löwenthal, Joachim Fest, Rudolf Augstein.

3.12.: Open End, Thema «Ein Gespräch über Juden in der deutschen Literatur» (anlässlich des von Marcel Reich-Ranicki verfassten Buches «Über Ruhestörer»), Gesprächsleitung: Hans Werner Richter, Teilnehmer: Carl Amery, Roland H. Wiegenstein, Eberhard Lämmert, Marcel Reich-Ranicki.

1974

11.2.: Open End, Thema «Alexander Solschenizyn», Gesprächsleitung: Hans Werner Richter, Teilnehmer: Richard Löwenthal, Tadeusz Nowakowski, Horst Bienek, Helen von Ssachno, Herbert Hausen.

8.4.: Open End, Thema «Ende des Fortschritts» (anlässlich des Buches von Robert Jungk), Gesprächsleitung: Hans Werner Richter, Teilnehmer: Hans-Joachim Vogel, Carl Amery, Thomas von Randow, Robert Jungk.

18.10.: Open End, Thema «Sinn oder Unsinn von Dichterlesungen», Gesprächsleitung: Hans Werner Richter, Teilnehmer: Fritz J. Raddatz, Günter Grass, Peter Wapnewski, Hans F. Nöhbauer.

4.11.: Open End, Thema «Wird Literatur zum Luxusartikel», Gesprächsleitung: Hans Werner Richter, Teilnehmer: Tomáš Kosta, Heinz Schiffer, Kurt Meurer, Rüdiger Hildegard, Michael Krüger.

8.12.: Literarisches Colloquium, Thema «Fällt der Groschen? Die umstrittene Bibliotheksabgabe für Schriftsteller», Gesprächsleitung: Hans Werner Richter, Teilnehmer: Reinhold Kreile, Hans Josef Mundt, Georg Kahn-Ackermann, Carl Amery, Jürgen Eyssen.

1975

20.1.: Lost Generation, Thema «Hemingway oder eine Art zu leben», Gesprächsleitung: Hans Werner Richter, Teilnehmer: Theo Pirker, Fritz J. Raddatz, Marcel Reich-Ranicki, Peter Wapnewski, gesendet im SFB.

17.3.: Open End, Thema «Ein Hearing mit Wolfgang Koeppen», Gesprächsleitung: Hans Werner Richter, Teilnehmer: Rainer Horbelt, Wolfgang Koeppen, Hans Schwab-Felisch.

28.4.: Open End, Thema «Existentialismus – Ein Jahr oder ein Leben», Gesprächsleitung: Hans Werner Richter, Teilnehmer: Theo Pirker, Jean Amery, François Bondy, Iring Fetscher, Ivo Frenzel.

26.5.: Open End, Thema «Karl Marx – eine politische Biografie» (über ein Buch von Fritz J. Raddatz), Gesprächsleitung: Hans Werner Richter, Teilnehmer: Richard Löwenthal, Iring Fetscher, Arnulf Baring, Fritz J. Raddatz.

Verkauf der S. Fischer-Villa, Richter gibt seinen Wohnsitz in Berlin (Erdener Straße) auf und reist nochmals zu vier Sendungen nach Berlin.

13.10.: Open End, Thema «Die Zukunft unseres Planeten» (über Bücher «Kommunismus ohne Wachstum» von Wolfgang Harich und «Ein Planet wird ausgeplündert» von Herbert Gruhl), Gesprächsleitung: Hans Werner Richter, Teilnehmer: Freimut Duve, Fritz J. Raddatz, Thomas von Randow, Herbert Gruhl, Carl Amery.

24.11.: Open End, Thema «Die Arbeit tun die Anderen» (über ein Buch von Helmut Schelsky), Gesprächsleitung: Hans Werner Richter, Teilnehmer: Arnulf Baring, Peter Wapnewski, Alexander Schwan, Fritz J. Raddatz.

1976

3.5.: Open End, Thema «Das neue Exil», Gesprächsleitung: Hans Werner Richter, Teilnehmer: Efim Etkind, Horst Bienek, Tadeusz Nowakowski, Helen von Ssachno.

20.9.: Open End, Thema «Erfahrungen in Israel anhand des Buches ‹Zusammenhänge› von Friedrich Dürrenmatt», Gesprächsleitung: Hans Werner Richter, Teilnehmer: Friedrich Dürrenmatt, Heinz Ludwig Arnold, Hans Mayer, Ossip K. Flechtheim.

Danksagung

Der erste Dank dafür, dass Hans Werner Richters Tagebücher aus den Jahren 1966 bis 1972 nun gedruckt vorliegen, gebührt Professor Arnulf Baring, mit dem ich seit zwei Jahrzehnten immer wieder über Richter, die Gruppe 47 und die deutsche Politik diskutiert habe. Als er hörte, dass ich eine Studie über Richter plante, hat er sich an die beiden Tagebuchkladden in seiner privaten Bibliothek erinnert und sie mir zur Auswertung überlassen. Professor Hans Dieter Zimmermann, der Vorsitzende der Hans Werner Richter-Stiftung Bansin, die über die Rechte am Werk des Schriftstellers verfügt, war mit mir sofort der Ansicht, dass man diese zeithistorisch wie literaturgeschichtlich wichtige Quelle einem breiteren Publikum zugänglich machen solle; unsere gemeinsame Arbeit an der Edition hat sich als ebenso unkompliziert wie angenehm erwiesen.

Die Rheinische Friedrich-Wilhelms-Universität Bonn hat dankenswerterweise eine wissenschaftliche Hilfskraftstelle finanziert, um die Transkription des Textes zu erstellen und die Kommentierung vorzubereiten. Nina Schnutz hat weit mehr getan als das, wofür sie bezahlt wurde. Sie hat nicht nur mit mustergültiger Sorgfalt den Text elektronisch erfasst und bearbeitet, sondern auch mit teilweise kriminalistischem Spürsinn wichtiges Datenmaterial für den Anmerkungsapparat zusammengetragen und in präzisen Formulierungen verarbeitet. Ohne ihr Organisationstalent und ihre Tatkraft wäre diese Edition niemals rechtzeitig fertig geworden. Andere Mitarbeiter meines Lehrstuhls, vor allem Jonas Klein, später auch Peter Beule, Rafaela Hiemann und Gabriel Rolfes, haben bei der Recherche und bei der Erstellung des Personenregisters mitgeholfen.

Ohne die Mitwirkung zahlreicher Archive und Redaktionen wäre freilich alle Mühe umsonst gewesen. Zuerst ist die große Hilfsbereitschaft Helga Neumanns vom Literaturarchiv der Akademie der Künste in Berlin zu nennen, die das Hans Werner Richter-Archiv verwahrt. Auch Dr. Matthias Braun und Petra Kraetzer von der Behörde des Bundesbeauftragten für die

Unterlagen des Staatssicherheitsdienstes der ehemaligen Deutschen Demokratischen Republik (BStU), Christina Voigt von der Stiftung Deutsches Rundfunkarchiv in Frankfurt am Main und die Mitarbeiter in der Stiftung Deutsches Rundfunkarchiv Potsdam-Babelsberg haben uns freundlich unterstützt. Beim ZDF haben uns Dr. Thomas Bellut und Axel Bundenthal zu wichtigen Informationen verholfen, beim Rundfunk Berlin-Brandenburg Friedrike Sittler und Martha Herd, bei der Frankfurter Allgemeinen Zeitung Professor Rainer Blasius und Isabelle Bölsing.

Bernd Schauer verdanken wir wesentliches Material für die Übersicht über Richters Rundfunk- und Fernsehsendungen. Martin Bartels hat uns die Lebensdaten der Eltern und Geschwister Richters übermittelt. Gerhard Zwerenz hat gestattet, ihn betreffende Akten bei der BStU einzusehen, wofür ich ihm danke. Professor Fritz J. Raddatz erlaubte, zwei seiner Briefe an Richter zu verwenden. Isolde Moser hat uns einen Brief Ingeborg Bachmanns an Richter zugänglich gemacht. Auch Barbara Scriba-Sethe, die als Lektorin des Verlags Hoffmann & Campe Richters Roman «Rose weiß, Rose rot» betreute, hat geduldig Fragen beantwortet. Ein besonderer Dank geht an Sabine Cofalla, ohne deren vortreffliche Edition der Richter-Korrespondenz unsere eigene Arbeit kaum möglich gewesen wäre.

Dr. Christoph Studt und Patrick Bormann haben das gesamte Manuskript, Dr. Riccardo Bavaj, PD Dr. Thomas Martinec und Dr. Andreas Rose Teile davon mit ebenso kritischen wie kundigen Augen durchgesehen. Mein Vater, Professor Klaus Geppert, hat ebenfalls den ganzen Text mit dem Scharfsinn und der Sorgfalt des Juristen Korrektur gelesen und außerdem einige Aktenstücke in der Stasi-Unterlagenbehörde für uns eingesehen. Die Kooperation mit den Mitarbeitern des Verlags C.H. Beck, mit Katrin Maria Dähn und Carola Samlowsky, vor allem aber mit Dr. Sebastian Ullrich, war und ist ein großes Vergnügen. Das gilt, trotz aller Mühe, die jede Edition dem Herausgeber bereitet, für die ganze Unternehmung, die jetzt an ihr Ende gelangt. Ich bin froh, dass Richter sich untreu geworden ist und gegen seine erklärte Absicht ein Tagebuch geführt hat. Und ich würde mich freuen, wenn mancher Leser dieses Bandes das ähnlich sähe.

Bonn, im Juli 2012   *Dominik Geppert*

Personenregister

Die fettgedruckten Seitenzahlen verweisen auf genauere
biographische Angaben im Anmerkungsapparat.

Abendroth, Wolfgang 49, 231, **285**
Abusch, Alexander 36, **278**
Achmatowa, Anna 28, 154, **276**
Adenauer, Konrad 64 f., 193, 231, 261, 264,
    292
Adorno, Theodor W. 120, 305
Agnoli, Johannes 31, 274, **277**, 361, 363
Aicher, Otl 330
Aicher-Scholl, Inge 174, 231, 329, **330**,
    365
Aichinger, Ilse 7, 9, 42, 76, 85, 137, 158, 221,
    281 f., 294, 301, 318, 364
Albertz, Heinrich 297
Albrecht, Wolf-Rüdiger **337**, 366
Aldrin, Buzz 316
Allende Gossens, Salvador 188, **335**
Aliger, Margarita 295
Altvater, Elmar 201, **339**, 366
Amery, Carl [eigentlich Christian Anton
    Mayer] 9, 44, 50, 58, 66, 76, 108,116,
    119, 123, 127, 133, 176–178, 192, 231, 235,
    283, 296, 311, 314, 360, 362 f., 367–369
Amery, Jean 369
Andersch, Alfred 8, 19–22, 26, 29, 37, 42,
    52, 55–57, 66, 77, 82, 124, 129, 152, 160,
    221, 229, 250, 252 f., **271 f.**, 288, 296, 313,
    315, 326, 360
Anton, Ferdinand 368
Armstrong, Neil 316
Arnim, Bettina von 138, **318**
Arndt, Adolf 77, 97 f., **297**, 304, 360 f., 363
Arnold, Heinz Ludwig 325, 365, 369
Artmann, Hans Carl 56, **289**
Avrech, Mira 102, **306**
Augstein Rudolf 42 f., 66, 99, 104, 115, 160,
    192, 202, 231, 244, 248, **282**, 290, 305,
    335, 360 f., 368,
Augustin, Ernst 112, **309**

Baader, Andreas 189, 211 f., 263, 312, 326,
    335
Bachér, Ingrid 9, 219, **344**
Bachmann, Ingeborg 9, 42, 52, 86, 89 f.,
    158, 221, 235 f., **282**, 301, 308
Bachmann, Josef 304
Bächli, Samuel 80, **298**
Barlog, Boleslaw **337**, 366
Bastian, Heiner 56, **288**
Bodláková, Jitka 125, **314**, 363
Bächler, Wolfgang 90 f., **302**
Bahlsen, Gerhard 118, 123, 142, 311, **313**
Bahlsen, Manja 68, 118, 142, **294**, 301, 311,
    313, 319, 341
Bahr, Egon 154, 260, **322 f.**, 360 f.
Bakunin, Michail 93
Baring, Arnulf 10, 50, 57, 74, 92, 97, 136,
    142, 155 f., 166, 178, 181, 184, 191, 197,
    203, 218 f., 222, 228, **285**, 289, 303, 317,
    323, 337, 362 f., 365–367, 369
Baring, Heidi 155, 323
Barsig, Franz 99, **304**
Barzel, Rainer 61, **291**
Bauer, Leo 65, 108, 126, 164, 172, 177 f.,
    183, 185, 208, 212 f., 215, 247, **293**, 331,
    333, 341, 343, 361 f., 367
Bauer, Wolfgang 159, 325 f.
Baumgart, Hildegard [genannt Hille] 161,
    309, 217, **327**
Baumgart, Reinhard 9, 80, 94, 101, 103,
    112, 161, 194 f., 207, 217, 296, **298**, 306,
    309, 327, 336, 340, 362 f., 366
Bebel, August 61, **291**
Becker, Jürgen 9, 92, 94, 98, 107 f., 182,
    194–196, 216 f., 294, 301, **302**, 304, 336,
    363, 366
Becker, Maria 368
Benda, Ernst 66, 68, **293**, 362

Kotíková, Ruth 153, **322**
Kossygin, Alexej N. 82, 154, **296**, 299, 323
Kowa, Victor de 195, **336**, 366
Krämer-Badoni, Rudolf 35, 106, 133, 237, 277, **278**
Krausse, Joachim 144, **320**, 364
Kreile, Reinhold 74, 76, 83, 124, 143, 191, **296**, 319, 368
Kreisler, Georg 184, **333**, 365
Kressmann, Willy 367
Krippendorff, Ekkehart 43, **282**, 361
Krüger, Hanspeter 39, **280**
Krüger, Horst 39, 127, 146, 174, 202, **280**, 320, 329 f., 364 f.
Krüger, Michael 368
Kuby, Erich 31, 82, 160, 203, **277**, 326, 339, 366
Künzel, Franz Peter 367
Kundler, Herbert **339**, 366
Kunert, Günter 36–38, 141, 273, **279**, 319
Kunert, Marianne 141, **319**
Kunst, Hermann 59, **290**
Kunz → Kunst, Hermann
Kusák, Alexej 125, **314**, 363
Kurras, Karl-Heinz 297
Labes, Christine → Lappes, Christine (?)
Lämmert, Eberhard 101, **306**, 323, 363 f., 368
Landau (Vorname nicht ermittelbar) 77, 79
Lange, Hartmut 73, 214 f., **342**, 363, 367
Lange, Horst 281
Lange, Victor 25, 101, 235, **274**, 306, 363
Langewiesche, Marianne **329**, 365
Lappes, Christine 65, 293
Laser, Dieter 337
Lattmann, Dieter 194, 329, **336**, 367
Lebedew, Valerian 336, 366
Leber, Georg 61, **290**
Ledig-Rowohlt, Heinrich Maria 61 f., 115, 126, 271, **291**
Ledig-Rowohlt, Jane 62, **291**
Lefèvre, Wolfgang 96 f., 233, **303**
Leibniz, Gottfried Wilhelm 57
Lenin, Wladimir Iljitsch 66, 71, 182, 190, 255, 262, 303

Lenz, Siegfried 9, 42, 61, 76, 78, 90, 122, 152 f., 157, 170, 174, 205, 219, 231, 248, **282**, 292, 302, 324, 327, 329, 338, 362, 365
Lepsius, Mario Rainer 139, **318**, 364
Lethen, Helmut 367
Lettau, Reinhard 9, 34, 37–43, 50, 52, 54, 65–68, 74, 76, 78, 82, 90 f., 103, 119, 133, 167, 182 f., 235 f., 243, **278**, 280, 282, 293, 296, 299, 333, 361
Liebermann, Rolf 281, 362
Liehm, Antonin Jaroslav 323
Lietzau, Hans 313, 315
Löfdahl, Göran 47 f., 105, 216, **284**, 307
Loewe, Lothar 367
Löwenthal, Richard 368 f.
Lohmar, Ulrich 286
Ludz, Peter Christian 361
Lücke, Paul 293
Luft, Friedrich 249, 323, 361, 364, 368
Luther, Martin 60
Luxemburg, Rosa 22, 44, 98, 130, 175, 263, 265, 273
Mahler, Horst 165, 189 f., **328**, 335
Maizière, Ulrich de 61, **291**
Makarowa, Maria Alexandrowna →
    Enzensberger, Maria Alexandrowna
Mannfeld, Wiltrud 181, **333**
Mangoldt, Renate von 295
Mann, Golo 97 f.
Mann, Thomas 193, 227, 249, 320, 336, 366
Mannzen, Walter 108, 184, 205, **308 f.**
Mao Tse Tung 54, 66, 183, 255, 262, 291
Maraka, Lila 362
Marakas, Dimitrios 362
Marat, Jean Paul 114, 116, 150, 156, 310
Marcuse, Herbert 85, **300**
Marlowe, Christopher 197, **337**
Martin, Berthold 360
Marx, Karl 24, 83, 130, 196, 201, 263, 369
Mayer, Hans 7 f., 29, 35, 48, 61 f., 80, 84, 86, 89, 133, 144 f., 148, 169, 190 f., 193 f., 236, **276**, 291, 320 f., 329, 335 f., 360–362, 364–366, 369
Mayer, Hans [genannt Hansl, Ehemann

von Barbara König] 72, 109, 132, 155, 191, **295**, 335
Mayer, Stephanie 295
McCloy, John Jay 174, **330**
Meckel, Christoph 56, **288**
Mehden, Heilwig von der 367
Meinhof, Ulrike 159, 189 f., 209–212, 243, 263, **326**, 328
Melichar, Alois 124, **313**
Mende, Erich 328
Mendelssohn, Peter de 134, 164, 168, 249, **317 f.**, 323, 327 f., 363–365
Metzger, Arnold 83, **299**
Meurer, Kurt 368
Meyer-Brockmann, Henry **299** f.
Michaelis, Rolf 192, 197, **335**–337, 365 f.
Mickel, Karl 273
Minetti, Bernhard 367
Minssen, Friedrich 81, **299**
Mitscherlich, Alexander 231
Möller, Alexander 59, **290**
Moltke, Helmuth von 111, **309**
Mönnich, Horst 35, 112, 118, **278**, 297
Montesquieu 147
Mucha, Jiři 110 f., **309**
Müller, Heiner 129, 315
Müller-Marein, Josef **340**, 366
Münzenberg, Willi 104, 307
Mundt, Edith 44, 74, **296**
Mundt, Hans Josef 25 f., 44, 50, 74, 76, 82, 106, 137, 147, 192, 203, **275**, 296 f., 318, 336, 339, 361, 364–366, 368
Nagel, Ivan 150, 195 f., **337**, 366
Nagy, Imre 280
Napoleon I. 61
Narr, Wolf-Dieter 365
Nasser, Gamal Abd el 75, 78, **296**
Nau, Alfred 61, **290**
Negt, Oskar 127, 189 f., **314 f.**, 363
Neumann, Robert 10, 19 f., 24–26, 29 f., 35–37, 42, 45, 47, 52, 72 f., 79, 106, 238–240, 243, 249, 259, **271**, 273, 278, 295
Neuss, Wolfgang 184, 283, 314, **334**
Nickel, Artur 308
Nixon, Richard M. 119, **311**

Nöhbauer, Hans F. 83, 156, **300**, 323, 368
Noelte, Rudolf 337
Noll, Dieter 42, **282**
Nolte, Ernst 259
Norden, Albert 79, 209, **298**
Noske, Gustav 61, **291**
Nossack, Hans Erich 9 f., 19 f., 24, 30, 36, 52, 238, 243, 259, **271**
Novak, Helga Maria 97, 137 f., **304**, 318, 323, 364
Novalis [eigentlich Georg Friedrich Philipp Freiherr von Hardenberg] 168
Nowakowski, Tadeusz 9, 44, 137, 166, 217, **283**, 318, 362–364, 367–369
Ohnesorg, Benno 12, 253, 261, 297 f.
Olbricht, Friedrich 330
Orlowa, Raissa 343
Ortlieb, Heinz-Dietrich 219, **344**
Ossietzky, Carl von 257
Ottokar II. 56, 289
Pahlavi, Farah Diba 299
Pahlavi, Mohammad Reza 297, 299
Palitzsch, Peter 129, 203, **315**, 339, 363, 366
Palach, Jan 119, 121, 265, **311**
Palmstierna-Weiss, Gunilla 96, 216, **303**, 343
Papandreou, Andreas 136, **317**, 363
Pascal, Blaise 57
Patrikios, Titos 94, **302**, 362
Pechel, Peter 367
Peitz, Marietta 367
Pelikán, Jiří 367
Petöfi, Sándor 280
Peymann, Claus 315, 337
Picaper, Jean-Paul 251, 366 f.
Piper, Klaus 100, 108, **306**
Pirker, Theo 50, 96, 99 f., 104, 119 f., 123, 125–127, 132 f., 139, 142, 155, 173 f., 178, 187, 189 f., 192 f., 200, 209, 215, **286**, 290, 312, 314, 319, 334, 360 f., 363 f., 367–369
Piwitt, Hermann Peter 166, **328**
Platon 201
Plessen, Elisabeth von [von H. W. Richter auch unter den Namen Pellentin und Pless erwähnt] 55 f., 68 f., 109, 142, **288**

Preuß, Ulrich K. 120, 125 f., **311 f.**, 363
Proll, Thorwald 312
Proust, Marcel 24, 274
Puttkamer, Jesco von 75, 211, **296**, 342
Quadflieg, Will 367
Rabehl, Bernd 96, 233, 247, **303**
Raddatz, Fritz J. 9, 20, 26, 31, 34 f., 40, 44,
    53, 61 f., 77, 103, 108 f., 115, 126 f., 135,
    145 f., 160, 164, 169 f., 187, 190, 192–195,
    201 f., 217, 239 f., 244 f., 247, 267 f., **272**,
    274, 287, 320, 326 f., 329, 335 f., 344,
    361 f., 364–369
Ramsbott, Wolfgang 181, **333**
Randow, Thomas von 367–369
Rasp, Fritz 368
Rasp, Renate 92, 94, 137 f., **302**, 318, 364
Rathenau, Walther 139, 249, 318, 364
Razumovsky, Andreas 40, **280**
Rehn, Jens 318, 364
Regensburger, Marianne 293, 362
Regnier, Charles 114, **310**
Reich-Ranicki, Marcel 7, 29, 48, 61 f., 68,
    76, 80, 84, 100, 105, 122, 147, 170 f., 197,
    203, 205, 216, 221, 234, 236, **276**, 332, 337,
    339, 362 f., 366, 368 f.
Reifferscheid, Eduard 64 f., 146, **292**, 293
Reinisch, Leonhard 100, **305**, 366
Rendtorff, Rolf 314, 363
Rexhausen, Felix 192, **335**
Rexin, Manfred 181, 185, 293, **332 f.**, 362
Richter (Vorname nicht ermittelbar) 50
Richter, Anna 108, 199, 227, **308**
Richter, Antonie [genannt Toni] 13, 46 f.,
    56, 68, 74, 77, 85, 100, 104, 106, 110,
    129 f., 139, 142, 156, 161, 167, 174, 209,
    211, 219, 222, 266, 273, **284**, 294, 297,
    300, 305, 311, 327, 341, 343
Richter, Elfriede [genannt Frieda] 199
Richter, Ernst 199, **338**
Richter, Friedel [Ehefrau von Otto
    Richter] 216, 332, 343
Richter, Hans Werner 7 f., 10–13, 15 f., 20,
    26, 34, 42, 52, 62, 157, 199, 271–346,
    360–375
Richter, Max 199, **338**

Richter, Otto 179, 199, 216, **332**, 338, 343
Richter, Richard 199, 227, 308
Richter, Willi 141, 199 f., 258, 264, **319**, 338
Riha, Karl **337**, 366
Rilke, Rainer Maria 168, 227, 249
Ritter, Heinz 366
Ristock, Harry 50, 185, **285**
Röhl, Klaus Rainer 24, 36, 42, 45, 73, 209,
    259, **271**
Roehler, Klaus 9, 19, 34, 54, 56, 64, 66, 68,
    78, 80–82, 88, 95 f., 100, 102, 108, 111,
    120, 122, 124–126, 128 f., 134 f., 138 f.,
    142, 146, 152 f., 187 f., 205, 217 f., 244 f.,
    256, **271**, 282, 299, 312, 318–320, 363 f.
Roehler, Peter 81, **299**
Roggisch, Peter 367
Rollin, Marie-Simone 132, 316
Rosenzweig, Karl [genannt Karlchen] 114,
    150, 310, **321**
Rowohlt, Ernst 291
Rubin, Wolfgang 312
Rühle, Günther 323, 364
Rühmkorf, Peter 61 f., 78, 88, 90, 113, 231,
    235, 287, **291**, 361
Rummel, Alois 32, **277**
Russell, Bertrand 294
Sagave, Pierre-Paul 144 f., **320**, 364
Sahl, Hans 27, **275**
Salvatore, Gaston 187 f., 217, 245, **334**, 343
Sand, George 137, **318**
Sander, Otto 368
Sartre, Jean Paul 155, 323
Sattler, Dieter 360
Schäfer, Gert 31, 274, **277**, 361
Schallück, Paul 8, 76 f., 159, 168, 172, 297,
    326, 329, 365
Schamoni, Ulrich 363
Schauer, Bernd 161, 315, **327**, 365, 367
Schedlich, Hans Joachim [Hajo] 35, 210,
    218 f., **278**
Scheffel, Joseph Victor [seit 1876] von 74
Schell, Maximilian 367
Schelsky, Helmut 369
Schenckendorf → Schrenck-Notzing,
    Caspar von

Schiffer, Heinz 368
Schill, Paul Gerhard 57, **289**
Schiller, Annemarie 51
Schiller, Friedrich 315
Schiller, Karl 25, 46 f., 49, 51, 59, 61, 139,
213, 231, **275**, 328, 361
Schilling 120, 312
Schleif, Wolfgang 368
Schmid, Carlo 59, **290**
Schmidt, Arno 59, 161, **326**
Schmidt, Helmut 48, 59, 61, **290**, 361
Schmieding, Walther 144, 157, 181 f., 196,
214, 255, **320**, 325, 337, 342, 363 f., 366 f.
Schnabel, Ernst 41, 48, 68 f., 76, 109 f.,
113 f., 117, 119, 129, 142, 145, 184, 250,
276, **281**, 310, 320, 330, 360–362, 364
Schneider, Peter 128, 247, **315**
Schneider, Rolf 25, 36, 273, **274**, 279
Schneider-Lengyel, Ilse 240, **298**
Schnell, Robert Wolfgang **329**, 365
Schnitzler, Arthur 249
Schnurre, Wolfdietrich 9, 57, 76, 81, 142,
235, 248, **289**, 297, 319, 360, 364, 366
Schoenberner, Gerhard 361
Scholl, Hans 330
Scholl, Robert 330
Scholl, Sophie 330
Schonauer, Franz 43 f., 57, **283**, 289, 362
Scholz, Hans 193, **336**, 366
Schreck, Rüdiger 304
Schrenck-Notzing, Caspar von 92, 302
Schröder, Jörg 365
Schroers, Rolf 8 f.
Schütz, Eberhard 360
Schütz, Wilhelm W. **342**, 367
Schulz, Günther 166, **328**
Schulz, Max Walter 360
Schwab-Felisch, Hans 110, 167 f., 180, 250,
309, 344, 364, 366, 369
Schwan, Alexander 369
Schweikart, Hans 83, **300**
Scriba-Sethe, Barbara 191 f., **335**, 338 f.
Sebestyén, György 365
Seggelke, Herbert 109, **309**
Seifert, Jürgen 65, **293**, 362

Sethe, Paul 192, **335**
Shakespeare, William 95
Sieburg, Friedrich 35, 237 f., 277, **278**
Šik, Ota 118, 264, **311**, 367
Silex, Karl 361
Simson, Otto von 12
Sinjawski, Andrej 55, 71, **288**
Skriver, Ansgar 317, 363
Sobieski, Johann III. 289
Söderbaum, Kristina 368
Söhnker, Hans 368
Söhnlein, Horst 312
Solschenizyn, Alexander Issajewitsch 140,
148, 154, 162, 165, 173, 178, 211, 215, 248,
318 f., 321 f., 327, 330, 342 f., 364, 368
Sombart, Nicolaus 81, **299**
Somogyi, Ladislaus 337, 365 f.
Sonnemann, Ulrich 79, 83, **298**, 361
Sontheimer, Kurt 50, 53, 68, 98, 136, 138,
161, 247, **285**, 287, 293, 317 f., 361–363,
366
Sophokles 129
Sperber, Manès 203, **339**, 366
Springer, Axel 89, 153, 189
Ssachno, Helen von 154, 166, 175, **322**, 364,
368 f.
Stadelmayer, Peter 235
Stalin, Josef W. 71, 75, 97, 177, 295, 303, 363
Starke, Heinz 328
Stauffenberg, Claus Schenk Graf von 330
Steffen, Joachim [genannt Jochen] 53, 198,
248, **286** f., 338, 362
Stehle, Hansjakob 97, 303, **304**, 363
Steigner, Walter 304
Stein, Peter 129, **315**, 363
Stein, Werner 135 f., **317**
Steinhart, Otto Franz von 119, **311**
Stephan, Klaus 102, 119, 132 f., **306**
Stern, Carola 337, 366
Sternberger, Dolf 250
Sternheim, Carl 143, **319**
Steltzer, Hans Georg 98, **304**
Stiller, Klaus 365
Stoltenberg, Gerhard 30, 277
Stoph, Willi 156, 185, 323